KB191639

목회상담
이론과 실제

삶의 상황에서 '최선이 아닌 최적의 선택'을 추구하는
전형적인 지혜의 영역에 속하는 학문

양병모 지음

머리말

내적치유, 힐링(healing) 등의 단어가 우리 일상에 익숙한 용어가 된 요즈음입니다. 2011년 이러한 사회적 상황에서 기독교인의 상담사역에 도움을 주고자 기독교 신앙적 정체성에 입각한 「기독교상담의 이해」 (하기서원)를 출간하였습니다. 적지 않은 노력을 기울여 펴낸 책이었지만, 어떤 부분은 목회자를 재교육하고 목회자로 준비되는 이들을 길러내는 신학교 현장에서 사용하기에는 조금 초점이 맞지 않다는 사실을 알게 되었습니다. 그래서 목회현장에 적합하면서도 신학교육현장의 커리큘럼적 제한을 염두에 두고 학생들이 목회상담을 개략적이나마 알고 목회에 임할 수 있도록 본 「목회상담: 이론과실제」를 준비하게 되었습니다.

「목회상담: 이론과실제」는 그간 조금씩 연구한 목회상담의 주요주제들에 대한 논문들과 이론들을 수정 보완하여 전반부를 꾸몄습니다. 후반부인 'III부 목회상담의 실제와 적용'은 현장목회의 주요관심사이자 학교와 교회현장의 경험과정에서 꼭 필요하다고 여겨졌던 부분으로, 목회사역에서 중요하게 여기는 영역 가운데 하나인 '임종 및 사

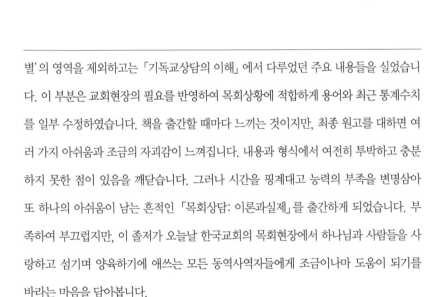

별'의 영역을 제외하고는 「기독교상담의 이해」에서 다루었던 주요 내용들을 실었습니다. 이 부분은 교회현장의 필요를 반영하여 목회상황에 적합하게 용어와 최근 통계수치를 일부 수정하였습니다. 책을 출간할 때마다 느끼는 것이지만, 최종 원고를 대하면 여러 가지 아쉬움과 조금의 자괴감이 느껴집니다. 내용과 형식에서 여전히 투박하고 충분하지 못한 점이 있음을 깨닫습니다. 그러나 시간을 핑계대고 능력의 부족을 변명삼아 또 하나의 아쉬움이 남는 흔적인 「목회상담: 이론과실제」를 출간하게 되었습니다. 부족하여 부끄럽지만, 이 졸저가 오늘날 한국교회의 목회현장에서 하나님과 사람들을 사랑하고 섬기며 양육하기에 애쓰는 모든 동역사역자들에게 조금이나마 도움이 되기를 바라는 마음을 담아봅니다.

추색(秋色)이 짙어가는 갑천변(甲川邊)의 우거(寓居)에서,
2014년 10월

목 차

목회상담:이론과 실제

| 1장 |
목회상담이란?

목회상담이 학문적으로 정립되어 등장한 시기는 20세기 중반 즈음이기에 신학분야에서도 매우 최근에 생겨난 분야라 하겠다. 하지만 목회상담의 본질인 목회돌봄은 학문적 등장 훨씬 이전부터 모든 교회사역에 있어왔다. 즉 목회상담과 목회돌봄은 목회사역의 근본적 요소 중의 하나인 동시에 모든 목회사역의 바탕이 되는 분야라 할 수 있다. 이러한 목회상담을 좀 더 깊이 있게 알기 위해 먼저 목회상담 이해를 위한 두 가지 기본 전제를 알아보기로 하자.

1. 목회상담 이해를 위한 기본 전제

1) 교회사역의 핵심으로서의 목회상담

삼위일체 하나님의 본질은 사랑이시다(요일 4:16). 사랑을 구성하고 표현하는 요소들에는 여러 가지가 있다. 존경, 책임, 희생, 돌봄 등이 그것이다. 사랑을 구성하고 있는 이러한 요소들 가운데서 '돌봄'(caring)은 사랑하는 관계에서 빼놓을 수 없는 본질적 요소이다. 대부분의 경우, 진정한 돌봄의 시작은 사랑에서 출발한다. 부모의 자녀에 대한 돌봄, 스승의 제자에 대한 돌봄, 친구의 친구에 대한 돌봄, 목회자의 교인에 대한 돌봄 등이 그러하다. 이러한 사랑에 기초한 돌봄이 지니는 공통적 특징은 돌봄 주체인 부모, 스승, 친구, 목회자 등의 사랑이 돌봄의 바탕이 된다는 사실이다. 마찬가지로 돌봄 사역이 주가 되는 목회상담 역시 하나님의 먼저 찾으시는 사랑이 시작점이 된다(요일 4:10-11).[1] 그리고 '봉사' 또는 '섬김'이라는 어원적 뜻을 지닌 '사역'(ministry)에 '목회'(pastoral)라는 중동지역의 사회문화적 특성을 지닌 용어가 접목된 '목회사역'(pastoral ministry) 또는 '목양'(pastoral care) 역시 사랑이 그 본질이신 하나님을 대리하여 이러한 하나님의 사랑을 수행하는 일, 즉 '하나님의 일'(God's work)이 된다.

성경은 이러한 하나님의 일에서 가장 중요한 몇 가지 영역에 대한 가르침을 예수님께서 제자들을 부르신 이유를 밝히고 있는 부분에서 말하고 있다(막 3:13-15).[2] 그것은 바로 '예수님과의 교제'와 '복음을 전하는 일' 그리고 "귀신을 내쫓는 권능"으로 대표되는 '치유와 돌봄의 사역'이 그것이다. 세 번째 "귀신을 내쫓는 권능"은 마태복음에서 "더러운 귀신을 쫓아내며 모든 병과 모든 약한 것을 고치는 권능"으로 표현되고 있다. 즉 목회자가 목회소명자로서 가장 중요하게 여겨야 할 사역 중의 하나가 바로 '치유와 돌봄의 사역' 영역인 것이다. 그렇기에 목회자에게 있어서 돌봄과 상담은 선택의 영역이 아니라 필수적인

---

1) "사랑은 여기 있으니 우리가 하나님을 사랑한 것이 아니요 오직 하나님이 우리를 사랑하사 우리 죄를 위하여"
2) "또 산에 오르사 자기가 원하는 자들을 부르시니 나아온지라 이에 열둘을 세우셨으니 이는 자기와 함께 있게 하시고 또 보내사 전도도 하며 귀신을 내쫓는 권능도 가지게 하려 하심이러라"(막 3:13-5). 비교. 마 10:1; 눅 6:12-3. 마가복음의 기록은 소명의 이유를 설명하고 있으며, 마태복음은 치유와 돌봄을 강조하고 있는 반면, 누가복음은 제자선택의 중요성과 준비를 보여주고 있다.

사역이다. 즉 목회상담은 "할 것인가 말 것인가의 문제가 아니라 준비되고 훈련된 상담을 할 것인가 아니면 그냥 할 것인가"의 문제인 것이다.[3] 이러한 교회사역의 핵심인 목회상담에 대한 이해를 바탕으로 목회상담에 임하는 우리의 태도에 대하여 살펴보기로 하자.

2) 목회상담에 임하는 태도

'공동체'(community)란 동일한 이야기를 공유한 집단, 또는 사람들의 모임이라 할 수 있다. 즉 사람들의 모임인 '집단'(group)을 '공동체'(community)가 되게 만드는 핵심요소는 그 집단이 경험하거나 또는 전승되어 온 구성원들의 정체성을 대표하는 중요한 이야기를 그 구성원들이 공유하는 것이다. 공동의 정체성을 지니고 있는 공동체인 민족, 부족 또는 가족, 교회 등이 이에 속한다 하겠다. 이러한 점에서 목회사역의 장(場)인 신앙공동체인 교회는 다름 아닌 '예수 그리스도의 삶과 죽음과 부활의 이야기를 그 신앙공동체 구성원 개개인의 정체성을 이루는 중요한 이야기로 믿고 받아들인 사람들이 모인 집단'이라 할 수 있다.

성경에 따르면 이러한 예수님의 삶과 죽음과 부활의 이야기를 자신의 이야기로 받아들여 이루어진 공동체는 거룩한 하나님의 소유이며, 또한 예수 십자가의 공동체에 속한 모든 이들은 거룩한 하나님께 속해있기에 거룩하다(벧전 2:9). 하나님께서는 자신의 소유인 이러한 공동체 안에서 생활하는 모든 사람들의 삶을 자신의 섭리와 은총에 따라 가꾸어 오신다. 따라서 목회자가 상담하는 모든 내담자의 삶은 소유주이신 하나님께서 사랑으로 애써 가꾸고 다듬어 오신 거룩한 하나님의 것이기에 모든 그리스도인 각자의 삶의 여정에서 일구어온 각 개인의 인생 또는 삶은 하나님께서 거하시는 '거룩한 터'라 할 수 있다.

---

3) Wayne Oates, *An Introduction to Pastoral Counseling* (Nashville, TN: Broadman, 1959), vi; 서남침례신학교 목회신학자이자 상담학자인 브리스터(C. W. Brister)는 그의 저서 *The Promise of Counseling* (San Francisco: Harper & Row, 1978)에서 상담은 선택이 아니라 모든 효과적인 인간관계에서의 기초라고 강조하고 있다 (xi).

그러므로 도움이 필요한 내담자인 교인이 하나님의 사람인 목회자에게 이야기를 통하여 자신의 삶을 열어 자신의 삶의 터로 목회자를 초대하는 행위인 상담은 목회자가 하나님의 거룩한 터로 가꾸어져온 성도 각자의 삶의 터로 초청받는 행위라 할 수 있다.[4] 그렇기에 상담에 임하는 목회자의 태도는, 하나님께서 가꾸시고 거하시는 그 거룩한 삶의 터로 초대받음에 합당한 태도와 준비를 지녀야 한다. 즉 하나님께서 친히 가꾸어 오시고 거하시는 거룩한 터로 나아가는데 필요한 내담자에 대한 존중과 겸손한 마음과 하나님의 긍휼과 자비와 은혜를 바라는 간절한 소망으로 상담에 임하여야 한다.

따라서 목회상담에 임하는 목회자는 하나님의 은혜로 말미암은 믿음에 기초한 '소망'(hope)을 지니고 있어야 하며 선하신 사랑의 하나님의 주권을 인정하고 순종하는 긍정적인 자세를 지녀야 한다.[5] 그러므로 좋은 목회상담자란, 세상의 자격증을 많이 소유하고 임상경험이 많은 전문가이기보다는 우선적으로 목양의 장에서 이루어지는 만남과 관계를 선하신 하나님의 섭리로 이해하고 그 하나님의 섭리를 이루어드리려는 사명감과 하나님의 사랑과 선하심의 증거가 되시는 예수 그리스도의 사랑을 '지금 이곳'에서 실현하고자 하는 진실된 심정을 지닌 사람이다. 이러한 마음가짐이 바로 목회상담을 하는 이의 기본자세라 하겠다.

2. 목회상담의 학문적 정체성

학문에는 두 종류가 있다. 첫째는 옳고 그름의 답이 명확히 나타나는 지식의 영역을 다루는 학문이고 둘째는 옳고 그름의 영역이 아니라 선택의 영역에 속하는 지혜의 영역을 다루는 학문이다. 이 가운데서 목회상담의 학문적 정체성은 지혜를 다루는 신학 영역에 속한다. 신학에서 이론신학에 속한 대부분의 신학

---

4) Eugene W. Kelly, Jr., *Spirituality and Religion in Counseling and Psychotherapy* (Alexandria, VA: American Counseling Association, 1995), 117.
5) Edward P. Wimberly, *Prayer in Pastoral Counseling* (Louisville, KY: Westminster/John Knox Press, 1990), 11-3.

분야들이 지식의 영역에 해당된다고 할 수 있는 반면, 대체로 실천신학 영역에 속하는 신학분야들은 지혜의 영역에 속한다고 할 수 있다. 특히 그 가운데서도 인간 삶의 전 영역에 걸쳐 치유와 인도와 지탱과 화해를 통한 돌봄을 제공하는 목회상담은 삶의 상황에서 '최선이 아닌 최적의 선택'을 추구하는 전형적인 지혜의 영역에 속하는 학문이다. 이러한 목회상담의 '학문적' 특성을 간략하게 요약하면 아래와 같이 나타낼 수 있다.

1) 목회상담은 학문적으로 실천신학의 영역에 속한다.

교회의 세 가지 역사적인 임무는, 복음의 선포(kerygma), 믿는 이들 간의 사랑의 교제 (koinonia), 회중 안팎의 사람들을 돌보는 섬김(diakonia)이다(막 3:13-5). 역사적으로 교회는 이 세 가지 과제를 중심으로 그 생명력을 이어왔다. 그리고 신학은 이러한 교회의 세 가지 과제를 설명하고 이해시키며 실천하도록 준비되고 발전되어 왔다. 시대적 상황에 따라 교회의 존재 이유와 과제를 모색해온 신학의 궁극적 지향점은 이들 세 가지 교회의 과제를 실천하기 위하여 하나님의 뜻이 이 땅에서도 이루어지게끔 사회적 상황을 파악하고 이에 적합하게 방법적 적용점을 모색하는 것으로 열매를 맺는다.

2) 목회상담은 오랜 전통의 목회돌봄에 사회과학, 특히 그 중에서 심리학의 통찰을 적용하여 20세기 중반 새롭게 시작된 신학분야이다.[6]

사회 발달의 일반적 진행현상은 세분화 전문화라는 방향으로 나아가고 있다.

---

6) 목회돌봄 혹은 현대 목회상담학 출현을 역사적으로 조명하고 있는 대표적인 두 저서 존 맥닐(John T. McNeill)이 저술한 「영혼돌봄의 역사」(A History of the Cure of Souls)와 윌리엄 클랩쉬(William Clebsch)와 찰스 재클(Charles Jaekle)이 저술한 「역사적 관점에서 본 목회돌봄」(Pastoral Care in Historical Perspective)에 따르면 목회돌봄과 목회상담의 차이는 목회돌봄의 영역에 심리학적인 통찰이 더해지면서 구별되어 발전한 것으로 설명하고 있다. Jaekle and Clebsch, Pastoral Care in Historical Perspective, 81; Holifield, A History of Pastoral Care in America. 찰스 거킨(Charles Gerkin)은 그의 저서 An Introduction to Pastoral Care에서 목회상담은 1950대와 60년대 목회돌봄의 특화된 형태로 발전되었다고 설명하고 있으며 시워드 힐트너(Seward Hiltner), 하워드 클라인벨(Howard Clinebell) 등의 견해도 거킨의 견해와 다르지 않다.

신학을 비롯한 다른 학문 역시 마찬가지 방향으로 발달하고 있다. 이러한 관점에서 실천신학의 주요 분야인 목회학을 보면, 제일 먼저 설교학이 일찍부터 독립된 신학 영역으로 분화해 나갔으며, 다음으로 예배학, 목회상담학, 교회행정학, 교회성장학, 전도학 및 선교학 등으로 세분화되어 분화 발전되어 왔다.[7] 사실, 목회상담의 전신인 목회돌봄(Pastoral Care)은 그 역사적 기원을 하나님께서 인간을 창조하시고 돌보시는 창세기의 창조기사에까지 거슬러 올라가기도 하기에 목회상담의 기원은 기독교 역사에서 가장 오래된 교회사역의 영역 가운데 하나이다.[8] 하지만 신학의 한 영역으로서의 목회상담이 현대 신학의 한 분야로 출발하게 된 계기는 19세기 말과 20세기 초에 급속히 발달한 사회과학, 특히 심리학의 발달로 인한 인간이해 확장이었다.[9]

초기 목회상담의 학문적 출발에 깊은 영향을 끼친 종교심리학이나 정신분석학 등의 심리학으로 인하여 목회상담은 심리학과 신학이란 두 학문영역의 스펙트럼을 오가면서 여러 연구와 저술들이 생겨났다. 특히 새로운 심리학이론들의 등장에 발맞추어 목회상담 역시 그 영역을 넓혀갔다. 이러한 목회상담의 태동적 특성으로 말미암아 목회상담의 학문적 정체성 이슈는 늘 목회상담학의 주된 관심이 되어왔다. 신학영역인가 아니면 심리학 혹은 심리치료의 영역인가? 이러한 학문적 정체성에 대한 이해는 현장목회상담의 발전 방향에 영향을 미쳤다. 신학적 전통을 강조하는 입장에서는 목회상담의 전문화, 자격증, 유료화 등에 대해 비교적 부정적인 입장을 유지하고, 심리학적 영역을 강조하는 입장에서는 목회상담의 전문화, 자격증의 발급 및 유지 여부, 유료화 등에 대해

---

7) 치유(Healing), 지탱(Sustaining), 인도(Guiding), 화해(Reconciliation)의 기능을 통해 하나님의 백성을 돌보는 실천신학의 한 분야.
8) 교회의 목회돌봄의 역사에 관한 더 자세한 연구는 Charles Jaeckle and William A. Clebsch, *Pastoral Care in Historical Perspective* (Englewood Cliffs, NJ: Prentice-Hall, 1964); E. Brooks Holifield, *A History of Pastoral Care in America: From Salvation to Self-Realization* (Nashville, TN: Abingdon Press, 1983); John T. McNeill, *A History of the Cure of Souls* (New York: Harper & Row, 1951)을 참조하시오.
9) 인간이해는 모든 신학의 출발점이 되는 요소로 목회상담 역시 인간이해에 대한 획기적인 이론적 틀을 제공한 심리학의 발달에 힘입어 새로운 학문분야로 출발하였다 하겠다.

비교적 긍정적 입장을 가지고 있다.

목회상담은 심리학의 영향을 받아 출발한 그 태생적 특징 때문에 시간이 흐르면서 신학적 전통에서 멀어지는 동시에 그 뿌리가 되는 회중적 전통 역시 간과하는 경향을 지녔다. 그렇기 때문에 목회상담학자들은 목회상담이 그 신학적 전통과 회중적(교회적) 전통에서 유리되어 심리학적 혹은 심리분석적이며 개인적인 경향으로 흘러가는 것에 대한 공통된 우려를 지녔다.[10] 목회상담학자 하워드 스톤(Howard Stone)은 목회상담의 태동 이후 진행되어온 경향 두 가지를 지적하고 있다. 하나는 목회상담이 그 회중적 특징을 상실해오고 있으며, 또 다른 하나는 회중적 돌봄에 적용하기 힘든 장기상담(치유)를 지향해오고 있다는 점이다.[11] 1970년대 이후 이러한 목회상담학의 심리학 의존도에 대한 비판적 논의와 대안적 방향이 활발하게 논의되어 오고 있다.

3) 목회상담 관련 유사 영역

목회상담과 학문적으로 유사하거나 중복되는 영역인 목회신학, 목회돌봄, 기독교상담 그리고 목회심리치료 등은 목회상담의 학문적 정체성을 좀 더 자세히 파악하기 위해 종종 목회상담과 같이 쓰이거나 함께 자주 거론되는 분야이다. 이에 대하여 알아보면 다음과 같다.

(1) 목회돌봄, 목회상담, 목회심리치료, 목회신학

일반적으로 '**목회상담**'(pastoral counseling)과 '**목회(적)돌봄**'(pastoral care)을 엄격하게 분리해서 사용하지 않는다.[12] 왜냐하면 목회상담의 학문적 태동에서

---

10) 목회상담의 학문적 정체성과 관련하여 좀 더 자세하게 알고 싶으면, [복음과 실천] 45권에 게재된 양병모, "목회상담의 학문적 정체성 조망과 신학교육적 과제"를 참조하시오.
11) Howard W. Stone, "The Congregational Setting of Pastoral Counseling: A Study of Pastoral Counseling Theorists from 1949-1999," *The Journal of Pastoral Care*, vol.55, no.2 (Summer 2001): 184.
12) A. Jones, "Spiritual Direction and Pastoral Care," *Dictionary of Pastoral Care and Counseling*, 1213-5.

설명하였듯이 목회상담이란 신학적 전통에서 볼 때 또 다른 분야의 사역이 아니라 기존 목회돌봄이 좀 더 기능적으로나 이론적으로 발전한 것으로 보기 때문이다. 하지만 굳이 이들 목회돌봄과 목회상담을 구분하자면, 일반적으로 목회돌봄을 좀 더 포괄적인 개념으로 받아들이고 있으며 목회상담은 심리학적인 영역들을 접목한 특화된 또는 공식화된 목회돌봄으로 인식되고 있다.[13] 물론, 학자에 따라 목회상담을 '목회돌봄' 보다 광의의 의미로 사용하고 있는 경우도 있다.[14]

미국 콜롬비아신학대학원(Columbia Theological Seminary)의 명예교수인 존 패튼(John Patton)이 「목회돌봄과 상담 사전」(Dictionary of Pastoral Care and Counseling)에 서술한 바에 따르면, '목회상담'이란 "삶에서 고통을 겪고 있으며 자신들의 고통을 표현할 수 있는 동시에 그것을 해결하기 위해 목회적 도움을 구하고자 하는 개인이나 부부 혹은 가족들에게 제공되는 특별한 종류의 목회돌봄"으로 정의할 수 있다.[15] 이러한 패튼의 정의는 목회상담을 '목회돌봄'의 특화된 영역으로 보고 있는 대부분의 목회상담과 목회돌봄에 대한 견해를 대표한다 할 수 있다. 이와 관련된 또 하나의 영역은 **목회심리치료**(pastoral psycho-therapy)로 목회현장에서는 잘 다루어지지 않는 목회상담관련 영역으로 내담자의 변화를 위한 장기적이고 심층적인 사회 심리적 통찰을 적용한 전문화된 목회돌봄으로 이해하고 있다.[16] 하지만 목회심리치료 역시 목회돌봄이 심층심리

---

13) 목회상담과 목회돌봄을 분명하게 구별하려는 입장에 서 있는 이들은 대체로 목회상담의 심치치료적 영역을 강조하며 전문화와 유료화 및 자격증 제도 등을 통하여 목회상담을 교회사역의 영역을 넘어 사회적 전문 직업영역으로 확장하려는 견해를 가지고 있다고 할 수 있다. 양병모, "웨인 오우츠," 「현대목회상담학자연구」, 한국목회상담학회 편 (서울: 돌봄, 2011), 106(89~119); Holifield, A History of Pastoral Care in America; 거킨은 그의 저서 An Introduction to Pastoral Care에서 목회상담은 1950대와 60년대 목회돌봄의 특화된 형태로 발전되었다고 설명하고 있으며 힐트너, 클라인벨 등의 견해도 거킨의 견해와 다르지 않다.
14) 저자의 Southwestern Baptist Seminary 시절 스승 중의 한 분이었던 딕켄스(Douglas Dickens) 박사 역시 이러한 견해를 가지고 있었다. 이재훈, "한국 목회상담의 새로운 전망," 「한국교회를 위한 목회상담학」, 기독교사상 편집부 편 (서울: 대한기독교서회, 1997), 56, 69.
15) John Patton, "Pastoral Counseling," Dictionary of Pastoral Care and Counseling, 849.
16) Gary R. Collins, Christian Counseling (Dallas, TX: Word, 1998), 16-7.

적으로 특화된 분야이기에 목회상담의 한 영역으로 봄이 마땅하다.

끝으로 목회상담관련 유사 분야로 **목회신학**(Pastoral Theology)이 있다. 목회신학이란, "목양적인(shepherding) 관점에서, 교회와 목사의 기능과 실제를 연구관찰하고 이 과정에서 생기는 신학적인 질문과 그에 대한 해답을 깊이 구하는 성찰과정(reflecting)에서 얻어진 이론들을 조직화하는(organizing) 실천신학의 한 분야"라 정의할 수 있다.[17] 이러한 정의는 오늘날 미국을 중심으로 한 목회상담과 목회신학자들 사이에서는 널리 인정되고 있으나 유럽 특히 영국이나 독일의 목회상담과 목회신학을 연구하는 학자들은 목회신학에 대한 견해를 조금 달리하는 경우도 있다. 즉 목회신학을 실천신학의 대체영역으로 보거나 목회신학을 전통적인 목회학(Pastoral Ministry)인 목회전반의 영역을 다루는 학문분야로 정의하기도 한다.

(2) 목회상담과 기독교상담

목회상담을 기독교신앙 안에서 상담훈련을 받은 목회자와 도움을 필요로 하는 내담자 간의 의도된 치유적인 대화로 볼 때, **기독교상담이란** 목회상담의 영역에 포함되는 분야라 할 수 있다.[18] 왜냐하면 목회상담과 기독교상담의 관계에서 목회상담은 기독교상담이 지닌 요소를 모두 지니고 있지만 기독교상담은 목회상담의 요소를 모두 포함하고 있지는 못하기 때문이다.[19] 따라서 학자에 따라 기독교상담과 목회상담을 명확하게 구분하지 않는 경우도 있다.[20] 하지만 일반적으로 기독교상담은 신학교육을 받고 교회공동체로부터 목회지도

---

17) "목양적 관점에서 교회와 사역자의 실제(operations)와 기능(functions)들을 연구관찰하고 이를 바탕으로 성찰(reflection)을 통해 체계적인 신학적 이론들을 도출해 내는 신학적 지식과 주장의 한 분야." Seward Hiltner, 「목회신학원론」, 4, 20.
18) Daniel G. Bagby, "Pastoral Counseling in a Parish Context," *Review and Expositor*, vol. 94 (1997): 568; 김현진, 「성경과 목회상담」 (서울: 솔로몬, 2007), 19.
19) 이관직, "목회상담의 정체성," 「목회상담 이론입문」 (서울: 학지사, 2009), 17.
20) 대표적으로 풀러신학교에서 가르쳤던 사무엘 소더드(Samuel Southard)와 기독교상담학자 게리 콜린스(Gary Collins)를 들 수 있다. 이관직, "목회상담의 정체성," 16-7.

자로 인정된 목회사역자가 아닌 기독교적 세계관에 기초한 상담이론과 상담자에 의해 이루어지는 교회 안팎의 상담이라 할 수 있다.[21] 이상에서 목회상담의 학문적 특성과 관련된 유사영역들을 살펴보았다. 이러한 이해를 바탕으로 목회상담의 학문적 정의에 대하여 살펴보도록 한다.

3. 목회상담의 정의와 주요 자원

현대 목회상담학의 선구자 중의 한 사람인 남침례교 목회상담학자 웨인 오우츠(Wayne E. Oates)는 치유사역으로서의 목회상담에서 제기되는 가장 중요한 두 가지 이슈를 다음과 같이 지적하고 있다. 첫째는 치유사역에서 목회상담자가 담당하는 역할과 관련된 정체성의 이슈이며, 둘째는 목회자가 치유사역을 수행하는데 사용하는 자신만의 고유한 자원의 이슈이다.[22] 즉 목회상담의 정의를 내리는데 있어서 기준이 되는 중요한 요소를 하나님의 사역자로써의 목회자의 정체성과 상담현장에서 사용하는 성서적 자원과 기독교전통의 자원으로 보고 있다. 오우츠의 이러한 견해를 전제로 하여 목회상담의 정의를 살펴보자.

1) 목회상담의 정의

목회상담은 '상담'이란 용어에 성서적 용어인 '목회적'(pastoral)이란 단어가 부가되어 이루어진 용어로서, 목회상담의 정의는 각 신앙공동체의 신학적 전통과 성서적 해석의 차이에 따라 그리고 목회상담의 학문적 정체성에 대한 입장의 차이에 따라 조금씩 다르게 표현되고 있다.

먼저, 상담의 어원을 살펴보면, 상담의 영어말 'counseling'은 '고려하다,' '반성하다,' '숙고하다,' '조언을 구하다(받다)' 등의 의미를 지니고 있는 라틴어

---

21) 기독교상담과 목회상담을 구분하는 기준으로는 여러 가지를 고려할 수 있으나 본서에서는 간략하게 상담자의 신분적 차이(목회자냐 아니냐)로 구분하여 설명한다.
22) Wayne E, Oates, "The Gospel and Modern Psychology," *Review and Expositor*, vol. 46 (1949): 181.

'consulere'에서 유래했다.[23] 우리말의 '상담(相談)'이란 한자어는 나무가 서로 눈을 마주하고 있는 뜻의 '상(相)'과 말씀 '언(言)'과 태울 '염(炎)'이 하나가 되어 '화롯가에 앉아 이야기를 나눈다'는 뜻을 담고 있는 '담(談)'이 합쳐진 의미로, '서로 마주보고 깊은 이야기를 나눈다'는 뜻으로 풀이할 수 있겠다.[24] 오늘날과 같은 의미로 '상담'(counseling)이란 용어가 공식적으로 등장한 것은 학생상담에 깊은 영향력을 남겼던 상담심리학자 윌리암슨(Edmund Griffith Williamson)의 저서 How to Counsel Students(1939)에서였다.[25]

요약하면, 일반적으로 상담이란, "다른 사람을 돕는 특별한 종류의 인간관계" 라 할 수 있다. 좀 더 자세하게 표현하면, '어떤 사람이 특별한 기법들을 사용하여 다른 사람의 개인과 개인 혹은 집단 간의 상호관계적인 문제의 해결을 돕기 위해 조력관계를 맺는 쌍방 간의 합의에 기초한 관계'라 정의할 수 있겠다.[26]

이러한 일반상담의 정의에 대한 이해를 바탕으로 목회상담을 말하면, 목양적 상황에서 사람들의 필요에 대한 반응으로 다면적 접근방법(특히 심리학을 중심으로 한 사회과학적 방법)을 사용하여 전인적 도움을 주고자 하는 목회돌봄의 한 분야라고 할 수 있다.

목회상담학자 존 패튼(John Patton)은 목회상담을 "사역을 위해 신학적으로 교육받고 목회자의 정체성과 책임성을 갖고 있는 안수 받은 사람이 행하는 일종의 목회돌봄"이라고 정의하고 있다.[27] 하지만 교회의 신학에 따라 목회자에 대한 이해가 다르기 때문에 목회상담자를 '안수 받은' 목회자로 한정하는 정의는 자유교회전통에 속한 교회들에서는 받아들이기 어려운 기준이라 하겠다. 따라서 목회상담이란 '하나님의 사역자로 부름 받은 소명감을 지닌 자로서

---

23) 전영복, 「기독교상담의 이론과 실제」 (안양: 잠언, 1993), 30.
24) 오윤선, 「기독교상담심리학의 이해」 (서울: 예영 B&P, 2007), 16.
25) Ibid.
26) William R. Miller and Kathleen A. Jackson, *Practical Psychology for Pastors*, 2nd. (Englewood Cliffs, NJ: Prentice Hall, 1995), 3.
27) John Patton, *Pastoral Counseling: A Ministry of the Church* (Nashivlle, TN: Abingdon Press, 1983), 16.

사역자로 교육받고 헌신하는 사람에 의해 이루어지는 체계적인 목회돌봄'이라 할 수 있다. 신학적 전통을 중시하는 사우스웨스턴(Southwestern)의 목회신학자이자 목회상담학자인 브리스터(C. W. Brister)는 목회상담이란, "자신들의 삶에서 하나님께서 역사하시는 가치를 깨닫고 있는 두 사람 이상의 개인들이 성서적 신앙 공동체의 상황에서 발생하는 일들에 관하여 역동적인 차원에서 대화하는 것"이라 정의하고 있다.[28] 미국목회상담자협회(AAPC)는 목회상담에 대해 "목회상담자가 신학과 행동과학으로부터 얻어진 통찰과 원리를 활용하여 전인성과 건강을 지향하면서 개인과 부부, 가족, 그룹 그리고 사회체계와 더불어 노력하는 과정"이라 정의하고 있다.[29]

이상의 목회상담의 신학적 전통에 기초한 여러 정의들을 종합하면, 다음과 같이 목회상담을 정의해 볼 수 있다. 목회상담이란, *"목회적 상황 하에서 목회자가 기독교신앙(믿음)의 기초 위에서 다양한 상담의 기법들을 사용하여 도움이 필요한 개인 또는 집단의 어려움을 돕기 위해 서로의 합의 하에 돌봄의 관계를 맺는 목회돌봄의 한 종류"*이다. 이러한 목회상담은 공식 또는 비공식적 형태의 상담을 비롯하여 치유적이고 문제해결적인 상담은 물론이고 예방적 상담까지 포함한다.

이러한 **목회상담의 주요 목표**는 다음의 세 가지로 요약할 수 있다.[30] 첫째, 신앙생활에서 사람들의 정서적 어려움을 도와 현실적인 도움을 주는 일, 둘째, 인생의 위기나 중대한 결정의 시기 혹은 삶의 전환기에서 영적 도움을 필요로 하는 사람들을 돕는 일, 끝으로, 상담사역자들이 현실을 직면하며 자신의 성품을 건설적으로 변화시키며 하나님과의 친밀감을 증진하도록 준비시키는 일이다.

목회상담의 대표적 초기 학자들로는 시워드 힐트너(Seward Hiltner), 웨인

---

28) C. W. Brister, *The Promise of Counseling* (San Francisco: Harper & Row, 1978), 61.
29) AAPC Membership Directory, 71, 이관직, "목회상담의 정체성," 18에서 재인용.
30) Brister, *The Promise of Counseling*, 189.

오우츠(Wayne Oates), 폴 존슨(Paul Johnson), 캐롤 와이즈(Carroll Wise) 등이 있다. 대표적 초기 목회상담학자들은 신학의 우선성과 교회전통 안에서 학문적 정체성을 유지하려고 노력하였다. 대표적으로 힐트너, 오우츠 등이 목회상담학의 신학적 전통을 강조 유지하려 애썼다.

2) 목회상담의 주요 자원

목회상담은 상담을 할 때 교회전통에서 오랫동안 전해져 내려온 다양한 자원들을 사용한다. 대표적인 자원으로는 기도, 성서, 교회전통에서 비롯된 예전 및 예식 그리고 신앙공동체와 목회자 자신의 신학과 경험 등을 들 수 있다. 이 가운데 목회상담에서 가장 중요한 자원은 바로 목회자 자신이다.

목회자가 삶의 전 과정을 통하여 경험한 지적, 정서적, 영적 체험들이 목회상담에서 가장 유용한 자원에 속한다. 흔히 말하는 '상처 입은 치유자'(a Wounded Healer)의 개념이 바로 이러한 의미를 나타낸다 하겠다. 로마서 8장 28절에 나타나 있듯이 "우리가 알거니와 하나님을 사랑하는 자 곧 그의 뜻대로 부르심을 입은 자들에게는 모든 것이 합력하여 선을 이루느니라"는 말씀은 바로 목회상담의 가장 유용한 자원으로서 목회자 자신의 삶을 설명하는 내용이라 할 수 있다. 이해되지 않고 설명되지 않지만 우리에게 닥친 혹은 우리가 경험한 모든 것들은 하나님의 선하심 아래에서 '치유자' 혹은 '돌보는 자'로서의 삶을 살아가는데 많은 도움이 된다. 비록 목회자 자신의 상처와 고통이 부정적이라 할지라도, 그것이 신앙적 성찰의 과정을 통하여 교인들을 돕는 데 유용한 자원이 될 때 비로소 목회자는 자신의 상처와 고통으로부터 자유로워지며 동시에 '합력하여 선을 이룸'에 감사하게 된다. 따라서 상담자로서의 목회자는 자신의 상처와 고통을 믿음 안에서 직시하고 직면하여 종국에는 자원화 할 수 있는 믿음과 성찰의 사람이어야 한다.

4. 목회상담의 상담적 독특성[31]

1) 목회상담은 종교적 상황의 독특성을 지닌다.

목회상담은 하나님의 임재를 느끼는 가운데 하나님의 사람(representative)과 개인적으로 대화를 나누는 과정이다. 즉 일반상담과는 달리 종교적(신앙적) 상황에서 상담이 진행되며 그 과정 또한 하나님의 속성과 능력에 의지하는 상담이다. 그러므로 성령의 인도하심과 능력에 의지하여 이웃을 사랑함으로 돌보고자 하는 사람은 누구든지 상담할 수 있다. 오히려 지나치게 심리학적인 지식에 의존하여 상담하려는 시도나 상담관련 자격증이 가져다주는 자신감에 의존하여 상담하려는 자세는 목회상담에서 조심해야 할 태도이다. 때때로 상담현장에서 상담자는 상대방의 말을 경청을 통하여 들어주기만 하여도 상대방을 도울 수 있다.

2) 다루는 주제의 독특성

목회상담은 특정 분야를 다루기 때문에 다른 분야는 최소화한다. 즉 일반상담에서 잘 다루지 않는 신앙적 영역이나 교회문제영역 등이 주요 주제가 되며, 직장이나 학교 등의 다른 상황에서 발생하는 문제들에 대한 상담은 적거나 다루지 않는 것이 보통이다.

3) 상담 내용 깊이의 독특성

목회상담에서는 교인들이 겪는 일상에서의 여러 가지 어려움 등을 다루는 것이 보통이다. 따라서 인격의 변화나 정신이상이나 무의식의 세계를 다루는 것은 정신과 전문의나 전문심리치료사에게 도움을 청하거나 이전한다.

---

31) Brister, *The Promise of Counseling*, 60-1.

4) 상담 방법의 독특성

일반상담과 마찬가지로 대화를 통하여 상담을 하는 많은 경우, 어떤 종류의 종교적, 신앙적 의식이나 과정을 사용하는 경우가 흔히 있다(예를 들면 개인 고백의 청취, 사죄의 확인 등).

5) 치유 후의 강단사역과 계속적인 관계의 특성

목회상담은 일반상담과는 달리 시작과 끝이 불분명한 경우가 많고 상담 종결 후의 내담자와의 관계가 계속된다. 그렇기 때문에 목회상담은 기술이나 기법이 우선이 아니라 관계가 본질상 우선이다. 즉 목회상담은 기술이나 기법의 숙달보다는 평소의 관계형성이 매우 중요하며 내담자와의 기존 관계형성으로 말미암아 목회상담이 일반상담보다 효과적인 경우가 많다. 상담 시작이전부터 내담자와 상담자의 관계가 형성되어 있음으로 상담자가 내담자의 문제파악이 빠르고 효과적인 자원들을 유용하게 사용할 수 있다. 하지만, 상담이 끝나더라도 관계가 지속되기 때문에 때때로 어려움이 있을 수 있다. 특히 상담과정에서 내담자가 무의식적으로 표현하는 감추고 싶어 하는 문제들이 드러날 경우 상담 종결 후 관계의 변화에 대해 주의를 기울여야 한다.

6) 상담의 예방적 기능의 독특성

목회상담은 일반적 치유와 회복 및 변화의 목적과 아울러 목회의 득특성으로 인하여 일반상담에서는 하기 어려운 교인들의 격려, 고백의 청취, 조력, 성숙과 성장의 도우미로서 예방적 기능을 담당하기도 한다.

7) 교회공동체의 독특한 신학과 윤리로 인한 독특성과 제한성

교회와 교우들을 대상으로 한 상담이기에 상담자와 내담자 모두 자신들이 속해있는 신앙공동체가 지닌 신앙적 특성의 영향에서 자유로울 수 없다. 그리고 이러한 신앙적 특성은 목회상담자로 하여금 상담현장에서 기법이나 수단의 사용에 제한을 가져온다.

8) 상담에서의 자원 사용의 독특성

상담에서 내담자의 필요에 따라 개인의 믿음, 목회적 축복, 성경, 기도 혹은 공동체의 격려나 기도 등이 사용될 수 있다.

5. 현대목회상담의 당면과제와 대응방안

모든 학문과 신학이 그렇듯이 목회상담 역시 사회적 교회적 상황과 밀접하게 상호 영향을 주고받으며 발전해 간다. 특히 개개인의 문제 및 내면적 변화와 밀접한 연관을 지니고 있는 목회상담은 그 특성상 사회적 변화에 더욱 민감하게 반응하게 된다. 따라서 오늘날 목회상담현장에서 발견하게 되는 현대인의 공통된 문제 및 목회현장에서의 문제와 그에 대응하는 목회상담적 대응방식을 간략하게 살펴봄으로써 오늘날 목회현장의 사역자들이 좀 더 효율적으로 목회돌봄을 제공할 수 있게 하고자 현대 목회상담이 직면하고 있는 당면과제와 그 대응방안을 간략하게 살펴본다.[32]

1) 개인주의의 위협과 대응방안

일반적으로 상담은 서구 개인주의의 바탕에서 출발하였다. 이로 인해 상담은 개인적인 차원의 돌봄으로 여기게 된 경향이 있다. 하지만 교회는 전통적으로 그 지체들을 돌보는 공동체로서 존재한다. 따라서 목회상담의 개인주의는 목회상담의 회중적 신앙전통에서 유리되는 결과를 초래하고 있다.

---

32) C. W. Brister, *Pastoral Care in the Church,* 3rd and exp. (New York: HarperSanFrancisco, 1992), 75-7, 79-83.

이러한 개인주의의 위협의 해결을 위한 목회상담의 신학적 대응 방안은 하나님의 거룩한 터로서의 모든 생명의 신성함과 만인제사장주의에 대한 확신이라 하겠다. 하나님의 자녀 된 모든 이들은 거룩하며 존중받아 마땅하다(시 16:3). 이러한 하나님의 사랑에 근거한 자기존중은 건강한 자기가치와 함께 타인존중과 그에 따른 상호돌봄에 대한 책임과 부담을 가져온다. 그 결과 하나님의 자녀 된 교회공동체에 속한 구성원들은 다른 사람을 존중하는 동시에 하나님의 부름을 받은 거룩한 제사장으로서 하나님의 공동체에 대한 책임을 가지고 실천하고자 한다. 즉 믿음의 공동체에서 서로 함께 짐을 나누어야 하며, 삶의 모든 상황에서 모든 그리스도인은 지체로서 서로 사랑 안에서 섬겨야 한다. 그러므로 목회상담은 개인주의라는 세상과 일반상담의 흐름에 대응하여 공동체적인 접근이 필요하다.

2) 정체성의 혼란과 대응방안

목회상담자는 영적 지도자인 목회자인가 아니면 심리치료사인가? 즉 목회상담자가 전문목회자로서 상담을 하는 사람인가 아니면 상담전문가로서 목회를 하는 사람인가에 대한 상담자 정체성에 대한 혼란이 있을 수 있다.

이의 해결을 위한 목회상담의 신학적 대응 방안은 다음과 같다. 목회상담은 인격적인 창조주 하나님과 피조물로서의 인간과의 인격적인 대화의 한 영역이다. 주문이나 공식 혹은 도식에 근거한 기술이나 기법이 아니다. 즉 목회상담자는 영적지도자로서 사람들의 전인적 건강에 대한 책임을 지닌다. 목회상담자로서의 목회자는 단순한 기법이나 기술로서 사람들을 치유하고 고치는 기술자나 전문가가 아니라, 하나님의 사람으로서 목양관계에서의 인격적 대화의 과정을 통하여 성령께서 어루만지시고 회복시키며 치유하는 경험들을 공유한다.

3) 인본주의의 위협과 대응방안

목회상담은 인간의 필요를 충족시키는 것이 우선적인가? 그렇다면 상담에서 하나님이 서실 자리는 어디에 있는가?

인본주의의 위협에 대한 신학적 대응 방안은 다음과 같다. 목회상담은 예수 그리스도의 주님 되심의 확신에서 시작한다. 상담은 인간본주의적 필요나 욕구의 충족이 그 시작이 아니라 하나님에 대한 진리, 모든 것의 주되신 그리스도의 주님 되심이 출발점이 되어야 한다. 인간의 필요에 대한 응답 역시 하나님의 사랑의 대상으로서의 인간의 필요충족을 추구한다. 이 과정에서 상담은 그리스도의 장성한 분량에 까지 이르는 인간의 성장과 성숙을 방해하는 우상들을 분별하고 제거하기도 한다. 개인의 부정적 과거, 상처, 관계 등이 어떠한 것일지라도 그리스도인들이 그리스도가 자신의(과거와 현재와 미래의 모든) 삶의 주인이심을 신앙 안에서 볼 수 있다면 그러한 부정적 요소에 사로잡히기보다는 새로운 이해를 바탕으로 치유와 회복의 시작을 경험할 수 있다. 한발 더 나아가서 목회상담은 성도들을 키워 우상을 분별하여 스스로 하나님께 영광을 돌리는 성숙으로 이끈다.

4) 자신감과 자격의 과제와 대응방안

'어느 분야를 어느 정도로 어떻게 준비하여야 자신감 있게 상담할 수 있는가' 또한 '자격증이 목회상담자로서의 자격을 말해주는가' 등의 이슈가 오늘날 교회 사역현장에서 섬기는 목회상담의 과제가 되고 있다.

이의 해결을 위한 목회상담의 신학적 대응 방안은 개신교 신학의 핵심인 이신득의에 의한 자유에서 찾을 수 있다. 즉 어떠한 상담자도 자신의 도덕적 우위나 인격적 월등함으로 상담할 자격은 없다. 오직 하나님의 은혜로 말미암은 믿음과 주신 은사와 능력에 의지하여 상담한다. 따라서 상담자는 상담에 임함에 있어서 비판단적 수용의 자세가 필요하며, 나아가 의로움이 아닌 믿음이 필요하다. 궁극적(최종적) 치유자는 하나님 한 분이심을 인정하고 상담과정에서 하나님의 임재를 믿고 겸손하게 내담자를 상담함이 가장 중요하다.

목회상담의 당면과제에서 살펴보았듯이 목회상담현장에서 여러 당면문제들의 예방과 해결을 위해서는 성서적이고도 복음적인 신학이 그 바탕이 되어야 함을 알 수 있다. 따라서 다음 장에서는 먼저 삼위일체 하나님, 즉 성부 하나님, 성자 예수 그리스도, 성령 하나님과 목회상담의 관계에 대하여 살펴보기로 한다.

I부
목회상담의 신학적 기초

모든 상담은 상담자와 내담자의 세계관에 의해 직간접적인 영향을 받는다. 그리고 목회상담은 일반상담과 달리 세계관의 영역에 신학적 확신들이 포함되어 있다.[33] 이러한 목회상담에서의 신학적 확신은 상담과정에서 내담자의 문제 진단에 영향을 미치며, 나아가서 진단에 적합한 돌봄의 접근방법선택에도 영향을 미친다.

상담과정에서 상담자와 내담자는 대화의 내용에 관하여 신앙적 질문을 던지거나 고민하게 되며, 이러한 신앙적 질문이나 사고의 대상이 되는 사건들은 상담자와 내담자 모두에게 중요한 의미로 다가올 수 있다. 그러므로 상담자인 목회자와 내담자인 교인이 지닌 신앙적 확신들은 목회상담 전 과정에 걸쳐 매우 중요한 영향을 미치는 요인이 되는 동시에 요긴한 자원이 된다.

교회의 오랜 목회돌봄 전통이 계승된 목회상담은 사랑의 바탕 위에 하나님의 찾으심과 인간의 필요가 만나는 영역에서 이루어진다. 즉 인간의 존엄성에 기초한 인간의 필요가 상담의 출발이자 궁극적 목표인 인본주의적 일반상담과 달리 목회상담은 우리 인간을 향한 하나님의 우선적 사랑이 그 출발점이 된다. 목회상담은 하나님의 인간에 대한 사랑 때문에 하나님께서 인간의 필요에 응답하는 일련의 과정에서 이루어지는 치유와 지탱과 인도와 화해의 사역이다. 따라서 목회상담의 본질을 제대로 이해하고 상담을 효과적으로 하기 위해서는 목회상담의 기초를 이루고 있는 다음의 장에서 살펴볼 주요 신학적 기초들을 점검해야 할 필요가 있다.

---

33) Seward Hiltner, *Preface to Pastoral Theology* (New York: Abingdon Press, 1958), 220.

| 2장 |
삼위일체 하나님과 목회상담

1. 성부 하나님과 목회상담

　기독교인의 하나님에 대한 인식(신관, 神觀)은 그것이 삶의 모든 영역에 걸쳐 영향을 주기 때문에 매우 중요하다. 특히 상담자인 목회자의 하나님에 대한 인식은 목회돌봄사역 여러 영역에 직접적인 영향을 끼치기 때문에 더욱 중요하다. 하나님에 대하여 알고자 할 때 우리는 두 가지 문제에 직면한다. 첫째, 어떻게 유한하고 제한된 인간이 무한하고 전능하신 하나님을 알 수 있는가? 둘째, 하나님에 대하여 어떤 관점에서 무엇을 어느 정도 알아야 하는가?

　사실, 첫째 문제는 하나님께서 사랑 때문에 자신을 스스로 우리 인간에게 알리셨기에 가능하다. 하나님의 이러한 '자기개방'(self-disclose) 혹은 '계시' (revelation)는 우리 인간을 향한 하나님의 사랑이 그 출발점이 되며, 이러한 하나님의 사랑은 성서(특별계시)는 물론이고 피조된 모든 것들(일반계시)을 통하여 표현되어 왔다. 따라서 하나님에 대하여 알고자 할 때 우리는 이러한 계시된 것들을 바탕으로 제한적이나마 하나님에 대하여 알 수 있다. 둘째 문제는 하나님에 대하여 알고자 할 때, 그 광범위함과 깊이뿐만 아니라 신앙적인 관점에 따라 여러 다른 입장을 취하기 때문에 어려움에 직면한다. 즉 어떠한 신앙적 관점에서, 하나님의 무엇에 대하여, 어느 정도로 알아야 하는가의 문제는 하나님에 대하여 알고자 할 때 겪게 되는 어려움이다. 하지만 본 장에서 다루는 내용이 목회상담과 관련된 것이며 목회상담자로서 준비하는 사람들에게 필요한 정도의 범위와 깊이이기에 그 내용은 제한적일 수밖에 없다. 따라서 본장에서는 성서에 나타난 하나님의 '속성'(attributes) 가운데서 보편적으로 알려져 있는 하나님의 특성을 살펴본 후, 목회상담과 밀접한 관련이 있는 하나님의 성품에 대하여 살펴본다.

1) 목회상담과 하나님의 특성, 성품, 능력

(1) 하나님의 특성

세상 각 종교들에는 자기들만의 고유한 신(神) 또는 하나님이 있다. 그리고 이러한 신(神) 개념은 해당 종교의 핵심적 요소로서 삶의 모든 영역에 영향을 미친다. 세상 사람들이 만든 다른 종교의 신들과 달리, 하나님께서 직접 자신을 드러내시고 알려주신 사실에 기초하여 우리 기독교인들이 알고 믿고 있는 하나님은 어떠한 특성을 지니고 있는가?

이러한 하나님의 특성에 대한 우선적이고도 가장 권위있는 자료는 성서이다. 이러한 성서에 나타난 하나님의 특성을 간략하게 살펴보면 다음과 같다.

첫째, 하나님은 '살아계신 하나님'(the Living God)이다. 성서에서 가장 극적인 장면 중의 하나로 꼽히고 있는 엘리야 선지자 한 사람과 팔백 오십 명의 바알신과 아세라신을 섬기는 선지자 간에 벌어진 갈멜산에서의 사건은 어느

신이 살아있는 신인가를 보여주는 사건이었다. 그리고 그 결과는 우리가 믿는 여호와 하나님만이 유일한 살아계신 신이심을 보여준다.[34] 인간의 생각과 손으로 만든 어떠한 종류의 신도 생명이 없는 피조된 신이기에 인간의 요청에 반응할 수 없으며 결코 행동할 수 없다. 하지만 우리가 믿는 여호와 하나님은 살아계시기 때문에 우리 개개인의 삶의 현장에서 우리에게 응답하시고 역사하신다. 인간의 역사에서 그리고 개개인의 삶 가운데서 '행동하시는 하나님'(the Acting God)이야말로 진정 살아계신 하나님이시다. 그리고 목회상담은 이렇게 살아서 행동하시는 하나님이 기초가 되는 상담이기에 생명의 열매가 맺힌다.

둘째, 하나님은 영(spirit)이시다(요 4:24). 하나님은 영이시기 때문에 눈으로 보이는 형상으로 존재하시지 않고, 육체적 한계의 지배를 받지 않으시기 때문에 지리적 공간적 제약을 초월하신다(행 17:24). 나아가서 육체가 아니시기 때문에 물질로 이루어진 존재와 달리 시간적 제약을 받지 않으시며 소멸하시지도 않는다.[35] 따라서 우리가 문제에 직면하여 도움을 청할 때, 시간적 공간적 제약을 받지 않으시는 영이신 하나님은 언제건 어디서건 상관없이 즉각 우리의 기도와 요청에 응답하시며 우리를 도우신다.

셋째, 하나님은 인격적이시다. 철학적 하나님, 심리학적 하나님은 '관념적'으로만 존재하기 때문에 인격체로서 우리 각 개인과 대화하거나 교제하며 관계를 맺을 수는 없다. 인간은 관념적으로 혹은 아바타와 같은 가상적인 이미지로 신을 만들어 낼 수 있지만, 이렇게 만들어진 신은 결코 독립적인 인격체로 존재할 수 없다. 이러한 신은 스스로 선택하거나 책임을 지거나 감정을 가질 수 없으며, 우리와 대화하거나 교제 할 수 없고, 그렇기에 서로 인격적 관계를 맺을 수 없다.

---

34) 이 사건에 대한 자세한 설명은 열왕기상 18장 19절 이하를 참조하시오.
35) Millard J. Erickson, *Christian Theology* (Grand Rapids, MI.: Baker Book, 1998), 267-8.

그러나 우리가 믿고 있는 하나님은 인격적인 분이시기에 가상이나 관념 속에서 만들어낸 신과 달리 구체적인 시간과 장소와 사건 속에서 스스로 자신을 드러내시고 대화하시며 감정을 표현하시며 우리와의 관계를 발전시켜 나가는 분이시다. 그렇기에 기독교의 하나님은 우리 개인이 소외와 고통과 슬픔의 상황에 처했을 때, 그 아픔을 이해하고, 함께 슬픔을 나누며, 외로움을 달래줄 수 있다. 목회상담에서 이러한 인격적 하나님에 대한 믿음은 상담자와 내담자 모두에게 중요한 자원이 되며 격려가 된다.

넷째, 하나님은 '영원하고 변함이 없는'(the Everlasting and Unchanging God) 분이시다. 시편 기자는 이러한 하나님에 대해 "천지는 없어지려니와 주는 영존하시겠고 그것들은 다 옷 같이 낡으리니 의복 같이 바꾸시면 바뀌려니와 주는 한결같으시고 주의 연대는 무궁하리이다"라고 노래하고 있다.[36] 하나님은 이러한 분이시기 때문에 우리에 대한 사랑이 결코 변하지 않으시며, 우리를 자신의 계획 가운데 세우시며 끝까지 지키시고 보호하시며 당신의 뜻을 이루어 가신다. 여기서 '변함이 없는 하나님'이라는 개념은 하나님이 자신의 계획을 컴퓨터 프로그램처럼 기계적으로 진행하신다는 것을 의미하지 않는다. 또한 인간이 하나님의 프로그램 속에 있는 부속품처럼 정해진 경로나 프로그램을 수행하도록 지음 받은 존재가 아님을 의미한다. 왜냐하면 어느 누구도 참다운 사랑의 관계를 원한다면 자신이 진정으로 사랑하는 대상이 기계적으로 반응하는 존재가 되기를 원하지 않기 때문이다. 따라서 하나님의 불변성은 하나님과 인간이 인격적이기 때문에 항상 상호작용적인 측면을 지니고 있다. 왜냐하면 하나님께서는 선하시며 우리를 사랑하시기 때문이다.[37] 사랑은 상대방에 대한 민감함을 포함한다. 그렇기에 사랑의 대상인 우리의 변화에 대해 하나님께서는

---

36) 시편 102: 26-7. 이 밖에 하나님의 불변성에 대한 성서의 직접적인 언급은 말라기 3장 6절, 야고보서 1장 17절 등을 참조하시오.
37) Erikson, *Christian Theology*, 279-80.

언제나 민감하게 반응하시며 언제든지 우리의 유익을 위해 자신의 계획을 변경하시기를 주저하지 않으신다. 이러한 하나님이시기 때문에 회개와 용서와 구원이 가능하다.[38)]

(2) 하나님의 성품

하나님의 특성과 성품은 불가분의 관계이지만, 하나님에 대한 이해를 좀 더 자세히 하기 위해 다른 종교의 신관과 차별성을 보여주는 성서에 나타난 여러 가지 하나님의 성품을 구별하여 살펴보고자 한다. 성서에서 발견할 수 있는 하나님의 성품은 무수히 많지만, 그 가운데서 대표적인 성품을 꼽자면 다음과 같이 요약할 수 있다. 하나님은 사랑이시며, 선하시고, 거룩하시며, 의로우시며, 진실하시고 성실하시다.

첫째, 하나님은 사랑이다. 하나님의 성품 중 우리에게 가장 분명하고 우선적으로 떠오르는 것을 들라면 그것은 바로 '사랑'일 것이다. 인간의 가장 깊은 정서적 욕구 중의 하나가 '애착'(attachment)인 이유도 바로 우리가 '사랑이신 하나님'(요일 4:8, 16)의 형상을 닮은 존재이기 때문이라고 할 수 있다.[39)] 이러한 하나님의 사랑은 우리 자신의 무수한 흠결에도 불구하고 아무 조건 없이 우리들을 불쌍히 여기시고 도와주시며 오래 참으시는 모습으로 표현된다.[40)] 이러한 하나님의 사랑이 가장 잘 드러나고 궁극적으로 나타난 곳은 우리를 살리시기 위해 자신의 독생자를 대신 죽게 하신 골고다 언덕의 십자가이다(요 3:16). 무조건적으로 후히 주시고 오래 참으시는 하나님의 사랑에 의지하여 우리는 우리의 문제를 하나님 앞에 내어놓고 도우심을 구한다. 이러한 하나님의

---

38) 이와 관련된 성서적인 예들은 쉽게 찾아볼 수 있다. 창세기 3장에서 인간의 범죄 이후의 아담과 하와를 돌보신 하나님의 태도, 요나서에 나오는 니느웨의 회개, 창세기 18장에 나오는 소돔과 고모라에 대한 심판에서 의인을 50명에서 10명으로 요청한 아브라함의 간구에 대한 하나님의 응답, 예수님의 돌아온 탕자의 비유 등이 하나님의 사랑에 근거한 응답과 변화를 잘 나타내고 있다.
39) Gary R. Collins, *Biblical Basis of Christian Counseling for People Helpers* (Colorado Springs, Colo.: NavPress, 1993), 69.
40) 이에 대한 더 깊은 신학적 의미를 알고자 한다면 Erickson, *Christian Theology*, 292-7을 참조하시오.

사랑이야말로 어려움에 처해있는 불안한 내담자에게는 어떠한 어려운 상황에서도 최고의 안전감을 제공하는 근거가 된다. 내담자가 이러한 하나님의 사랑에 대한 확신을 지니고 있다면 상담과정에서 자신의 문제를 해결하는데 매우 효과적이 된다.

둘째, 하나님은 거룩하시다. 하나님의 거룩하심은 우리 개개인의 삶에서 도덕적/윤리적이어야 할 이유를 제시한다(레 11:44-5). 그리고 이러한 요구는 하나님과 우리의 친밀한 관계를 위해 필수적이다. 거룩하신 하나님과 교제하고 가까이 하기 위해 우리 역시 거룩해야 한다. 거룩함이란 사회 속에서 우리가 갖는 상대적인 도덕적 우월감과는 전혀 다르다. 기독교인의 도덕적 기준은 사회적인 것이 아니라 성서적이며 신앙적이어야 한다. 따라서 우리 모두가 예수 그리스도를 믿고 하나님의 소유가 됨으로 인하여 위치적으로 이미 거룩해졌다. 하지만 하나님과의 더욱 친밀한 관계를 위해서 여전히 우리는 전 생애를 통하여 하나님의 거룩하심에 걸 맞는 삶을 살 책임이 있으며, 동시에 그렇게 하지 못할 경우 날마다 우리의 잘못을 고백하고 용서받음으로써 하나님께 가까이 나아갈 수 있는, 하나님과 만나 교제할 수 있는 경건생활이 필요하다.

셋째, 하나님은 의로우시다. 하나님의 의로우심은 하나님의 거룩하심과 자연스럽게 연결되는 성품이다. 하나님께서 성서에서 제시하신 의로움과 관련된 삶의 기준들은 하나님의 거룩하심이 사회 내의 관계들에 반영된 것이라고 할 수 있다.[41] 그러므로 대인관계와 집단 간의 관계, 나아가서 생태계까지 확장하여 이러한 하나님의 의로우심을 적용할 수 있다. 개인과 사회에서 의로움을 실현하는데 있어서 가장 커다란 장애는 인간의 자기중심성 내지는 이기적인 마음이다. 이것은 이웃보다 자신을 우선적으로 생각하며, 하나님보다 하나님께서 허락하

---

41) Erickson, *Christian Theology*, 286.

신 것에 더 마음을 두는 자기중심적 욕구 지향의 태도이다.[42] 예수님은 성서의 모든 가르침을 요약한 의로움의 기준을 보여준다. 그것은 바로 마음을 다하여 하나님을 사랑하며 이웃을 내 몸과 같이 사랑하는 것이다.[43] 이 두 가지는 불가분의 관계이다. 누군가를 사랑하는 사람이 그 대상을 사랑하는 방법중의 하나는 그 사랑하는 사람이 좋아하는 일을 기쁨으로 하는 것이다. 마찬가지로 하나님을 사랑하는 이는 하나님이 가장 사랑하는 대상인 사람(이웃)을 사랑하는 일을 하게 마련이다. 따라서 하나님 사랑과 이웃 사랑은 분리될 수 없으며, 하나님 사랑은 반드시 이웃 사랑의 형태로 표현되어야 하며 이러한 이웃 사랑의 구체적인 태도는 바로 공평함과 정의로움으로 나타나게 된다.

넷째, 하나님의 의로우심은 그 분의 진실하심과 성실하심을 통해 역사와 우리의 삶의 현장에서 구현된다. 하나님은 거짓이 없으시며(딛 1:2), 약속을 끝까지 지키신다.[44] 하나님의 진실하심과 성실하심에 대한 우리의 믿음은 하나님의 약속이 기록되어 있는 성서적 자원에 대한 우리의 확신을 뒷받침하여 우리의 삶을 풍성하게 하며, 나아가 진리가 상대적으로 변해가는 포스트모던 시대에 우리에게 흔들리지 않는 올바른 삶의 기초를 제공한다. 하나님은 진실을 말씀하시며, 그 말씀을 임의대로 바꾸지 아니하시고 끝까지 지키신다는 믿음은 목회상담에서 목회자인 상담자와 내담자인 교인 모두에게 힘이 되고 격려가 되는 소중한 자원이다.[45]

이상에서 살펴 본 성부 하나님의 성품은 역사적으로 성자 예수 그리스도의

---

42) Ibid., 287.
43) 마가복음 12:28-31, "서기관 중 한 사람이 그들이 변론하는 것을 듣고 예수께서 잘 대답하신 줄을 알고 나아와 묻되 모든 계명 중에 첫째가 무엇이니이까 예수께서 대답하시되 첫째는 이것이니 이스라엘아 들으라 주 곧 우리 하나님은 유일한 주시라 네 마음을 다하고 목숨을 다하고 뜻을 다하고 힘을 다하여 주 너의 하나님을 사랑하라 하신 것이요 둘째는 이것이니 네 이웃을 네 자신과 같이 사랑하라 하신 것이라 이보다 더 큰 계명이 없느니라."
44) 민수기 23:19, "하나님은 사람이 아니시니 거짓말을 하지 않으시고 인생이 아니시니 후회가 없으시도다 어찌 그 말씀하신 바를 행하지 않으시며 또 하신 말씀을 실행하지 않으시랴." 데살로니가전서 5:24, "여러분을 부르시는 분은 신실하시니, 이 일을 또한 이루실 것입니다"(새번역).
45) Jay E. Adams, *A Theology of Christian Counseling* (Grand Rapids, MI: Ministry Resources Library, 1979), 52-3.

삶과 사역과 가르침을 통하여 구체적으로 실현되었고 우리의 구체적인 삶의 정황을 통해서 확인할 수 있었기 때문에 좀 더 명확한 이해가 가능하다. 이렇게 예수 그리스도를 통해서 구현된 하나님의 속성이 목회상담에 어떻게 적용되는가를 다음에서 살펴보기로 하자.

2. 성자 예수 그리스도와 목회상담

기독교진리의 중심은 예수 그리스도이다. 나아가서 예수 그리스도는 목양의 궁극적 모본이시기에 목회상담은 예수 그리스도를 모델로 하는 상담이라고 할 수 있다. 예수 그리스도를 모델로 하는 상담이란 말은 예수 그리스도가 목회상담자의 모델로서 중요할 뿐만 아니라 상담의 궁극적 목표가 예수 그리스도이어야 함을 의미한다. 모든 상담은 그 상담이 지향하는 치유적 목표가 있다. 목회상담은 전인적 치유를 지향하며 궁극적으로 예수 그리스도를 닮아가는 삶을 상담의 목표로 삼고 있다. 이런 점에서 목회상담에서 예수 그리스도는 상담의 궁극적 목표가 되며 상담자는 상담과정을 통하여 하나님의 자녀인 내담자가 그리스도의 장성한 분량까지 성장하도록 돕는다.

성서는 상담자로서 예수님에 대하여 "그의 이름은 기묘자라, 모사라,"(개역개정) "놀라우신 조언자"(새번역)라고 기록하고 있다(사9:6). 이 구절의 영문번역 성서(NIV, RSV, NASV)는 "훌륭한 상담자"(be called Wonderful Counselor)라고 번역하고 있다.[46] 예수님은 완전한 하나님이자 완전한 인간으로 이 땅에 오셨기 때문에, 하늘의 지혜와 능력으로 본인이 직접 경험하고 살았던 인간의 모든 문제들을 가장 '완벽하게' 이해하고 치유하고 위로하고 조언하며 변화시킬 수 있다. 이사야 선지자는 완벽한 상담자이신 예수 그리스도에 대하여 11장 2절

---

46) Ian F. Jones, *The Counsel of Heaven on Earth* (Nashville, TN: B&H Publishing Group, 2006), 94. 여기서 '기묘자' 혹은 '놀라우신'이라는 히브리어 *pali*는 인간의 이해범위를 넘어선 하나님의 초월적이고 초자연적인 능력을 의미하는 단어이다. 즉 상담자로서의 예수 그리스도는 인간의 지식과 상상의 한계를 초월한 완벽하면서도 대단하며 위대한 상담자란 사실을 보여준다.

에서 좀 더 구체적으로 설명하고 있다: "그의 위에 여호와의 영 곧 지혜와 총명의 영이요 모략과 재능의 영이요 지식과 여호와를 경외하는 영이 강림하시리니……"[47]

이처럼 성서는 직접적으로 상담자로서의 예수 그리스도를 제시하기도 하지만 복음서에 나타난 예수 그리스도의 삶과 사역과 가르침을 통해 목회상담이 추구해야 할 모델과 방법적 통찰을 제공한다. 즉 예수 그리스도의 삶과 행하신 사역들이 바로 목회상담자들이 신앙인으로서 뿐만 아니라 상담자로서 전 생애동안 힘써 따라가야 할 내용들인 것이다. 따라서 먼저, 예수 그리스도의 삶에서 가장 중심된 영역인 '성육신'과 이로 인한 '임마누엘'의 의미를 통하여 목회상담의 적용점을 찾아보도록 하자.

1) 성육신(Incarnation)과 감정이입(Empathy)

목회상담에서 교회전통을 통한 신학적 정체성의 회복을 주장한 토마스 오든(Thomas Oden)은 성육신에 대하여 "하나님께서 우리들의 준거의 틀을 가정하시고, 인간의 유한성과 소외의 상황 속으로 들어오시어 인간의 조건, 심지어 죽음까지도 공유하시는 것"이라고 표현하면서 이를 상담에서의 '감정이입' (empathy)에 적용하고 있다.[48] 사실 모든 성공적인 상담의 중요한 요소 중의 하나는 감정이입(empathy)이다. 이것은 상담자의 입장에서 내담자의 어려움이나 고통에 기꺼이 함께 하고자 하는 마음을 의미한다. 이는 비록 그 어려움이나 고통의 당사자는 아니지만 상담자가 내담자의 마음을 이해하고 있음을 내담자가 알게 함으로써, 상처받고 있는 내담자로 하여금 자신의 아픔이 상대 상담자에 의해 이해되고 있음을 느끼게 하는 것이다.

---

47) 이 구절에서 나타난 상담자로서의 예수 그리스도의 6가지 특성에 대한 매우 자세한 설명은 Jones의 *The Counsel of Heaven on Earth*, 96–120를 참조하시오.
48) Thomas C. Oden, *Kerygma and Counseling: Toward a Covenant Ontology for Secular Psychotherapy* (Philadelphia, PA: Westminster Press, 1966), 50.

이와 관련된 대표적인 성서의 예는 예수 그리스도의 '자기 비움'(kenosis)을 찬양하고 있는 빌립보서 2장 5-8절이다: "너희 안에 이 마음을 품으라 곧 그리스도 예수의 마음이니 그는 근본 하나님의 본체시나 하나님과 동등 됨을 취할 것으로 여기지 아니하시고 오히려 자기를 비워 종의 형체를 가지사 사람들과 같이 되셨고 사람의 모양으로 나타나사 자기를 낮추시고 죽기까지 복종하셨으니 곧 십자가에 죽으심이라."

예수님이 자신의 하나님됨의 자각을 잃지 않으면서 인간으로 오셔서 우리의 고통에 함께하신 것과 마찬가지로 상담자는 감정이입을 통하여 자기됨을 잃지 않으면서 내담자의 고통에 동참하게 된다. 즉 상담자는 효율적인 상담을 위해 내담자의 감정에 몰입되지 않으면서 자신의 정체성을 건강하게 유지하면서 내담자로 하여금 내담자 자신의 감정이 이해되고 수용되고 있다는 사실을 깨닫도록 하여야 한다. 성육신에서 찾을 수 있는 이러한 상담에서의 감정이입은 더 나아가 상담자의 내담자와 '함께함'과 불가분의 관계에 있다. 이러한 '함께함'은 '하나님께서 우리와 함께 하신다'는 뜻을 지닌 예수 그리스도의 또 다른 이름인 '임마누엘'(Immanuel, 사 7:14; 마 1:23)에서 그 상담적 적용점을 찾아볼 수 있다.

2) 임마누엘과 임재 사역(ministry of presence)

필자가 미국 텍사스주에 위치한 달라스시 남부 오클리 지역에 있는 감리교 종합병원(Methodist Medical Center)에서 임상목회교육(CPE)을 수련할 때 경험한 일이다. 필자는 새로운 환자를 심방하고 상담이 필요한 환자를 상담하는 한편, 일주일에 한 번씩 병원 4층에 있는 신장투석실을 방문하여 환자들을 돌보는 일을 하고 있었다. 어느 날 오후, 신장투석실을 방문해 그곳에 있는 환자들을 한 사람 한 사람 돌아보며 도움이 필요한지를 묻고 있었는데, 그 방 왼쪽

귀퉁이에 누워서 투석을 받고 있던 자그마한 흑인 할머니의 가느다란 목소리가 들려왔다. 혹여 도움이 필요한가 하여 가까이 다가가서 도움이 필요한지를 물었다. 그러자 담요를 두르고 있던 할머니는 힘겨운 목소리로 다음과 같이 말했다. "내 손을 좀 잡아줄 수 있어요?" 나는 혹시 잘못들은 것이 아닌가 하여 다시 할머니에게 뭐라 말씀하셨는지를 물었다. 그러자 할머니는 다시 한 번 자신의 손을 잡아달라는 부탁을 했다. 나는 옆에 있던 보조의자를 가져다가 할머니의 침대 옆에 놓고 앉아서는 두 손으로 할머니의 힘없이 내밀어진 작고 주름진 손을 가만히 잡았다. 할머니의 손은 매우 차가웠고, 아무 말도 나누지 않고 지친 듯 눈을 감고계신 할머니의 손을 잡은 채 시간이 조금 지나자 그 차가운 손에 온기가 돌기 시작했다. 잠시 후 할머니는 기력을 조금 차리셨는지 자그마한 목소리로 "이제 되었어요. 정말 고마워요"라고 말했다.

무엇이 할머니를 편안하게 만들고 고맙다는 말을 하게 했을까? 외로움과 고통 중에 있는 할머니가 손잡음이라는 '함께함'의 행위를 통하여 자신이 여전히 한 인간으로서 관계와 돌봄과 사랑의 대상이 되고 있음을 확인할 수 있었기 때문이 아니었을까?. 특별히 필요한 말이나 도움을 주는 일 없이 단지 그 자리, 그 상황에 하나님을 대신하여 외로움과 고통과 어려움 중에 있는 사람들과 함께 있어주는 일이 바로 '임재사역'(the ministry of presence)이며, 예수 그리스도의 임마누엘을 삶의 현장에서 구현하는 일이다. 상담자는 내담자의 문제를 해결하는 전문기술자로서가 아니라 내담자의 형편과 상황을 이해하고 그들과 같은 자리에 함께 서는 것으로부터 상담을 시작한다. 왜냐하면 그래야만 내담자에 대한 정확한 공감과 이해가 가능하기 때문이다. 즉 '임마누엘'에서 배우는 것이 바로 상담자가 지녀야 할 자세이며 효율적인 상담의 첫 걸음이라 할 수 있다.

고통을 받고 있는 사람이 상담자에게 도움을 요청해 올 때, 그 사람이 있는 바로 그 곳에 '함께 하는' 태도가 바로 예수 그리스도의 임마누엘을 실천하는 목회상담자의 자세이다. 예수님은 하나님이셨음에도 우리 인간과 같이 신체적 고통을 함께 겪으셨을 뿐만 아니라 즐거움과 슬픔 등도 함께 하셨다. 그분은 목마름과 배고픔의 고통을 아셨고, 가족의 몰이해에 힘들어했으며, 사람들의 불의와 불신앙에 분노하시고 탄식하셨으며(막 3:5, 12; 막 8:12), 친구의 죽음 앞에 깊이 슬퍼하기도 하셨다(요 11:35). 참으로 예수 그리스도는 '임마누엘'로서 우리와 함께 계시며 '우리의 연약함을 체휼(처지를 이해하여 가엾게 여기다)/동정(sympathize)하시는' 삶을 사셨다(히 4:15). 복음서의 기록들은 예수 그리스도의 삶이 진정으로 자신이 그토록 사랑했던 '사람들과 함께 하였던' 삶이라는 사실을 보여주고 있으며, 이러한 임마누엘의 사역은 우리 안에 거하시는 성령을 통해서 확증되고 계속 이어져 내려오고 있다.

3) 예수 그리스도의 죽음과 부활

목회상담을 포함한 모든 상담은 변화를 목표로 한다. 하지만 목회상담의 목표는 일반상담의 문제해결이나 완화지향의 목표에서 더 나아가 근본적인 인간 변화를 목표로 한다. 사람들이 겪는 여러 가지 문제의 근원에는 모든 인류가 지니고 있는 죄의 문제가 자리하고 있다. 따라서 문제의 뿌리인 죄의 문제를 해결하지 않는 한 그 문제는 대증적(對症的)이어서 단지 일시적, 완화적 또는 미봉책일 수밖에 없다. 이런 점에서 목회상담은 내담자의 문제해결이나 증상의 완화에서 한걸음 더 나아가 삶의 근본적 변화를 가져오는 내담자가 지닌 문제의 뿌리인 죄의 문제에 대한 해결까지도 추구한다. 이러한 죄 문제 해결의 열쇠는 바로 예수 그리스도의 대속적 죽음과 부활에 있다. 즉 목회상담에서 내담자의 문제해결은 바로 예수 그리스도께서 우리의 죄를 위하여 대신 죽으심으로 죄의 문제를 해결하셨기 때문에 가능해졌으며, 나아가 새로운 인생이 되어 변화된 삶을 살 수 있게 되었다.[49] 이처럼 예수 그리스도의 대속 죽음과 부활은 목회상담에서 근본적인 문제해결을 위한 토대가 되며, 이를 바탕으로 관계의 회복과 내면 상처의 치유, 자신과의 평화와 매일의 삶에서의 평안이 가능해진다. 즉 하나님과의 관계 및 다른 사람들과의 관계가 건강하게 회복되며(롬 5:1; 엡 2:13-8), 자신과의 관계에서는 자신을 수용하고 사랑하며 자신의 상처를 직면하고 치유하게 된다(사 53:5). 더 나아가 이러한 자기치유를 바탕으로 다른 사람들의 상처를 이해하고 감싸 안아 줌으로써 다른 이가 지닌 문제의 근본적 치유와 회복을 가능하게 하며, 죽음 앞에서도 흔들리지 않는 희망을 전달하는 일에 헌신할 수 있게 된다.

4) 예수 그리스도의 사역과 가르침의 목회상담적 적용

예수님이 이 땅에 오신 목적은 모든 사람이 생명을 얻게 할 뿐만 아니라 더 풍성한 삶을 살 수 있도록 하기 위함이다(요 10:10). 예수 그리스도께서 우리로 하여금 더 풍성한 삶을 누릴 수 있도록 하신 사역은 바로 치유적 영역과 권면적 혹은 예언적(예방적) 가르침의 영역이라 할 수 있다.[50] 먼저 예수님이 보여주신 치유사역은 전인적 치유사역으로, 신체적인 영역은 물론이고 사회적 정서적 고통 가운데 있는 사람들을 포함하고 있다. 요한복음 4장에 기록되어 있는 사마리아지방 수가라는 마을에서 예수님과 한 여인과의 만남은 그 여인이 속한 사회적 정치적 상황의 문제뿐만 아니라, 그 여인의 정서적 관계적 영역에 깊은 관심을 가지셨던 예수님의 사역의 특징을 보여주고 있다(요 4:1-42). 또한 사회적으로 소외당하여 깊은 상처를 지니고 있었던 여리고 사람 삭개오 역시 예수님이 먼저 다가가서 치유하셨던 사실을 볼 수 있다(눅 19:1-10). 이 밖에도

---

49) 에베소서 2:1-10; 고린도후서 5:17-8.
50) Erickson, *Christian Theology*, 764; 마태복음 21:11; 이사야 53:5.

예수님은 하나님의 자녀로서 새로운 삶의 모습을 제시한 산상수훈(마 5-7)과 잃어버린 자에 대한 비유(눅 15)를 포함한 여러 가지 비유들 그리고 제자들을 향한 마지막 교훈(요 14-17) 등과 같은 가르침을 통하여 예언적(예방적)인 돌봄에 관한 사역의 모본을 보여주셨다.

이상에서 살펴본 예수님이 공생애 동안 행하신 사역과 가르침에서 배울 수 있는 목회상담적 적용점은 다음의 다섯 가지로 요약해 볼 수 있다. 첫째, 예수님이 사람들에게 '깊은 연민을 지니고'(fully compassionate) 있었다는 점이다. 예수님은 우리를 보실 때, "목자 없는 양 같음을 인하여 불쌍히 여기사"(막 6:34)라는 말씀처럼, 우리 개개인의 문제에 함께 참여하시고, 직면하시며, 끝까지 동행하셨다. '연민'을 의미하는 영어 단어인 'compassion'은 'com'(with, ~와 함께)과 'suffer'(고통)을 의미하는 'passion'의 합성어이다. 즉 연민을 의미하는 영어 단어는 '누구누구와 고통을 함께하다'라는 의미를 지니고 있다. 우리는 이러한 연민의 태도를 이 땅에 육신을 입고 오신 예수님의 모습에서 찾아볼 수 있다. 또한 우리는 이러한 연민의 태도가 예수님의 공생애 기간 동안 행하신 사역과 가르침의 바탕에 깔려 있다는 사실을 알아야 한다.

둘째, 예수님은 그의 사역과 가르침에서 사람들을 있는 그대로 수용하셨다. 즉 상담적 용어로 볼 때, 예수님은 그가 만나는 모든 사람들을 '비(非)판단적으로 수용'(non-judgemental acceptance)하셨다. 누가복음 19장의 사회적으로 매국노로 취급받았던 세리장 삭개오와의 만남과 요한복음 4장의 사마리아 수가성의 우물가에서 사회적으로 배척받고 있었던 여인과의 만남 그리고 요한복음 8장 1-11절의 간음하다 현장에서 붙잡혀 온 여인과의 만남 등에서 나타나는 예수님의 태도는 다른 사람들의 아픔과 문제에 접근하는 우리의 기본적인 자세가 비판단적이어야 한다는 사실을 일깨워 준다.

셋째, 예수님은 사람들에게 자아존중감과 안전감을 심어주셨다. 예수님은 열 두 제자들을 처음 사역 현장에 파송하실 때, 불안해하고 자신 없어 하면서 힘들어하는 제자들을 향해 "참새 두 마리가 한 앗사리온에...... 너희에게는 머리 털까지 세신 바 되었나니 두려워하지 말라 너희는 많은 참새보다 귀하니라"(마 10:29-31)고 말씀하셨다. 인간에게 가장 필요한 중요한 정서적 요소는 '자기존중감'과 '안전감'이라고 할 수 있다.[51] 물론 여기서 언급하고 있는 자기존중감은 그 존중감의 기초가 우리 자신의 사회적 경제적 지위나 소유가 아니라 하나님의 절대적인 사랑에 기초한 자기존중감을 의미한다. 예수님은 우리가 이러한 자기존중감과 안전감을 통하여 문제와 어려움을 극복하는 건강하고 풍성한 삶을 누리기를 원하신다.

넷째, 예수님은 경우와 상황에 가장 적합한 여러 가지 접근방식을 취하여 '상황에 민감한'(situationally sensitive) 상담태도를 보여주셨다. 만져주심이 필요한 이들은 만져 주시고(마 8:2-3, 한센병에 걸린 환자들을 만져주심), 도전이 필요한 이들에게는 도전하시고(요한복음 3장의 니고데모와의 대화), 위로와 격려가 필요한 이들에게는 위로와 격려를 주신다(요한복음 11장의 나사로의 죽음을 함께 애통해 하심). 이러한 상황적 접근은 내담자와의 효과적인 '라포' (rapport) 형성에 도움이 되며 나아가서 효율적인 상담 목표의 성취를 위해서도 필요하다.

다섯째, 예수님이 보여주신 사례를 통해 목회상담의 주요단계에 대한 통찰을 엿볼 수 있다. 누가복음 24장 13-31절에는 예수님의 죽음을 목격하고 실망하여 엠마오로 돌아가는 제자들이 등장한다. 예수님은 이들을 만나 주셨고 이들과 함께 대화를 나누셨다. 이 사건을 통해서 발견할 수 있는 상담의 주요단계들은 다음과 같다. i) 관계형성(15절): "예수께서 가까이 이르러 저희와 동행하시나", ii) 문제탐색과 명료화(17-18절), iii) 탐색(19절): "무슨 일이뇨?" 열린 질문을

---

51) Lawrence J. Crabb, *Effective Biblical Counseling* (Grand Rapids: Zondervan, 1977), 61.

통한 명료화,[52] iv) 행동방향의 결정(25-26절), v) 행동하도록 도움(27절), vi) 관계의 종료와 적용과 격려.

이상에서 살펴 본 예수 그리스도의 모든 삶과 사역은 예수님이 성령 안에서 일하신 내용들이다. 성령 안에서 성령과 함께 하지 않으신 예수 그리스도의 삶과 사역은 결코 존재하지 않는다. 이 땅에서 예수 그리스도의 모든 것은 성령 안에서 시작하여 완성된 것이다. 이러한 성령의 사역과 관련된 목회상담에 대하여 다음에서 살펴보기로 하자.

3. 성령과 목회상담

목회상담은 성령이 도우셔야 가능한 사역이다. 성령을 떠나서는 어떠한 효과적인 상담도 불가능하다. 성령은 모든 신자들 안에 거하시며 그들의 삶에서 도우시고 건지시며 후원하시며 변호하시며 인도하시며, 필요할 때 근본적인 변화를 일으키신다.[53] 나아가서 불신자와 상담할 때도 그들 마음속에 역사하셔서 무엇이 참 된 삶이며 선택인지 그리고 그 결과가 어떠할 것인지를 깨닫게 하신다(요 16:8). 오직 성령만이 상한 심령과 잃어버린 심령과 죽은 영혼을 살릴 수 있다(요 3:3-5, 8).[54] 즉 성령은 변화를 원하는 모든 사람들 안에서 역사하시며 궁극적으로는 예수 그리스도를 닮은 '온전한 변화'(the complete

---

52) '열린 질문'(Open-ended questions): 열린 질문의 형태는 상대방의 주제를 좀 더 정교하게 만든다. 이와 같은 질문들은 "예"나 "아니오" 혹은 다른 단답형의 질문이 아니라, 상대로 하여금 자신의 경험을 충분히 조사하게 한다. 이와 같은 질문은 또한 상대방이 미처 생각해 보지 못한 영역을 돌아보게 만든다. <열린 질문의 예> "그에 대해 제게 좀 더 말씀해 주시겠습니까?", "제가 이해하게끔 좀 설명해 주시겠습니까?", "저는 ＿＿＿에 대해 궁금합니다", "그것은 어땠습니까?", "그 같은 것이 당신에게는 어떤 의미였습니까?". '닫힌 질문'(Closed questions): 닫힌 질문들은 상대방으로 하여금 주제에서 이탈하게 만드는 단답형의 대답을 하게 만드는 질문이다. "왜," "언제," "어디서" 등으로 시작하는 닫힌 질문들은 상대방의 동기나 이유 등을 묻기 때문에 상대방으로 하여금 좀 더 방어적이게 만든다. <닫힌 질문의 예> "왜 그 방법을 취했죠?", "그렇게 하려고 계획했어요?", "어디서 그런 정보를 얻었죠?", "당신은 그녀가 그 중의 한 사람인 것을 확신합니까?", "그것이 당신의 의도였습니까?".
53) Jay E. Adams, *Competent to Counsel* (Nutley, NJ: Presbyterian and Reformed Publishing Co., 1972), 21.
54) Ron Hawkins, et al., "Theological Roots," *Competent Christian Counseling*, eds. Timothy Clinton and George Ohlschlager (Colorado Springs, CO: Waterbrook Press, 2002), 111.

transformation)를 이루신다(고후 3:16-8).[55] 사실 성서에서 가장 많이 언급되고 있는 성령의 사역은 바로 사람들 사이 혹은 사람들 안에서 변화를 일으키는 역할이다.[56] 목회상담에서 이러한 성령의 사역에 대해서 살펴보면 다음과 같다.

1) 성령의 일반적 사역

첫째, 성령은 우리를 거듭나게(중생하게) 하신다(요 16:8-11). 성령의 가장 우선적이고도 중요한 사역은 인간의 마음속에서 역사하셔서 우리의 죄를 깨닫게 하시고 회개하여 하나님께로 돌아서게 만드는 일이다. 중생이란 개인의 기적적인 변화이자 영적인 삶이 시작되는 일이다. 기적적인 일이기에 하나님이신 성령의 도우심이 필요하며 예수 그리스도를 자신의 구세주와 주님으로 영접하는 순간 성령이 그 사람의 마음속에 자리 잡으시고 그때부터 영적인 삶, 즉 하나님의 자녀로서의 삶이 시작된다. 물론, 여전히 이러한 과정에서 인간 개인의 선택과 결단은 존중되며 그 책임 역시 개인에게 있다. 목회상담은 모든 사람을 대상으로 하지만, 목회상담자는 반드시 중생한 사람이어야 한다. 왜냐하면, 그렇게 될 때 목회상담이 성령의 도우심으로 인해 그 역할과 기능이 최적화되기 때문이다.

둘째, 성령은 우리를 진리로 이끄신다(요 14:17). 성령은 '진리의 영'이시다. 최초의 인류에게 나타나 거짓말로 그들을 속였던 사탄은 지금도 진리를 가리고 왜곡하여 우리를 거짓으로 이끈다. 때로는 세상의 지식으로, 때로는 우리의 욕심을 사용하여, 때로는 우리의 인간관계를 이용하여 하나님으로부터 멀어지게 만들고 마침내 파괴적인 결과를 만들어낸다(창 3장). 어떤 의미에서 상담은 단순한 위로나 격려의 차원을 넘어 진리를 분별하는 작업이라 할 수

---

55) Erickson, *Christian Theology*, 873, 875. 예수님을 믿음으로 구원받은/중생한(regeneration) 사람은 그 때부터 예수 그리스도를 닮은 모습으로 성숙하고 성장하는 '성화'(sanctification)의 과정을 밟아가며 이러한 과정은 '영화'(glorification)가 이루어지는 하나님 앞에 이를 때까지 계속된다.
56) Erickson, *Christian Theology*, 858.

있다. 상처와 미움 속에 가려져서 보이지 않는 사랑하는 소중한 사람들과의 관계를 발견하도록 하는 일, 표피적이고 계산적인 대인관계에서 진정한 만남과 영혼 사랑을 깨달아 새로운 대인관계를 맺도록 돕는 일, '돈'의 신에게 사로잡혀 모든 것을 희생하고 오직 물질적 이익만을 쫓는 잘못된 목표를 지닌 어리석은 부자와 같은 삶에 대한 각성 등은 상담에서 다루는 문제들이 단순한 정서적, 의지적 영역을 넘어 실존적 영역인 진리의 깨달음의 과제임을 보여준다.

목회상담에서 진리에 대한 깨달음은 하나님과의 관계를 가로막는 인간이 만들어낸 모든 우상들을 제거하는데 필요하다. 이러한 진리에 대한 깨달음은 전적으로 성령의 도우심을 필요로 한다. 게다가 진리에 대한 깨달음은 목회상담자인 우리가 예수 그리스도의 주되심을 통하여 "지속적인 성령의 인도하심으로 우리 자신을 하나님께 드리도록 도전하며, 자기중심적이거나 전문가로서의 자신을 우상화하기 쉬운 우리의 본능적 자아를 부인하게 한다."[57]

셋째, 성령은 상담자와 내담자 모두의 성화의 삶을 돕는다.[58] 요한복음 14장 16절의 "내가 아버지께 구하겠으니 그가 또 다른 보혜사("another Helper," NIV, NASV)를 너희에게 주사 영원토록 너희와 함께 있게 하리니"에서 "또 다른 보혜사"는 성령을 가리킨다.[59] 이때 "또 다른"으로 번역된 단어는 '다른'(different)의 의미가 아닌 "또 하나의 같은 종류"(another)의 의미를 지니고 있다. 즉 성령은 제자들에게 '예수님과 똑같은 또 한 분의 완전한 도우미 하나님'으로서 우리가 하나님 앞에 서는 그날까지 예수 그리스도의 모습으로 성화되는 과정에 영원히 우리와 함께 하시기 위해 오셨다는 뜻이다.[60] 성령

---

57) Clinton and Ohlschlager, "Competent Christian Counseling," in *Competent Christian Counseling*, 54.
58) Stan E. Dekoven, 「누구나 할 수 있는 기독교상담」, 박미가 역 (서울: 은혜출판사, 2005), 124; John MacArthur, Jr., "The Work of the Spirit and Biblical Counseling," *Introduction to Biblical Counseling*, ed. John F. MacArthur Jr., et al. (Nashville, TN: W Publishing Group, 1994), 134; Collins, *The Biblical Basis of Christian Counseling for People Helpers*, 157-8.
59) MacArthur, Jr., "The Work of the Spirit and Biblical Counseling," 134. 요한일서 2장 1절에서는 같은 헬라어를 '대언자'로 번역하여 예수 그리스도를 가리키는데 사용하고 있다.
60) Gilbert Bilezikian, *Christianity 101: Your Guide to Eight Basic Christian Beliefs*. Grand Rapids, MI: Zondervan, 1993), 106.

하나님은 상담자와 내담자 모두의 더 나은 성화의 삶을 도우시는 분으로 우리와 늘 함께 계시며 그 속에서 일하신다.

넷째, 성령은 가르치는 일을 하신다.[61] 예수님은 제자들에게 "보혜사 곧 아버지께서 내 이름으로 보내실 성령 그가 너희에게 모든 것을 가르치고 내가 너희에게 말한 모든 것을 생각나게 하리라"고 말씀하셨다(요 14:26). 이것은 진리를 깨닫게 하시는 성령의 사역이 확장된 것이라고 할 수 있다. 성령은 실존적이며 근본적인 진리의 깨달음은 물론이고 우리의 일상생활에서 우리와 함께 하시며 우리 속에 거하시는 '진리의 영'이다. 이러한 성령은 상담 가운데 이루어지는 대화나 삶을 반추하는 과정에서, 신자인 상담자와 내담자 모두에게 예수님이 우리에게 보여주시는 교훈들을 알 수 있도록 가르치신다(요 15:26).

2) 성령사역의 목회상담적 적용

이상에서 살펴본 성령의 사역을 좀 더 구체적으로 목회상담에 적용해 보면 다음과 같다.

첫째, 성령은 모든 상담 관계에서 '궁극적인 상담자'(the Counselor)가 되신다. 목회상담자는 하나님을 동역자로 하여 모든 상담과정을 진행한다. 목회상담자는 이러한 상담과정에서 성취된 것이 자신의 능력이나 재주가 아니라 하나님의 은혜와 능력이라는 사실을 인정한다. 목회상담자는 상담에서 마치 의학에서의 의사와 같은 역할을 한다. 인간의 신체적 치유에서 치유자는 하나님께서 부여한 인간의 회복력 자체이며, 의사는 그 회복력을 전제로 의료행위를 하는 보조자이다. 수술 후의 회복을 염두에 두고 수술을 시행하는 일이나 인체의 면역체계의 힘을 믿고 여러 가지 항생제를 사용하는 일 등이 이에 속한다. 목회상담에서는 성령이 생명력과 면역력 그 자체가 된다. 그러므로 목회상담자는

---

61) Erickson, *Christian Theology*, 874.

상담에 대한 충분한 교육과 훈련을 받았다고 할지라도, 내담자의 삶이 하나님의 손에 있음을 인정해야 하며, 하나님께 의지하는 가운데 상담을 진행해야 한다.

둘째, 성령은 목회상담자의 상담자가 된다. 상담자는 상담을 해 나가면서 상담 과정에서 자신의 능력의 부족함과 부적절함, 준비의 부족과 그로인한 무기력을 느낄 때가 많다. 상담을 진행해 가면서 상담자는 자신의 영적 고갈을 느끼게 된다. 이때 이에 대한 해결책은 휴식이나 더 많은 준비와 실습에서 찾을 수 있다. 하지만 목회상담자로서 지녀야 할 회복을 위한 근본적인 태도는 새로운 힘을 공급하시는 하나님과의 건강하고 풍성한 관계를 회복하는 일이라 할 수 있다.

셋째, 성령은 상담에서 교사가 되어주신다. 성령은 상담이 진행되는 과정에서 상담자에게 할 말을 준비해 주신다. 예수님도 제자들을 내보내시면서 전도 활동에서 성령이 도우실 것을 말씀하셨다(마 10:19-20). 또한 엠마오로 가는 예수님과 두 제자의 노중 상담의 상황처럼 내담자에게 깨닫지 못한 것들을 알려주신다(눅 24:13 이하). 이처럼 성령은 상담과정에서 상담자와 내담자가 서로를 더욱 분명히 잘 이해할 수 있도록 하시며 이를 분명하고도 효과적으로 전달할 수 있도록 도우신다.

넷째, 성령은 상담에서 변화를 촉진하는 건설적인 도전에 개입하신다. 대부분의 경우 사회조직과 그에 속한 사람들은 익숙한 현재의 상황이 바뀌는 것을 원하지 않는다. 이것을 가리켜 '항상성(homeostasis)의 원리'라고 한다. 이것은 개인적 차원에서도 문제가 될 수 있다. 이때 성령은 우리 속에서 변화를 촉구하신다. 힘들더라도 상담과정 속에서 내담자가 성령의 이끄심을 따라 순종한다면, 성령은 내적 갈등의 수용을 통해 우리의 삶에서 성숙과 성장을 이루어 가신다.[62]

---

62) 참조, 로마서 8:28, "우리가 알거니와 하나님을 사랑하는 자 곧 그의 뜻대로 부르심을 입은 자들에게는 모든 것이 합력하여 선을 이루느니라."

다섯째, 성령은 단절되거나 깨어진 관계를 화해시키기 위해 불편함에 개입하신다. 깨어진 인간관계나 단절된 사회적 관계를 회복하려고 할 때, 사람들은 부끄러움이나 개인적인 자존심 등으로 인해 주저하는 경우가 많이 있다. 이때, 그러한 불편한 마음에도 불구하고 성령은 우리의 마음속에서 강하게 화해와 회복을 종용하신다. 내담자는 이러한 성령의 개입하심에 순종함으로써 자신의 문제해결을 위한 용기를 갖게 된다.

여섯째, 성령은 죄를 깨닫게 하신다. 인간은 성령의 도우심 없이 죄인인 자신의 모습을 제대로 발견하지 못한다. 한걸음 더 나아가 인간은 그리스도인의 삶을 살아가면서도 죄를 범하게 된다. 이때 성령은 하나님의 자녀들이 자신의 잘못을 발견할 수 있도록 도우신다. 이러한 성령의 사역은 죄책감을 통해 인간을 위축시키거나 부정적으로 만들려고 하는 것이 아니라, 죄에 대한 깨달음을 통해 더 성장하도록 하게 하기 위함이다.

이상에서 성부 성자 성령 삼위일체 하나님에 대한 이해가 목회상담에 어떠한 영향을 미치며 어떻게 목회상담에 적용되는지를 살펴보았다. 다음 장에서는 신관(神觀)과 더불어 또 하나의 중요한 신학적 주제인 교회로 대표되는 신앙공동체와 목회상담과의 관계에 대하여 살펴보기로 하자.

| 3장 |
신앙공동체와 목회상담

앞 장에서는 목회상담의 신학적 기초 중의 하나인 삼위일체 하나님과 목회상담에 대하여 살펴보았다. 본 장에서는 또 하나의 중요한 신학적 기초이자 목회상담의 중요한 자원 중의 하나인 교회, 즉 신앙공동체와 목회상담에 대하여 살펴보고자 한다.

1. 목회상담에서의 신앙공동체

오늘날 신앙공동체는 가장 잘 사용되지 않고 있는 동시에 개발되지 않았으며 준비되지 않고 있는 목회상담자원이라 할 수 있다.[63] 목회상담학자 하워드 스톤(Howard Stone)은 목회상담의 태동 이후 반세기 동안 진행되어 온 문제점 중의 하나를 목회상담에서 기독교 전통의 핵심인 신앙공동체적 특성을 상실한 점이

---

63) William E. Hulme, *Pastoral Care and Counseling: Using the Unique Resources of the Christian Tradition* (Minneapolis: Augsburg, 1981), 153.

라고 지적하고 있다.[64] 초기 목회상담에 깊은 영향을 미쳤던 현대 심리학으로 인하여 목회상담은 그 태동 이후 개인 중심의 장기상담과 장기치유의 경향을 지향해왔으며, 이로 인해 목회상담을 전문가에게 개인의 치유를 위탁하는 영역으로 인식되게 되었기 때문에 목회상담에서 신학적 특성이자 주요 실천의 장(場)인 신앙공동체의 기능을 약화시켰다.[65] 이러한 상황을 초래한 두 가지 주요 요인은 시대의 흐름에 따른 전문화(professionalize)와 사유화(privatize)라 할 수 있다. 즉 사회의 전문화추세에 영향 받은 일부 목회상담자들이 목회상담을 일반목회자들이 쉽게 배우고 실천할 수 있는 목회의 일반 영역이 아닌 목회상담가만의 전문적 영역으로 만들어 나가려는 일련의 움직임이 목회상담을 신앙공동체 사역의 주요 기능으로부터 멀어지게 하였다고 할 수 있다.[66] 이와 더불어 현대의 극대화된 이성주의를 바탕으로 한 산업화와 도시화로 인한 핵가족화와 이에 영향을 받은 개인주의 역시 목회상담의 방향을 목회상담의 장(場)이자 신학적 뿌리인 신앙공동체로부터 멀어지게 만들었다.[67]

이러한 전문화와 사유화의 영향으로 인하여 교회 역사를 통하여 면면히 이어져온 목회상담의 공동체적 특성이 상실되어가는 가운데 1970년대와 1980년대에 이르러 신앙공동체 내에서의 교인들 간의 상호돌봄이 새롭게 관심을 끌게 되면서 신앙공동체 안에서의 소그룹과 가족의 상호작용을 통한 치유와 회복이 목회상담에서 새롭게 주목을 받게 되었다.[68] 이러한 신앙공동체를 통한 돌봄과 상담에 대한 새로운 관심은 목회상담의 태동부터 영향을 미쳐온 자유주의적 인본주의와 이로 인한 이성주의적 개인주의에 대한 반성을 가져왔다.[69]

---

64) Howard W. Stone, "The Congregational Setting of Pastoral Counseling," 184.
65) Charles V. Gerkin, 「목회적 돌봄의 개론」, 유영권 역 (서울: 은성, 1999), 84-5.
66) Ibid., 14.
67) 로드 윌슨은 목회상담에서 개인주의적 경향이 지배적이게 된 이유로 사회적 요인인 산업화와 도시화 이외에 신학적으로 개인 구원과 결단을 강조하는 복음주의적 개인주의를 지적하고 있다. Rod Wilson, 「상담과 공동체」, 김창대 역 (서울: 두란노, 1997), 26-7.
68) R. H. Sunderland, "Congregation, Pastoral Care of," *Dictionary of Pastoral Care and Counseling*, 213-5.
69) Gerkin, 「목회적 돌봄의 개론」, 88.

특히 포스트모던에서 새롭게 부각되고 있는 목회상담의 주요 기능이라 할 수 있는 치유와 해석과 불가분의 관계에 있는 공동체에 대한 관심의 증대는 그동안 목회상담이 간과해온 교회 전통 속에서 면면히 이어져온 신앙공동체의 중요성과 그 기능의 재평가를 필요로 하고 있다.

2. 목회상담적 신앙공동체 이해의 기본전제

신앙공동체는 성서적 규범과 삼위일체 하나님의 형상의 반영인 동시에 이 땅에서 그리스도의 현현의 한 형태라 할 수 있다. 따라서 그리스도 현현으로서의 기독교 신앙공동체는 이 땅에서 삼위 하나님의 형상이 반영되어야 한다. 그러므로 신앙공동체에 대한 목회상담적 이해는 다음과 같은 신학적 전제를 바탕으로 하고 있다.[70]

첫째, 하나님께서는 인간을 하나님과 교제하며 공동체를 이룰 수 있는 관계적 존재로 지으셨다. 관계적 본질을 지닌 삼위 하나님의 형상을 닮아 창조된 인간은 본질적으로 관계적 존재이다. 그리고 이러한 관계적 본질의 충족은 그리스도를 통하여 하나님과의 관계 속에서 그리고 하나님의 구원을 함께 나누는 사람들과의 관계 속에서 이루어진다.[71] 예수 그리스도를 믿는 것은 삼위일체로서 그분의 집단적 인격성 안으로 들어가는 것, 곧 신적 공동체 속으로 들어가는 것을 의미하며, 동시에 다른 그리스도인들과의 교제 안으로 들어가는 것을 의미한다.[72] 이러한 관계적 존재로서의 삼위일체 하나님을 이해하는 접근은 인간의 삶과 공동체 안에서의 사역의 패러다임을 제공한다.

둘째, 관계적 존재로서의 하나님께서는 역사적으로 항상 인간의 삶에 반응하

70) Karen D. Scheib, "Contributions of Communion Ecclesiology to the Communal-Contextual Model of Care," *Journal of Pastoral Theology*, vol. 12, no. 2 (November 2002): 31.
71) Millard J. Erickson, *Introducing Christian Doctrine*, ed. L. Arnold Hustad (Grand Rapids, MI: Baker Book House, 1992), 231; Elisabeth Moltmann-Wendel and Jurgen Moltmann, *Humanity in God* (New York: Pilgrim, 1983), 97.
72) Miroslav Volf, 「삼위일체와 교회」, 황은영 역 (서울: 새물결플러스, 2012), 70.

시면서 자신을 계시해 오셨다. 이러한 하나님의 모습을 닮은 인간 역시 그 발달 과정이 일방적인 심리내적인 요소의 과정이라기보다 사회적 상황 속에서 그 개인을 둘러싼 여러 관계와 상호작용의 진행과정에서 비롯되었다고 할 수 있다. 이러한 진행과정에서 신앙공동체는 구성원의 사회화, 공동체의 연속성과 안정성, 정체성 형성 및 사회적 변화의 자원으로서의 기능을 한다. 즉 공동체는 개인 내면의 의미와 목적과 외부 환경의 구조와 압력 사이를 매개한다. 따라서 개인의 삶과 신앙은 신앙공동체 안에서 그 개인을 둘러싸고 있는 주변 상황의 가치와 규범과 압력들과의 상호작용을 통하여 형성된다.[73] 공동체의 영향을 받지 않은 채 순수하게 개인에 의해서만 구성되는 신앙은 존재하지 않는다. 공동체 내에서 개인은 공동체 내의 '중요한 타자들'(significant others)로부터 신앙의 언어를 학습하면서, 그리고 신앙공동체의 다른 구성원들의 삶을 모방하고 동일시하여 신앙의 내용을 받아들이고, 어떻게 신앙을 이해하고 살아야 하는지를 배운다. 그렇다고 하여도 신앙공동체가 직접 구원을 개인에게 줄 수는 없다. 오직 그리스도만이 구원행위의 유일한 주체이다.[74]

셋째, 신앙공동체는 구성원들의 '같아짐'(sameness)이 아니라 그들의 다양성이 온전한 '하나 됨'(oneness)을 이루는 기초가 된다. 교회는 모든 신자들이 같은 주(主)를 섬기기 때문에 영적으로 연합된 하나이며, 나아가서 같은 신앙을 지니고 있기 때문에 하나이고, 다양한 형태의 신앙공동체들이 존재하지만 이들이 추구하는 방향이 하나 됨을 향한 것이기에 연합된 하나를 이룬다.[75] 이러한 다양성의 하나 됨이 신앙공동체의 치유와 해석을 가능하게 만드는 능력 가운데 하나이다.

넷째, 신앙공동체는 구성원들이 상호 호혜적이며 상호 책임적이라는 확신에

---

73) Nancy J. Ramsay, "The Congregation as a Culture: Implications for Ministry," *Encounter*, vol. 53, no. 1 (Winter 1992): 36.
74) Volf, 「삼위일체와 교회」, 275-6, 278.
75) Erickson, *Introducing Christian Doctrine*, 330.

근거해 있다. 그리스도의 몸으로서의 신앙공동체는 구성원들 간의 유기적인 상호연결성 또는 상호의존성을 보여 준다(고전 12장). 각 구성원들은 다른 구성원들을 격려하고 세워주며, 다른 이의 짐을 나누어지며, 죄로부터의 회복을 돕는다.[76] 아울러, 신앙공동체에서의 목회상담은 몇몇 소수의 목회상담 전문가들이나 전업목회자들의 책임이 아니라 공동체 구성원들 모두의 책임이며, 공동체 구성원들 각자가 공여자인 동시에 수혜자로서 상호 호혜적인 특성을 지니고 있다.[77] 특히 자유교회전통에 속한 신자들은 자신들의 신앙고백과 이에 대한 신앙공동체의 인정을 통하여 공동체에 가입하고 서로 교제하며 사랑의 짐을 나누어지게끔 훈련과 양육을 받는다. 이러한 사랑의 짐을 나누는 일은 상호 돌봄이 그 기초가 된다.[78] 이러한 신학적 기본전제를 바탕으로 목회상담에서 접근하는 신앙공동체를 살펴보면 다음과 같다.

3. 신앙공동체의 목회상담적 이해

신앙공동체를 이해함에 있어서, 무엇보다 신앙공동체를 한 마디로 정의하거나 규정하는 일이 쉽지 않다는 사실을 염두에 둘 필요가 있다. 그것은 기독교의 신앙공동체에 대한 이해가 고유의 신앙전통과 사회 정치적 상황 및 개인의 성장배경에 따라 서로 다르기 때문이다. 아울러 각 학문마다 고유한 영역과 그에 따른 방법론이 있기에 신앙공동체에 대한 목회상담학의 이해 역시 일반적인 명제적 신학분야(예를 들면 성서신학이나 조직신학)의 신앙공동체에 대한 이해와는 구별되는 관점을 지니고 있다. 즉 학문적으로 목회상담이 신학과 사회과학을 접목하는 통합적 입장에서 발전해왔기에 신앙공동체에 대한 목회상담적 이해 역시 신학적 접근과 사회과학적(심리학적) 접근의 통합이란 관점에서

---

76) Ibid., 333.
77) Graham Griffin, *Coming to Care: An Introduction to Pastoral Care for Ordained Ministers and Lay People* (Melbourne: Ormond College, 1995), 29.
78) Ernest A. Payne, *The Fellowship of Believers: Baptist Thought and Practice Yesterday and Today* (London: Carey Kingsgate Press, 1952), 26.

접근하고 있다.[79)]

신앙공동체는 예수 그리스도를 믿는 신자로 이루어져 있으며 하나님께 속해 있다. 그리고 하나님 역시 이들 가운데 연합을 이루고 계신다(고후 6:16).[80)] 따라서 신앙공동체는 우주적인 신자의 모임을 통칭하는 신앙공동체로서의 교회(마 16:18; 엡 1:22-23; 4:4; 5:23)와 지역적인 신자들의 신앙공동체를 포함하고 있다. 이러한 신학적 이해에 더하여 목회상담에서는 사회과학적인 통찰을 통하여 신앙공동체를 상호관계적이고 상호돌봄적인 신자들의 모임이라고 이해한다.

신앙공동체와 관련한 여러 현대 목회상담적 견해 가운데 대표적 접근 두 가지를 소개하면, 첫째는 신앙공동체의 지체로서의 상호관계성과 그리스도의 몸 됨의 성서적 신론에 바탕을 둔 '공동 상황적'(communal contextual) 접근이며, 둘째는 '교제 공동체적'(koinonia community) 접근이다.[81)] 신학과 심리학의 통합적인 틀을 바탕으로 하고 있는 두 가지 목회상담적 신앙공동체에 대하여 살펴보기로 하자.

1) 신앙공동체에 대한 '공동 상황적'(Communal Contextual) 이해

현대 목회상담학에서 간과되어왔던 신앙공동체의 중요성을 선구적으로 인식하고 관심을 촉구하였던 콜럼비아 신학교의 목회상담학자 존 패튼(John Patton)은 피터 하지슨(Peter Hodgson)의 신학의 시대구분을 바탕으로 목회상담의 역사적 흐름을 "고전적(Classical) 유형,"(기독교권의 시작부터 목회

---

79) 권수영, "임상현장에서의 신학과 심리학의 만남,"「목회상담이론입문」, 안석모 외 7인 (서울: 학지사, 2009), 350-1.
80) Erickson, *Introducing Christian Doctrine*, 331.
81) 20세기 후반에 이르러 가족체계와 집단역동을 중심으로 공동체를 목회상담에 도입하고 있지만 이러한 목회상담에서의 신앙공동체에 대한 가족체계와 집단역동적 이해는 성서에서 보여주고 있는 신앙공동체의 상호의존성, 관계성, 상호책임성 등의 신앙공동체 본연의 특성과 기능이 결여되어 있다. 하지만 공동 상황적 접근과 교제 공동체적 접근은 다른 접근들에 비하여 성서적 신앙공동체 이해를 바탕으로 사회심리학적 접근을 통합하는 입장에 기초해있기에 좀 더 목회상담적 신앙공동체 이해에 적합하다고 여겨진다.

에서 현대 역동 심리학의 영향 시기) "임상적(Clinical) 유형"(1945년부터 20세기 후반) 그리고 "공동 상황적(communal contextual) 유형"(1970년대부터 현재)으로 구분했다. 피터 하지슨의 시대구분을 바탕으로 패튼은 목회상담에서 신앙공동체를 통합적으로 이해하는 방안으로서 목회상담의 세 번째 역사적 흐름인 '공동 상황적' 접근을 제시하였다.[82]

교회의 출현 이후 초기 기독교 시대를 제외하고는 목회돌봄(혹은 목회상담)이 성직자 중심적이었으며, 신앙공동체는 제도화되고 위계적이 되었다. 이러한 종교제도에 기초한 권위주의적이며 공식화된 고전적 목회돌봄(상담)의 형태는 20세기에 들어오면서 개인주의의 발달 및 인간 이성에 대한 우선적 신뢰를 바탕으로 한 심리학의 발전에 힘입은 현대 목회상담의 출현과 더불어 개인의 내면과 그 내면의 관계적인 요소에 관심을 가지는 개인 심리 치유에 치우치는 임상적 특징을 갖게 되었다. 패튼은 이러한 고전적 목회상담에서의 전통적인 제도화와 성직주의 및 20세기 후반의 심리학에 치우친 임상적 유형의 지나친 개인주의 및 사유화에 대응하는 적절한 통합적 관점으로서 목회상담에서 공동 상황적 접근을 소개하고 있다.[83] 이러한 공동 상황적 접근의 특성을 살펴보면 다음과 같다.

(1) 관계성과 공동체에 기초한 인간 이해

최근 신학자들은 관계적 삼위일체(또는 사회적 삼위일체)에 관심을 가져왔다.[84] 이는 전통적인 한 분이신 하나님에 대한 강조보다 하나님을 세 분 인격의 통합적

---

82) John Patton, *Pastoral Care in Context* (Louisville, KY: Westminster/John Knox Press, 1993), 4. Peter Hodgson은 자신의 저서 *Revisioning the Church: Ecclesial Freedom in the New Paradigm* (Philadelphia: Fortress Press, 1988), 12에서 기독교 신학의 전통을 다음과 같은 세 가지 패러다임으로 구분하고 있다: 고전적 패러다임(초대 교부시대~종교개혁), 근대적 패러다임(18세기 초반 ~20세기 후반), 포스트모던 패러다임(20세기 후반~현재).
83) Hodgson, *Revisioning the Church*, 64.
84) 이에 대하여 그랜즈는 "영원부터 영원까지 하나님의 사회적 삼위일체 – 성부 성자 성령 – 곧 사랑의 공동체이시다"라고 설명하고 있다. Stanley J. Grenz, 「공동체를 향한 신학: 하나님의 비전」, 장경철 역 (서울: CUP, 2000), 239.

이고도 관계적인 존재로 이해하려는 노력이다. 목회상담의 초기 심리학적 모델은 인간을 관계적 존재로 보기보다는 독립적이고 분리된 존재로 보았다. 하지만 관계적 존재로서의 하나님에 대한 이해는 하나님의 형상을 닮은 인간에 대한 이해 역시 관계적인 특성에 관심을 기울이게 만들었다. 이러한 경향은 전통적 신학에서 불변하시는 하나님과 이러한 하나님의 주권적 통치에 대한 강조에서 더 나아가 인간의 삶의 상황에 반응하시고 동참하시는 공감적인 동시에 상호 관계적 존재로서의 하나님에 대한 이해로 사고를 확장시켰다.[85] 이러한 관계적 삼위일체에서 출발한 신학적 인간이해는 현대 목회상담에서 인간을 하나님의 형상을 닮아 창조된 '공감적이고 관계적인 존재'로 인식하게 하였다. 이러한 인간이해는 인간의 죄악 역시 하나님과의 분리의 결과로 인한 인간 인격의 본질적 뒤틀림으로 이해하게 하였으며, 구원 역시 하나님과의 관계 회복에 기초한 인격의 회복으로 보게 만들었다. 물론 인간 이해와 하나님의 본질에 대한 이해의 유사성을 얼마나 인정하는가에 대한 논란이 있지만 이러한 관계적 하나님에 대한 이해는 목회신학과 상담에서의 인간이해와 그 인간으로 이루어진 신앙공동체 이해에 깊은 영향을 미쳤다.

(2) 관계적이며 사회적 과정으로서 인간의 변화와 발달

초기 목회상담에서 인간발달 이해는 주로 심리내적 단계이론에 근거하였으나 목회상담의 발달에 따라 인간 상호 간의 관계이론에 근거한 인간발달 이해로 발전되어갔다. 오늘날 목회상담에서 인간발달단계에 대한 주요 이론인 자기 심리학, 대상관계이론 그리고 가족체계이론 등은 개인의 심리내적 발달보다는 한 개인을 둘러싸고 있는 중요한 관계의 상황 가운데 개인의 자아발달을 이해하고 있다.[86] 특히 이 가운데 가족체계이론은 신앙공동체나 인간관계

---

85) Scheib, "Contributions of Communion Ecclesiology," 32.
86) Ibid., 33.

속에서 한 개인이 어떻게 존재하며 다른 사람과의 관계에서 취하는 행동 유형에 관한 여러 가지 역동성을 이해하는 데 유익한 도구로 사용되고 있다.[87] 또한 이야기를 중심한 해석적 목회상담 접근은 개인과 신앙공동체의 자기이해나 발달이 그 개인이나 공동체 전체가 경험하는 어떤 사건이나 기억에 대한 이야기의 해석을 통해 **사회적으로 형성**된다고 본다. 그리고 이러한 해석적 목회상담에서는 개인의 정체성 형성을 이루고 있는 이야기에 미치는 공동체의 사회문화적 영향을 매우 중요한 요소로 간주한다.[88]

(3) 상황성(맥락성, contextuality), 상이점 그리고 다양성

'상황성' 또는 '맥락성'은 목회상담자에게 매우 중요하다. 왜냐하면 내담자의 문제 서술은 그 내담자의 경험이 해석된 결과로서 나타난 것이며, 그 해석은 내담자가 처해있는 상황 안에서 이해되어야만 올바른 문제 진단과 이해가 가능하기 때문이다. 예수 그리스도께서 성육신을 통하여 스스로 인간의 상황 안으로 들어오신 것처럼, 목회상담자는 내담자의 입장과 문제에 대한 정확한 이해를 위해서 그 내담자의 상황 속으로 들어가야 한다. 이런 관점에서 상담에서의 경청은 한 개인이 처한 상황에 대한 일반적 이해를 위한 것일 뿐만 아니라, 내담자와 상담자 모두를 구체적이고 명백한 상황에 직면하도록 하는 목적도 있다.

포스트모더니즘은 모든 인간이 같은 발달과정을 겪는다고 주장하는 인간 발달이론과 같은 보편적 이론이나 진리에 대하여 부정적이다. 인격형성에 관한 포스트모던적 이론들은 인간 개개인의 인격형성이나 발달은 사회적으로 형성된 것이기에 각자가 속한 고유의 사회적 상황이나 여건/조건들이 인간이해에

---

87) Ronald Richardson, *Creating a Healthier Church: Family Systems Theory, Leadership, and Congregational Life* (Minneapolis: Fortress Press, 1996), 21.
88) Scheib, "Contributions of Communion Ecclesiology," 33.

매우 중요한 영향을 미친다고 본다. 이러한 사회적 상황의 측면의 예는 성별이나 인종, 권력 또는 사회 경제적 지위 등을 들 수 있다.

한 개인을 이해하는 데 상황의 독특성과 밀접하게 관련된 요소는 '다양성'과 '상이성'(difference)이라 할 수 있다.[89] 내담자의 상황적 독특성은 다양함으로 이해할 수 있는 동시에 상이점으로 이해할 수 있다. 목회상담에서 상황적 독특성은 사회문화적인 측면뿐만 아니라 시간과 공간적 측면에서도 이해할 수 있다. 교회 안에서의 상담인가 아니면 상담소에서의 상담인가? 이러한 공동 상황적 목회상담 접근은 상담 상황으로서의 신앙공동체에 대한 관심의 재조명과 함께 돌봄의 대상으로서의 신앙공동체 자체에 대한 관심을 불러 일으켰다. 즉 신앙공동체에 속한 개개인에 대한 돌봄도 중요하지만 신앙공동체 전체를 하나의 돌봄의 대상으로 이해하고 돌보는 접근이 바로 그것이다. 이러한 접근의 대표적인 이론이 오늘날 가족체계이론이라 할 수 있다.[90]

2) 신앙공동체에 대한 교제 공동체적 이해

신앙공동체는 본질적으로 예수 그리스도를 믿는 이들의 교제이다. 따라서 신앙공동체의 본질 중의 하나를 '교제(koinonia) 공동체'로 이해하는 접근은 개신교에서 쉽게 받아들여지고 있는 접근이다. 특정한 지역에 위치해 있는 예수 그리스도를 믿는 자들의 가시적인 사귐의 공동체로서 신앙공동체는 관계들의 상호작용의 망(web)으로 이루어져 있으며, 사랑과 수용과 용서와 헌신과 친밀감을 통하여 삼위일체 하나님의 사랑과 구성원들의 삶을 함께 나누는 공동체이다.[91] 기독교 신앙공동체는 단순한 집합적 주체가 아닌 상호의존적 인격들의

---

89) Ibid., 33-4
90) 이와 관련된 대표적 저술로는 Edwin E. Friedman, *Generation to Generation: Family Process in Church and Synagogue* (New York: Guilford Press, 1984)를 들 수 있다.
91) Dennis Doyle, *Communion Ecclesiology: Vision and Versions* (New York: Orbis Press, 2000), 2, 13.

교제이다.[92] 이러한 교제는 단순한 사회적 관계를 넘어서 상호 간의 친밀한 감정과 공감적 이해를 지니는 상호의존적 관계를 의미한다(고전 12:26).

이러한 교제 공동체로서 목회상담적 신앙공동체 이해는 다음과 같은 특징을 지니고 있다. 첫째, 교회의 제도적 측면보다는 삼위일체 하나님과 인간 사이의 영적 교제에 강조를 둔다. 둘째, 공동체 구성원 개인의 개별성과 그 공동체 고유의 전체적 특성 간에는 역동적인 관계가 존재한다. 따라서 관계적 존재로서의 개인은 관계망들이 모여서 이루어진 자신의 신앙공동체가 지닌 공동체의 정체성과 계속적으로 관계를 맺으면서 서로에게 영향을 주고받는다. 셋째, 연합과 다양성이 인정받는 동시에 격려 받고 촉진된다. 넷째, 상호성(mutuality)에 대한 헌신이 강조된다.[93] 이러한 특징을 바탕으로 한 교제 공동체로서의 신앙공동체는 다음과 같은 특성을 지니고 있다.

(1) 개별성과 관계성의 공동체

인격적 존재인 신앙공동체 구성원의 개별성과 상호연결성을 지닌 관계성은 신앙공동체를 교제 공동체로 이해하는 데 있어서 가장 중요하다. 이러한 교제는 공동체 구성원 간의 교제는 물론 나아가서 삼위일체 하나님과 구성원들, 나아가서 다른 신앙공동체와의 교제도 포함한다.[94] 예수 그리스도와 제자들의 사랑에서 나타난 하나님의 사랑은 바로 신앙공동체의 기초가 된다. 교제 공동체로서 신앙공동체의 기초는 삼위일체 하나님의 내적 본질인 개별성과 관계성에 토대하여 있으며 이는 신앙공동체 내부 구성원들의 관계에 대한 길잡이로서 기능한다 할 수 있다. 성서는 하나님의 형상을 닮은 인간이 형성한 가정과 교회 모두가 이러한 삼위일체 하나님의 개별성과 관계성의 특성을

---

92) Volf, 「삼위일체와 교회」, 246.
93) Doyle, *Communion Ecclesiology*, 37.
94) Ibid., 12.

지니고 있음을 보여준다.[95] 교제 공동체로서 신앙공동체는 삼위일체 하나님의 내적 본질과 마찬가지로 이러한 공동체로서의 관계적 본질과 아울러 이와는 구별되는 개인들이 모인 집단이라는 개별성의 두 가지 특성이 상호의존적으로 공존한다.

(2) 연합과 다양성에 기초한 헌신과 나눔의 공동체

목회상담이 그 정체성을 회복하기 위해서는 개인주의에 기초한 전문성보다는 공동체에 기초한 상호의존성을 회복하여야 한다.[96] 교제 공동체로서의 신앙공동체란 완전한 사람들의 교제가 아니라 서로 자신들의 모자람과 죄인 됨을 인지하고 동일시하면서 이러한 동일시를 바탕으로 그리스도 안에서 헌신과 나눔을 통하여 하나 됨을 경험하는 교제이다. 서로의 부족함과 불완전함을 자각한 상호의존적 교제는 단순한 친목을 넘어서 주인 되신 예수 그리스도에 대한 헌신을 위해 상대의 부족함을 돌보아 주는 마음을 함께 공유하는 깊은 유대감을 동반한 사귐이다. 이러한 교제는 성령의 매개를 통하여 성부와 성자 사이의 신적인 교제 가운데 인간이 포함되어 참여하게 되는 사귐이다.[97] 모든 하나님의 백성들은 자신들 안에 계신 성령을 통하여 삼위일체 하나님의 사귐에 함께 참여하고 있다. 그리고 이러한 신적 사귐의 사랑은 신앙공동체 구성원의 헌신과 겸손한 섬김을 통하여 외적으로 표현된다.[98]

이상에서 살펴보았듯이 목회상담적인 신앙공동체에 대한 이해는 삼위일체 하나님의 속성을 닮아 개별성과 관계성을 바탕으로 본질상 상호의존적이며

---

95) Ibid., 15. 이에 관하여 사도바울은 고린도전서 12장 12-13절에서 "몸은 하나인데 많은 지체가 있고 몸의 지체가 많으나 한 몸임과 같이 그리스도도 그러하니라 우리가 유대인이나 헬라인이나 종이나 자유인이나 다 한 성령으로 침례를 받아 한 몸이 되었고 또 다 한 성령을 마시게 하셨느니라"고 교회에 대해 언급하고 있으며, 창세기 2장 24절은 "이러므로 남자가 부모를 떠나 그의 아내와 합하여 둘이 한 몸을 이룰지로다"라고 결혼과 가정의 본질이 삼위일체 하나님의 본질을 반영하고 있음을 말하고 있다.
96) Alastair V. Campbell, Rediscovering Pastoral Care (Philadelphia: Westminster, 1981), 27.
97) Leigh C. Bishop, "Healing in the Koinonia: Therapeutic Dynamics of Church Community," Journal of Psychology and Theology, vol. 13, no. 1 (1985): 13.
98) Grenz, 「공동체를 향한 신학: 하나님의 비전」, 240, 242.

상호돌봄적이다. 이러한 상호의존과 상호돌봄은 독립적이 아니라 항상 특정한 신앙공동체라는 구조적 상황 속에서 이루어진다. 이러한 관계적이며 상황적인 신앙공동체에 대한 목회상담적 이해는 신앙공동체라는 특정한 사회구조의 상황 안에서 이루어지는 치유와 해석이라는 적용 과정과 밀접하게 연관되어 있다. 오늘날 포스트모던 시대에 공동체의 핵심 가치의 형성과 전승이란 측면에서 그 중요성이 더욱 부각되고 있는 신앙공동체는 진단과 치유적 방안으로 뿐만 아니라 교회 안에서의 신앙생활, 신앙인으로서의 자기 정체성의 발견과 유지 발전, 일상생활에서의 신앙적 삶의 지도까지를 포함하는 해석적 기능도 담당하고 있다.[99]

이상에서 살펴 본 목회상담적 신앙공동체 이해를 바탕으로 한 공동체적 목회상담의 적용에는 다음의 두 가지 기본 전제가 바탕이 된다.[100] 첫째, 건강한 개별화가 아닌 건강한 참여 정도가 공동체적 목회상담의 목표이다. 기존의 일반상담이 자기이해를 통한 건강한 개별화를 문제의 해결책으로 삼았다면, 공동체적 목회상담은 개인의 안녕이 소속 신앙공동체에 얼마나 깊이 관여하고 있는가를 문제의 해결책으로 삼았다. 둘째, 개인이 지니고 있는 문제의 원인을 심리내적 요인, 즉 개인적 요인이나 과거의 개인적 경험에서 찾기보다 신앙공동체의 구조나 문화 등에서 찾는다. 즉 개인이 지니고 있는 문제의 원인이 개인적 요소가 아니라 공동체적 요소에 있음을 파악하고 신앙공동체가 이러한 개인의 문제를 해결하기 위해 어떠한 공동의 노력을 해야 할 것인가를 모색한다. 이러한 두 가지 기본 전제를 바탕으로 신앙공동체적 목회상담의 **치유적 적용과 해석적 적용**을 살펴보면 다음과 같다.

---

99) Gerkin, 「목회적 돌봄의 개론」, 111.
100) Wilson, 「상담과 공동체」, 63-5, 126-9.

4. 목회상담적 신앙공동체 이해의 적용

이상과 같은 목회상담적 신앙공동체에 대한 이해를 목회돌봄의 현장에 적용하고자 할 때, 두 가지 적용 방향, 즉 치유공동체적 접근과 해석공동체적 접근을 생각해 볼 수 있다.

1) 치유공동체로서의 신앙공동체 적용

치유적 접근으로서 공동체에 대한 개념이 등장한 것은 제2차 세계대전이 끝난 후부터이다. 이러한 치유공동체는 세계 여러 나라에서 신앙공동체의 형태를 비롯한 다양한 형태로 설립되어 운영되고 있다.[101] 기독교상담학자 래리 크랩(Larry Crabb)과 댄 알렌더(Dan Allender)는 신앙공동체가 그 자체로 지니는 상담효과가 있다고 주장한다.[102] 성도의 연합을 통하여 서로를 보완하고 채워주는 치유적 역동은 공동체 내에서 전문가의 역할이나 선행적 치유가 전제되어야 한다는 조건들을 초월한다. 즉 신앙공동체가 치유의 상황일 뿐만 아니라, 그 자체가 치유적/상담적 효력을 지니고 있다는 것이다. 박영철은 신앙공동체야말로 "하나님의 능력을 가장 분명하게 나타내야 하고, 그분의 사랑을 가장 깊이 느끼게 해 주는 곳"이기에 신앙공동체는 그 구성원들에게 개인의 단순한 관심과 지지를 넘어서는 회복과 치유를 가능하게 해준다고 말한다. 또한 신앙공동체 구성원 서로서로가 상호의존적인 유기체이기에 신앙공동체에 속한 개인이나 집단의 삶과 건강을 위협하는 상처나 고통에 대한 치유는 필연적으로 공동체를 통하여 이루어지는 것이라고 설명한다.[103]

자신들의 문제와 그 원인들을 이해할 때 진정한 치유가 발생할 수 있다는 점에서 신앙공동체 내에서의 여러 인간관계는 구성원들이 지닌 근본적이고

---

101) Bishop, "Healing in the Koinonia," 12.
102) Larry Crabb and Dan Allender, 「상담과 치유공동체」, 정동섭 역 (서울: 요단출판사, 2003), 222.
103) 박영철, "셀그룹과 치유사역," 「치유목회의 기초」, 침례신학연구소 편 (대전: 침례신학대학교출판부, 2000), 267.

고질적인 문제를 드러내는 최상의 장이자 치유와 회복의 장이라 할 수 있다.[104] 다시 말해 일시적으로나 특별한 상황 또는 특정 기간에만 이루어지는 구조화된 상담심리적 치유행위가 아니라 자연스럽게 삶을 영위하는 일상적인 공동체 구성원 상호관계 속에서 '임재'와 '경청'이라는 목회적 방법을 통하여 치유와 회복이 이루어지고 나아가서 그 효과가 지속되는 점이 신앙공동체가 지니는 치유적 특징이라 할 수 있다.[105]

신앙공동체가 지니는 이 같은 치유의 힘에 대하여 크랩과 앨랜더는 다음과 같이 설명하고 있다: "친구로서 사랑하는 것보다 치료자로서 사랑하기가 훨씬 쉽다. 훨씬 적은 것이 요구되기 때문이다…… 그러나 삶에 영향을 미치는 진정한 힘은 좋은 이론이나 신중한 기술에서 나오는 것이 아니다. 그것은 삼위일체 하나님께서 즐긴 것과 같은 관계를 우리 사회에서 재생산해 낼 수 있느냐에 놓여 있다."[106] 박영철 역시 이에 대하여, 머리이신 예수 그리스도로 인한 치유는 "단순한 심리적 치유 이상의 것이다. 그것은 그리스도의 신성한 인격과의 상호작용으로부터 오는 치유이며 그리스도와의 신비한 합일로부터 오는 하나님의 행위인 것이다. 교회(신앙공동체)는 하나님의 신비이며 그리스도의 인격 그 자체이며 그 분의 현현이 이루어지는 신비한 장소"라고 설명한다.[107] 그렇기에 신앙공동체는 그 자체가 상존(常存)하는 치유집단이자 궁극적 성장과 성숙의 기관으로서의 역할을 감당하기 위해 이 땅에 존재한다.

치유공동체적 신앙공동체 이해에 따르면 인간의 어떤 절박한 필요나 상처나 고통들은 공동체의 치유의 힘으로 회복되고 치유된다. 이러한 맥락에서 저명한 기독교 저술가인 얀시(Philip Yancey)는 신앙공동체를 "하나님의 응급실" 또는

---

104) Ibid., 249.
105) Ibid., 268
106) Crabb and Allender, 「상담과 치유공동체」, 224.
107) 박영철, "셀그룹과 치유사역," 268-9.

"하나님의 복지관"으로 묘사하고 있다.[108] 신앙공동체의 성장과 성숙은 예수 그리스도를 대신하여 고통과 어려움에 직면하여 그 사역을 성공적으로 수행할 때 이루어진다.[109] 이러한 치유공동체로서의 신앙공동체가 지니는 치유의 원리와 과정은 다음과 같다.

(1) 신앙공동체를 통한 치유의 원리

i) 안전감의 원리

신앙공동체를 통한 치유에서 수반되는 개인의 자기 개방은 필수적이다. 하지만 이러한 신앙공동체에 속한 개개인의 자기 개방은 자신들이 속한 신앙공동체가 자신들의 상처와 고통과 실수 등에 관한 비밀을 지켜주고, 수용적이며 공감적이어야 효과적이다. 따라서 신앙공동체 내에서의 상호 나눔과 돌봄의 과정을 통한 치유가 효과적이기 위해서는 반드시 구성원들이 자신들의 내면의 이야기들을 안심하고 개방할 수 있는 비밀 유지를 비롯한 수용성과 공감적 태도로 이루어진 신앙공동체의 안전감이 필수적이다.[110]

ii) 상호 개방의 원리

신앙공동체 내에서의 개방이란, 자신의 타인을 향한 개방은 물론이고 애써 외면하였던 자기 자신을 향하여 개방적이 됨을 의미한다.[111] 이러한 개방을 통하여 한 개인의 이야기는 공감과 동일시의 과정을 거쳐 그 공동체 전체의 이야기가 되어 상호 치유를 가능하게 만든다. 신앙공동체 내의 치유가 가능한 이유는 공동체의 구성원들이 다른 사람의 현재나 과거의 비밀이나 상처나 고통의 경

---

108) Philip Yancey, 「교회, 나의 고민 나의 사랑」, 김동완 역 (서울: 요단, 2009), 89, 109.
109) Ibid., 109, 132.
110) Wilson, 「상담과 공동체」, 250.
111) 박영철, 257.

험을 들으며 공감하고 동일시함으로써, 자신들의 억눌려져왔던(애써 외면했던) 상처와 고통에 관련된 감정들을 표출하여 감정적 정화(카타르시스)를 경험할 수 있기 때문이다. 또한 다른 사람의 경우를 통하여 자신들의 문제를 해결할 수 있는 소망과 가능성을 발견하고 실천할 수 있기 때문이다.[112]

　이러한 안전감과 상호개방성의 원리를 통하여 가장 성공적으로 공동체의 치유적 효과를 입증하고 있는 대표적인 예가 밥 스미스(Bob Smith)와 빌 윌슨(Bill Wilson)이 시작한 '단주 동맹' 또는 "익명의 금주회"(Alcoholics Anonymous)라 불리는 세계적 단체이다. 이 공동체의 구성원들은 중독의 고통을 함께 겪는 동병상련의 친구들로 구성된 공동체에 전적으로 의지하여 중독과의 싸움을 이겨나가고 있다. 이 공동체에 속한 사람들은 나눔의 시간에 서로의 이야기를 경청하고 따뜻하게 수용하며, 악수를 나누고 어깨를 두드릴 뿐만 아니라 서로를 격려하며 그동안 어느 정도의 진보가 있었는지를 서로 나누고 축하한다.[113]

(2) 공동체를 통한 치유의 과정

　치유공동체는 구성원 각자의 고통과 상처의 의미를 재정의하며 동시에 그 구성원을 기존 공동체 구성원과 동일시하여 공동체의 새로운 구성원이 되게 만드는 역할을 한다.[114] 즉 치유공동체의 구성원들을 통하여 각자는 이제까지 부정적으로 간주되었던 자신의 삶의 경험들의 의미를 새롭게 조명하여 재해석할 수 있다. 또한 치유공동체는 개인들로 하여금 고착된 부정적(병적인) 자기 역할을 벗어나 자신이 진정 원하는 역할을 할 수 있도록 만든다. 이렇게 될 때, 상처 입은 구성원은 치유자로서의 역할도 담당할 수 있게 된다. 치유공동

---

112) Ibid., 256.
113) Yancey, 「교회, 나의 고민 나의 사랑」, 78, 83.
114) Bishop, "Healing in the Koinonia," 13.

체는 이전에 부정적으로 인식되었던 개인의 행동이나 태도를 공동체 안에의 규범과 신앙체계라는 관점에서 재구성하여 낙인찍혔던 행동이나 태도의 의미를 긍정적이고 새롭게 인식하도록 돕는다. 이러한 공동체 안에서의 치유의 과정을 단계별로 살펴보면 다음과 같다.

i) 가입 또는 참여의 단계: 문제를 지닌 개인은 치유공동체에 구성원이 되어 공동체 내에서의 규범을 받아들이고 정도의 차이는 있지만 그에 적응한다. 이 과정에서 공동체의 힘은 그 개인이 더 이상 치유의 대상이 아니라 공동체 내에서 치유의 주체로서 책임이 있음을 깨닫게 하여 자존감과 소망의 가능성을 찾게 만든다.

ii) 신뢰형성의 단계: 공동체 내에서의 고백과 카타르시스(정서적 정화)를 통하여 개인은 수동적 입장에서 벗어나 능동적 태도를 지니게 된다. 고백의 과정은 죄책감의 해소와 용납을 경험하게 하며, 카타르시스는 감정적 정화를 통하여 당사자로 하여금 공동체 전체와 동질감을 갖게 만들며, 동시에 공동체 구성원들은 그 당사자가 자신들의 한 부분임을 확인하게 만든다. 이 과정은 신앙공동체 안에서 소위 신앙적 회심이 일어나 새로운 정체성(또는 자아)을 발견하게 되는 단계이다.

iii) 일치의 단계: 공동체 내의 개인은 모방을 통하여 공동체의 새로운 규범을 배우며, 동일시를 통하여 새로운 정체성을 지니게 된다. 즉 모방과 동일시를 통하여 공동체의 규범과 역할기대를 내면화(internalize)한다.

iv) 몰입의 단계: 개인은 공동체 내에서 헌신을 통하여 그 공동체와 하나

되는 통합의 과정을 겪는다.[115] 이는 계속적으로 이루어지는 과정이며 호혜적으로 공동체 내에서 서로 상호작용을 통하여 관계의 발전을 이루어간다.

2) 해석공동체로서 신앙공동체 적용

목회상담에서 신앙공동체는 또한 해석공동체로서 그 구성원들의 삶에 매우 깊은 영향을 미친다. 인간의 삶에서 의미는 개별적인 것이 아니라 사회관계적으로 형성된다. 따라서 구성원들에게 의미의 새로운 맥락을 제공해 주는 역할을 하는 해석공동체로서 신앙공동체는 개인의 삶의 의미 발견과 정체성 형성과정에서 매우 중요하다.[116] 예수 그리스도를 믿고 신앙공동체에 속한다는 의미는 해당 신앙공동체의 인식과 규범의 틀을 자신의 것으로 받아들이는 것을 의미한다. 이러한 새로운 인식과 규범의 틀은 삶의 새로운 관점에 영향을 미치며 나아가서 새로운 정체성과 의미체계 또는 가치체계의 형성을 촉진한다.[117] 이때 해석공동체인 신앙공동체는 기억과 소망의 매개체로서 구성원들의 자아의 발전을 촉진시키는 동시에 구성원들이 지닌 관점의 새로운 방향설정에 영향을 미친다.[118]

신앙공동체에 속한 각 개인은 자신이 속한 신앙공동체의 역사 속의 이야기를 자신의 이야기로 받아들임으로써 공동체의 해석 체계에 합류하게 된다. 또한 과거 하나님께서 이루신 일에 나타난 하나님의 성품과 능력에 대한 이해를 바탕으로 자신의 현재 이야기를 해석하게 되며 나아가서 자신이 속한 소망의 공동체로서 신앙공동체에서 말씀으로 약속하신 목표들을 향하여 나아간다.[119]

---

115) Ibid., 13-5.
116) Stanley J. Grenz, 「조직신학」, 신옥수 역 (고양: 크리스챤다이제스트, 2003), 615.
117) Ibid., 615.
118) Ibid., 713, 715.
119) Ibid., 615.

(1) 해석공동체로서 신앙공동체 이해의 기본 전제

첫째, 해석공동체로서 신앙공동체를 이해하는 데 필요한 **첫 번째 기본 전제**는 인격적이고 자율적인 존재로서의 인간이해이다. 즉 인간을 결정론적이고 숙명론적인 존재가 아니라 자유의지를 지니고 자기의 이야기를 스스로 해석하는 능력을 지닌 존재로 이해한다. 사건과 경험은 이미 주어졌지만 인간은 그러한 사건과 경험에 의미를 부여하여 만든 이야기를 통하여 자신과 자신이 존재하는 세계를 만들어 간다.[120] 물론 이러한 의미부여는 의식적이고 자주적인 경우도 있지만, 종종 중요하다고 여기는 주변 사람들이나 집단에 의해서 무의식적으로 형성된 해석의 틀에 의해 이루어지기도 한다. 즉 비록 나의 이야기이지만, 내가 해석한 이야기가 아니라 다른 사람이 해석한 이야기가 나의 이야기가 되는 경우가 있다는 것이다. 개인이 이처럼 새로운 공동체의 해석의 틀을 자신의 개인적인 이야기 해석의 유효한 틀로 받아들일 때, 공동체의 해석 틀은 새로운 구성원이 살아온 이야기를 그 신앙공동체의 이야기의 패턴을 따라 근본적으로 재해석할 것을 요구한다. 이때 그 개인에게는 정체성 위기가 발생한다.

해석공동체로서 신앙공동체의 역할은 하나님과 인간이 함께 엮어가는 이러한 해석적 상호작용의 과정 속에서 좀 더 분명하게 자신의 정체성을 발견하게 하거나, 과거의 사건과 그 사건 속에 담긴 의미들을 분명하게 만들며, 현재를 이전과는 다른 시각으로 보게 하고, 이를 바탕으로 새로운 미래의 가능성을 발견하게 한다.[121] 또한 신앙공동체의 역할은 가치체계형성과정에서 분명하게 드러난다. 한 개인이 고유한 가치체계를 지닌 새로운 공동체와 만나고 공동체 내의 상호관계를 통하여 그 공동체가 지닌 고유한 세계관이나 가치체계를 자

---

120) David A. Steere, *Spiritual Presence in Psychotherapy* (New York: Brunner/Mazel, 1997), 181.
121) Barbara J. Hateley, *Telling Your Story, Exploring Your Faith: Writing Your Life Story for Personal Insight and Spiritual Growth* (St. Louis: CBP Press, 1985), 7.

신의 세계관이나 가치체계로 받아들이게 될 때 비로소 그 공동체의 온전한 구성원이 된다.[122] 이러한 한 개인의 이야기를 새롭게 만들어가는 궁극적 목적은 당사자 자신의 깨달음이나 변화뿐만 아니라 새롭게 재구성된 그 이야기를 통해 가족과 이웃을 변화시킴으로써 신앙공동체를 넘어 하나님 왕국의 확장에 이바지하는 것이다.[123]

둘째, 해석공동체를 이해하는 데 필요한 **두 번째 기본 전제**는 사회심리적 사실(reality)을 절대적이거나 객관적인 것으로 보기보다 사회적으로 구성된 것으로 보는 것이다. 포스트모던에서 지식이란 객관적이라기보다 상호주관적 대화의 결과라 할 수 있다. 즉 사람들은 자신들의 지식을 다른 사람과의 대화를 통하여 검증하고 쌓아간다. 따라서 앎이란 사회적인 동시에 상호주관적이라 할 수 있다.[124] 이로써 사실이란 충분히 많은 수의 사람들이 사실이라고 동의한 것이 된다. 이의 대표적인 예가 바로 통계 결과를 바탕으로 오늘날 심리치료와 정신과적 진단의 판정 기준으로 사용되고 있는 DSM(Diagnostic and Statistical Manual of Mental)-V이다. 해석공동체를 통해 개인은 사실이라 믿고 있는 자신에 대한 내용들을 새로운 공동체의 해석 틀을 통해 검증하고 재해석할 수 있다.

셋째, 해석공동체로서 신앙공동체를 이해하는 데 필요한 **세 번째 기본 전제**는 공동체 구성원의 해석 틀이 '중요한 타자들'(significant others)에 의해 결정적으로 영향을 받는다는 사실이다. 구성원들의 변화를 위한 인식 재구성(reframing) 과정은 신앙공동체라고 하는 사회적 조건 안에서 사회화를 주관하는 사람들과의 강한 정서적 동일화과정을 상당히 반복함으로써 이루어진다. 이 과정에서 신앙공동체 내의 중요한 타자들이 새로운 틀을 중재하는 역할을

122) Grenz, 「조직신학」, 617.
123) Dan Allender, 「나를 찾아가는 이야기」, 김성녀 역 (서울: IVP, 2006), 74-5.
124) Jeffrey T. Guterman and James Rudes, "Social Constructionism and Ethics: Implications for Counseling," *Counseling and Values*, vol. 52 (January 2008): 136-7.

한다. 사실 신앙적 회심은 신앙공동체의 역할을 앞선 경험이지만 이러한 신앙적회심의 경험을 계속하여 진지하게 받아들이기 위해서는 이전의 삶의 상황을 대신하는 근거 구조를 제공하는 신앙공동체가 필수적이다.[125] 그리고 이러한 새로운 근거 구조를 제공하는 신앙공동체 안에서 새로운 중요한 타자들과의 상호작용과 대화에 의해 개인의 주관적인 현실이 바뀌게 된다.[126] 이 과정에는 과거의 모든 중요했던 사건들과 인물들의 의미를 재해석하는 과정이 동반되며, 과거보다 더 중요한 의미로 다가온 신앙공동체 안에서의 새로운 현실은 기억하고 있는 사건의 재해석을 통하여 현재 자신의 삶의 구조 안으로 수용된다.[127]

(2) 해석공동체를 통한 재구성(reframing)의 과정

해석공동체로서의 신앙공동체를 통한 재해석 또는 인식 틀의 재구성의 과정은 대체로 다음의 **다섯 단계**로 이루어진다.

i) 첫째 단계: 공동체 구성원이 지닌 기존의 문제 의미체계를 파악한다. 신앙공동체는 개방적이고 진정어린 자세로 해당 구성원의 자기개방과 고백을 통하여 그(그녀)가 지닌 부정적인 자기 암시와 수동적이고 패배적인 해석의 틀을 함께 찾아낸다.

ii) 둘째 단계: 중요한 타자들은 해당 구성원으로 하여금 현재 자신의 해석틀이 사회 환경적으로 사실(reality)이 되었음을 깨닫도록 돕는다. 공동체의 목회지도자들은 사회적으로 형성된 이러한 부정적이고 자기 파괴적인 기존

---

125) Peter Berger and Thomas Luckman, 「지식형성의 사회학」, 박충선 역 (서울: 홍성사, 1982), 211.
126) Ibid., 212.
127) Ibid., 214.

해석의 해체과정을 돕기 위해 경우에 따라 다양한 상담기법들을 사용하는 것도 도움이 된다.[128]

iii) 셋째 단계: 공동체의 중요한 타자들은 그(그녀)가 새로운 공동체의 규범과 인식 틀을 통하여 기존의 문제 해석과 다른 해석이 있음을 보여주고, 그 해석을 새로운 자신의 해석으로 받아들이도록 돕는다. 이 과정에서 중요한 타자들은 그(그녀)로 하여금 자신이 겪고 있는 문제 해석과는 다른 해석을 돕기 위해 다음과 같은 질문을 통하여 도움을 줄 수 있다. "이러한 어려운 문제 가운데서도 당신을 지켜온 것은 무엇인가?," "그와 같은 힘은 어디서 왔는가?," "현재의 어려움을 직면하는 최선의 방법은 무엇인가?." 이러한 하나님의 개입을 발견하는 일과 자신의 이야기를 새롭게 재구성하는 과정이 어우러져서 문제에 대한 새로운 이해의 틀이 형성된다.

iv) 넷째 단계: 공동체의 중요한 타자들은 해당 구성원의 새로운 해석을 안착시키기 위해 지속적으로 공동체의 의미체계와 규범을 통하여 지지하고 강화한다. 이때 공동체 구성원들의 지속적인 온정적 공감과 비판단적 수용은 매우 효과적인 강화의 방법이다.

v) 다섯째 단계: 새로운 해석을 실천하여 그 결과를 구성원들과 나눔으로 공동체의 공감과 지지 및 동일시를 통하여 새로운 해석을 고착화시킨다. 이 단계에서 비로소 개인은 또 다른 사람을 돕는 중요한 타자의 역할을 할 수 있다.[129] 이상에서 살펴보았듯이 신앙공동체의 상호돌봄은 공동체에 속한

---

128) 공동체 구성원의 기존 틀(frame)을 변화시키는 이러한 기법들에 대한 좀 더 자세한 이해를 위해서는 Donald Capps, *Reframing: A New Method in Pastoral Care* (Minneapolis, MN: Fortress, 1990), 28–51을 참조하시오.
129) June A. Smith, "Parishioner Attitudes Toward the Divorced/Separated: Awareness Seminars As Counseling Interventions," *Counseling and Values*, vol. 45, no. 1 (October 2000): 17.

개개인의 다양성과 독특성이 목회돌봄과 상담에 도움이 됨과 동시에 돌보는 이와 돌봄을 받은 이 모두가 공동체의 필수적 구성요소란 사실을 보여준다. 이러한 목회상담에서의 공동체적 상호돌봄은 성서에 나타난 예수 그리스도의 지체로서의 신앙공동체의 모습에 가까운 형태이며, 자유교회전통에 속한 침례교회의 신앙공동체 이해와 일맥상통한다. 따라서 신앙공동체의 목회현장의 효율적 상담적 적용을 위해 신앙공동체는 구성원 전체를 위하여 돌봄을 위한 계속적인 훈련과 교육의 장을 마련하는 노력을 기울여야 한다.

시대적으로나 신학적으로 나아가서 신앙전통적으로 적합한 목회상담에서의 신앙공동체적 접근은 목회자들이 오늘날 목회현장에서 특별한 전문적 훈련이나 임상이 없이도 쉽게 치유와 해석의 기능을 담당할 수 있음을 보여준다. 목회현장에서 이와 같은 신앙공동체적 접근을 보다 낫게 적용하기 위해서는 무엇보다 공동체 **지도자를 비롯한 중요한 타자들의 역할**이 중요하다. 따라서 공동체상담에서 지도자인 목회상담자는 신앙공동체에 깊이 헌신하고 구성원들과 친밀한 관계를 유지하여야 한다. 나아가서 모범을 보이는 모습이 요구된다. 이를 위해 먼저 주의 깊은 관찰과 경청을 통하여 자신이 속한 신앙공동체의 문화와 도덕적 윤리적 구조를 파악하여야 한다. 즉 목회상담자는 자신의 신학과 확신으로 신앙공동체에 영향을 주려고 시도하기보다 먼저 자신이 속한 신앙공동체를 이해하는 데 더 많은 관심을 기울여야 한다. 또한 사석에서의 모습과 공석에서의 모습이 일치하도록 노력하며, 정직성에 기초한 자기 노출을 통해 친밀감을 형성하도록 하여야 한다. 끝으로 공동체 구성원 각 개인의 고통을 진지하게 받아들이며 비밀보장의 한계를 공동체 상황에 적합하게 설정하도록 지혜를 지녀야 한다.

| 4장 |
침례교회(자유교회)전통과 목회상담

오늘날 자유교회의 주요 일원인 침례교 목회자로서 자신이 지닌 자유교회의 전통을 살펴보고 그 신앙공동체의 전통을 목회현장에 적용하는 일은 중요하고 의미있는 일이라 하겠다. 특히 일상의 삶과 가장 밀접한 목회상담 사역에 신약성서적 교회를 지향하는 침례교회를 포함한 자유교회의 신앙적 전통을 적용하는 일은 교회를 성서적으로 건강하게 돌보는 데 있어서 중요하다. 우리가 속한 침례교회를 포함한 '자유교회전통'(Free Church Tradition)은 용어 자체에서 짐작할 수 있듯이 정의하기가 쉽지 않다. 자유교회 신앙인들은 일정한 교단을 형성하거나 학문적인 영역에서 학파를 형성하였던 것이 아니라 신약성서적 신앙적 삶과 교회의 모습을 추구하였던 일련의 신앙인들에 의해 자발적으로 시작되었던 움직임이기에 그 자체의 뿌리만큼이나 다양하며 역사적으로 그 기원을 명확히 파악하기 쉽지 않다. 하지만 오늘날까지 보존되어

온 여러 자료들을 통하여 이들 자유교회의 신앙적 유산들은 오늘날 침례교회를 비롯한 주요 개신교 교회의 다원성과 다양성의 존중, 개인의 자발적 신앙 강조 그리고 정교 분리의 정신을 통하여 현대 기독교인들의 삶에 영향을 미치고 있다.

1. '자유교회'의 정의와 주요 전통

1) 자유교회의 정의

'자유교회'(Free Church)라는 용어는 영국 스코틀랜드 출신의 수학자이자 목회자인 차머스(Thomas Chalmers)가 1843년 자신과 마음을 같이 하여 스코틀랜드 국교회인 스코틀랜드교회(The Church of Scotland)에서 탈퇴한 장로교회, 회중교회, 침례교회, 감리교회 목회자 474명과 함께 비국교회 연합을 공식적으로 출범시키고 '자유교회'(the Free Church)로 명명함으로써 문헌상 공식적으로 등장했다.[130] 하지만 근대적 의미의 진정한 자유교회의 시작은 그 이전 종교개혁시기의 재침례교도들을 비롯한 일련의 교회와 국가의 분리와 개인의 신앙고백적 교회에 대한 확신을 지닌 신자들까지로 거슬러 올라간다.[131]

2) 자유교회의 주요 전통

침례교회가 주장하는 종교의 자유, 진정한 회심에 바탕을 둔 신앙적 결정의 자율성, 신자의 제사장직 등은 침례교회만의 독특한 주장은 아니다. 이러한

---

130) Erich Geldbach and S. Mark Heim, "Free Church," in *The Encyclopedia of Christianity*, vol. 2.
131) Ibid., 346-7. 이러한 종교개혁 이전의 대표적인 인물로서는 John Wycliffe을 들 수 있다.

정신들은 자유교회전통에 속한 교회들이 공유하고 있는 정신이라 할 수 있다.[132] 16세기 재침례교회의 핵심 정신 역시 종교의 자유, 교회와 국가의 분리, 자발적 신앙공동체로서의 교회라 할 수 있다. 이러한 자유교회의 전통은 이후 미국 개신교와 민주주의의 발전에 커다란 영향을 끼쳤다.[133]

자유교회전통에 관한 주요 학자들의 견해를 보면 다음과 같다. 먼저, 저명한 영국침례교 학자 어니스트 페인(Earnest A. Payne)은 영국 자유교회에 대한 연구에서 자유교회가 지닌 네 가지 주요 특성을 '그리스도를 믿는 개인적 결단의 필요,' '신자들이 함께 모인 공동체로서의 교회,' '모든 신자의 제사장직분에 대한 헌신' 그리고 '신행일치를 위한 노력'으로 요약하고 있다.[134] 남침례교 원로 사학자 글렌 힌슨(Glenn Hinson)은 자유교회 전통에 속한 침례교회의 독특성을 '신앙적 결정의 자율성,' '민주적 정치형태,' '종교의 자유' 그리고 '교회와 국가의 분리'를 들고 있다.[135] 남침례교 조직신학자 에드가 멀린스(Edgar Y. Mullins)는 자유교회의 정신을 계승한 침례교회의 특징을 영혼의 유능성에 기초하여 '영혼의 자유,' '중생한 회원으로 이루어진 교회,' '전 신자 제사장직' 그리고 '정교분리'로 설명하고 있다.[136]

이상에서 언급한 초기 재침례교도들의 신앙고백과 이에 영향을 받은 여러

132) R. Albert Mohler, Jr., "A Call for Baptist Evangelicals & Evangelical Baptists: Communities of Faith and A Common Quest for Identity," in Southern Baptists & American Evangelicals, ed. Daivd S. Dockery (Nashville, TN: Broadman & Holman Publishers, 1993), 227; Walter B. Shurden, The Baptist Identity: Four Fragile Freedom (Macon, GA: Smyth & Helwys Publishing, 1993), 4. Mercer대학교의 Shurden(Callaway Professor of Christianity, The Center for Baptist Studies의 Executive Director)은 이러한 자유교회 전통에 입각하여 침례교의 다양성의 핵심적 가치를 자유로 보았으며 이를 바탕으로 하여 다음과 같이 침례교의 특징을 다섯 가지로 요약하고 있다: 성서의 자유, 영혼의 자유, 교회의 자유, 종교의 자유, 인간의 자유. 신앙의 행습과 기준으로 오직 성서를 그 기준으로 삼는 자요, 예수 그리스도와의 인격적 관계를 바탕으로 한 구원의 경험에 의한 영혼의 자유, 예수 그리스도의 주님 되심에 복종하기 위하여 자신의 의지로 교회를 선택하는 자유, 자신뿐만 아니라 타인 역시 자신의 자유로운 선택으로 종교를 선택할 수 있는 자유 그리고 인간의 죄로부터의 영혼의 자유와 사회적 억압으로부터의 자유.
133) Guy F. Hershberger, "Introduction," in The Recovery of the Anabaptist Vision, ed. Guy F. Hershberger (Scottale, PA: Herald Press, 1957) and reprinted by The Baptist Standard Bearer, Inc. (Paris, Arkansas), 1.
134) Earnest A. Payne, Free Church Tradition in the Life of England (London: SCM Press, 1944), 144–5.
135) E. Glenn Hinson, "One Baptist's Dream," in Southern Baptists & American Evangelicals, ed. Daivd S. Dockery (Nashville, TN: Broadman & Holman Publishers, 1993), 212–5.
136) E. Y. Mullins, The Axioms of Religion (Philadelphia: American Baptist Publication Society, 1908), 56–7.

자유교회, 특히 침례교회의 신앙적 확신과 고백들에서 찾아볼 수 있는 자유교회를 종합하면 다음과 같이 이해할 수 있다. 자유교회는 개인의 신앙적 자유와 '믿는 자의 교회'(believers' church)에 기초한 개인의 자발적 결정에 의한 교회회원 됨과 이에 따른 책임을 강조하고 있으며, 모든 신자의 제사장직과 이에 따른 신자들의 훈련을 매우 중요하게 여기고 있다. 따라서 자유교회는 여러 가지 교육과 훈련과정들을 개발하여 교회회원으로서의 자율성과 책임을 감당할 수 있게 준비한다. 또한 개인들의 교회활동에 대한 책임은 이들의 교회행정에 대한 참여로 이어지고 있으며 성령에 의해 통치되는 교회를 구현하기 위한 제도적 장치로써 회중정치를 보편적인 교회정치 형태로 채택하고 있다.[137]

이상에서 살펴 본 자유교회의 전통에 관한 여러 견해들에 포함된 공통적 요소들을 바탕으로 하여 자유교회의 특징을 요약하면 다음과 같이 제시할 수 있다. i) **'종교적 자유 전통,'** ii) 신자의 침례에 기초한 '고백적 신앙에 따른 **자발적 교회회원 됨과 이에 따른 책임의 전통,'** iii) 신자의 교회에서 비롯된 **'전신자 제사장직분과 훈련된 상호돌봄의 전통,'** iv) 종교와 신앙의 자유정신을 담보하기 위한 **'국가와 교회분리의 전통.'**[138] 이러한 네 가지 전통은 각기 분리된 정신이 아니라 상호 밀접하게 연관되어 서로를 설명해주고 보완해주는 전통들이다. 그러면 이러한 자유교회의 신앙적 전통이 교회현장에서 어떻게 목회상담에 적용될 수 있는지를 살펴보자.

2. 자유교회전통의 목회상담적 적용

하나님의 은혜는 목회상담에서 내담자 치유와 돌봄의 출발점이자 신학적

---

137) Geldbach and Heim, 347.
138) 본서에서의 이러한 네 가지 전통의 요약은 역사적 사료나 기본적인 침례교적인 관점으로 인해 웨인 오우츠가 자신의 저서 *Protestant Pastoral Counseling*에서 주장하고 있는 내용과 유사한 점이 있으나 조금은 다른 관점을 담고 있다. 예를 들면 오우츠가 주장한 비국교적 전통을 본서에서는 개인의 종교적 자유로 그 내용을 다르게 하고 있다. 자세한 내용은 Wayne E. Oates의 *Protestant Pastoral Counseling* (Philadelphia: Westminster Press, 1962)의 2장을 참조하시오.

기본전제이다. 그리고 전적인 자유의사에 따라 하나님의 은혜에 응답하는 개인의 영적 자발성 또한 목회상담의 전 과정의 기저를 흐르고 있는 신학적 전제이다. 이러한 신학적 기본전제를 바탕으로 앞서 요약 제시한 각 자유교회 전통을 살펴보고 이에 따른 목회상담적 적용을 살펴보도록 하자.

1) '종교적 자유 전통'의 목회상담적 적용

(1) 개인의 종교적 자유

인간은 하나님을 향해 책임 있는 존재로 창조된 동시에 하나님께 자유롭게 반응하는 존재로 지음 받았다. 그리고 하나님의 부르심에 대하여 각 사람은 그 부르심에 대하여 응답할 수 있는 능력과 자유를 지니고 있다. 그러므로 자유교회는 모든 그리스도인이 하나님 앞에서 자신의 의지와 능력에 따라 자유롭게 의사결정을 할 수 있다고 믿는다.[139]

신자로서의 각 개인은 어떠한 인간이 만든 조직이나 단체에 의해서도 신앙을 강요받아서는 안 되며 이러한 개인의 종교적 자유에 관한 신앙적 확신은 자유교회전통의 핵심을 이루는 요소이다. 하나님께서 창조를 통해 모든 인간에게 부여하신 개인의 영혼이 하나님께 반응할 수 있는 자유와 능력을 남침례교 조직신학자 멀린스(Edgar Y. Mullins)는 '영혼의 유능성'(soul competency)으로 정의하였으며, 이 '영혼의 유능성'을 '침례교신학의 기초'가 되는 가장 특징적인 요소로 들고 있다.[140]

개인의 종교적 자유는 이러한 '영혼의 유능성'이 전제가 되어야만 성립된다.

---

139) H. Leon McBeth, "하나님은 영혼의 유능성과 모든 신자들의 제사장 직분의 원리를 주셨다," in Charles W. Deweese 편, 「21세기 속의 1세기 신앙」, 김승진 역 (대전: 침례신학대학교출판부, 2005), 108.
140) Mullins, *Axioms of Religion*, 57.

17세기 영국에서 침례교회가 시작되었을 때부터 개인이 자신의 양심에 따라 신앙을 결정하는 개인의 종교적 자유를 주장했던 침례교인들은 종교적 양심의 자유를 자신들의 신약성서의 핵심적 가르침으로 받아들였으며 여러 신앙고백 속에서 이를 주장해왔다.[141] 이러한 개인의 종교적 자유 전통은 건강하지 않은 잘못된 가르침들이 스며들 수 있는 위험을 감수하고서라도 어렵지만 결코 포기할 수 없는 신앙적 확신이다.

(2) 목회상담적 적용

목회상담에서 개인의 종교적 자유 전통의 적용은 다음과 같이 두 가지로 찾아볼 수 있다. 첫째, 비강요적 신앙적/영적 개방성이다. 목회자가 개인의 신앙적 자유에 대하여 확신을 지니고 있다면, 상담과정에서 목회자는 자신의 신앙적 확신에 근거한 상담을 피할 수 없지만 성서의 가르침에 어긋나지 않는 한 목회자 자신의 견해를 강요하지 않고 내담자인 교인의 판단과 결정을 존중하여야 한다.

목회자는 상담에서 내담자가 직면한 문제나 어려움에 대해 여러 가능성과 해결책을 제시하고 그것을 함께 평가하고 선택할 수 있도록 도와주어야 한다. 하지만 상담자 자신이 옳다고 여기는 해결책을 선택하도록 내담자를 조정하거나 강요하는 일은 자제해야 한다. 이러한 상담자의 권위주의적인 지시적 태도는 상담의 효율성의 측면에서 볼 때, 내담자의 동기유발에 부정적인 영향을 미친다. 동시에 내담자의 자율성이 무시된 강요에 의한 비자발적인 내담자의 행동변화는 문제해결상담을 통한 성장이나 성숙에 부정적인 영향을 미친다.

따라서 목회상담에서 개인의 양심의 자유와 자율성에 기초하여 비강요적

---

141) Estep, Jr., "국교반대주의(Nonconformity)의 사상이 침례교인들의 양심에 스며들어 있다," in Charles W. Deweese 편, 「21세기 속의 1 세기 신앙」, 김승진 역 (대전: 침례신학대학교출판부, 2005), 138; H. Leon McBeth, *A Sourcebook for Baptist Heritage* (Nashville: Broadman Press, 1990), 70.

신앙적/영적 개방성이 존중되어야 한다. 그리고 이러한 태도는 내담자가 문제 해결의 접근 방법을 선택해야 하는 상황에 처했을 때, 결혼이나 가족의 요구보다 하나님에 대한 신앙을 더 우위에 두는 능력을 함양하는 데도 도움이 된다.

둘째, 종교적 자유 전통에 입각한 신앙적 확신은 교회와 사회의 지속적 개선과 개혁에 영향을 미쳐야 한다. 자유교회의 종교의 자유 전통은 인간과 하나님의 자유로운 인격적 관계를 저해하는 기존의 권위주의나 강요된 종교적 신념이나 태도에 대해 비판적이며 개혁적인 요소로 작용한다.

목회상담이 지닌 '치유적 기능'(Therapeutic Function)과 '예언적 기능'(Prophetic Function) 중 오늘날 보수적 복음주의 교회들이 간과하기 쉬운 기능이 바로 예언적 기능이다. 자유교회전통은 영적인 측면에서 볼 때 기존 주류 기독교의 종교적인 삶이나 기존의 사회질서와는 차별화된 비타협적 정신을 지니고 있다. 그렇기 때문에 자유교회 전통에 서 있는 목회자인 상담자는 기존의 긍정적 질서와 요소들을 보존하는 동시에 이러한 기존의 것들이 본래적인 기능이나 정신에서 벗어났을 때, 변질된 요소들을 변화 변혁하는 새로운 시도나 개혁에 적극적으로 반응할 수 있어야 한다.

오늘날 목회자들이 겪는 주요 문제 중의 하나는 대중적이며 맹신적인 종교의 피상적인 겉모습에 대한 일반 사람들의 불만이다.[142] 세상에서 '소금과 빛'(마 5:13-4)의 역할은 교회 밖에서 뿐만 아니라 교회 안에서도 이루어져야 한다. 그러므로 목회상담자는 개인의 신앙적 자유를 억압하는 모든 종류의 교회와 사회의 압력이나 잘못된 관습, 제도 등에 대하여 민감성을 지녀야 하며 동시에 그러한 부정적인 요소들을 개선 개혁하는 일에 지속적 관심과 노력을 기울일 수 있어야 한다.

---

142) Oates, *Protestant Pastoral Counseling*, 38-9.

2) 고백적 신앙과 자발적 교회회원 됨과 책임 전통의 목회상담적 적용

(1) 고백적 신앙과 자발적 교회회원 됨의 전통

각 개인이 자신의 양심에 따라 신앙을 표현하는 개인 고백적 전통은 개인의 종교적 자유 전통 위에서 가능한 일이다. 하나님께서는 모든 인간에게 자유를 주셨고 이러한 자유에 근거한 믿음의 결정에 의해 구원은 이루어진다.[143] 하나님의 은혜로 말미암은 구원을 받지 못한 사람들은 결코 교인이 될 수 없다. 자유교회는 이러한 이유로 유아침례를 거부한다. 각 개인은 예수 그리스도를 자신의 구세주와 주님으로 영접하는 일에 있어서 자유로운 동시에 자발적이어야 한다. 그렇기 때문에 구원을 위해서는 신앙의 개인적 결단이 필요하다. 교회회원은 중생한 그리스도인이어야 한다. 즉 교회의 모든 회원은 "그리스도를 주로 고백하고 은혜로 말미암아 구원을 얻은 사람"이어야 한다.[144] 이러한 결단은 아무도 대신 할 수 없다.

이러한 개인의 신앙고백과 그에 따른 자발적인 교회회원 됨을 주장하는 자유교회들은 16세기 재침례교도들처럼 기존의 종교개혁자들인 루터나 칼뱅과는 다르게 신앙을 고백하는 그 고백에 근거하여 침례를 주었고 이렇게 신앙을 고백하는 신자들로 지역교회를 구성하는 길을 선택하였다.[145] 신자들은 하나님 앞에서 성숙하고 책임 있는 결정을 내리는 존재로서 신앙공동체에 의해 받아들여진다. 이러한 공동체의 인정은 당사자의 침례를 통하여 회중 앞에서 상징적으로 표현된다.

신자의 교회 그리고 하나님을 믿는 믿음에 대한 결정은 성숙한 의식을 지닌 상태에서 자유롭고 자발적으로 이루어져야 한다. 그리고 모든 신자는 예수

---

143) Payne, *The Free Church Tradition in the Life of England*, 174.
144) 최봉기 편, 「침례교회」 (대전: 침례신학대학교, 1997), 240.
145) 드위즈 편, 「21세기 속의 1세기 신앙」, 138.

그리스도와의 개인적이고 인격적인 경험이 자신들의 신앙의 기초가 된다.[146] 교회 역사를 볼 때 초기에 만들어진 신조나 신앙고백은 변증적, 교육적 그리고 선교적 목적을 위해 만들어졌으며 교회에 유익한 측면이 있다.[147] 하지만 신조 그 자체는 시대적 상황과 종교적 언어가 지니는 상징성의 한계로 인해 항상 '제한성'과 '부적합성'을 지니고 있다. 따라서 어떠한 신학적 신조나 신앙고백도 최종적이거나 완벽하지 않다.[148] 그러므로 기독교신앙의 인격적이며 개인적인 측면에서 볼 때 당사자가 자신의 신앙을 명백히 선택하고 고백하여야 하며, 당사자가 아닌 어느 누구도 어떠한 단체나 조직도 개인의 의사에 반하여 신조나 신앙고백을 강요해서는 안 된다.

(2) 목회상담적 적용

이러한 고백적 신앙과 자율적 교회회원 됨과 책임 전통의 목회상담적 적용은 다음의 두 가지에서 찾아볼 수 있다. 첫째, 상담과정에서 내담자의 상황에 적합한 직면과 수용의 균형의 필요에서 그 적용점을 찾을 수 있다. 목회상담은 초기부터 칼 로저스(Carl Rogers)의 내담자 중심기법에 영향을 크게 받았다. 목회상담에서 내담자 중심은 인본주의적 입장이기 보다는 하나님의 사랑받는 존재로서의 인간 그리고 예수 그리스도의 십자가를 통한 은혜에 기초한 칭의 (의로움/거룩함)에 근거한 접근이라 할 수 있다. 이러한 내담자존중의 자세는 내담자가 책임 있는 존재이며 자기 결정적 존재라는 사실에 기초한다.

고백적 신앙인인 내담자를 자기결정적 존재로 여기기 때문에 목회자인 상담 자는 상담상황에서 내담자인 교인이 책임 있고 올바른 선택을 할 수 있도록 내담자 자신을 잘 이해하도록 도와야 한다. 이러한 과정에서 내담자는 종종

---

146) Ibid., 261.
147) 최봉기 편, 251-2.
148) Ibid., 252, 255.

합리화나 투사, 회피 등의 방어기제를 사용하여 자신의 문제를 직면하기를 원하지 않는 경우가 있다. 이러한 상황에서 목회자는 내담자에 대한 무조건적인 수용이나 인정보다 하나님의 사랑에 기초한 '적절한 직면'(confrontation)이나 도전 또는 상담자의 자기 노출을 통해 내담자의 잘못된 자세를 지적하는 것이 필요하다. 물론 이 과정에서 주의해야 할 태도는 내담자가 자신이 비난받거나 판단 받고 있다는 느낌을 가지지 않도록 유의하여야 한다. 이러한 상담의 상황과 내담자의 태도에 따른 적절한 직면과 수용의 사용은 상담에서 회기와 시간사용에 따른 비용과 효율성의 문제를 해결하는 데 도움을 준다.

둘째, 고백적 신앙과 자율적 교회회원 됨과 책임 전통의 목회상담적 적용은 목회현장의 상담에서 가장 흔히 발견되는 권위주의적인 지시적 상담이 가져오는 문제의 예방에서 찾을 수 있다. 목회상담에서 가장 흔히 지적되는 문제는 목회자들의 지시적이고 권위주의적인 상담자세이다. 이러한 태도는 여러 가지 이유로 인해 상담자인 목회자가 내담자의 자율적인 판단과 결정을 간과하거나 무시하고 일방적으로 목회자 자신의 판단에 근거하여 문제해결방식을 제시하는 것이다. 이러한 문제가 발생하는 대표적인 이유로는 목회자 개인이 상담에서 충분한 시간을 확보하지 못하고 자신의 일정에 쫓기는 경우, 목회자가 상담에 대한 기본적인 내용을 제대로 알지 못하는 경우, 내담자와의 기존 관계에서 오는 선입견 등을 들 수 있다.

이러한 권위주의적인 지시적 상담태도는 상담과정에서 더 깊게 내담자의 문제를 살펴볼 수 있는 기회를 차단하거나 내담자가 스스로 상담자인 목회자로부터 존중받고 있지 못하다고 느끼게 만듦으로써 상담에 부정적인 영향을 미친다. 그리고 나아가서 상담을 통한 내담자의 성장과 성숙이라는 상담 목표를 달성하는데 부정적인 영향을 미친다. 따라서 목회자는 상담에서 예수 그리스도의 성육신의 정신을 본받아 목회자 자신의 입장이나 생각이 아닌 내담자의 입장과 상황에서 문제를 탐색하고 이에 따른 해결책을 모색하여 내담자의 상황과 능력에 알맞은 대안을 선택하고 실행할 수 있도록 도와야 한다.

이상에서 살펴 본 이러한 개인적 체험과 결정에 의한 신앙적 결단이 신앙공동체 내에서의 자발적인 훈련과 책임 및 상호돌봄을 가능하게 만든다. 따라서 자유교회의 개인 고백적 신앙과 자율적 교회회원 됨과 책임의 전통은 다음에 살펴볼 자유교회의 또 하나의 중요한 전통인 '전신자 제사장 직분과 훈련된 상호돌봄의 교회 전통'과 불가분의 관계를 지닌다.

3) 전신자 제사장 직분과 훈련된 상호돌봄 전통의 목회상담적 적용

(1) 전신자 제사장 직분과 훈련된 상호돌봄의 교회 전통

남침례교가 낳은 저명한 교회사학자 윌리엄 이스텝(William R. Estep, Jr.)은 '영혼의 자유'(soul freedom)와 '전신자 제사장 직분'의 원리를 침례교회의 핵심적 신앙의 기초라고 보았다.[149] 영혼의 유능성과 고백적 신앙에 대한 믿음은 모든 그리스도인의 제사장 직분과 불가분의 관계를 지닌다(벧전 2:4, 9). 하나님 앞에서 모든 신자는 제사장직을 지니고 있기 때문에 하나님의 뜻을 알기 위해 각자가 성경을 해석할 권리를 비롯한 신앙적 행위를 할 수 있는 권리를 가지고 있다. 그리고 이러한 개인의 성경적 이해를 비롯한 신앙적 행위는 교회 회원들의 훈련을 필요로 한다. 그렇기에 자유교회 전통은 신앙에 대한 불일치를 인정하며 존중한다. 즉 자유교회의 강점은 그 다양성에 있으며 교회의 자치는 그 구성원들의 다양성에 대한 존중이 전제되어야 가능하다.[150] 그리고 이러한 다양성은 훈련받은 교회회원의 상호돌봄(mutual caring)을 위한 소중한 자원이 된다.

---

149) Estep, "국교반대주의(Nonconformity)의 사상이 침례교인들의 양심에 스며들어 있다," 147.
150) 최봉기 편, 「침례교회」, 263.

교회는 또한 자신들의 삶을 예수 그리스도께 자발적으로 헌신한 사람들로 이루어져 있다. 이러한 자발적인 태도는 교회의 구성과 신앙의 표현 그리고 교회 회원 상호 간의 평등하고도 상호책임적인 관계와 밀접한 연관이 있다.[151] 거듭난 사람들은 구원받은 은혜에 합당한 삶을 살아야 할 책임을 진다. 자유교회 신자들은 자신들의 신앙고백과 이에 대한 공동체의 인정받음을 통하여 공동체에 가입하고 서로 교제하며 사랑의 짐을 나누어지게끔 훈련받고 양육된다. 이러한 사랑의 짐을 나누는 일은 상호돌봄의 기초가 된다.[152] 즉 예수 그리스도를 자신의 구세주와 주님으로 영접한 사람은 믿음의 공동체에서 교제와 훈련을 통하여 상호돌봄의 책임을 지게끔 양육 받는다. 신자들은 자치의 자유를 누림과 동시에 동료 그리스도인들과 협동하여야 한다. 자유교회 전통을 지닌 지역교회의 본질은 자원하여 '헌신된 제자들의 교제'로서 함께 예배드리며, 말과 행동으로 증거 하는 삶을 사는 신앙공동체이다.[153]

오늘날 교회를 위협하는 요소 중의 하나는 개인주의이다.[154] 그렇기에 사우스웨스턴침례신학대학원의 목회신학자였던 브리스터(C. W. Brister)는 회복되어야 할 목회상담의 본질 중의 하나로서 교회공동체 내에서의 '상호돌봄'을 강조한다.[155] 그는 상호돌봄을 위한 교회 내에서의 상담자의 훈련과 양육은 목회상담의 주요 목표 중의 하나가 되어야 한다고 강조한다.[156]

---

151) William H. Brackney, "자원주의는 침례교 신앙전통의 핵심요소다," in Charles W. Deweese 편, 「21세기 속의 1 세기 신앙」, 김승진 역 (대전: 침례신학대학교출판부, 2005), 150.
152) Payne, The Fellowship of Believers, 26.
153) Estep, "국교반대주의(Nonconformity)의 사상이 침례교인들의 양심에 스며들어 있다," 145.
154) Brister, Pastoral Care in the Church, 82-3.
155) Ibid., 12, 40-1, 82-3.
156) Ibid., 189. 브리스터는 목회상담의 세 가지 주요목표를 다음과 같이 제시하고 있다. 첫째, 신앙생활에서 사람들의 정서적 어려움을 도와 현실적인 도움을 주는 일, 둘째, 인생의 위기나 중대한 결정의 시기 혹은 삶의 전환기에서 영적 도움을 필요로 하는 사람들을 돕는 일, 끝으로, 상담사역자들이 현실을 직면하며 자신의 성품을 건설적으로 변화시키며 하나님과의 친밀감을 증진하도록 준비시키는 일.

(2) 목회상담적 적용

목회상담에서 전신자 제사장 직분과 훈련된 상호돌봄의 전통은, 제사장직분을 지닌 모든 교회회원들이 명령이나 조직의 구성표에 의해서가 아니라 성숙한 구성원들로서 훈련받은 상호돌봄의 사역을 담당함에서 그 적용점을 찾아볼 수 있다.

교인들의 상호돌봄은 모든 신자들이 제사장직분을 지녔다는 신앙적 확신에서 출발한다. 따라서 교회는 제사장된 모든 신자들이 서로를 돌보는 일에 충분한 자격을 갖추기 위하여 그에 걸맞은 책임과 훈련을 받도록 하는 것이 필요하다. 사실, 잘 드러나지 않지만 오늘날 교회의 돌봄 사역의 상당부분은 전문목회자가 아닌 평신도 사역자들에 의해 이루어지고 있다.[157] 전문목회자 대신 이들은 어려운 가정을 심방하고, 병자를 방문하며, 슬픔을 당한 자들을 위로한다. 또한 나아가서 교회 사역자들의 손길이 미처 미치지 않는 빈민가나 노숙자, 교도소 혹은 정신병동 등에서 자신들의 사역을 감당하고 있다. 만일 이러한 상호돌봄의 사역이 제대로 이루어지지 않을 경우 이 모든 목회돌봄의 일과 책임은 담임목회자에게 집중되며 교회의 사역은 모든 신자들의 공동책임이 아니라 위탁받은 전문사역자들에 의해 수행된다. 이렇게 될 경우, 교회는 진정한 자유교회의 교회로서의 전신자 제사장과 상호돌봄의 훈련을 받은 교회의 모습을 상실하게 된다.

오늘날 목회현장에서 셀 그룹이나 기타 평신도사역에 대한 새로운 관심과 연구들은 자유교회의 중요한 전통인 훈련된 교제 공동체를 통한 제사장된 성도 간의 상호돌봄의 기능 회복을 긍정적인 방향으로 본다. 하지만 이들 사역자들의 사역에 대한 책임은 교회들이 강조하지만 사역에 필요한 훈련과 자원들을

---

157) Slayden A. Yarbrough, "선두와 중앙에 서야 할 사람들은 평신도들이다," in Charles W. Deweese 편, 「21세기 속의 1세기 신앙」, 김승진 역 (대전: 침례신학대학교출판부, 2005), 287.

그들에게 제공하는 일들은 부족하다. 따라서 이를 위해 교회는 책임 있는 교회 회원이 되는 훈련을 위한 프로그램을 개발하고 자원들을 발굴하는데 많은 노력을 기울여야 한다. 특히, 교회 내에서 상호돌봄에 필요한 기초적인 목회상 담의 원리와 기법 그리고 상담자로서의 자세 및 신앙적 자원의 발굴에 대한 훈련이 준비되고 시행되어야 한다. 이렇게 될 때 비로소 전신자가 사역자로서의 역할을 감당할 수 있으며 교회회원 간의 책임 있는 상호돌봄이 활발하게 전개될 수 있고, 신앙공동체는 성서적으로 온전하게 지체로서의 역할을 감당할 수 있게 된다.

4) 국가와 교회의 분리 전통의 목회상담적 적용

(1) 국가와 교회 분리 전통

자유교회의 국가와 교회의 분리 전통은 자유교회가 태동하게 된 이유였기에 자유교회의 태동기부터 매우 중요하게 여겨졌던 요소이다. 침례교회를 포함한 자유교회전통에 속해있는 교회들은 교회와 국가의 엄격한 분리를 자신들의 신앙적 확신으로 삼고 있다.[158] 역사적으로 교회의 자치권을 위협해왔던 두 가지는 국가와 종교집단이다.[159] 서로 다른 목적을 지닌 교회와 국가는 그 목적을 성취하는 방식이 서로 다르다. 교회는 자발적인 지원이나 헌금에 의해 재정을 꾸려나가지만, 국가는 강제적인 세금으로 재정을 운용한다. 또한 국가는 권력을 사용하여 강제할 수 있으나 교회는 설득에 의존하여 목적을 달성하고자 한다.[160] 따라서 종교의 자유를 주장하는 자유교회전통은 개인의 신앙의 자유를

---

158) 최봉기 편, 「침례교회」, 23-4.
159) Rosalie Beck, "교회는 그리스도의 주님되심 아래에서 자유롭게 자체적인 결정을 할 수 있다," in Charles W. Deweese 편, 「21세기 속의 1세기 신앙」 (Defining Baptist Convictions), 김승진 역 (대전: 침례신학대학교출판부, 2005), 227.
160) James M. Dunn, "종교의 자유과 교회/국가의 분리는 떼려야 뗄 수 없는 것이다," in Charles W. Deweese 편, 「21세기 속의 1세기 신앙」 (Defining Baptist Convictions), 김승진 역 (대전: 침례신학대학교출판부, 2005), 128-9.

제한하거나 강제하는 국가의 교회에 대한 간섭을 매우 엄격하게 금지하여야한다고 주장한다.

국가와 더불어 교회의 종교적 자유를 위협하는 또 하나의 주체는 때때로 국가종교나 매우 위계적인 구조를 지닌 종교집단들이다. 이들 종교집단들은 자신들의 교회 존재 목적을 위해서 때때로 그것이 자신들의 입장에서는 복음을 전하는데 매우 효과적인 수단이 된다고 여길 경우 정부나 기타 사회권력 조직들에게 도움을 주거나 협조하여 영향을 미치려고 시도하는 일을 주저하지 않는다. 이러한 경우의 대표적인 예는 오늘날 특정 종교가 지배적인 남미나 구(舊) 공산권의 세계에서 발견된다. 자신들의 교회가 속한 세속 정부의 부정적인 측면을 옹호 내지는 묵인해주는 대신 다른 종교의 선교를 방해하기 위해 여러 가지 국가의 정책이나 제도의 입법을 요구하는 일이 대표적인 예라하겠다.

(2) 목회상담적 적용

이러한 국가와 교회의 분리전통은 목회상담의 영역에서 국가나 정부의 재정적 보조에 의존하지 않는 자유로운 상담활동을 지향함으로 적용될 수 있다. 이러한 전통에서 바라볼 때 어떤 면에서 오늘날의 한국교회 중 일부는 자유교회가 민감하게 지켜온 국가와 교회의 분리원칙에서 자유롭지 않다. 특히 부설 상담소나 부설 복지기관 등의 이름을 단 교회의 사회봉사 기관들이 교회 자체의 헌금과 기부금에 의해서가 아니라 정부의 지원금이나 특정 종교단체의 보조금을 받아 운영될 경우, 교회는 정부나 그 특정 종교단체의 간섭으로부터 자유롭지 못하게 될 위험이 높다.

한국사회가 사회적 약자를 위한 복지정책을 강화 확대해 온 일련의 과정속에서 교회들은 직간접적으로 정부나 국가의 재정적 보조를 능동적으로 받아들여 왔다. 사회봉사를 위하여 국가나 정부의 재정보조를 받는 것이 윤리적으로 문제될 것은 없다고 할 수 있다. 하지만 자유교회의 전통에서 볼 때 교회의 사회봉사를 위한 활동에 필요한 재정적 지원을 국가나 정부로부터 받을 경우 그 재정적 지원이 비록 교회 내의 기구를 위한 것이 아닌 교회가 운영하는 혹은 교회와 연관된 사회적 기구일지라도 국가나 정부의 재정에 대한 감사를 받아야 하며 이는 필연적으로 교회에 대한 국가나 정부의 간섭이나 영향력이 미치는 결과를 가져오게 만든다. 또한 이러한 정부나 국가의 개입은 신앙양심에 따른 자유로운 상담이나 돌봄에 부정적인 영향을 미치게 된다. 따라서 오늘날 한국 교회들이 국가와 교회의 분리를 자신들의 중요한 신앙적 원리로 받아들이고 있다면 교회들은 자신들이 운영하는 상담센터나 여러 가지 사회복지기관들이 정부로부터 재정적 보조를 받는 문제를 심각하게 재고해보아야 한다. 그러므로 가능하다면 교회는 자신들이 운영하는 사회복지기관들을 자신들의 자원과 재원으로 운영하도록 하는 것이 바람직하다.

| 5장 |
기독교 영성과 목회상담

다른 신학 분야와 마찬가지로 목회상담 역시 사회문화적 발달과 더불어 끊임 없이 상호작용을 하며 발전해왔다. 즉 교회와 교인들의 삶과 신앙생활에 영향을 미치는 사회문화적 상황의 변화가 목회상담의 발달에 영향을 미쳤다.[161] 초기 목회상담의 학문적 태동에 깊은 영향을 미쳤던 정신분석과 정신역동으로 대표되는 현대 심리학의 영향 그리고 정신건강 영역의 전문화와 의료체계의 변화에 따라 목회돌봄과 목회상담은 임상 현장에서 기독교 영성적 요소를 배제 하면서 내담자인 교인들의 문제를 자기탐색 내지는 자기발견 및 자아실현으로 한정하거나 변형하였다.[162] 목회상담학자 고든 잭슨(Gordon E. Jackson)은 "현대목회돌봄과 상담의 가장 큰 문제는 바로 하나님 요소를 놓쳐 버린 것"이라 고 주장한다.[163] 결국 윤리적 도덕적 영역은 설교와 교육으로 옮겨가거나 철학 적 상담이란 영역에서 다루게 되었고 현대의 목회돌봄과 상담은 개인의 경험이

---

161) Jan T de Jongh van Arkel, "Recent Movements in Pastoral Theology," *Religion & Theology*, vol. 7, no. 2(2000): 143.
162) Len Sperry, 「목회상담과 영성지도의 새로운 전망」, 문희경 역 (서울: 솔로몬, 2007), 21.
163) Gordon E. Jackson, *Pastoral Care and Process Theology* (Lanham, MD: University Press of America, 1981), 45.

나 문제들을 탐색하고 해결하며 내담자의 결정을 돕기 위한 공감과 문제해결에 초점을 맞추게 되었다.[164]

하지만 1970년대 중반부터 기독교상담과 목회상담 영역에서 신학과 심리학의 통합과 관련된 연구들이 본격적으로 시작된 이래 신앙적 주제들이 상담 현장에서 다루어지면서 신앙과 불가분의 관계에 있는 영성이 기독교상담과 목회상담분야에서 주목을 받기 시작하였다.[165] 이처럼 목회상담에서 영성에 대한 관심이 다시금 재조명되는 이유로 다음의 두 가지를 들 수 있다. 첫째, 포스트모던으로 대표되는 상대주의와 개인주의의 팽배함 속에서 교인들이 삶에서 경험하는 제반 어려움들을 신앙적 세계관 속에서 설명하고 해석하여야 할 필요가 증가하기 때문이다. 둘째, 전인적 영역을 다루는 목회상담에서 심리학적 접근으로 인한 영적 영역이 간과되어 발생하는 상담적 효율성의 한계에 대한 인식의 증가 때문이다.[166]

목회상담에서 영성은 오늘날 일반상담의 현장에서 관심을 갖는 심리학화된 영성의 영역을 넘어선다. 또한 목회상담에서의 영성은 인간의 존재론적 본질 즉 삶의 의미와 목적 및 인생의 중요한 결정의 분별, 도덕적이고 윤리적인 문제의 분별 및 조력과 더불어 이들 문제들을 하나님과의 관계와 연관된 설명과 해석을 포함한다. 본장에서는 기독교의 영성, 그 중에서도 주로 복음주의적 관점에서의 영성을 중심으로 하여 목회상담과 영성의 관계를 살펴본다.

164) Sperry, 「목회상담과 영성지도의 새로운 전망」, 21, 28.
165) 마크 맥민, 채규만, 「심리학, 신학, 영성이 하나 된 기독교상담」(서울: 두란노, 2001), 25.
166) 이즈라엘 갤린도, "영성지도와 목회상담," 「영성지도, 심리치료, 목회상담, 그리고 영혼의 돌봄」, Gary W. Moon and David G. Benner, eds., 신현복 역 (서울: 아침영성지도연구원, 2011), 376-7.

1. 목회상담에서의 영성 이해

목회상담에서의 영성은 성서에 기초한 기독교 신앙전통의 맥락에서 이어져 내려온다. 이러한 목회상담에서의 영성의 이해를 논하기 전 독자의 이해를 돕기 위하여 먼저 기독교 영성과 심리치료적 영성을 간략하게 살펴보고자 한다.

1) 기독교와 개신교 영성의 이해

영성에 관한 다양한 이론과 많은 관심에도 불구하고 '영성이 무엇이냐'는 물음에 대해서 이 분야의 학자들이나 전문가들 사이에 일치된 견해나 명확한 대답은 존재하지 않는다.[167] 오늘날 우리가 사용하는 "영성(spirituality)"이라는 용어의 근원은 17세기 프랑스에서 시작되었다.[168]

포괄적으로 영성이란 "눈앞에 명백히 나타나는 것이 아닌 여러 단계의 실제들의 관점에서 개인의 통합을 추구하고자 하는 인간의 노력"[169]이라 할 수 있는데, 이러한 영적 추구는 하나님을 명백하게 언급하지 않고도 가능하다. 이러한 경우들이 비종교적인 영성이다. 하지만 영적 추구가 명백하게 하나님이나 혹은 신적인 것과 관련이 있다면 그러한 영성은 종교적 영성이다. 이러한 종교적 영성의 범주의 하나로서 "교회라는 제자 공동체에서 활동하시고 임재하시는 성령의 능력을 통하여 예수 그리스도 안에 자신을 드러내신 하나님에 자신의 궁극적인 가치의 인식과 추구의 뿌리를 내리고 있는 경우"를 기독교 영성이라 할 수 있다.[170]

이러한 기독교 영성은 기독교 자체가 지닌 신학적 역사적 개인적 다양성 등으로 인해 여러 가지 유형을 지니며 내려왔다. 그리고 같은 개신교 내에서도

---

167) Michael Downey, *Understanding Christian Spirituality* (New York/Mahwah, NJ: Paulist, 1997), 13; Urban T. Holms, 「목회와 영성」, 김외식 역 (서울: 대한기독교서회, 1988), 27.
168) Alister E. McGrath, *Christian Spirituality: An Introduction* (Malden, Mass.: Blackwell, 1999), 5.
169) Downey, *Understanding Christian Spirituality*, 32.
170) Ibid.

기독교에 대한 핵심적인 가치 및 가르침에 대한 강조점의 차이로 인한 교파적 차이 그리고 기독교인 각각의 세상이나 문화나 역사에 대한 태도의 차이 등에 따라 서로 다른 영성을 추구하고 있다.[171]

기독교 영성에 대한 학자들의 대표적인 견해를 간략히 소개하면 다음과 같다. 알리스터 맥그레이쓰(Alister E. McGrath)는 기독교 영성을 "기독교의 기본적인 사상들과 기독교 믿음 위에 기초한 삶의 전체적 경험을 포함한 참되고 충만한 기독교적 생활방식에 관한 것"이라고 정의하고 있다.[172] 미국 콜롬비아신학교의 목회신학교수인 벤 존슨(Ben C. Johnson)은 그의 저서 「목회영성」에서 기독교 영성이란 "예수 그리스도 안에 계시된 하나님의 계시의 빛에서 자신의 삶을 이해하는 삶의 한 방식이다"라고 정의한다.[173] 또한 미국 버클리 소재 예수회 신학교에서 신약과 기독교 영성을 가르치고 있는 산드라 슈나이더스(Sandra Schneiders)는 기독교 영성을, "믿음의 공동체 내에서 그리스도 안에서 하나님과 생명을 주는 관계를 만드시는 성령의 다양한 은사로 이루어진 자아초월을 위한 능력의 구체적 실현"이라 정의하고 있다.[174]

맥그레이쓰는 이러한 기독교 영성 가운데 그의 저서 *Spirituality in an Age of Change*에서 개신교 영성이 지닌 특성을 다음과 같이 요약하여 소개하고 있다. i) 개신교영성은 성서연구에 기초하여 있으며 그에 의해 성숙되어간다. ii) 개신교영성은 인간의 정체성, 참됨, 자기완성이 하나님과 분리할 수 없다고 믿는다. iii) 개신교영성은 모든 신자들의 제사장 됨과 소명을 명확하게 깨닫는

---

171) McGrath, *Christian Spirituality*, 8-9; Ben Johnson, 「목회영성」, 백상렬 역 (서울: 진흥, 1995), 100-5. 기독교영성의 종류와 관련하여 미국 콜롬비아 신학교 목회신학교수인 존슨(Ben C. Johnson)은 기독교 영성의 종류를 '복음적' 영성, '카리스마적' 영성, '성례전적' 영성, '행동지향적' 영성, '학문적' 영성, '금욕적' 영성의 여섯 가지로 분류하여 설명하고 있다. 이 가운데 복음적 영성은 "심령의 부흥과 청교도적 전통을 가진 보수적인 교회에서 볼 수 있는 영성의 유형"이다. 복음적 영성은 그 기초가 하나님의 말씀에 있다. 즉 복음적 영성은 하나님의 말씀인 성서를 통해 하나님을 만난다. 이러한 영성은 성경을 읽고, 권위 있는 메시지를 들음으로써 하나님의 뜻을 분별하고, 하나님의 뜻을 실천하며, 활력 있는 참된 영성을 체험하는 유형의 영성이다. 이러한 영성은 정해진 시간의 성경읽기와 기도와 묵상을 통해 영성의 발전을 도모한다.
172) 영성에 관한 다양한 정의는 McGrath의 *Christian Spirituality*, 3-4쪽을 참조하라.
173) Johnson, 「목회영성」, 39.
174) Sandra Schneiders, "Theology and Spirituality: Strangers, Rivals, or Partners?," *Horizons*, vol. 13 (Fall 1986): 266.

것이다. iv) 개신교영성은 세상에서의 매일의 삶에 뿌리를 두고 있으며 세상을 향해 나아가는 삶을 지향하고 있다.[175]

2) 심리치료적 영성 이해

목회돌봄의 대상이 인간이기에 인간 돌봄에 있어서 인간 내면의 중요한 요소인 심리 정서적 영역에 대한 이해는 필수적이라 할 수 있다. 사실 영적 돌봄과 심리적 돌봄은 공유하는 부분이 존재한다.[176] 하지만 주요심리치료이론을 주창한 학자들 중 상당수가 종교에 부정적인 입장을 지니고 있거나 일부 기독교와 다른 종교적인 인생관을 지니고 있었기에 초기 심리치료에서는 영성적 측면을 부정하거나 비과학적이라 폄하하여 무시하였던 것이 사실이다.[177] 프로이드가 종교를 신경증으로 표현한 것부터 시작하여 융은 기독교가 아닌 다른 종교적 특성을 자신의 이론에 도입하기도 하였다. 이러한 심리치료에서 바라보는 영성은 기독교 신앙에 입각한 목회상담적 영성과는 다르다.

하지만 오늘날 심리 치료에서 영성에 대한 관심이 높아지는 이유는 임상현장에서 종교적 요소들이 내담자의 치유에 도움이 된다고 밝혀지고 있기 때문이다. 맥그레이쓰는 최근 영성에 대한 사회적 관심이 증가한 이유를, "개인의 충만함과 안녕에 중요한 영향을 미치는 영성의 치유적인 효과에 대한 관심," 즉 개인들에게 치유적 효과를 가져다주는 기능적 효과가 영성에 대한 사람들의 관심을 끌기 때문이라고 설명하고 있다.[178] 만성질환이나 외상후증후군(PTSD)을 중심으로 한 심리치료에서의 영성의 역할에 대한 연구에서는 공식적 종교행사나 의식, 영적 치료집단 등의 개인적 조력체제가 만성질환자들로 하여금

---

175) Alister E. McGrath, *Spirituality in an Age of Change* (Grand Rapids, MI: Zondervan, 1994), 42-57
176) Viktor E. Frankl, 「무의식의 하나님」, 임헌만 역 (서울: 그리심, 2009), 13.
177) Stanton L. Jones and Richard E. Bretman,「현대 심리치료와 기독교적 평가」, 이관직 역 (서울: 대서출판사, 2009), 36.
178) McGrath, *Christian Spirituality*, 1.

어려운 상황에 잘 대처하는데 도움을 주며, 자신의 질환을 초월적 존재에게 맡김으로 통제와 책임에서 벗어나 질병으로 인한 두려움과 분노 및 좌절감을 감소시키는 동시에 안전감을 증가시키는 역할을 한다고 보고되고 있다. 영성은 또한 질병에 대한 정서적 탄력성을 가져다주어 질병치료에 대해 적극적 대처능력을 지니게 함으로 질병 치료에 직접적인 효과를 가져다준다고 한다.[179]

따라서 심리치료에서 영성을 수용하는 입장은 제한적이며 기능적이다. 즉 심리 치료적 영성이해는 영성을 인간 본질을 구성하는 주요 영역으로 이해하기보다는 치유적이고 임상적이며 실용적이고 개인주의적인 관점, 즉 기능적 관점에서 제한적으로 접근하고 있다.

그렇기에 대부분의 경우 오늘날 일반심리치료현장에서 다루어지는 영성은 목회상담의 전통에서 면면히 이어져 내려온 영성과 달리 심리학화 된 영성(혹은 '영성의 심리학화')이라 할 수 있다. 이러한 심리학화 된 영성이란 "현대 심리학이 영적인 삶을 이해하는데 미치는 치료적 영향력을 의미"한다.[180] 즉 오늘날 일반 심리상담현장에서 관심을 갖는 영성의 범주는 대체로 내담자의 정서적 신체적 안녕에 영향을 미치는 기능적 또는 실용적 요소로서의 영성이나 내담자의 자기이해의 확장이나 자기실현 또는 자기만족이나 행복의 추구에 영향을 주는 개인적 요소로서의 영성에 한정되고 있다.[181]

사실 목회상담이 출현한 이후 다양한 심리치료적 접근들이 접목되면서 심리치료이론들의 치유적이고 개인주의적인 전제들이 목회상담에도 영향을 주어 목회상담에서 공동체성을 약화시키는 결과를 초래하였다.[182] 하지만 치유(cure) 역시 목회상담의 핵심 기능인 돌봄(care)의 방편 중의 하나이기에

---

179) 석대은, 「스트레스와 심리신경내분비면역학」 (대전: 궁미디어, 2012), 276-9.
180) Brant Cortright, *Psychotherapy and Spirit: Theory and Practice in Transpersonal Psychotherapy* (Albany: State University of New York Press, 1997), 235.
181) Charles Topper, *Spirituality in Pastoral Counseling and the Community Helping Professions* (New York: The Howorth Pastoral Press, 2003), x.
182) Margaret Zipse Kornfeld, 「공동체 돌봄과 상담」, 정은심, 최창국 역 (서울: 기독교문서선교회, 2013), 64.

목회상담이 태동한 이후 의식적 무의식적으로 계속적으로 추구해온 치유와 개인주의적 모델은 목회상담이 사회의 전문가 집단으로 자리 잡는데 기여한 바는 있다. 그러나 이로 인해 목회상담의 고유 기능들인 관계적 돌봄과 공동체 중심적인 접근들은 간과되어온 점이 없지 않다.[183]

따라서 목회상담에서 영성적 접근은 이전까지의 의료적 모델 혹은 질병모델에서 비롯된 기능적이고 치료적이면서 개인주의적인 상담접근이 아닌, 성서적으로 인간의 영적 특성을 고려한 본질적이고 관계적인 동시에 공동체적인 접근이 필요하다.[184] 이러한 관계적 성서적 인간 이해에 기초한 접근은 인간의 영적 본질을 반영하여 인간의 개별화가 아닌 건강한 관계성 혹은 상호의존적 공동체성을 지향하는 상담접근이어야 진정한 인간의 영성을 반영하는 상담이라 할 수 있다.[185] 또한 나아가서 개신교의 목회상담은 기독교 영성의 전통 안에서 개신교 신앙전통의 특성을 고려하여 성서적이어야 하며 개신교 교회전통에서 면면히 이어져 내려온 영적 돌봄의 전통을 유지 발전시켜야 할 필요가 있다.

3) 목회상담적 영성 이해

오늘날 성서와 기독교 전통에 기초한 목회상담에서의 영성은 교회의 오랜 역사 속에서 면면히 이어져온 목회돌봄의 전통과 하나님께서 자신을 계시하신 성서의 가르침에 그 뿌리를 두고 있다. 이러한 교회 역사를 통하여 이어져 내려온 목회상담에서의 영성은 심리 정서적 치유나 행동과 태도 변화 이상의 영역인 삶의 의미와 실천적 규범 및 존재론적 변화(거듭남)까지를 포함하는 전인적인 것이다.[186]

---

183) Howard W. Stone, "Pastoral Counseling and the Changing Times," The Journal of Pastoral Care, vol. 53, no. 1 (1999): 42.
184) Kornfeld, 「공동체 돌봄과 상담」, 65.
185) Paul C. Vitz, "A Christian Theory of Personality," Limning the Psyche: Explorations in Christian Psychology, eds. Robert C. Roberts & Mark R. Talbot (Grand Rapids, MI: W. B. Eerdmans, 1997), 20-29.
186) 안석모, "영성과 목회상담,"「한국교회를 위한 목회상담학」, 기독교사상편집부 편, (서울: 대한기독교서회, 1997), 242.

그렇다고 하여 오늘날 일부 유신론적 상담심리학자들이 주장하는 것처럼, 인간의 의식적이고 계획적인 개입을 배제하고 초자연적인 존재로서의 하나님이 모든 인간의 삶의 문제에 대한 해결책으로 도입되는 '대증적(對症的) 영성' 접근 역시 전통적인 목회상담적 영성의 이해와는 다르다고 할 수 있다.[187] 목회상담학에서의 영성적 접근의 일반적 경향은 치유적이기보다는 관계적이며 개인주의적이기보다는 공동체적이다. 이러한 목회상담에서의 영성의 특성을 살펴보면 다음과 같다.

(1) 관계적 영성

기독교 영성의 본질 중의 하나는 관계성이다. 성서는 인간이 창조주이신 하나님에 의해 '관계적 존재로 지음 받았다'고 설명하고 있다. 즉 인간을 이루고 있는 가장 깊숙한 존재적 본질이 관계성이다.[188] 이러한 기독교 영성의 관계적 특성을 목회영성학자 어반 홈즈(Urban T. Holms)는 "인간의 관계성 형성 능력"이라 말하고 있다.[189] 따라서 목회상담에서 영성에 대한 상담적 접근은 치유보다 그 치유가 가능하게 만드는 관계에 초점을 두고 있다. 즉 성서와 역사 속에서 자신을 드러내시고 마침내 십자가에서 대속의 죽음을 하신 예수 그리스도를 통하여 회복된 하나님과의 관계에 기초하고 있으며, 나아가서 이를 바탕으로 한 개인의 전인적 치유와 개인과 가정 그리고 집단에서의 건강한 관계형성이 목회상담의 궁극적 목표가 된다.[190]

---

187) 오늘날 일부 근본주의 유신론적 상담심리치료에 대한 자세하고도 깊이 있는 신학적이고도 과학적인 비평으로는 Daniel A. Helminiak의 "'Theistic Psychology and Psychotherapy': a Theological and Scientific Critique," Zygon, vol. 45, no. 1 (2010): 47–74를 참조하시오.
188) 창세기 1:26, 2:7. 인간은 영이신 하나님을 닮은 존재로 창조되었기 때문에 영적인 동시에 마음을 지닌 존재이다. 또한 인간은 '땅의 흙'으로 지음을 받은("formed" NASV) 신체적 존재이다. 그리고 인간은 하나님께서 불어넣으신 생기로 인해 생령이 되었기 때문에 하나님을 떠나서는 살 수 없게끔 창조되었다. 나아가서 창세기 2장 18절은 인간이 본질적으로 관계적 필요를 지닌 존재임을 보여주고 있다. 이러한 관계는 사회적 관계의 필요를 포함한 정신적, 영적 그리고 성적 관계의 모든 필요를 포함한다.
189) Holms, 「목회와 영성」, 29. 홈즈는 이 정의를 29–38쪽에 걸쳐 자세하게 설명하고 있다.
190) 맥민, 채규만, 「심리학, 신학, 영성이 하나 된 기독교상담」, 53.

사람들이 자신의 의식주가 해결되고 다른 욕구들이 충족되더라도 결코 온전한 만족과 인간됨을 경험하지 못하는 이유는 바로 인간의 이러한 하나님과의 관계적 필요 때문이다. 모든 인간은 인격적이며 관계적인 하나님의 형상을 따라 지음 받은 존재이다. 따라서 모든 사람은 인격적이며 관계적이다. 하지만 하나님의 형상을 따라 지음 받은 인격적이며 관계적 존재인 인간은 죄로 인하여 하나님과의 관계가 단절된 동시에 다른 인간과의 관계도 왜곡되었다. 이와 같이 죄로 인한 하나님과의 관계 단절은 인간의 모든 문제의 시발점이 되었다(창 3:6; 롬 3:10; 요일 1:8; 요 3:17-19; 롬 5:12).

따라서 상담 현장에서 이러한 인간의 본질적 관계의 필요에 대한 통찰이 결여된 어떠한 종류의 인간이해도 불완전하고 불충분한 진단이며, 비록 잠시 동안의 완화와 개선을 경험할 수 있을지 모르나 그 치유적 접근 역시 결코 온전한 치유와 회복을 내담자에게 제공하기 어렵다. 따라서 상담에서의 이러한 관계적 영성에 대한 접근이야말로 치유적 영성이해를 지향하고 있는 오늘날의 상담현장에서 필요한 영성이라 할 수 있다.

(2) 공동체적 영성

목회상담적 영성에서는 심리치료 영성의 특징인 개인주의적 접근과 달리 치유와 돌봄에서 신앙공동체의 역할을 강조한다. 돌봄이란 하나님께서 우리에게 보여주신 사랑과 돌봄에 대하여 개인은 물론 신앙공동체 전체가 응답하는 것이라 할 수 있다.[191] 신앙공동체의 상호돌봄은 공동체에 속한 개개인의 다양성과 독특성이 목회돌봄과 상담에 도움이 됨과 동시에 돌보는 이와 돌봄을 받은 이 모두가 공동체의 필수적인 구성요소란 사실을 보여준다.[192] 공동체는 그 자체가

---

191) Griffin, *Coming to Care*, 29.
192) Roy H. Steinhoffsmith, *The Mutuality of Care* (St. Louis: Chalice Press, 1999), 16.

구성원들을 돌보는 자원인 동시에 어려움에 직면한 사람을 돕고 치유하는 장소가 될 수 있다. 즉 공동체는 치유가 일어나는 장소일 뿐만 아니라 치유의 매개 자체가 되는 것이다.[193] 이를 간략하게 설명하면 다음과 같다.

공동체는 영성의 형성과 발전의 장(場)이 된다. 신앙공동체는 계시의 근거가 되는 성서를 보존하고 나아가서 그 성서를 해석할 수 있는 준거 틀을 제공하여 각 개인들이 하나님을 경험하고 하나님과의 관계를 성숙시켜 나갈 수 있게 한다. 또한 각 개인은 신앙공동체 안에서 같은 신앙을 지닌 다른 사람들과의 친밀한 교제를 통하여 신앙이 강화되며 영적성숙에 필요한 활력과 돌봄을 공급받게 된다. 한 개인의 괄목할만한 성장과 변화는 그 개인이 신뢰하는 사람들로 이루어진 의지할만한 공동체에 속해있지 않는 한 이루어지기 어렵다.[194] 성장은 변화를 동반하며 변화는 위험을 동반하기에 성장은 언제나 위험부담이 따른다. 위험에 노출된 사람들은 도움을 받을 수 있는 관계의 형성과 공동체의 돌봄이 필요하다. 만약 이러한 관계의 형성과 이를 바탕으로 한 돌봄이 없다면 개인의 성장은 이루어지기 어렵다.

신앙공동체는 또한 돌봄의 매개 또는 돌봄의 직접적 수단이 된다. 참된 공동체에서 사람들은 진정으로 소통할 수 있고, 갈등을 해소할 수 있으며 다른 사람을 수용하고 사랑하고 용서하고 베푸는 것을 배운다. 그리고 이러한 공동체는 사람들이 다른 사람의 판단이나 평가를 두려워하지 않고 자신을 개방할 수 있게 만든다.[195] 이러한 비판단적인 동시에 공감과 연민을 지닌 집단에서의 자기개방이야말로 개인문제의 치유와 회복을 촉진하는 중요한 계기가 된다. 이해받기보다는 다른 사람을 먼저 이해하는데 초점을 맞추고, 서로의 다른 점이 틀린 것이 아니라 고유성임을 인정하며, 수용적이며 비판단적인 태도로 경청

---

193) Kornfeld, 「공동체 돌봄과 상담」, 66.
194) Reginald M. McDonough, *Growing Ministers, Growing Churches* (Nashville, TN: Convention Press, 1980), 83.
195) Kornfeld, 「공동체 돌봄과 상담」, 74,

하고 돌보는 것이 참된 공동체의 특징이라 할 수 있다.[196] 이러한 공동체에서는 사람들이 기꺼이 자신을 드러낼 만큼 안전감을 느낀다. 이러한 안전감은 인간의 기본적 욕구 가운데 하나이다. 이러한 안전한 공동체 안에서 개인은 다른 사람들이 자신을 공감하며 수용한다고 느끼기에 평안해지며 자신 역시도 다른 이에게 수용적이 된다.

이러한 '관계공동체적' 영성이해에 바탕을 둔 목회상담은 내담자인 교인들의 여러 삶의 문제를 해결하는데 일반상담보다 더욱 효과적으로 도움을 줄 뿐만 아니라 예방 및 성장을 위해 심리학적 이해와 더불어 영적 영역의 이해까지를 아우르는 전인적 상담이라 할 수 있다.[197] '관계 공동체적' 영성의 목회상담적 적용과 그 과정을 살펴보면 다음과 같다.

2. 관계공동체적 영성의 목회상담적 적용과 과정

목회상담은 관계성에 기초하여 내담자에게 기독교신앙에 근거한 또는 예수 그리스도의 모델에 따른 공감적이고 수용적인 태도를 지닌다. 그리고 상담과정에서 성령의 인도에 의지하며 상담에 도움을 주는 영적자원을 사용한다. 그리고 내담자를 둘러싼 사회문화적 특성과 관련된 요소들을 고려하면서 신앙공동체인 교회의 자원 역시 상담상황에 적절하게 사용한다.[198] 전통적으로 교회 안에서 이어져 내려온 목회돌봄과 상담은 내담자인 교인들의 증상의 완화나 문제해결을 넘어 성장 및 예수 그리스도를 닮아가는 변화에 이르는 궁극적 목표를 지향한다. 이를 위해 목회상담은 진단과정에서 인간의 기본적 필요를 영적 필요의 관점에서부터 시작한다.

---

196) Ibid., 75.
197) Gary W. Moon and David G. Benner, eds., 「영성지도, 심리치료, 목회상담, 그리고 영혼의 돌봄」, 신현복 역 (서울: 아침영성지도연구원, 2011), 318.
198) Jones and Bretman, 「현대 심리치료와 기독교적 평가」, 50.

1) 관계공동체 영성의 적용

(1) 영적 필요를 지닌 존재로서의 내담자 이해

관계공동체적 영성 이해 적용의 첫 번째는 바로 영적 필요를 지닌 존재로서의 내담자 이해이다. 상담에서 가장 중요한 진단 영역에 속하는 내담자 이해를 영적 필요에서 시작하는 것이다. 상담에서 내담자 이해만큼 중요한 것은 없다. 내담자 이해가 상담의 목표에 직접적 영향을 미치며 접근방식에도 영향을 주기 때문이다.

목회상담의 내담자 이해의 특징은 내담자가 바로 '하나님의 형상'을 따라 지어졌기에 관계성의 필요를 지니고 있다는 사실이다. 모든 인간의 문제는 관계적 필요를 지닌 인간이 자신의 필요와 문제해결을 하나님과의 관계의 회복으로 채우고 치유하는 것이 아니라 다른 것들로 그것을 채우고자 하기에 파생된 것이다.[199] 진정한 인간의 변화(transformation)는 예수 그리스도와의 만남에서부터 시작된다. 사람, 문제 그리고 해결책에 대한 진정한 이해는 인생 모든 일의 배후에 인격적인 창조주가 계심을 인정할 때 비로소 가능"하다.[200] 즉 사람, 문제 그리고 해결책에 대한 진정한 이해는 인생 범사의 배후에 인격적인 창조주가 계심을 인정하고 예수 그리스도를 통하여 올바른 관계를 맺을 때 비로소 가능하다.[201] 물론 인간은 자신이 지닌 지식과 경험으로 삶을 교정하고 개선하여 좀 더 나은 인생을 살 수 있다. 하지만 인격의 근본적 변화 또는 변혁은 새로운 창조를 경험해야만 가능하다(고후 5:18). 그러므로 목회상담자는 목회상담이 추구하는 궁극적인 변화를 위해 내담자가 예수 그리스도를 만날 수

---

199) 요한복음 4:13-4. "예수께서 대답하여 이르시되 이 물을 마시는 자마다 다시 목마르려니와 내가 주는 물을 마시는 자는 영원히 목마르지 아니하리니 내가 주는 물은 그 속에서 영생하도록 솟아나는 샘물이 되리라."
200) Lawrence J. Crabb, Jr., 「인간 이해와 상담」, 윤종석 역 (서울: 두란노, 1993), 118.
201) Ibid.

있도록 도와야 한다.[202] 그렇기에 목회상담에서 상담자의 우선 과제는 내담자의 하나님과의 관계의 점검에 초점을 맞추어야 한다. 그런 다음, 심리 치유적 접근들을 통한 도움이 근본적인 내담자 변화에 효과를 가져 올 수 있다.

(2) 치유와 변화를 위한 신앙공동체의 상호돌봄과 자조집단

i) 신앙공동체의 상호돌봄

관계공동체적 영성접근의 두 번째 목회상담적 적용점은 상담적 돌봄에서의 공동체적 상호돌봄이다. 오늘날 교회를 위협하는 도전 중의 하나는 개인주의이다.[203] 그렇기에 브리스터는 회복되어야 할 목회상담의 본질 중의 하나로서 신앙공동체 내에서의 '상호돌봄'을 주장하고 있다.[204]

성서에서 의미하는 지역교회의 본질은 자원하여 '헌신된 제자들의 교제'로서 함께 예배드리며, 말과 행동으로 증거 하는 삶을 사는 신앙공동체이다. 성서적 신앙공동체는 자신들의 삶을 예수 그리스도께 자발적으로 헌신한 사람들로 이루어져 있으며 자발적인 태도는 신앙공동체의 구성과 신앙의 표현 그리고 구성원 상호 간의 평등하고도 상호책임적인 관계와 밀접한 연관이 있다.[205] 이러한 자율적인 신앙적 실천은 교회의 신앙공동체로서의 유기체적 다양성과 상호의존성을 가능하게 한다. 그리고 이러한 신앙공동체의 유기적 상호의존이 가능하기 위해서는 신자들의 다양성에 대한 상호 존중과 다양한 은사에 따른 훈련과 상호돌봄(mutual caring)이 뒷받침이 되어야 한다.[206] 목회상담에서의

---

202) Jones, *The Counsel of Heaven on Earth*, 111–2. 비기독교인에게 상담을 하는 과정에서 예수님을 증거 하는 일은 직접적일 수도 혹은 간접적일 수도 있다. 하지만 어떠한 경우든지, 내담자의 의사에 반해서 예수님을 증거 하는 하는 일은 지양해야 할 태도이며, 동시에 상담과정에서 영적인 필요를 회피하는 태도 역시 목회상담자로서는 바람직하지 않다.
203) Brister, *Pastoral Care in the Church*, 82–3.
204) Ibid., 12, 40–1, 82–3.
205) Brackney, "자원주의는 침례교 신앙전통의 핵심요소다," 150.
206) 최봉기 편, 「침례교회」, 263.

관계공동체적 영성의 적용은 이러한 제사장직분을 지닌 모든 교회회원들이 명령이나 조직의 구성표에 의해서가 아니라 잘 절제되고 훈련받는 사역으로 말미암은 성숙한 구성원들의 상호돌봄에서 그 적용점을 찾아볼 수 있다.

앞서 4장의 전신자 제사장 직분과 훈련된 상호돌봄의 전통에서 언급하였듯이 오늘날 교회의 돌봄 사역의 상당부분은 전문목회자가 아닌 평신도 사역자들에 의해 이루어지고 있다.[207] 오늘날 목회현장에서 셀 그룹이나 기타 평신도사역에 대한 새로운 관심과 연구들은 오늘날 교회의 이러한 공동체적 상호돌봄의 현주소를 반영한다고 할 수 있다. 전임목회자 대신 이들은 어려운 가정을 심방하고, 병자를 방문하며, 슬픔을 당한 자들을 위로한다. 또한 나아가서 교회 사역자들의 손길이 미처 미치지 못하는 빈민가나 노숙자, 교도소 혹은 정신병동등에서 평신도 사역자들이 자신들의 사역을 담당하고 있다. 하지만 신앙공동체들이 이들 평신도 지체들의 상호돌봄은 강조하지만 돌봄 사역에 필요한 훈련과 자원들을 그들에게 제공하는 일들은 부족하다. 공동체 내의 상호돌봄을 위해 신앙공동체 내에서 (평신도) 상담자의 훈련과 양육이 목회상담의 주요 과제 중의 하나이다.[208] 따라서 이를 위해 교회는 책임 있는 신앙공동체의 일원이 되는 훈련을 위한 프로그램을 개발하고 자원들을 발굴하는데 많은 노력을 기울여야 한다. 특히, 신앙공동체 내에서 상호돌봄에 필요한 기초적인 목회상담의 원리와 기법 그리고 상담자로서의 자세 및 신앙적 자원의 발굴에 대한 훈련이 준비되고 시행되어야 한다. 이렇게 될 때 비로소 공동체에서 상호돌봄이 가능한 사역자로서의 역할을 감당할 수 있으며 신앙공동체 구성원 간의 책임 있는 상호돌봄이 효과적으로 전개될 수 있다.

---

207) Yarbrough, "선두와 중앙에 서야 할 사람들은 평신도들이다," 287.
208) Brister, The Promise of Counseling, 189. 브리스터는 목회상담의 세 가지 주요목표를 다음과 같이 제시하고 있다. 첫째, 신앙생활에서 사람들의 정서적 어려움을 도와 현실적인 도움을 주는 일, 둘째, 인생의 위기나 중대한 결정의 시기 혹은 삶의 전환기에서 영적 도움을 필요로 하는 사람들을 돕는 일, 끝으로, 상담사역자들이 현실을 직면하며 자신의 성품을 건설적으로 변화시키며 하나님과의 친밀감을 증진하도록 준비시키는 일.

ii) 자조집단(self-supporting group)

치유와 변화를 위한 공동체적 상호돌봄의 구체적 방안으로는 '자조집단'의 구성을 들 수 있다. 책임 있는 공동체의 구성원으로 이루어진 상호돌봄을 위한 자조집단은 구성원들에게 안전감과 확신을 갖게 하며, 개인이 잘못된 방향으로 나아갈 때 그것을 지적하고 그 잘못을 바탕으로 하여 성장으로 나아가도록 돕는다. 상호돌봄의 모임은 또한 개인이 예상하지 못한 어려움에 직면할 때 그 어려움을 벗어날 수 있게 도움을 주며 어려운 고비에서 그 어려움의 급류를 건널 수 있게 해주는 역할을 하기도 한다.[209]

이러한 자조집단의 구성과정을 간략하게 살펴보면 다음과 같다. 자조집단 모임의 시작은 공통의 관심에서부터 출발하는 것이 바람직하다. 가능하다면 첫 모임에서 서로의 공통적인 경험이라 할 수 있는 일상생활에서 겪는 각자의 어려움이나 공통의 상처에 대해 이야기하도록 한다. 모임은 상황에 따라 다르지만 한 달에 한 번 정기적으로 모임을 가지는 것이 좋다. 그리고 구성원들이 이 모임에 우선순위를 둘 수 있도록 서로 열심히 관심을 가지고 돌아보는 일이 필요하다. 시간과 장소를 정해 참석하도록 격려하며 서로의 가정을 돌아가면서 모임을 가지고 서로 초청한다. 매 모임마다 한 사람이 사회자로서 리더의 역할을 해야 하지만 그 리더가 모임을 통제하려는 시도는 주의해야 한다. 모임에서의 비밀유지는 상호돌봄 자조그룹의 핵심적 가치이다. 그리고 각 구성원은 모든 다른 구성원을 위해 기도할 것을 약속하도록 한다.[210] 자조집단에서 주의할 점은 자조집단 내에는 반드시 멘토의 역할을 할 수 있는 책임 있는 리더가 준비되어야 한다는 점이다. 리더는 자조집단의 주요 일정관리와 과제의 부여 및 점검 그리고 필요한 훈련이나 과정 등에 대한 섬김을 담당한다. 이상에서

---

209) Roy M. Oswald, How to Build a Support System for Your Ministry (Washington, DC: Alban Institute, 1991), 8-9.
210) Guy Greenfield, 「상처입은 목회자」 황희철 역 (서울: 그리심, 2004), 296-7.

살펴 본 관계공동체 영성의 상담적 적용과정을 단계별로 좀 더 자세히 알아보고 이에 필요한 자원을 살펴보면 다음과 같다.

2) 관계 공동체적 영성 적용 과정과 자원

(1) 관계 공동체 영성의 적용 과정

관계공동체 영성 적용 과정 단계는 다음과 같다.

첫째, 목회적 대화와 적극적 경청을 통하여 교인들의 필요가 어떤 영역인지를 발견한다.[211] 역사적으로 목회상담은 상담관계에서 영적인 언어를 사용하여 "사람들로 하여금 자신의 광범위한 삶의 이야기 속에서 하나님의 목적을 파악하고 실행하도록" 해석하는 일을 담당해왔다. 그렇기에 목회상담자는 사람들의 삶의 이야기를 듣는 청취자이자 해석자이다.[212] 하나님과 인간이 함께 엮어가는 이러한 이야기는 표현되는 과정 속에서 좀 더 분명하게 자신의 정체성을 발견하게 되거나 과거의 사건과 그 사건 속에 담긴 의미들이 분명해지고 현재를 이전과는 다른 시각으로 보게 되며 이를 바탕으로 새로운 미래의 가능성을 발견하게 된다. 즉 어떤 아픈 과거의 경험에 대하여 다른 사람의 영향이나 당시 환경으로 인해 그 사건과 관련된 현재 자신이 가지게 된 다른 사람이나 환경이나 문제나 부정적 기억이 아닌 '현재 그리스도와의 관계 안에 있는 자기 자신의 관점'으로 자신의 인생 이야기가 표현될 때 그 자신의 삶은 새로운 이야기로 만들어지게 된다. 그리고 이러한 한 개인의 이야기를 새롭게 만들어가는 궁극적 목적은 당사자 자신의 깨달음이나 변화만이 아니라 새롭게 된 그 이야기를 통해

---

211) Topper, *Spirituality in Pastoral Counseling and the Community Helping Professions*, 39.
212) Wayne E. Oates, "The Power of Spiritual Language in Self-understanding," *Spiritual Dimensions of Pastoral Care*, Gerald L. Borchert and Andrew D. Lester, eds., (Philadelphia: The Westminster Press, 1985), 57.

가족과 이웃을 변화시켜 우리 인생의 주 저자이신 하나님의 이야기를 드러내기 위함이다.[213] 목회자는 교인들이 드러내는 이야기와 감정에 적절하게 반응하는 과정에서 그들의 필요가 사회 정서적 필요인가 아니면 영적 또는 신앙적 의식의 필요인가를 파악한다. 이때 상담자는 내담자가 직면하고 있는 문제의 본질을 파악하여 그 이면에 영적 이슈가 존재하는지를 파악하여야 한다.

둘째, 교인의 필요가 영적 필요이며 도움이 필요하다고 판단될 경우, 열린 질문을 사용하여 내담자의 구체적 영적 필요 영역을 파악한다. 이때 목회자가 사용할 수 있는 열린 질문은 다음의 네 가지 영역에 관계된 것으로 질문에 대한 대답을 목회적 대화에서 점검해야 한다.

i) 의미질문: 현재 삶의 가장 중요한 의미나 목적이 있는가? 있다면 어떤 것인가? 당신에게 즐거움과 만족을 주는 일은 어떤 일인가?

ii) 관계 질문: 소중하게 여기는 관계는 어떤 것이며 대상은 누구인가? 그리고 그 관계가 지금 어떠한가? 자신의 내면 생각이나 감정을 나눌 상대가 있는가? 있다면 현재 그 관계는 어떠한가? 힘들 때 누구에게 가장 먼저 의논하거나 도움을 청하는가? 그리고 그 대상과 지금 어떤 관계인가?

iii) 내적 활력 질문: 삶의 활력이나 희망을 느끼며 살아가는가? 삶에서 평안과 소망을 느낄 때는 언제이며, 얼마나 자주 이것을 경험하는가?

iv) 조력관계 질문: 자기 주변에 자신의 영적 생활을 도와줄 수 있는

---

213) Hateley, *Telling Your Story, Exploring Your Faith*, 7.

사람이나 모임이 있는가? 주기적으로 신앙모임이나 기도모임을 가지고 있는가? 영적 지도자와 자주 대화하거나 연락하는가?[214]

셋째, 교인의 영적 필요가 구체적으로 파악된 경우, 구체적 영적 돌봄의 목표에 따라 다음과 같은 적절한 접근이 요구 된다. 심각한 어려움이나 질병으로 인한 상한 마음이나 두려움이나 불안의 극복을 통한 내적 평안의 회복을 가져오는 내적 치유, 혼란한 상태나 인생의 중요한 결정의 상황에서 하나님의 뜻과 지혜를 구하는 안내나 지도, 개인 간 또는 집단 간의 깨어진 관계에서의 화해 또는 회복 불가능한 상실이나 슬픔에서 필요한 유지나 지탱 방안.[215]

넷째, 상담에서의 영적 돌봄을 교인의 기존 신앙 체계에 접목시켜 내담자 교인의 영적 성숙이나 발달을 이루도록 한다.[216] 이때 목회상담자가 지녀야 할 자세는 다음과 같다: i) 내담자 교인에 대한 비판단적 긍정적 수용, ii) 내담자에 대한 공감적 연민, iii) 상담자의 진실성과 참됨, iv) 내담자의 영적 필요를 신앙의 구체적 실천적 방안 및 신앙공동체로 연결시키는 능력, v) 내담자 교인의 영적 필요를 신앙성숙이나 발달의 도전이나 기회로 연결시키는 해석적 능력, vi) 하나님의 대리인으로서 영혼을 돌보는 직무를 지닌 자라는 목회상담자의 자기 정체성의 자각과 적절한 자기 개발.[217]

(2) 관계 공동체 영성 적용의 자원

i) 기도의 사용: 기도는 목회자가 상담현장에서 자신과 내담자인 교인들을

---

214) Topper, *Spirituality in Pastoral Counseling and the Community Helping Professions*, 38.
215) Ibid., 47, 50.
216) Ibid., 52-3.
217) Ibid., 96, 101, 103-8.

위해 가장 많이 사용하는 방법 중의 하나이다. 다양한 형태의 기도가 지니는 심리적 효과에 대해서는 오늘날 충분히 과학적으로 입증된 바 있다. 기도는 삶의 만족감과 행복감을 증진시켜주며, 생리학적으로 신체적인 회복을 촉진시키며, 면역기능을 증진시키고, 중독 치료에도 효과를 가져 온다고 보고되고 있다.[218] 사실 기도는 상담의 기법 이상의 의미를 지닌다. 기도는 기본적인 영적 훈련에 속할 뿐만 아니라 목회상담자와 내담자 모두에게 하나님의 임재를 깨닫게 하여 자신의 낮아진 마음(자아)으로 인하여 자신을 정확하게 볼 수 있게 한다. 이로 인해 내담자에게는 현재 이슈가 되고 있는 문제를 직면하여 자신을 정직하게 볼 수 있게 만들며, 상담자에게는 선입견이나 특정 이론의 틀을 벗어나 내담자의 문제를 좀 더 명확하게 볼 수 있게 한다.[219]

한편 상담에서의 기도 사용에 대하여 유의할 점은 다음과 같다.[220]

첫째, 목회상담 현장에서 습관적으로 드리는 기도의 형식적 사용 또는 주술적 사용을 주의하여야 한다. 기도는 어떠한 문제를 해결하는 열쇠(key)가 아니라 하나님과의 친밀함에 기초한 관계적 대화이다. 따라서 내담자와 상담자가 모두 하나님께 자신들을 개방하여 자신들의 내면에 그리고 자신들의 대화에 하나님을 초청하여 그 음성에 귀를 기울이려는 시도가 기도이다. 따라서 문제에 대증(對症)적인 해결책이나 내면적 안정이나 상담종결의 어색함을 모면하기 위한 형식적 수단이 되어서는 안 된다.

둘째, 기도가 단순히 내담자를 안정시키고 위로하는 수단이 되어서는 안 된다. 상담에서 기도가 효과적일 수 있는 이유는 상담자와 내담자 모두에게 기도는 하나님 앞에 자신들을 내려놓아 이제까지 상담에서 통찰력과 자기이해를 방해

218) Michael E. McCullough, "Prayer and Health: Conceptual Issues, Research Review, and Research Agenda," *Journal of Psychology and Theology*, vol. 23, no. 1 (1995): 15-29.
219) 맥민, 채규만, 「심리학, 신학, 영성이 하나 된 기독교상담」, 87.
220) Ibid., 100-1.

하는 요소들을 제거하는 기회가 되기 때문이다. 따라서 상담에서 기도의 올바른 사용은 상담자와 내담자 모두에게 자신들 앞에 놓인 문제나 어려움을 직면하게 끔 하여 상담의 효율성을 촉진시키는 결과를 가져온다.

셋째, 기도가 내담자의 책임감을 약화시키는 핑계가 되지 않도록 주의하여야 한다. 기도는 자신이 해야 할 문제를 하나님께 미루는 것이 아니다. 오히려 올바른 기도는 하나님 앞에서 자신의 문제와 현실을 정확히 볼 수 있도록 하여 자신이 해야 할 일을 더욱 분명하고 책임감 있게 한다.

ii) 성경의 사용: 기독교 또는 목회상담에서 성경은 매우 보편적으로 효과 적으로 사용되어오고 있다. 성경은 목회상담을 접할 기회가 없었던 일반 목 회자들부터 시작하여 성경적(권면적) 상담을 주장하는 상담자들과 인지행동 치료(Cognitive Behavioral Therapy)나 합리-정서 치료(Rational-Emotive Therapy)에 이르기까지 사용되고 있다.[221] 하지만 일반상담에서 성경을 직접 상담에 사용하는 경우는 많지 않으나 남침례교신학교(Southern Baptist Theological Seminary)에서 기독교상담과 심리학을 가르치고 있는 에릭 존슨 (Eric L. Johnson)은 상담과정에서 성경사용으로 인하여 도움을 받을 수 있는 방법을 다음과 같이 제시하고 있다.[222] 첫째, 성경은 지혜와 개인 성숙에 대한 풍부한 자원을 제공함으로써 우리 삶에서 실험적인 역할을 하고 있다. 둘째, 성경은 기본적인 가설과 신념을 이해하기 위한 공통의 출발점을 제공해 주는 근본적 역할을 한다. 셋째, 성경은 인간의 본성, 삶의 의미와 목적을 이해하도록 돕는 배경 역할을 한다. 넷째, 성경은 무엇이 삶의 기준이 되어야 하는가를

---

221) Del Myra Carter, "An Integrated Approach to Pastoral Therapy," *Journal of Psychology and Theology*, vol. 14, no. 2 (1986): 146-54; W. Brad Johnson, "Christian Rational-Emotive Therapy: A Treatment Protocol," *Journal of Psychology and Christianity*, vol. 12, no. 3 (1993): 254-61; Constance Lawrence, "Rational-Emotive Therapy and the Religious Client," *Journal of Rational-Emotive Therapy*, vol. 5 , no. 1 (1987): 13-21.
222) Eric L. Johnson, "A Place for the Bible within Psychological Science," *Journal of Psychology and Theology*, vol. 20, no. 4 (1992): 346-55, 맥민, 채규만, 「심리학, 신학, 영성이 하나 된 기독교상담」, 122에서 재인용.

제공하는 가치론적 역할을 한다. 다섯째, 성경은 인간의 죄와 하나님의 구속을 다룬 역사적 이야기에 대한 깨달음을 제공하는 인류학적 역할을 한다. 여섯째, 성경은 진리에 대한 변함없는 표준을 제공하는 규범적 역할을 한다. 일곱째, 성경은 심리학적 지식과 특별한 계시를 비교하고 논할 수 있는 풍부한 자원을 제공해 주는 대화의 역할을 한다. 여덟째, 성경은 단순히 심리학적 세계관에서는 고려되지 않는 개념과 생각들을 탐구하고 고려할 것을 우리에게 허락하는 창조적 역할을 한다.

상담에서 성경을 사용할 때 유의할 상담자의 태도는 존중과 겸손이다.[223] 목회상담자는 성경을 존중하고 깊이 연구하는 태도를 지녀야 한다. 진리의 궁극적 기준으로서 성경은 하나님을 알지 않고는 적절하게 이해하지 못하며 동시에 하나님께서도 상담자와 내담자가 성경을 이해하도록 도우신다. 진리의 상대주의와 주관주의를 주장하는 포스트모더니즘에서 성경에 대한 상담자의 확고한 신앙이야말로 영성에서의 방향을 유지하도록 돕는다. 또한 상담자는 성경의 권위를 존중하는 동시에 성경을 이해하는데 있어서 '겸손의 지혜'(the Wisdom of humility)를 지녀야 한다. 성경이 하나님의 영감으로 기록되었지만 그것을 해석하는 이는 오류와 편견에서 온전히 자유하기 어려운 사람이다. 따라서 성경을 읽고 해석하는데 있어서 상담자는 자신의 한계와 제한성을 인식하며 항상 겸손해야 한다.

상담에서 성경을 사용할 때 주의해야 할 점은 크게 다음의 두 가지이다.

첫째, 내담자의 필요와 신앙적 발달단계 및 상담자와의 관계가 고려되어야 한다. 내담자가 상담에서 성경이 사용되는 것에 대하여 불편함을 느낀다거나 아직 신앙적으로 성경에 대한 이해가 부족한 경우를 고려해야 하며, 상담자와

---

223) 맥민, 채규만, 「심리학, 신학, 영성이 하나 된 기독교상담」, 125, 127.

내담자의 관계가 비교적 자유롭게 성경에 대하여 함께 대화할 수 있을 정도가 되어야 한다.

둘째, 문제해결을 위한 단순한 구절의 나열이나 문맥을 벗어난 해석이 아니라 상담자의 성경사용이 성경말씀의 묵상과 깊은 연구를 통하여 내담자의 마음에 내재화되고 개인화되도록 하여야 한다.[224]

iii) 고백청취의 사용: 목회적 상황에서 교인들이 목회자를 찾아와 상담하는 경우, 문제의 탐색이나 내적 고민을 이야기하는 과정에서 자연스럽게 자신의 내면의 상태를 이야기하거나 문제가 발생한 원인들을 탐색하는 과정에서 자신의 문제를 솔직하게 고백하는 상황이 찾아올 경우가 있다. 대부분의 경우 임상적으로 내담자들은 상담자에게 자신의 문제를 고백함으로써 내적 긴장감을 완화시키며 안심과 평안을 경험한다.[225] 심리학적 연구 사례들을 보면, 사별 후에 슬픔을 표현하거나 어려움을 당한 경험을 털어놓는 것이 신체적으로 긴장을 완화시키며 건강을 회복하거나 유지하는 데 비교적 긍정적인 영향을 미쳤다고 보고하고 있다.[226] 상담과정을 거치면서 이러한 고백을 통하여 내담자는 자신의 분노와 죄책감 또는 수치감으로 인한 내적 불안감에서 놓임을 받고 정서적 긴장완화를 통하여 이성적이고 합리적으로 자신의 문제를 깨닫고 해결을 모색할 수 있는 기회를 갖게 된다.

이러한 측면에서 볼 때 사실 상담 자체는 고백적 측면이 있다고 할 수 있다.[227] 하지만 고해성사와 일반상담의 고백은 그것에 대응하는 차이에서 분명하게

---

224) 안석모, "목회상담과 성경," 「한국교회를 위한 목회상담학」, 기독교상담집부 편 (서울: 대한기독교서회, 1997), 249-50
225) Elizabeth Todd, "The Value of Confession and Forgiveness according to Jung," *Journal of Religion and Health*, vol. 24, no. 1 (1985): 42.
226) James W. Pennebaker, Cheryl F. Hughes, and Robin C. O'Heeron, "The Psychophysiology of Confession: Linking Inhibitory and Psychosomatic Processes," *Journal of Personality and Social Psychology*, vol. 52 (1987): 781-93, 맥민, 채규만, 「심리학, 신학, 영성이 하나 된 기독교상담」, 1950에서 재인용.
227) 맥민, 채규만, 「심리학, 신학, 영성이 하나 된 기독교상담」, 193.

구별된다. 고해성사나 종교적인 고백은 고백하는 사람의 신앙적 잘못이나 죄와 윤리의 문제를 중심으로 이루어지며 회개와 회복을 해결책으로 제시하나, 일반 상담에서의 고백은 심리적 문제를 중심으로 이루어지며 고백을 통하여 현재 직면한 문제의 원인을 객관화하거나 의식화하여 문제를 해결하는데 도움을 얻는 방향으로 나아간다.[228]

목회상담자는 상담현장에서 종교적 고백과 심리적 고백 모두를 경험하는 경우가 종종 있다. 따라서 목회상담자는 교인인 내담자가 가진 문제의 본질을 정확하게 파악하여 내담자를 효과적으로 돕기 위해 이 두 가지 고백을 분별하여 상담의 방향을 결정하는 것이 좋다.

iv) 영적 독서의 사용: 성경읽기. 복음서들과 시편의 규칙적인 읽기는 필수적이다. 시편은 오랫동안 교회의 기도서로 사용되어 왔으며 복음서들은 영성의 기초이자 목표 되시는 예수 그리스도의 삶과 사역에 대하여 집중하도록 한다. 성경을 읽되, 교리적인 목표나 신학적인 연구를 위하여 보다는 하나님과의 관계에 영향을 주는 것들에 관심을 가지고 읽는 것이 좋다. 성경에 더하여 기타 영적으로 도움이 되는 서적을 함께 읽는 것도 도움이 된다. 이때 주의할 것은 단순한 지식이나 요령을 제시하는 서적은 피하는 것이 좋다. 이 밖의 관계 공동체적 영성을 상담에서 적용하는데 필요한 자원으로는 공동체 내에서의 멘토링의 사용이나 교회의식이나 예식 등이 있다.[229]

3. 관계 공동체적 영성의 목회상담 적용에서의 목회상담자의 자세

심리치료에서 상담자가 영성을 치유적 개입으로 사용할 때 다른 접근을 사

---

228) Ibid., 196.
229) 목회상담에서의 교회예식의 사용에 관하여는 양병모, "이야기와 의식을 사용한 교회현장에서의 가족 상담," 「복음과 실천」, vol. 41 (2008 봄): 197~224를 참조하시오.

용할 때와 마찬가지로 비교적 가치중립적이며 비판단적 혹은 비지시적인 태도를 견지한다. 하지만 인간 변화의 중요한 내적 요소인 영성을 목회상담 현장에 적용하는 경우, 관계 공동체적 영성의 견지에서 볼 때 일반 심리치료 상담에서와 달리 상담과정에서 상담자는 보다 적극적인 개입이나 인도 또는 해석이 필요하다. 즉 다른 어떤 상담영역보다 영성을 목회상담에 적용할 경우, 목회상담의 내재적 특성인 교인과 목회자와의 관계성과 인간의 본질적인 제한성 또는 죄성으로 인한 한계 때문에 좀 더 적극적으로 상담에서 내담자를 돕고 지도하는 과정에 개입해야할 필요가 있다.[230] 그렇기에 일반 심리치료 상담에서의 상담자보다 인간의 근본 요소인 영혼의 영역을 돌보는 목회상담에서 목회상담자의 영성과 진실함을 포함한 내적 자질과 신학은 무엇보다 중요하게 고려해야 할 요소가 된다.[231]

이 가운데서 상담자가 지닌 영성과 신앙적 확신들은 관계공동체적 상담과정에서 상담자의 중요한 자원이 된다. 상담자는 의식적 또는 무의식적으로 상담과 관련된 영성과 신앙적 확신을 바탕으로 문제를 내담자와 함께 탐색하고 진단하며, 이를 바탕으로 해결을 모색한다. 이때 목회상담자가 점검해야 할 내용은, 첫째, 내담자 교인의 삶의 의미와 목적이 무엇인지를 탐색하며, 둘째, 중요한 관계들에서의 관계 상태를 점검하며, 셋째, 소망과 강점을 소유하고 있는지를 파악하며, 넷째, 영적 지원 체계 유무 및 점검을 할 필요가 있다.[232] 이러한 상담자와 내담자의 신앙적 신학적 자원이나 기초들은 (긍정적이든 부정적이든) 상담에서 주제가 되는 문제에 대한 인식에 영향을 끼치며 나아가서 내담자가 직면한 문제 해결에도 영향을 준다.[233]

---

230) Eckhard Frick, "Pastoral and Psychotherapeutic Counseling," *Christian Bioethics*, vol. 16, no. 1 (2010): 38-40.
231) Ibid., 43.
232) Topper, *Spirituality in Pastoral Counseling and the Community Helping Professions*, 36.
233) Collins, *The Biblical Basis of Christian Counseling for People Helpers*, 15.

그렇기에 진정으로 교인들을 목자의 자세로 돌보는 목회상담자는 상담사역에 앞서 성서에서 제시하고 있는 목회자의 자질을 유지하고 지키기 위해 자신을 돌아볼 뿐만 아니라 건전한 신학과 신앙의 발전을 꾀하는 태도를 지녀야 하겠다. 나아가서 진정한 영적 성숙은 굉장한 영적 체험으로 인해 오기보다는 매일 매일의 기도와 묵상을 통한 한 걸음씩 걷는 영적 순례를 통하여 이루어지기에 개인적으로는 꾸준히 자신의 영성의 발전을 위해 노력해야 하며 이를 위해 계속적인 자기 개발과 동료집단에서의 훈련 및 신앙공동체 안에서의 교제와 훈련 및 상호돌봄에 관심을 기울여야 하겠다.

II부
목회상담의 이론적 기초

| 6장 |
목회상담의 역사

'목회상담'이란 기독교 신앙 전통에 근거한 목회돌봄의 한 분야라고 할 수 있다. 기독교 전통에 근거한 목회돌봄은 20세기 중반에 접어들면서 일반 심리학과 임상목회교육의 영향과 결합하여 목회상담이라는 독자적 신학의 전문영역으로 변화되었다.[234] 목회상담이 전통적인 교회의 목회돌봄에 그 뿌리를 두었다고 본다면, 그 역사적 전개과정은 성서시대로부터 시작하는 것이 마땅하다. 현대 목회상담학이 학문의 한 분야로 자리 잡기 시작한 시기는 얼마 되지 않았지만 그 원류가 되는 목회돌봄의 역사는 인류가 창조되기 이전까지 거슬러 올라갈 수 있다. 창조 시에 삼위일체 하나님께서는 "우리가 우리의 형상을 따라 사람을 만들자"(창 1:26)라고 의논하시고 창조사역을 시작하셨다. 이렇게 시작되어 오랜 역사를 지니게 된 상담은 구약과 신약에서 여러 모양의 사람들을 통해 실현되었으며, 이러한 목회상담의 원형(原形)은 이후 초기교회시대를 거쳐

---

234) David Atkinson and Francis Bridger, 「상담신학」, 이정기 역 (서울: 예영미디어, 2002), 176.

오면서 현대에 이르기 까지 시대적 필요에 부응하여 여러 가지로 그 형태를 달리하면서 발달해왔다. 그러므로 먼저 성서시대의 목회상담을 언급함으로써 그 역사적 전개과정을 살펴보고자 한다.

1. 성서시대의 목회상담

성서시대의 목회상담을 이해하기 위해 시간적으로 그 흐름을 분류하여 고고학적으로 살펴보는 것도 의미가 있다. 하지만 시간적인 요소와 더불어 그 속에 담겨져 있는 목회상담의 내용을 살펴보기 위해서는 연대기적 구분보다는 구약성서와 신약성서를 기준으로 성서시대가 지니고 있는 목회상담의 형태와 내용을 찾아보는 것이 바람직하다.

1) 구약시대의 목회상담

목회상담이 학문적인 전문영역으로 출발하게 된 것은 20세기 중반에 이르러서이지만, '상담'이란 용어는 성서적으로 오랜 역사적 유래를 지니고 있다. 구약성서에서 상담이란 용어와 유사한 의미를 지닌 히브리어 '야아쯔'(yaazz)는 '조언하다,' '의도하다,' '고안하다,' '계획하다'의 뜻을 지니고 있는 단어로, '방침,'(출 18:19) '모략,'(렘 18:18; 겔 7:26) '의견,' '방책'(삿 20:7) 등의 의미로 성서에서 사용되고 있으며, 구약성서의 여러 곳에서는 상담자를 '모사'(counselor, 삼하 15:12; 대상 27:33; 대하 22:3)로 표현하고 있다.[235]

---

235) 오윤선, 「기독교상담심리학의 이해」, 38-9.

구약성서시대 당시 하나님의 백성들을 돌보고 인도했던 사람들은 고대 이스라엘의 지도자들이었다. 이들 지도자들은 왕이나 사사 등의 정치군사 지도자 그리고 제사장, 예언자, 현자(지혜자: the wise man)들이었다. 구약성서에서 이 가운데 후자의 세 부류를 한 구절에 담고 있는 것은 예레미야 18장 18절이다. "······ **제사장**에게서 율법이, **지혜로운 자**에게서 모략이, **선지자**에게서 말씀이 끊어지지 아니할 것이니······"[236]

구약성서시대의 공동체 지도자들은 각자의 고유한 역할에 따라 나름대로 하나님의 백성들을 돌보고 권징하는 일들을 했다. 제사장들은 세습적 계층으로 예배와 의례를 담당했고, 선지자(예언자)들은 공적으로 도덕적 문제와 관련하여 하나님의 말씀을 대언하는 일을 주로 담당했다. 때때로 선지자들은 공동체와 공동체의 정치적 지도자들을 책망하기도 했으며, 사람들의 회개와 근본적인 삶의 변화를 일으키는 정서적 영역에서 공헌했다. 오늘날의 일반상담자와 같은 역할을 담당했던 사람들은 주로 '지혜자'(wise) 또는 '모사'(counselor)로 불리는 종교적 현자들이었다. 선지자들이 그 시대의 국가적 사회적 위기에서 영적 각성을 촉구했던 반면에, 현자들은 개인의 양심과 도덕, 대인관계에서의 질서와 조화 그리고 책임에 대하여 가르치는 교육자의 역할까지도 담당했다.[237]

구약성서시대 당시의 '모사'(counselor)들은 왕에게 신적인 지혜를 말하거나 정치적인 문제에 대하여 조언하는 사람들이었다. 이사야 선지자가 언급하고 있는 메시아에 관한 표현 중의 하나도 "기묘자, 모사"(Wonderful Counselor)로 기록되어 있다(사 9:6). 선지자들이 사회와 국가의 공적인 영역에 관련된 가르침과 조언, 회개를 촉구하는 일을 한 반면, 현자들은 개인적 차원에서의 선한 삶과 대인관계에서의 처신과 관련된 조언을 해주는 기능을 했다. 현자들은

---

236) McNeil, *A History of the Cure of Souls*, 2.
237) Ibid., 11, 29.

일반 사람들로 하여금 그들의 삶을 의미 있게 하고, 대인관계에서의 어려움이나 인생에서의 여러 가지 고통 등에 잘 대처하도록 가르침을 줌으로써 사람들을 돌보았다. 현자들은 사람들 간의 관계나 가족 간의 책임과 문제에 대해 가르침을 주거나 조언했지만, 나중에는 공익과 관련된 여러 사회적 문제들에 대하여도 가르침과 조언을 하게 되었다(잠 1:21).[238] 이후 이스라엘이 쇠퇴함에 따라 이스라엘과 유다 왕국이 멸망하게 되었으며, 현자와 제사장이 담당했던 기능들은 '서기관'과 '랍비'에 의해 계승 유지되었다.[239]

서기관들은 이스라엘 사람들의 생활에서 가장 중심이 되는 가르침인 성서를 보존하고 해석하는 역할을 담당했다. 이러한 역할을 담당했던 서기관들은 포로귀환 후 유대인 사회에서 자연스럽게 현자로서의 역할을 감당하게 되었다. 이들은 신약시대에 이르러 성서의 가르침을 기반으로 사람들이 하나님의 말씀을 일상생활에 적용하고 실천하도록 가르치는 '랍비'가 되었다. 이후 서기관들은 자유로운 힐렐(Hillel)과 보수적인 샴마이(Shammai)로 대표되는 랍비들의 성서해석을 바탕으로 사람들에게 삶의 지혜를 가르쳤다.[240]

2) 신약시대의 목회상담

신약성서에서 상담과 관련된 직접적인 단어는 예수님이 제자들에게 성령을 "보혜사"(Counselor)라고 지칭하는 것에서 찾아볼 수 있다(요 14:16, 26; 15:26). 성령을 가리키는데 사용되는 '파라클레테'라는 단어와 같은 어원을 지니고 있는 신약성서의 '파라클레시스'는 '공감,' '청취,' '권고,' '격려' 그리고

---

238) McNeil, A History of the Cure of Souls, 6, 10. 초기 이스라엘의 대표적 지혜자인 네 사람의 이름이 솔로몬과의 비교를 위해 열왕기상 4장 30-31절에 나타나 있다. 에스라 사람 에단, 마홀의 아들들인 헤만, 갈골, 다르다가 바로 초기 이스라엘의 대표적인 현자들이었다.
239) Gerkin, 「목회적 돌봄의 개론」, 28; McNeil, A History of the Cure of Souls, 11. 이들 서기관들은 아마도 제사장계급에서 갈라져 나온 것으로 보인다(에스라 7:11, 12; 느헤미야 8:1).
240) McNeil, A History of the Cure of Souls, 12-3. 이러한 랍비들의 삶에 대한 지혜의 모든 가르침들 가운데 잘 알려진 것이 탈무드이다. 사도행전 22장 3절에 나오는 사도 바울의 스승 가말리엘(Gamaliel)은 힐렐의 손자이다.

'안내'의 의미를 지니고 있다.[241]

신약성서에서 종종 발견하게 되는 목회상담과 관련된 가장 중요한 내용은 바로 예수 그리스도의 삶과 사역에서 나타나는 상담과 돌봄의 모습이다.[242] 예수님의 사역은 오직 한 가지 일, 즉 사람들을 하나님께로 인도하여 하나님의 자녀로 하나님의 통치 아래 살게 함으로써 하나님과의 관계를 회복하도록 하는 일에 집중되어 있었다. 이러한 예수님의 사역의 목표는 누가복음 4장 18절에 잘 나타나 있다. 그것은 바로 가난한 자에게 복음을 전하고, 포로 된 자를 자유케 하며, 눈먼 자를 다시 보게 하며, 눌린 자(고통 받는 자)를 풀어주고, 하나님의 은혜의 해를 선포하는 일이다.[243] 상담은 이러한 사역의 목표를 이루기 위해 예수님께서 가장 즐겨 사용했던 유용한 돌봄의 방법이었다.[244]

예수님께서 보여주신 돌봄의 사역(상담 사역)은 자신을 '선한 목자'라고 부르는 새로운 메시아의 이미지와 함께 선지자, 제사장 그리고 현자의 역할에서 찾아볼 수 있다.[245] 양육과 보호와 인도는 목자의 가장 중요한 역할이다(사 40: 10-11; 시 23). 하지만 하나님께서 백성들을 위한 목자로 세운 정치지도자들과 종교지도자들은 목자로서의 기능을 제대로 수행하지 못하고 있었다. 사실 예수님 당시의 목자들은 사회적으로 부랑자처럼 인식되고 있었다. 그렇기 때문에 예수님은 자신을 '선한 목자'(요 10:11, 14)라고 말씀하심으로써, 목자역할을 제대로 하지 못하고 있는 종교지도자들을 비판하셨다.[246] 예수 그리스도는 자신의 삶과 가르침을 통해 선한 목자란 양떼를 위해 기꺼이 위험을 무릅쓰며, 친근하고 신뢰할 수 있으며, 양떼를 돌보고 보호하며 인도하는 사람이라는

241) Bridger and Atkinson, 「상담신학」, 174-5.
242) McNeil, A History of the Cure of Souls, 67.
243) 예수님은 이 말씀을 이사야 58장 6절과 11장 3-4절에서 인용하여 사용하셨다.
244) Ducan Buchanan, 「예수의 상담과 실제」, 천정웅 역 (서울: 아가페, 1987), 17.
245) Gerkin, 「목회적 돌봄의 개론」, 32.
246) Colin Brown, ed., The New International Dictionary of New Testament Theology, Vol. 3 (Exeter, UK: Paternoster Press, 1975), 566.

사실을 보여주셨다. 예수 그리스도는 폭풍 가운데 떨고 있는 제자들과 함께 하셨으며(눅 8:24), 굶주림으로 고통 받는 수많은 사람들을 먹이셨고(막 6:30-44; 8:1-9), 사회적 고립과 무관심으로 상처받은 사람들을 어루만져 주심으로써 그들을 돌보셨다(눅 19:1-10; 요 4:5-30). 상담은 내담자의 삶의 이야기에 초대받아 그 삶에 동참하는 과정이다. 이러한 과정은 때때로 상담자에게 내적 긴장과 스트레스를 일으키며, 상담자로 하여금 자신의 여러 가지 문제에 직면하게 만들기 때문에 희생과 위험이 따르는 과정이라고 할 수 있다. 이때 목회상담자는 '선한 목자'이신 예수님의 모습을 닮아야만 진정한 목회상담자로서의 태도를 지닐 수 있다.

구약 시대의 선지자는 경고뿐만 아니라, 격려와 위로, 가르침과 상담의 기능까지 담당했다.[247] 비록 예수님이 자신을 가리켜 직접적으로 선지자라 말씀하신 적이 없지만, 사도 베드로와 최초의 순교자 스데반 집사 그리고 복음서의 기자들은 자신들의 증언을 통하여 예수 그리스도의 선지자적인 기능에 관하여 설명하고 있다(눅 7:16; 막 6:15; 행 3:22, 23; 7:37). 유대인들은 선자자의 고유한 특징을 성령의 임하심이라고 믿었다. 실제로 예수님이 요단강에서 침례를 받으실 때 성령이 임했으며(마 3:16; 막 1:10; 눅 3:22; 요 1:32), 나사렛 회당에서 자신을 가리켜 선지자의 예언이 이루어졌다고 선언하셨는데(눅 4:16-21), 이러한 사실은 예수님이 선지자 이상의 분이심에도 불구하고 선지자로서의 역할을 감당했다는 사실을 보여주고 있다. 예수님은 직면을 통해 종교적 교만과 위선에 사로잡혀 있던 당시의 종교지도자들에게 회개를 촉구하셨으며, 진리를 알지 못하여 방황하는 사마리아의 수가성 여인에게는 진실을 볼 수 있도록 도와심으로써 삶의 변화를 경험하게 하셨다(요 4:4-42). 직면과 자신을 바로 볼 수 있게

---

247) Roger F. Hurding, *The Tree of Healing* (Grand Rapids, MI: Ministry Resources Library, 1985), 388.

도와주는 일은 오늘날의 목회상담에서 빼놓을 수 없는 중요한 방법적 접근에 속한다.

신약의 히브리서는 예수 그리스도를 기존의 제사장에 비해 월등히 우월한 대제사장으로 설명하고 있다(히 2:17; 4:15; 5:10). 일반 제사장들이 희생제물을 드리는 역할을 하는 것과 달리 대제사장이신 예수 그리스도는 희생제물을 드릴 뿐만 아니라 직접 희생제물이 되셨다(히 9:11-2, 26, 28). 예수님은 이 땅에 계시는 동안 대제사장으로서 어려움에 빠진 사람들을 치유하셨고, 용서하셨으며, 그들에게 새 생명을 주셨다. 이러한 예수님의 회복사역은 수많은 병자들과 사회적으로 소외된 사람들이 평안과 희락과 새로운 삶을 경험하도록 만들어 주었다(막 2:1이하; 눅 7:36이하; 19:1이하). 그러므로 목회상담은 상담자의 자기희생과 섬김을 통하여 내담자에게 새로운 희망과 회복을 경험하도록 돕는 제사장적 특성을 지닌 사역이라고 할 수 있다.

지혜는 적절한 시간에 올바른 결정을 내리기 위하여 어떤 일들 간의 진정한 관계를 파악하는 능력이며, 또한 어떤 일을 실행하기 위한 올바른 방법을 결정하기 위하여 완전하고 상세하게 상황을 충분히 이해하거나 올바르게 평가하는 능력이라 할 수 있다. 예수님은 공생애 기간 동안 사람들에게 '랍비'로서 알려지셨다. 하지만 다른 랍비들과 달리 예수님은 참된 지혜자로서 사람들의 본질을 정확히 파악하셨고, 그에 따라 사람들을 가르치셨으며, 직면시키기도 하셨다.[248]

예수님은 신적인 지혜와 분별력으로 사람들을 돌보시며 다음과 같은 상담적 특성을 보여주셨다. 첫째, 예수님은 참 지혜의 근원이신 하나님과의 관계에 우선순위를 두셨다. 한적한 시골이나 산으로 가서 혼자 혹은 제자들과 함께

---

248) Jones, *The Counsel of Heaven on Earth*, 96.

영적으로 자신을 연단하셨으며, 하나님과 교제하는 시간을 가지셨다(마 5:1; 막 1:40-45). 둘째, 예수님은 진정한 지혜자로서 사람들의 근본적 필요를 정확하게 진단하셨다(막 10: 17-22). 이러한 확실한 진단이 바탕이 되어 예수님은 가장 효율적인 치유사역을 하실 수 있었다. 그렇기에 신약성서사전 편찬자로 유명한 게르하르트 키텔(Gerhard Kittel)은 예수님을 가리켜 "영혼의 치유자"라고 말했다.[249] 셋째, 예수님은 상담자로서 잘 준비된 지혜를 지니고 계셨다. 예수님의 가르침은 당시 지혜서나 랍비들의 저서들과 비슷한 점이 많다. 마가는 예수님을 랍비라고 4번, 요한은 7번이나 기록하였다. 하지만 예수님은 당시의 다른 랍비들과 달리 자신을 권위 있는 선생으로 잘 준비하셨다.[250] 넷째, 예수님은 인간의 진정한 모습을 볼 수 있는 깊은 통찰력을 지니고 있었으며, 한 개인 개인을 중요하게 여기셨고, 이러한 바탕 위에서 인간적인 대화를 통해서 상담하셨다(누가복음 15장의 비유들; 막 9:42; 마 18:1-6). 이상과 같은 상담자로서의 예수님의 모습 이외에도, 신약성서는 베드로나 바울과 같은 사도들의 모습을 통해서 목회상담과 관련된 유용한 통찰들을 제공하고 있다.[251]

2. 초기 교회와 중세 교회의 목회상담

1) 초기 교회시대-박해시대(1세기-313년)

초기 교회시대의 목회상담의 형태는 주로 가르침, 격려, 훈계를 통해 예수님의 재림을 기대하는 개인과 공동체를 신앙으로 가르치고 인도하는 일이었다.[252] 이후 2-3세기(초기 교부시대)에 이르러서는 교회 내에서 신앙 지도자들이 전문

---

249) McNeil, *A History of the Cure of Souls*, 70.
250) Ibid.
251) 이러한 예들을 고린도 교회를 향한 서신서나 다른 사도들의 서신서에 나타난 문제들을 해결하기 위해 이루어진 조언과 위로, 직면 그리고 인도 등을 통하여 찾아볼 수 있다. 이에 대한 자세한 설명은 McNeil, *A History of the Cure of Souls*, 80-6를 참조하시오.
252) 사도행전 15:29

적인 목회자 계층으로 구분되어감에 따라 이들이 목회상담의 주된 사역자가 되었다. 하지만 시간이 지나면서 예수님의 재림에 대한 임박성에 대한 기대가 옅어졌으며, 로마의 박해에 직면한 초기 교회들 내부의 신앙적 결속과 유지가 주된 관심사가 되었다. 특히 교회가 확장되고 많은 부류의 사람들이 교회로 들어옴에 따라 교회 내의 여러 가지 윤리적 신앙적 지침들이 세분화되고 권징도 다양한 형태를 지니게 되었다.[253]

이와 더불어 초기 교회지도자들에 의해서 이루어진 상담적 돌봄은 고아와 과부 그리고 나그네들을 돕는 전통적인 기독교 공동체의 돌봄과 매일의 일상 속에서 성도들을 탁월한 윤리적 영적 생활로 인도하는 일이었다.[254] 한편 초기 교회지도자들은 이러한 돌봄과 함께 박해로부터 교회를 보호하며, 배교자들을 교회에서 추방하는 일들을 했다. 다른 한편 초기 교회지도자들은 신앙을 굳건하게 지킨 사람들과 변절했다 돌아온 사람들을 용서하고 화해시키는 일을 했다. 이것은 목회상담에서 교회공동체의 유지를 위해 할 수 있는 또 하나의 중요한 일이었다. 이 과정에서 '참회'와 '고해'가 화해와 용서를 위한 주요한 과정이 되었다.[255] 이러한 상담과정에서 주로 사용되었던 방법들은 상호교화와 형제/자매로서의 충고 그리고 중보기도였다.[256]

2) 기독교 공인 이후부터 서로마제국 멸망(313-476년)

기독교가 국가종교가 된 이후 목회자들은 교회는 물론이고 사회적으로 도덕과 신앙을 가르치는 역할을 담당하였다.[257] 이들은 사람들의 일상적인 삶을 성서적 지혜를 사용하여 돌보았으며, 형식이 갖추어지기 시작한 예배를 인도

253) McNeill, A History of the Cure of Souls, 19.
254) 고린도전서 7:1; 갈라디아서 6:2 (서로 다른 사람의 짐을 지라); 로마서 12:9, 12, 16; 로마서 14:2-6.
255) Jaeckle and Clebsch, Pastoral Care in Historical Perspective, 15-8.
256) McNeill, A History of the Cure of Souls, 85-6, 로마서 14:19; 데살로니가전서 5:11, 14; 야고보서 5:16, 5:14(치유사역); 에베소서 3:14-9; 에베소서 6:18 (중보기도)
257) Jaeckle and Clebsch, Pastoral Care in Historical Perspective, 20.

했고, 슬픔을 당한 사람들을 돌보는 위로와 병자들을 위해 성유(聖油)를 바르는 치유의식도 사용하였다. 또한 이 시기에 고해성사를 통한 화해의 기능이 관례화 되었으며 병자, 사별을 경험한 사람, 죽어가는 사람들을 위한 돌봄이 목회자들이 중심이 된 목회상담자의 일반적 임무가 되었다. 이 시기는 세상과 기독교 공동체 의 경계가 모호했던 국가교회의 시기였기 때문에, 교회지도자들인 목회상담자 들은 기독교 공동체의 유지를 위한 돌봄의 방법으로 예배와 의식을 중요시하여 발전시키고, 영혼과 인간의 육체적 질병과의 관련성에 관심을 가지고 병자를 위한 치유와 위로의 사역을 활발하게 시행하였다.[258]

이 시기의 대표적인 목회상담자로는 나지안젠의 그레고리, 암브로스, 제롬 등 을 들 수 있으며, 이들은 슬픔을 당한 사람들에게 개인적 혹은 공적으로 함께 슬퍼하거나 위로와 소망을 제시했다.[259] 하지만 이 시기의 목회상담은 여전히 그 주체가 사제나 수도사들을 중심으로 이루어지고 있었으며, 설교나 성례전 그리고 고해성사 등을 중심으로 하여 공적 돌봄을 제공하였다. 그러나 개인적이 거나 인격적인 돌봄이 보편화되지는 못하였다.[260]

3) 서로마제국 멸망 후—종교개혁 이전

이 시기는 서방세계에서 정치적 문화적으로 로마 사회를 지탱해오던 로마 제국이 멸망하고, 그 유일한 대안으로 교회가 세상의 중심과 엘리트로서 역할을 하던 시기였다. 따라서 교회 지도자들인 목회자들이 그 사회를 지도하는 역할과 일반 사람들을 교화하며 돌보던 시기였다. 이 시기에 목회상담자들이었던 목회자들은 '영혼의 의사'로 비유되었다.[261] 이 시기는 영혼과 육체적 질병과의

---

258) Gerkin, 「목회적 돌봄의 개론」, 39–40.
259) Ibid., 20–1; McNeill, A History of the Cure of Souls, 102–3.
260) 오윤선, 「기독교상담심리학의 이해」, 47. 초기의 고해성사는 당시의 영혼과 육체 사이의 긴밀한 상관관계를 깊이 확신하였던 목회자들에 의해 신자들의 영적인 건강과 죄로 인한 내면적 고통을 치유하는 중세초기교회의 대표적 상담적 돌봄의 수단으로 사용되었다.
261) Gerkin, 「목회적 돌봄의 개론」, 46.

상관관계에 대한 믿음에 의해서, 육체적 질병뿐만 아니라 정서적인 불안이나 고통에도 고행성사는 물론이고 성유(聖油)나 연고 등을 바르는 치유활동이 목회상담에서 접근방법으로 시행되었다. 이 시기의 대표적인 목회상담자들은 베네딕트 수도사들이었다. 특히 그레고리 대주교(Gregory the Great, c. 540-604)는 신자의 영혼을 위한 개인적인 지도와 기도, 묵상(명상), 영적 훈련을 통한 일상생활의 절제를 중요시하였다. 또한 그레고리 대주교는 목회자들이 어떻게 사람들을 돌보아야 하는지에 관한 지침서를 만들고 이것을 교회 내에서 실천하도록 하였다.[262]

이 시기에는 성직자들 외에 아씨시의 성 프란시스(St. Francis of Assisi)와 같은 일반 서민들을 위한 돌봄을 베푸는 수도사들이 있었다. 그는 대화와 설교뿐만 아니라 실천을 통하여 많은 사람들에게 영향을 끼쳤으며, 특히 서민들을 위한 돌봄과 함께 함을 강조하였다. 그를 따르는 사람들은 사회적 신분이나 계층을 초월하여 인간에 대한 존중을 실천했으며, 깊은 사랑과 친절을 통해 다른 사람들을 돌보았다.[263] 이후 중세에 접어들면서 목회상담은 교회예전을 통하여 주로 이루어졌다. 성례전적 치유는 면죄부를 포함한 고해성사와 다양한 의례적 행위들로 정교하게 이루어졌다. 이러한 과정에서 교회는 점점 더 성서적 가르침으로부터 멀어져갔다. 하지만 인쇄술의 발달과 성서의 번역으로 인하여 일반 사람들이 성서의 가르침을 직접 접할 수 있게 되면서 교회를 성서적으로 새롭게 하기 위한 종교개혁이 시작되었다.[264]

---

262) 그레고리 대교황의 이 저서는 중세 초기의 대표적인 목회적 돌봄에 관한 지침서로서 *Regula Pastoralis*(목회지침서. 영어로는 *Pastoral Care*로 번역되어 있음)가 있다.
263) 성 프란시스의 목회적 돌봄에 관한 자세한 설명은 McNeill, *A History of the Cure of Souls*, 138-44를 참조하시오.
264) McNeill, *A History of the Cure of Souls*, 161-2. 기록에 의하면 1500년대에 이르러 도시 사람들의 문맹율이 50% 정도로 줄어들었다. 이것은 일반 교인들 간의 상호돌봄을 가능하게 하는 계기가 되었다.

3. 종교개혁시기와 근대의 목회상담

1) 종교개혁시기

목회상담이 내담자와 그 내담자가 속한 공동체의 신앙을 돌보는 것을 포함한다면, 종교개혁시기는 만인제사장주의와 이신득의와 같은 새로운 신앙전통을 받아들임으로써, 목회상담에서 가장 급격한 패러다임의 변화가 일어난 시기라고 할 수 있다. 즉 목회자를 중심으로 상담과 돌봄이 시행되었던 중세와 달리, 제사장된 모든 평신도 사역자들이 서로를 돌보고 약한 자를 지탱해주며 회복시키는 사역을 담당하게 되었다. 상담과 돌봄에 대한 마틴 루터(Martin Luther)의 주된 관심은 위로의 사역이었다. 루터는 전인적인 인간이해를 바탕으로 육체적 질병과 영적인 원인의 관련성을 이해하였다. 이러한 그의 돌봄 사역은 광범위하게 영향을 미쳤으며, 그의 서신을 통해서 더욱 확장되었다.[265]

장 칼뱅(John Calvin, 1509-1564)은 성도들을 돌보기 위해 성서를 중심으로한 상담과 돌봄의 원리를 적용했다. 따라서 칼뱅의 상담과 돌봄에서는 성서의 역할이 중요시되었다. 그리고 칼뱅은 성도들의 돌봄을 위해 가정심방을 강조했으며, 자신이 이를 직접 실천하기도 하였다.[266] 이 밖에 마틴 부서(Martin Bucer), 윌리엄 틴데일(William Tyndale) 등의 종교개혁자들은 중세의 성례전 중심의 돌봄에서 벗어나 개인의 영혼을 돌보는 일에 관심을 두었다. 그 이유는 하나님과 신자가 직접 관계를 맺는 구원을 위해서였으며, 이를 위해 개인의 영혼을 하나님과 화해시키는 일과 교회 구성원의 영적 삶을 지도하는 일이 목회자를 중심으로 한 목회상담의 핵심적 과제가 되었다. 이와 함께 가톨릭의 반동종교개혁의 선구자 중 한 사람이었던 로욜라의 이그나시우스(Ignatius of

---

265) 오윤선, 「기독교상담심리학의 이해」, 48.
266) Ibid., 48-9.

Loyola)는 예수회를 창시하여 개인의 영혼을 돌보는 일에 관심을 두었다.[267] 이처럼 종교개혁시대의 목회돌봄은 하나님과 개인이 직접적으로 관계를 맺을 수 있도록, 그리고 개인과 개인이 사제나 목회자를 통해서가 아니라 직접 화해할 수 있도록 이루어졌다.[268] 종교개혁 이후 목회돌봄에서 이러한 개인주의적인 경향은 더욱 강화되었으며, 이로 인해 전통적인 목회상담의 한 영역이었던 권징의 기능은 점차 약화되었다.

2) 계몽주의 시기(17세기-18세기)

계몽주의의 특징은 인간이성에 대한 신뢰, 인간 학습능력의 가능성 개발, 경험주의적 학문방법 등이었다. 사람들은 더 이상 하나님이나 종교에 의지하여 삶의 여러 영역에서 일어나는 문제들에 대한 해답이나 설명을 찾지 않게 되었다. 이러한 이성주의적이며 합리주의적인 경향에 발맞추어, 목회상담은 사람들이 새로운 가치체계에 적응하며 살아가게 하기 위해 보다 과학적이고 실용적이 되었다.

이 시기의 대표적 상담자로는 영국 장로교회 목사인 리차드 백스터(Richard Baxter, 1615-1691)를 들 수 있다. 백스터는 회중을 돌보는 부모와 같은 상담자 상을 강조하였으며, 이를 실천하기 위해 매일 한 시간 이상 가정 심방을 하였다. 그는 영혼 구원을 위해 어려움에 처한 사람들을 지탱하는 일과 그들의 개인적인 도덕성을 유지시키는 일에 관심을 두었다. 이를 위해 백스터는 상담자가 명심해야 할 내용 세 가지를 구체적으로 제시하고 있다. 첫째, 성도들의 영적 건강에 대해 알아야 하며, 둘째, 성도들에게 진정한 행복의 근원을 알려 주어야 하며, 셋째, 진정한 행복을 얻는 방법을 가르쳐 주어야 한다. 특히 백스터는

---

267) Gerkin, 「목회적 돌봄의 개론」, 48-9.
268) Jaeckle and Clebsch, *Pastoral Care in Historical Perspective*, 27.

자신이 평생 질병으로 고생했기 때문에 병자와 죽어가는 사람들을 돌보는 일에 특별한 관심을 두라고 강조하였고 이를 실천에 옮겼다. 백스터는 상담자인 목회자가 교인들인 내담자와 친밀한 관계를 지니는 것이 중요하다는 사실을 보여주었으며, 나아가서 성도들과의 매일의 관계를 매우 진지하고 소중하게 다루어야 한다고 가르쳤다. 또한 그는 가족관계의 소중함을 강조하기도 하였다.[269]

감리교 창시자 존 웨슬리(John Wesley, 1703-1791)는 사회적 약자들인 가난한 사람들과 병자들 그리고 죄수들을 방문하여 돌봄을 실천하였고, 산업화로 인하여 황폐해진 사람들의 영혼을 소그룹(Band와 Class) 운동을 통하여 회복시키려고 노력하였다. 이 밖에 스코틀랜드 자유교회의 헨리 드루먼드(Henry Drumond)는 목회돌봄에서 과학적인 접근 방법을 통한 진단의 중요성을 강조기도 하였다.[270] 이후 이러한 계몽시대의 목회상담은 시대적 발전과 더불어 좀 더 심리학적인 통찰력을 지니며 좀 더 개인주의화 되어갔다. 그리고 이러한 과정을 통해 자아의 건강, 균형 잡힌 자아의식, 구원의 경험 등에 대하여 좀 더 폭 넓은 지식이 상담에서 중시되었으며 교회는 사회적 교제의 장소로서의 기능을 확대하게 되었다.[271]

4. 현대 목회상담의 출현과 발전

계몽주의로부터 시작된 인간 이성에 대한 관심과 지식의 발전은 20세기에 접어들면서 그 절정을 이룬다. 이의 영향으로 1879년 독일의 빌헬름 분트(Wilhelm Wundt, 1832-1920)에 의하여 현대 심리학이 출현하고, 이후 지그문트 프로이트(Sigmund Freud, 1856-1939)의 정신분석학과 분트와 함께 현대

---

269) Gerkin, 「목회적 돌봄의 개론」, 52-4.
270) 오윤선, 「기독교상담심리학의 이해」, 50-1.
271) Gerkin, 「목회적 돌봄의 개론」, 57-8.

심리학의 창시자로 불리는 미국의 종교심리학자 윌리엄 제임스(William James, 1842-1910) 등을 통하여 비교적 체계적이고 객관적인 심리학적 방법들이 생겨나고 기존의 목회돌봄에 적용되었다.

이러한 심리학 발달의 영향으로 1906년 보스톤의 임마누엘 감독교회를 중심으로 종교와 의학의 관련성을 모색하였던 현대목회상담의 시작이라 할 수 있는 임마누엘운동(Emmanuel Movement)이 생겨났다.[272] 이 운동은 독일에서 분트와 함께 공부한 성공회 신부였던 엘우드 월세스터(Elwood Worcester), 정신과 의사였던 사무엘 맥컴(Samuel McComb)이 지역 결핵환자를 돌보는 의료선교의 일환으로 신경성 장애와 영적 장애를 지닌 사람들을 치료하기 시작함으로써, 신앙과 심리학의 결합을 통한 현대 목회상담의 출발이 되었다. 이후 1912년 의사도 아니며 전문심리사도 아닌 코터니 베일러(Courtenay Baylor)라는 평신도 상담자가 심리적이면서 동시에 영적인 접근법을 사용한 심리학과 영성을 결합한 집단프로그램을 전문적 알코올중독 회복프로그램에 적용함으로써 이 운동은 명성을 얻으며 더욱 유명해졌다.[273] 그러나 이 운동은 1920년대까지 왕성하였으나 1930년대에 이르러 쇠퇴하였고 1940년대에는 완전히 사라졌다.[274]

이후 이를 이어 1932년 정신병 학자이자 목회자인 존 올리버(John Oliver) 의「목회적 정신치료 및 정신건강」(*Pastoral Psychiatry and Mental Health*)이 출판되고, 임상목회교육(Clinical Pastoral Education)의 선구자인 안톤 보이슨(Anton Boisen)이 「내적 세계의 탐험」(*The Exploration of the Inner World*, 1936)이란 책을 출판하여 심리치료와 종교의 관계에 관심을 돌리게 하였다. 이러한 심리치료와 종교에 대한 관심은 1939년 신학과 심리학을

---

272) 전영복,「기독교상담의 이론과 실제」(안양: 잠언, 1993), 37.
273) Marty Mann, *Primer on Alcoholism* (New York, NY: Rinehart, 1950), 105-7.
274) Allison Strokes, *Ministry after Freud* (New York, NY: The Pilgrim, 1985), 18-25.

공부한 롤로 메이(Rollo May)의 「상담의 기술」(*The Art of Counseling*), 1942년 상담과 심리학의 통합을 시도한 칼 로저스(Carl Rogers)의 전인적 인간 이해에 기초하여 인간의 자율능력을 강조한 '내담자 중심치료' 혹은 '비지시적 상담'방법이 소개되고 이의 영향을 받은 시워드 힐트너(Seward Hiltner), 폴 존슨(Paul Johson), 캐롤 와이즈(Carroll Wise) 그리고 웨인 오우츠(Wayne Oates) 등의 현대목회상담학자들의 등장으로 목회상담은 비로소 신학의 한 영역으로서 자리 잡게 되었다.[275] 이후 이들 초기 목회상담학 선구자들의 뒤를 이어 기존의 다양한 심리학적 통찰들을 목회상담에 도입하여 통합을 시도하며 성장상담이론을 제시한 하워드 클라인벨(Howard Clinebell)을 위시하여, 목회상담에서의 회중적 상황을 강조한 브리스터(C. W. Brister), 상황을 강조한 존 패튼(John Patton), 해석적 접근과 사회적 목회돌봄에 관심을 두었던 찰스 거킨(Charles V. Gerkin), 이 밖에 도날드 캡스(Donald Capps), 앤드류 레스터(Andrew Lester), 하워드 스톤(Howard Stone), 데이빗 슈와이쳐(David Switzer) 등의 학자들의 노력으로 오늘날까지 목회상담의 학문적 지평을 넓혀 가고 있다.

---

275) 전영복, 38-9.

| 7장 |

목회상담의 주요 이론 및 접근

1. 현대 주요 상담이론 개요

상담에 관한 모든 이론들은 인간의 태도, 감정, 생각 혹은 행동이 변화되는 일련의 과정에 대한 각각의 가설들을 지니고 있다. 즉 상담을 통하여 사람들의 변화를 이끌어내는 과정에 대하여 모든 상담 이론은 각기 고유의 인간이해와 이를 바탕으로 한 변화 과정에 대한 이론들을 지니고 있다. 인간을 이루고 있는 구성 요소에 대한 기준을 바탕으로 상담이론들을 분류하는 방법도 있지만, 상담학자 엣킨슨(Atkinson)과 브릿저(Bridger)의 구분에 따라 수백 가지가 넘는 여러 상담 이론들을 분류하여, 우선 인간의 주요 구성요소인 정서, 정신(인지), 의지에 따라 세 가지의 모델, '정신 역동적 모델,' '인지적 모델' 그리고 '도덕적 모델'로 나누어 살펴본 후, 상담을 통한 내담자 변화 영역 목표에 따른 이론을 살펴보기로 한다.[276]

---

276) Bridger and Atkinson, 「상담신학」, 192–3. 이 밖에 인간 내면을 이루고 있는 구성요소인 마음(heart)과 정신(mind)과 의지(will)를 기준으로 현대 상담이론을 구분하는 내용에 대한 자세한 설명은 William Kirwan, 「복음주의적 관점에서 본 현대 기독교상담학」, 정동섭 역 (서울: 예찬사, 2007), 2장과 3장을 참조하라.

1) 인간구성요소에 따른 이론분류

(1) 정신 역동적 모델(The Psycho-dynamic Models)

여기에는 정신분석, 정신 역동적 대상관계 접근방법 등이 속한다. 이 모델은 인간의 행동과 태도를 지배하는 동인을 어린 시절 발달단계에서 경험한 부정적 관계로 인한 인간 내면의 정서(혹은 감정)들로 본다. 그리고 대개의 경우 이러한 내면의 과정들은 무의식적이다. 내담자는 이러한 자신의 무의식적 동인 혹은 성격의 분석과 재정립을 통하여 현재 상태나 관계의 정상화를 목표로 하여 상담에 임한다.[277] 따라서 내담자 내면 정서 깊숙이 자리한 영역을 드러내고 그것을 분석하기 위해 상담자는 상담과정에서 내담자와의 사이에서 형성되는 상담관계의 질, 특히 '전이'(transference)[278]와 '투사'(projection)[279]를 중요하게 여긴다. 이러한 전이나 투사 등은 내담자의 감정과 생각을 분석하는 단초를 제공하는데 도움이 되며 동시에 치유의 주요 관심대상이 된다. 즉 의도적인 감정이입이나 전이를 통한 내담자의 무의식적 내면 감정의 노출 등을 유발시키는 일련의 상담과정에서의 내담자와 상담자의 관계 자체가 치유에 매우 필요한 자원이 된다.

(2) 인지적 모델(The Cognitive Models)

이 모델은 인간의 내적문제는 정신 또는 사고방식과 관련된 원인으로 인한 것으로 본다. 정신과 관련된 치유접근으로는 내담자가 지니고 있는 부적절

---

277) Crabb, 「인간 이해와 상담」, 120-1. Crabb은 자신의 저서에서 관계모델을 Bridger와 Atkinson과는 달리, 인간의 관계적 본질을 바탕으로 한 모델로 설명하면서 기독교상담모델과 연결시키고 있다.
278) 아동기 동안에 중요한 사람들과의 관계에서 경험했던 느낌, 사고, 행동 유형이 현재 맺고 있는 다른 사람과의 관계로 전치된 것. 이 과정은 대체로 무의식적인 것이기 때문에, 환자는 전이에서 나타나는 태도, 환상 그리고 사랑, 미움, 분노와 같은 감정의 다양한 원천들을 지각하지 못한다. [네이버 정신분석용어사전].
279) 개인의 성향인 태도나 특성에 대하여 다른 사람에게 무의식적으로 그 원인을 돌리는 심리적 현상이다. 정신분석이론에서는, 이러한 투사는 사람들이 다른 사람에게 죄의식, 열등감, 공격성과 같은 감정을 돌림으로써 부정할 수 있는 방어기제라고 본다. [네이버 사회학 사전].

하고 비합리적인 사고 유형과 그로 인하여 발생하는 부정적이고 파괴적인 감정과 행동유형에 상담의 초점을 맞춘다. 여기에 속한 접근으로는 합리-정서요법(Rational Emotive Therapy), 게슈탈트상담(Gestalt Therapy), 교류분석(Transactional Analysis) 그리고 최근에 많이 등장하는 인지행동치료 등이 있다. 이들 접근 방법들은 인간을 본질적으로 이성적인 존재로 보고 불합리한 내담자의 사고유형(또는 정신)을 인간 이성의 힘에 의하여 변화시킴으로 변화가 가능하며, 이러한 정신 영역에서의 사고의 변화가 감정과 행동의 변화를 가져온다고 본다.

(3) 도덕적 모델(The Moral Models)

이 접근 방법들은 내담자들의 행동의 원인을 의식하지 못한 원인에서 찾고자 하는 관계적 모델 혹은 역동적 모델과는 달리, 인간의 잘못된 행동의 원인을 인간의 의지로 인한 문제로 보고 있다. 따라서 치유의 과정도 대체로 내담자가 자신의 삶에서 적절한 선택을 하는데 있어서의 책임에 초점을 맞추고 있다. 그리고 잘못했을 경우, 그에 따른 죄책감을 반드시 언급한다. 이들 모델 중 어떤 것은 어느 정도의 행동변화를 강조하기도 하며 또 어떤 접근방법들은 내담자의 선택의지에 좀 더 강조를 두기도 한다. 대표적인 상담이론으로는 윌리엄 글래서(William Glasser)의 '현실요법'(Reality Therapy), 빅터 프랭클(Viktor Frankle)의 의미요법(logotherapy) 등이 있다.[280]

2) 상담을 통한 내담자 변화 영역 목표에 따른 이론 분류

상담자가 내담자의 문제해결을 위해 관심을 갖고 탐색하여 변화를 시도하는 영역은 대부분 내담자의 사고나 정서나 행동이다. 어떤 상담자들은 내담자의

---

280) Crabb, 「인간 이해와 상담」, 124. Crabb은 게슈탈트 요법을 인지치유접근이 아닌 행동치유로 분류하고 있다.

생각을 바꾸어 태도변화를 이끌어내도록 하는 반면, 다른 상담자들은 내담자의 정서에 초점을 두고 정서적 문제해결을 통해 인지의 변화와 태도의 변화를 시도한다. 또 다른 상담자들은 내담자의 행동 변화를 시도하여 인지와 태도의 변화를 가져오기도 한다. 상담에서 상담자가 내담자의 변화를 시도하는 세 가지 영역 중 어떠한 영역에 초점을 두고 상담을 진행할 것인가에 따라 다음과 같이 상담이론을 나눌 수 있다.

(1) 상담자가 내담자의 행동 변화에 초점을 맞출 경우

부적절한 행동을 바람직한 행동으로 변화시킬 것을 강조하는 상담이론은 주로 심리학의 제2세력인 행동주의에 이론적 근거를 두고 있다. 파블로프의 고전적 조건형성, 스키너의 조작적 조건형성, 사회적 학습이론 등에 근거한 행동치료는 내담자의 행동변화가 주요한 관심사이다. 이러한 행동치료상담에서 뚜렷한 효과가 보고되고 있는 대표적인 경우가 자폐아동의 행동적응훈련이나 체계적 둔감화 기법 등이다.[281]

(2) 상담자가 내담자의 감정 변화에 초점을 맞출 경우

내담자가 겪는 불안, 공포, 우울 등이 그 자신의 경험과 밀접하게 관련되어 나타남을 강조하는 입장이다. 내담자 개개인이 갖는 주관적 가치와 의미가 그의 정서/감정에 밀접하게 관련되어 있다는 것을 강조한다. 여기에 속하는 상담이론은 심리학의 제3세력인 인본주의에 속하며, 인간에 대한 철학적 입장은 현상학과 실존주의이다. 인간중심치료(Carl Rogers), 게슈탈트 치료(Frederick S. Perls, 1893~1970)와 의미요법(Logotherapy, Victor Frankl) 등의 실존주의적 상담이론 등이 여기에 속한다.

---

281) Johnson and Butman, 「현대심리치료와 기독교적 평가」, 207, 223.

(3) 상담자가 내담자의 인지 변화에 초점을 맞출 경우

내담자의 생각을 바꾸면 정서와 행동에 영향을 준다는 입장으로 앞서 언급한 비합리적 신념을 합리적 신념으로 바꿀 것을 강조하는 알버트 엘리스(Albert Ellis)의 합리정서치료(Rational Emotive Therapy)와 아론 벡(Aarron Beck)의 인지행동치료(Cognitive Behavior Therapy)를 대표적 치유접근으로 들 수 있다.

이상에서 살펴본 상담이론의 대략적 분류들은 인간의 본질에 대한 사회과학적 이해를 바탕으로 한 치유접근 방법이라 하겠다. 다음에는 성서(기독교)와 심리학과의 관계를 기준으로 한 목회상담의 주요 이론을 분류하여 살펴본다.

2. 목회상담의 주요 이론적 접근들

성서(기독교)와 심리학과의 관계를 기준으로 한 목회상담의 주요 이론적 접근 방법은 대체로 심리학의 수용정도에 따라 분류하는 것이 일반적이다. 따라서 이를 이해하기 위해서는, 먼저 성서(기독교)와 심리학의 관계에 대하여 살펴보는 것이 목회상담의 주요 이론들을 이해하는데 도움이 된다.

1) 성서(기독교)와 심리학의 관계와 관련된 네 가지 접근

성서(기독교)와 심리학의 관계에는 여러 견해가 존재한다. 그리고 이러한 견해에 따라 상담의 시작과 진단 그리고 접근 방법이 달라진다. 이러한 성서 (기독교)와 심리학의 관계에 따른 몇 가지 접근을 간략하게 살펴보면 다음과 같다.[282]

---

282) Kirwan, 「복음주의적 관점에서 본 현대 기독교상담학」, 21-4.

(1) 비기독교적 접근

성서와 신앙은 사람들이 지닌 정서적 심리적 문제들을 해결하는데 아무런 도움도 줄 수 없다고 주장하는 견해이다. 이러한 견해는 대부분의 비기독교인 상담자들이 지니는 견해로서 심리학이 인간의 문제를 해결하는데 있어서 성서보다 우위에 있다고 주장한다. 이러한 접근은 인간의 영적인 측면의 중요성을 전혀 고려하지 않고 있는 입장이다. 이와 같은 입장은 진리의 궁극적 기준이 하나님이 아닌 인간의 이성에 있다고 주장하는 무신론자 또는 유물론자들의 견해이다. 이러한 입장의 학자로는 정신분석학자 프로이드, 에리히 프롬(Erich Fromm), 행동주의 심리학자 존 왓슨(John Watson) 등이 있다. 이들은 종교가 심리학과 상담에서 일종의 망상이나 보편적인 강박신경증적 영향을 주기 때문에 인격 성장에 방해물이 될 수 있다고 주장한다. 따라서 이들은 신앙이 아니라 정서적 성숙과 대인관계의 향상이 개인의 문제를 해결하는 올바른 접근이라 주장한다.[283]

(2) 성서 독점주의 또는 반(反) 심리학적 접근

인간이 직면하는 모든 삶의 문제는 영적인 원인으로 인하여 발생한다고 주장하는 견해이다. 어떤 심리학도 세상적인 것이기에, 심리학은 목회상담의 적이며 사탄의 도구라는 입장으로, 대표적인 학자로는 권면적 상담을 주창한 제이 아담스(Jay Adams)와 동일 계열의 성서적 상담학자들이 이에 속한다. 이러한 입장은 보수적 신앙을 지닌 기독교인들 가운데서 종종 신앙이 깊다고

---

283) Ibid., 35. 이러한 비기독교적 상담접근과 관련하여 콜린스는 다른 두 가지 접근방법, 즉 '인본주의 및 세속적 접근 방법'과 '하나님을 보조자로 쓰는 방법'을 비기독교적인 상담의 접근 방법이라고 말하고 있다. 인본주의적이고 세속적인 상담방법은 하나님께 일체 아무런 자리를 내주지 않는다. 이 접근 방법은 내담자가 오직 자신의 안녕을 향상시킬 수 있는 목표를 향해 움직이며 상담자는 이를 돕기 위해 잠시 관여한다. '하나님을 보조자로 사용하는 방법'은 내담자의 안녕만을 목표로 한다는 점에서 인본주의적이고 세속적인 상담과 목표가 일치하지만, 하나님은 기도에 대한 응답으로 상담자와 내담자의 일을 도와주는 보조자 내지는 보조요법사로 간주된다는 점에서 차이가 있다고 설명하고 있다. Collins, 「훌륭한 상담자」, 35.

여겨지는 사람들이나 모든 일을 영적으로 해석하는 사람들 사이에서 지지를 받고 있다.

(3) 분리 평행적 접근

분리 평행적 접근은 성서와 심리학 둘 모두 인간을 이해하는 데 있어서 중요하고 가치 있는 도구라 보는 입장이다. 즉 각각 성서는 인간의 영혼을 다루며, 심리학이나 정신치료는 인간의 심리나 외적인 증상들을 다루는데 유용하다고 보는 견해이다. 이 관점은 성서와 심리학 모두를 인정하는 입장이나 이 둘이 통합되지 않고 각자 고유의 영역을 지니고 독립적으로 존재한다고 주장한다. 대표적 학자로는 폴 마이어스(Paul Myers), 프랭크 미니르스(Frank Minirth), 폴 투르니에(Paul Tournier) 등의 상담학자가 이에 속한다.[284] 종종 신앙인들 가운데서 이러한 혼합적 접근을 선택하는 이들이 있다.

(4) 통합적 접근

심리학과 성서를 둘 다 인정하고 이 둘을 통합적(혼합적이 아닌)으로 사용하여 내담자의 치유에 사용하는 접근방법이다. 비록 성서가 상담에 관한 유일한 권위 있는 정보를 제공해 주지만, 심리학과 정신치료의 특별한 훈련들은 성서에 모순되지 않는 방법으로 인간 행동에 관한 훌륭한 통찰력들을 제공해 준다. 따라서 효과적인 상담을 위해 효율적인 인간 기능의 이해가 요구되기에, 상담자들은 내담자들의 필요들을 좀 더 효과적으로 충족시키도록 돕고 돌보며 지원하기 위해 성서적 바탕위에 심리학적 이해와 지식을 갖추는 것이 요구된다.[285]

---

284) Crabb, 「성경적 상담학」, 33-40.
285) Ibid., 14-5.

이 접근이 분리 평행적 접근과 다른 점은, 통합적 입장은 인간을 심리(정서)와 영혼으로 분리하여 이해하는 것은 성서의 가르침이 아니라고 보는 동시에, 성서의 진리를 사람들의 치유를 위해 심리학과 함께 사용하나 성서가 심리학보다 더 우선하며 중요하다고 여긴다는 점이다. 오늘날 대부분의 목회상담이나 기독교상담학자들이 정도의 차이는 있지만 대체로 이러한 입장을 취하고 있다.[286] 이상의 성서와 심리학의 관계에 대한 이해를 바탕으로 다음에서 목회상담에서의 주요 기독교적 접근방법들에 대하여 알아보자.

2) 주요 목회/기독교상담 이론

이상에서 살펴 본 성서(기독교)와 심리학의 관계에서 나타나듯이 상담의 여러 이론들은 극단적인 심리학 무용론부터 시작하여 기독교 세계관과 상관없이 심리치료이론을 도입하는 또 다른 극단에 걸쳐 존재한다. 본장에서 다루는 분류와는 다른 목회상담 이론의 분류가 있을 수 있으나 일반적으로 널리 사용되는 기독교상담을 분류하는 기준을 따라 목회상담이론 역시 '권면적 상담모델,' '기독교심리상담모델,' '재건심리모델,' '평행심리모델'로 나누어 간략하게 살펴보기로 한다.[287]

---

286) 한국에 잘 알려진, 노만 라이트(Norman Wright), 게리 콜린스(Gary Collins), 래리 크랩(Larry Crabb) 등이 정도의 차이는 있지만 이러한 입장을 취하고 있다.
287) 기독교와 심리학의 통합과 관련된 이 부분의 주요 자료로는 김용태, 「통합의 관점에서 본 기독교상담학」 (서울: 학지사, 2006), 4–7장; Eric E. Johnson and Stanton L. Johnson, *Psychology and Christianity* (Downers Grove: InterVarsity Press, 2000); James R. Beck, "The Integration of Psychology and Theology: An Enterprise Out of Balance", *Journal of Psychology and Christianity*, vol. 22, no. 1 (2003); 김준수, "신학과 심리학의 통합 어떻게 볼 것인가?," 「복음과 상담」 제1권 (2003), 8–26 등이 있다. 이 가운데서 김용태의 저서가 가장 유용한 정보를 제공해주고 있다. 또 다른 기독교/목회상담의 이론 분류는 크게 다음의 세 가지로 나누기도 한다. i) 통합적 모델(Integrationists): 대표적 인물로는 Gary Collins, 초기의 Larry Crabb 저서들, ii) 권면적 모델(Nouthetic Counseling Model): Jay Adams, David Pawlison, iii) 기독교 공동체 모델(The Community Model): Larry Crabb의 기독교 공동체의 중요성을 강조하는 성서적 상담, 이 접근은 앞의 두 모델의 접목, 혹은 중간에 위치해 있다고 하겠다. Timothy Clinton and George Ohlschlager, *Competent Christian Counseling*, vol. 1 (Orange, CA: Waterbook, 2002), 42–7을 참조하라.

(1) 권면적 상담모델(Nouthetic Counseling Model)

오랜 동안 필라델피아 소재 웨스트민스터 신학교에서 상담학과 목회지도를 가르쳤던 제이 아담스(Jay Adams)는 1970년대에 기독교상담에서 심리학 이론의 사용을 거부하고 성서야말로 상담을 하는데 유일한 자원이자 충분한 자원임을 주장하였다.[288] '권면'(Nouthesis)이란 용어는 희랍어 동사 'noutheteo' (혹은 명사형 'nouthesis')에서 유래된 말로, '가르치다,' '경고하다,' '훈계하다' 등으로 번역된다. 이러한 아담스의 권면적 상담모델은 성서의 권위에 기초한 상담방법으로 매우 권위적이며 지시적인 특징을 지닌다.[289] 이러한 아담스 계열의 상담접근은 이후 '성서적 상담학'(Biblical Counseling)으로 이름을 달리하여 오늘날 미국 웨스트민스트 신학교를 중심으로 성경적 상담학회지(Journal of Biblical Counseling) 편집자인 데이빗 폴리슨(David. A. Pawlison)과 웨스트민스터 신학교의 실천신학 교수인 에드워드 웰치(Edward. T. Welch) 등에 의해 계승 발전되고 있다.[290] 이러한 권면적 상담의 주요 특징은 다음과 같다.

i) 권면적 상담의 세 가지 기본요소

권면적 상담을 이루고 있는 세 가지 기본 요소는 다음과 같다. 첫째, 권면적 상담은 문제를 전제로 한다. 권면이란 말 자체가 문제를 암시하고 있다. 즉 인간의 피할 수 없는 죄성으로 인한 문제가 바로 상담의 기본전제가 되는 것이다. 둘째, 권면적 상담은 문제를 언어적으로 해결한다. 사람과 사람의 만남을 통하여 언어적인 권면을 통해 상담한다. 셋째, 상담은 목적을 가지고 있는 활동이다. 권면적 상담은 사랑과 관심이라는 동기를 가지고 내담자를 낫게 하며 이를

---

288) 어떤 학자들은 Adams를 최초의 기독교상담학자로 평가하기도 한다. 김용태, 「통합의 관점에서 본 기독교상담학」, 17.
289) Adams, *Competent to Counsel*, 44.
290) 김용태, 「통합의 관점에서 본 기독교상담학」, 163; 김준수, "신학과 심리학의 통합 어떻게 볼 것인가?," 8-26.

통하여 궁극적으로는 하나님께 영광을 돌리는 목적을 지니고 있다.[291]

ii) 성서적 독점주의

권면적 상담은 사람들이 거룩한 삶을 살기 위해 필요한 모든 정보와 원리들이 성서의 모든 책에 기록되어 있다고 믿는다. 즉 하나님이 우리 인간에게 필요한 모든 것을 성서를 통해 말씀하셨다고 믿고 있다.[292] 이러한 믿음은 베드로후서 1장 3절의 말씀에 기초하고 있다. "그의 신기한 능력으로 생명과 경건에 속한 모든 것을 우리에게 주셨으니, 이는 자기의 영광의 덕으로써 우리를 부르신 자를 앎으로 말미암음이라." 즉 권면적(성서적) 상담자들은 예수 그리스도의 진리만이 인간의 모든 문제를 해결할 수 있다고 확신한다.[293]

따라서 성서를 제외한 어떤 상담이론도 권위를 갖지 못한다고 믿기에 세속 심리학은 상담에서 배제되거나 지극히 제한된 범위에서만 이용된다.[294] 이러한 입장은 정신의학을 포함한 여러 심리학에 근거한 상담이론들을 개발한 사람들은 모두 죄인이고, 따라서 그들의 죄성에 영향을 받아 만들어진 상담이론 역시 오류를 지니게 될 것이기에 그러한 이론에 근거한 상담은 신뢰할 수 없다고 주장한다.[295] 따라서 권면적 상담에서는 성서의 충분성과 죄의 이론에 따라서 심리학과 기독교의 통합은 불필요하다고 본다. 만약 성서가 아닌 다른 자료들을 사용하여 문제를 해결하려고 한다면 성서 자체의 불충분성을 인정하는 결과가 되기에 이것은 성서에 대한 모독이 된다고 본다.

---

291) 김용태, 「통합의 관점에서 본 기독교상담학」, 166.
292) Edward T. Welch, "What Is Biblical Counseling, Anyway?," *The Journal of Biblical Counseling*, vol. 16, no. 1 (1997): 3; Beck, "The Integration of Psychology and Theology,": 24.
293) Johnson and Butman, 「현대심리치료와 기독교적 평가」, 38.
294) Adams, *A Theology of Christian Counseling*, 20.
295) Jay E. Adams, *The Christian Counselor's Manual* (Grand Rapids, MI: Zondervan, 1973), 9.

iii) 인간의 문제

성서에서 말하는 인간의 문제는 '악마적 활동(demonic activity),' '개인의 죄(Personal sin),' '기질적 질병'(organic illness)의 세 종류뿐이다.[296] 따라서 인간이 가지고 있는 문제는 질병으로 인해 발생하는 것이 아니라 오직 죄로 인해 발생한다. 그러므로 성서적 상담에서 인간의 정신적 문제를 정신적 질병(mental illness)로 보는 심리학이나 정신의학 등은 인정되지 않는다. 성서적 상담자들은 인간이 가지고 있는 정신적 문제들이 죄로 인해 생기므로 회개를 통해서 해결할 수 있다고 믿는다.[297]

iv) 성서적 상담의 주요 내용

성서적 상담은 상담을 통하여 내담자를 하나님의 성품에 따라서 변화시키고자 한다. 이러한 목적 하에서 성서적 상담의 목표는 마음의 변화, 삶의 태도의 변화, 공동체의 변화, 몸의 변화를 포함하는 총체적 인간 삶의 변화이다.[298] 상담의 방법은 상담자의 성서해석과 적용의 방향과 깊이가 상담의 방법에 영향을 미친다. 따라서 성서적 상담에서 상담자는 목회자의 자격 요건과 동일하며 상담자는 지시적 방법으로 상담한다.[299] 따라서 상담자는 다음의 세 가지 자격 요건이 필요하다. 첫째, 하나님의 뜻에 관한 성서적 지식을 지녀야 한다. 둘째, 상담자들은 타인과의 관계에서 지혜롭게 행동을 취할 수 있어야 한다. 셋째, 교회공동체에 대한 하나님의 뜻과 돌보심에 대하여 깊이 이해하여야 한다.[300]

이때 상담자에게 요구되는 것은 하나님의 신뢰에 근거한 소망, 상담 준비부터 종결까지 전 과정에 걸친 성령의 개입과 깨달음을 위한 기도 그리고 하나님과

---

296) Adams, *The Christian Counselor's Manual*, 9; 김용태, 「통합의 관점에서 본 기독교상담학」, 167.
297) 김용태, 「통합의 관점에서 본 기독교상담학」, 168.
298) David A. Powlison, "Questions at the Crossroads: The Care of Souls & Modern Psychotherapies," *Care for the Soul*, eds. M.R. McMinn & T. R. Philips (Downers Grove, IL: InterVarsity, 2001), 43; 김용태, 「통합의 관점에서 본 기독교상담학」, 193.
299) Adams, *The Christian Counselor's Manual*, 13.
300) 김용태, 「통합의 관점에서 본 기독교상담학」, 198-9.

사람의 화해와 훈련의 요소이다.[301] 이러한 준비를 통하여 1단계 가르침 →
2단계 확신 → 3단계 교정 → 4단계 제자의 성화를 위한 훈련 등 네 단계를
거치면서 내담자의 변화를 추구한다.[302]

(2) 기독교심리모델(Christian Psychology Model)

기독교 심리학자들은 기독교 심리학이 기독교적 가치와 과학적 방법 모두
를 충족시키는 모델이라고 생각한다. 주요 학자로는 인간의 감정을 연구함
으로써 기독교 심리학 정립에 힘을 쓴 미국 텍사스의 베일러 대학교에서 가르치
는 로버츠(Robert C. Roberts), 예일대학 출신으로 발달심리학을 연구하는
에반스(C. Stephen Evans), 대표적 기독교상담학자인 콜로라도 기독교 대학의
크랩(Larry/Lawrence J. Crabb, Jr.), 스탠포드대학 출신으로 성격이론,
도덕심리학, 심리학과 예술 등의 분야를 연구하는 비츠(Paul C. Vitz) 등이
있다.[303]

기독교 심리학자들에게 있어서 통합이란 기독교 체계를 기준으로 하여 심리
학적 통찰들을 수용하는 입장을 의미한다. 이러한 기독교심리모델의 주요
내용은 다음과 같다.

i) 성서 권위의 우선성

기독교 심리학은 성서를 전체 체계로 보고 심리학은 그 체계를 이루는 한 요
소로 이해한다.[304] 기독교 심리학의 기초는 성서에 기초한 기독교적 세계관이다.
성서는 상담에서 새로운 기독교 세계관을 형성하는데 있어서 원리, 지침, 근

---

301) Ibid., 201.
302) Ibid., 203.
303) 김준수, "신학과 심리학의 통합 어떻게 볼 것인가?": 19; 김용태, 「통합의 관점에서 본 기독교상담학」, 215-7.
304) Robert C. Roberts, "A Christian Response," *Psychology & Christianity: Four Views*, eds. E. L. Johnson & S. L. Jones (Downers Grove, IL: InterVarsity, 2000), 135-40; 김용태, 「통합의 관점에서 본 기독교상담학」, 217.

거를 제시한다. 기독교 심리학자들은 목회/기독교상담학 역시 성서에 근거를 두고 있기에 심리학의 요소들은 성서의 내용에 비추어 검증을 받아야 한다고 주장한다. 즉 상담과 관련된 심리학의 내용이 성서의 가르침과 상충되거나 일치되지 않으면 수용할 수 없다는 입장이다. 심리학의 주요 내용들은 기독교의 가르침과 일치하는 범위 내에서 받아들여진다. 심리학과 기독교의 통합은 심리학적 요소들을 기독교의 체계 속으로 받아들이는 일련의 학문적 과정이다. 따라서 기독교 심리학자들이 할 일은 기독교적 관점에서 쓸모 있는 기존의 심리학적 요소들을 발견해 내는 것이다.[305]

이와 관련하여 비츠(Vitz)는 일반 심리학과 기독교 심리학의 철학적 가정을 비교하여 다음과 같은 네 가지 철학적 가정을 제시한다.[306]

첫째, 무신론 대 유신론의 차이이다.

둘째, 결정주의(Determinism)와 자유(Freedom)의 차이이다. 일반상담이론은 대체로 결정주의적 철학에 근거해있다. 즉 인과율의 방식에 근거하여 과거의 경험들이 현재의 상황을 만들었다고 단정적으로 가정한다. 정신분석에서의 유아기적 경험에 의한 성격형성이 대표적인 예이다. 이와 달리 기독교 심리학 자들은 인간을 자유의지를 지닌 존재로 보고 있다. 인본주의적 심리학자들도 인간을 자유의지와 선택하는 존재로 본다. 이러한 인간의 의지적 선택은 책임을 전제로 한다. 기독교상담활동은 내담자에게 자신의 책임을 인식하고 책임을 다하거나 확장하게 하는 활동이다.

셋째, 개인주의(Individualism)와 상호의존(Interdependence)의 차이이다. 일반상담이론은 개인의 독립을 가장 중요한 성숙의 지표로 보고 있다. 그래서 개별화를 이루지 못한 사람들은 불안, 두려움, 초조, 의심 등의 신경증적

---

305) 김용태, 「통합의 관점에서 본 기독교상담학」, 220.
306) Vitz, "A Christian Theory of Personality," 20-29; 김용태, 「통합의 관점에서 본 기독교상담학」, 238-41.

증상을 경험하게 된다고 본다. 하지만 기독교 심리학자들은 인간창조의 기록에 근거하여 인간의 존재는 사람과 사람, 하나님과 사람의 관계 속에서 이해되어야 한다고 본다. 또한 인간은 홀로 있는 상태가 아닌 상호의존 상태에서 가장 활발하고 자유롭게 된다고 본다. 가족과 떨어져 있는 아이들의 행동양식과 가족과 함께하는 아이들의 행동양식의 차이를 보면 이를 잘 알 수 있다. 인간은 서로 신뢰하고 사랑하는 관계가 될 때 자신을 충분히 발휘할 수 있고 자유롭게 새로운 선택과 모험을 할 수 있다. 즉 상담은 인간의 개별화를 지향하는 것이 아니라 건강한 상호주의 혹은 관계주의를 지향하는 상담이어야 목회상담의 목표를 달성할 수 있다.

넷째, 자기중심적 도덕성(Self-centered Morality)과 하나님과 타인 중심적 도덕성(Morality Centered on God and Others)의 차이이다.

ii) 기독교심리모델의 주요내용

(i) 내담자의 문제 이해와 주요 상담활동: 인간이 겪는 문제는 대체로 자연재해와 같은 자연적 원인, 발달과정에서 생기는 문제 등과 같이 사람들이 공통적으로 경험하는 보편적 원인 그리고 개인적 원인으로 인하여 발생한다.[307] 기독교 심리학은 자연적 원인을 제외하고 인간이 경험하는 문제들은 근본적으로 하나님을 거역한 죄로 인해 발생한다고 본다. 그러므로 상담은 하나님이 문제로부터 인간을 구원하시는 방식에서 찾는다. 성육신과 대속 그리고 회복은 기독교 심리학에서 추구하는 상담모델이며 예수 그리스도의 삶과 가르침이 이를 보여준다. 즉 상담자는 내담자의 상태를 이해하기 위해서 내담자의 수준으로 맞

---

307) 김용태, 「통합의 관점에서 본 기독교상담학」, 252.

추고(성육신 모델), 다음으로 공감적 이해를 통하여 상담자는 내담자의 짐을 같이 짐으로 대속의 모델을 추구하며, 궁극적으로 내담자를 회복시키면서 성장하도록 돕는 것이 그것이다.

(ii) 래리 크렙(Larry Crabb)의 기독교심리모델에 근거한 상담의 7 단계: 상담과정은 내담자를 안내하면서 치료가 필요한 요소들을 발견하고 상담을 통해 해결해 나간다. 그리고 상담은 내담자들이 성장하고 성숙하도록 돕는다. 이것은 곧 예수 그리스도의 성품을 닮아가는 성화를 의미한다. 기독교심리모델의 대표적인 학자 크렙이 제시한 상담과정을 단계별로 소개하면 다음과 같다.[308]

첫째, 문제감정을 파악한다(identify problem feelings). 상담자는 내담자의 여러 측면(인지, 행동, 정서, 관계 영역 등)에서의 증상들을 확인하는 것이 필요하다. 이 단계에서 상담자는 내담자를 둘러싼 주요 영역들을 탐색하면서 문제감정의 대상을 파악하고 정확히 문제감정이 어떤 것인지를 확인한다.

둘째, 상담자는 내담자의 문제행동이 어떤 의도 또는 어떤 경우와 관련이 있는지 파악하고자 시도해야 한다(identify goal-oriented behavior). 내담자의 문제감정들이 언제 어떠한 상황에서 혹은 어떤 행위를 할 때 발생하는가를 파악한다. "왜 이러한 상황에서 이러한 감정이 생기는가?," "왜 이런 행동을 할 때 이런 감정을 느끼는가?" 내담자가 이러한 문제 감정과 관련이 있는 문제행동을 파악하게 되면 다음으로 상담자는 내담자와 함께 내담자의 내면 영역을 탐색하기 시작한다.

셋째, 문제 생각을 파악 한다(identify problem thinking). 사람들의 정서와 행동은 신념에 의해 뒷받침 된다. 즉 내담자들의 문제행동과 문제감정 뒤에는

---

308) Crabb, *Effective Biblical Counseling*, 146–60; 김용태, 「통합의 관점에서 본 기독교상담학」, 267–71.

내담자의 믿음과 신념이 있으므로 그것을 파악하고 문제가 되는 생각이나 가정(assumptions)을 변화시키도록 하여야 한다. 이 단계에서 문제행동 및 문제감정과 관련된 문제생각을 파악하기 위해 과거를 탐색하는 과정도 유용하다.

넷째, 기존 내담자가 지닌 가정들을 변화시키거나 성서적 사고를 명확히 한다(change the assumptions or clarify biblical thinking). 앞의 셋째 단계에서 내담자가 적어도 자신의 기존 신념이나 사고가 잘못된 것이란 사실을 깨닫기만 하여도 이 네 번째 단계는 이루어진 것이나 다름없다.

다섯째, 헌신을 다진다(secure Commitment). 이 단계에서 내담자는 새롭게 깨달은 신념이나 가정을 바탕으로 한 행동을 실천에 옮기도록 시도한다. 지속적이고 의지적인 실천을 통하여 자신이 듣고 이해한 내용을 행동으로 옮김으로써 확실하게 한다.

여섯째, 성서적 행동을 계획하고 수행한다(plan and carry out biblical behaviors). 이 단계는 신념에 따른 행동의 후속 단계로 내담자의 행동을 변화된 성서적 신념에 따라 행동하도록 계획하는 단계이다.

일곱째, 영적으로 지배받고 있는 느낌을 파악한다(identity spirit-controlled feelings). 내담자가 새로운 습관 혹은 성서적 가르침에 따라 행동(순종)하게 되면 내담자는 새로운 감정, 즉 영적으로 만족하고 평안한 감정을 경험하게 된다.

(3) 재건심리모델(Rebuilding Psychology Model)

재건심리모델을 주창한 게리 콜린스(Gary Collins)는 일반심리학의 공헌을 인정하는 한편, 이러한 일반심리학은 반드시 성서적이고 기독교적으로 재조명

(또는 재건rebuilding)되어야 한다고 주장한다.[309] 콜린스는 신학의 계시론을 바탕으로 하여 일반계시인 자연현상이나 다른 일들을 통하여도 하나님을 깨달을 수 있다고 주장하며, 기독교심리모델의 입장보다 좀 더 적극적으로 심리학을 수용하여 기독교적으로 바꾸려는(재건하려는) 입장을 지니고 있다. 즉 심리학적 통찰이 성서나 기독교의 체계와 맞지 않는다고 배제하는 것이 아니라 비교분석을 통해 적극적으로 심리학을 기독교적으로 '다시 고쳐 사용하여야' (rebuilding) 한다고 주장한다.

i) 심리학에 대한 입장

심리학을 기독교에 견주어 보는 대상이 아니라 변형(또는 재건)의 대상으로 파악하고 있다. 이 입장은 기독교심리모델보다는 심리학을 더 많이 인정하고 있으나 심리학이 성서나 기독교와 완전하게 일치하지 않는다는 입장에 대해서는 같은 입장을 취한다.[310] 하지만 버리는 것이 아니라 그 심리학을 변형시키려고 시도한다는 점이 다르다. 상담에서 심리학이 필요한 이유는 성서가 인간의 모든 문제에 대해 가르치고 있지 않기 때문이다. 즉 성서는 인간의 문제에 대해서 방향성이나 원리를 보여주고 있지만 인간의 구체적인 문제에 관해 자세한 상담방법이나 방식들을 가르치고 있지는 않다.[311]

물론, 재건심리모델에서 바라보는 심리학은 성서적 가치관이 없거나 부족하기에 목회상담을 형성하는 데 충분하지 않다. 따라서 목회상담학에서 사용되는 심리학적 지식들과 발견들은 성서적 가치관에 의해서 부분적 수용, 약간의 수정, 변형된 지식 등의 과정을 거쳐 재구성(재건)되는 과정을 거쳐야한다. 이를 위해

---

309) Gary Collins, 「심리학과 신학의 통합전망」, 이종일 역 (서울: 솔로몬, 1990), 38; 김용태, 「통합의 관점에서 본 기독교상담학」, 277.
310) 병리현상이나 상담에서 일반심리학의 입장을 많이 수용하고 있으며, 일반심리학자들이 개발해 놓은 상담의 기술이나 방법들을 많이 사용한다.
311) Collins, The Biblical Basis of Christian Counseling for People Helpers, 31.

재건심리모델은 신학적 기초와 상담학적 기초 모두를 잘 다룰 수 있는 성서적 지식과 심리학적 지식을 동시에 보유해야 한다.

ii) 재건심리모델의 주요 내용

(i) 기본전제: 상담의 기본전제는 예수 그리스도와 기독교 가치관이다.[312] 목회상담자는 모든 내담자가 타락의 영향을 받고 있음을 인식하면서 상담을 해야 한다. 목회상담자들은 내담자들이 모두 하나님의 용서를 받을 수 있고 성령의 도움을 받을 수 있는 존재임을 인식해야 한다.

(ii) 목회상담자의 역할: 첫째, 내담자가 하나님이 누구인지 알도록 돕는 역할을 한다. 둘째, 내담자가 하나님에 대해 알게 되면 예수 그리스도와 바른 관계를 맺을 수 있도록 돕는다. 셋째, 내담자가 성령의 도움을 받을 수 있도록 돕는다. 넷째, 내담자가 기독교 공동체와 연락되도록 돕는다. 다섯째, 내담자들이 미래에 대해 희망을 갖도록 돕는다.[313]

(iii) 목회상담자의 자질과 준비: 목회상담자는 자기이해, 심리적 자질, 영적 자질을 지니고 있어야 한다.[314] 그러므로 자기이해를 위해 자신의 믿음과 가치관을 알아야 하며, 동시에 자신의 강점 및 약점을 알고 있어야 하고, 이를 위해 다른 사람의 피드백을 필요로 한다. 상담자의 심리적 자질로는 먼저, 개인적으로 진실성, 열정, 인내, 유연성, 확신, 낙관주의, 접근용이성 등을 지녀야 하며, 상담을 위한 자질로는 이해심, 수용, 거리조정, 사회성이 요구된다. 또한 영적

---

312) Collins, "The Distinctives of Christian Counseling," 326; 김용태, 「통합의 관점에서 본 기독교상담학」, 319.
313) 김용태, 「통합의 관점에서 본 기독교상담학」, 319-20.
314) Gary Collins, 「효과적인 상담」, 정동섭 역 (서울: 두란노, 2000), 22-27; 김용태, 「통합의 관점에서 본 기독교상담학」, 321.

156 | II부 목회상담의 이론적 기초

자질로는 무엇보다 영적으로 거듭나야 한다. 또한 하나님을 두려워하며 내담자를 돕는데 열정적이어야 하며 하나님 말씀에 익숙해야 한다. 끝으로 이러한 자질을 바탕으로 기독교상담자는 신학적인 동시에 상담심리학적 훈련이 필요하며 많은 임상훈련을 통하여 자신을 준비하여야 한다.

(iv) 재건심리모델의 일반적 단계와 필요한 기본 기법: 콜린스는 일반적인 상담단계를 접촉, 시작, 문제서술, 문제해결 그리고 종결 단계로 보고 이러한 각 단계에 적합하게 관계형성, 경청, 관찰, 침묵, 열린 질문, 적합한 영적 자원의 활용 그리고 매 회기마다 내담자가 상담에 대해 긍정적 느낌을 가지고 돌아갈 수 있게 상담의 기법들을 사용할 것을 제안한다.[315]

(4) 평행심리모델(Parallel Psychology Model)

심리학과 기독교는 보완적 평행관계에 있다고 보는 접근으로 심리학과 기독교가 서로의 영역을 존중하며 상호보완적으로 작용한다는 관점이다. 즉 심리학은 과학적 입장에서 기독교는 종교적 입장에서 서로의 영역을 존중하면서 각자의 역할을 하며 기독교상담의 발전에 이바지해야 한다는 입장이라 할 수 있다.

인류의 유산인 합리적 생각과 기독교의 유산인 계시적 믿음이 동등한 가치를 지니고 있다고 여긴다. 심리학적 연구는 하나님의 계시에 의해 도움을 받아야 하며 하나님의 진리는 성서 말씀을 연구하는 신학적 노력과 자연을 연구하는 과학적 노력에 의해 발견된다. 즉 직관에 의한 발견과 이성을 통한 탐구를 통하여 하나님의 진리를 이해한다. 하지만 평행심리학자들은 인간의 직관보

---

315) Gary R. Collins, *Effective Counseling* (Carol Stream, Ill, Creation House, 1972), 22-34, 46-9; 김용태, 「통합의 관점에서 본 기독교상담학」, 324-6.

다는 이성을 통한 탐구에 더 관심을 가지고 있다. 따라서 평행심리학자들은 과학적 방법을 통하여 심리학과 기독교를 통합하고자 한다.[316] 평행심리모델의 대표적 학자로는 사회학적 관점에서 심리학을 연구하는 데이빗 마이어스(David G. Myers)와 말콤 지브스(Malcolm A. Jeeves)가 있다.[317] 이들은 기독교와 심리학은 서로 다르기 때문에 서로를 침해하거나 분리할 필요 없이 서로 조화를 이루면서 기독교상담학에 공헌하여야 한다고 주장한다. 이러한 평행심리모델의 기본입장은 다음과 같다.

i) 진리에 대한 입장: 심리학적 연구 결과들은 하나님의 전체 진리를 보완하는 역할을 한다고 본다. 평행심리학자들은 하나님의 진리를 발견하는 하나의 중요한 방법으로 하나님의 특별계시인 성서를 든다. 왜냐하면 성서에 나타난 기독교의 중요한 진리들은 모두 형이상학적 가치관들이기 때문에 경험적 연구들을 통하여 검증될 수 없다. 따라서 이런 것을 받아들이기 위해서는 가치의 영역인 믿음이 필요하다고 주장한다.

ii) 심리학과 기독교의 관계: 심리학과 기독교의 진리는 상호보완적으로 작용한다. 즉 심리학적 연구는 하나님의 말씀인 믿음과 가치관에 의해서 조절되고 통제되어야 하는 반면 인간이 가지고 있는 가치관들은 과학적 연구결과에 의해서 검증되어야 한다.[318] 하나님의 진리가 자연적 자료와 성서적 자료 모두에 나타나기 때문에 통합을 위해서는 과학적 이해와 신학적 이해가 서로 상호보완적인 동시에 도전을 주어야 한다.[319]

---

316) 김용태, 「통합의 관점에서 본 기독교상담학」, 341.
317) Beck, "The Integration of Psychology and Theology: An Enterprise Out of Balance," 21; 김용태, 「통합의 관점에서 본 기독교상담학」, 335-8.
318) 김용태, 「통합의 관점에서 본 기독교상담학」, 342.
319) David G. Myers, "On Professing Psychological Science and Christian Faith," Journal of Psychology and Christianity, vol. 15, no. 2 (1996): 144.

심리학과 기독교는 동등하면서도 평행적으로 서로 다른 영역이나 차원에서 작용한다. 심리학은 인간의 삶 속에서 일상에 일어나는 현상을 설명하는 사회과학의 일종으로, 신경심리학이나 일반심리학은 뇌의 구조, 자아 또는 자기의 구조, 의식과 무의식, 인지적 체계, 정서적 모양 등과 같은 인간의 마음을 설명하는 학문이다. 반면 기독교는 선과 악, 죄, 구원, 영생 등과 같은 형이상학적인 분야를 설명하고 있다. 이러한 주제들은 과학적으로 검증되지 않는 하나님과 우주에 관련된 초자연적이며 형이상학적인 영역들이다. 이 둘은 서로 다른 차원에 존재하기 때문에 혼동되지 않고 상호보완적으로 평행관계를 이루고 있다.[320]

iii) 상담과 관련한 평행심리모델의 두 가지 상담원리: 상담은 첫째, 인식이 행동에 영향을 미치는 원리와 둘째, 인식이 행동을 따르는 원리에 따라 이루어진다.[321] 일반적인 상담에서와 마찬가지로 상담에서 원하는 행동의 변화를 내담자의 인식의 변화를 통하여 가져오는 접근과 이와는 달리 행동요법에서와 같이 거꾸로 특정 행동의 변화를 통하여 인식의 변화를 시도하는 접근이 있다.

---

320) Gary Collins and H. Newton Malony, eds., *Psychology & Theology: Prospects for Integration*(Nashville: Abingdon, 1981), 22-7.
321) 이에 대한 자세한 설명과 예들은 David G. Myers, *The Pursuit of Happiness: Discovering the Pathway to Fulfillment, Well-Being, and Enduring Personal Joy* (New Yorkn NY: HaperCollins, 1992), 206; David G. Myers and John J. Shaughnessy, "Is Anyone Getting the Message?," *The Human Connection: How People Change People,* eds. Martin Bolt and David G. Myers (Downers Grove, IL: InterVarsity Press, 1984), 63-71을 참조하라.

| 8장 |
목회상담의 기본원리와 과정

전통적으로 목회에서 목사의 역할은 같은 신앙공동체의 형제와 자매로서 사랑의 관계에 기초한 위로와 고백의 청취 및 가르침을 베푸는 일이다. 일반적으로 목회상담은 이러한 일반적인 목양의 기능(비공식 목회상담)에서 한 발 더 나아가 정례화된 상담회기와 좀 더 깊은 수준의 돌봄(공식 목회상담)을 제공하는 일이다. 본 장에서는 우선 이와 관련된 상담과정의 기본 바탕이 되는 목회상담의 기본원리를 살펴보기로 한다.

1. 목회상담의 기본원리

대부분의 상담자는 다양한 사람을 상담하며 성숙해감에 따라 더 능숙해지며 자신감을 얻게 된다. 최근 상담의 접근 방식은 어느 한 가지 방법이나 기법에 의거하여 내담자를 돕기보다는 통합적이거나 절충적인 접근 방식을 취하는 방향으로 흘러가고 있다. 목회상담 역시 이러한 통합적 혹은 절충적인 입장을 지향하는 입장에서 예외는 아니다. 따라서 통합적 입장에서 목회상담의 바탕이 되는 기본원리를 살펴보면 다음과 같다.

1) 신적 임재의 원리—상담 현장에 함께 하시는 하나님을 신뢰하라

상담자가 상담 시작에 앞서 상담을 위해 기도하는 그 시각부터 상담을 통한 하나님의 치유의 손길은 시작된다.[322] 따라서 상담자는 성령께서 주관하시는 상담과정을 통한 내담자의 변화에 대한 확신을 지녀야 한다. 상담자는 내담자의 성숙, 즉 긍정적 변화를 위한 조력자이고 변화의 주체는 하나님이시다. 하지만 변화를 돕기 위한 하나님의 조력자가 변화에 대한 확신이 결여된 채로 상담에 임한다면 그 상담은 내담자를 기만하거나 하나님을 불신하는 행위가 된다. 그러므로 상담자는 하나님께서 함께 하시며 변화를 이끌어내신다는 확고한 변화에 대한 신념을 지녀야하며 이러한 확신을 바탕으로 내담자에게 가장 유효한 접근방법을 개발하여 적용할 수 있어야 한다. 상담자가 갖는 신념과 상담에 임하는 태도는 내담자에게 영향을 미친다. 그러므로 상담자가 상담에 임재하시는 하나님께 대해 가지는 신념과 태도는 목회상담에서 매우 중요하다.

2) 사회문화적 상황 원리—사회적 및 문화적 맥락에서 내담자의 행동을 이해하라 [323]

인간 존재의 특성 자체가 사회적인 동시에 문화적이기에 사람들의 행동과 감정 그리고 의사결정 등은 그 사람 개인이 지닌 사회적 상황과 역할 그리고

---

322) H. Newton Malony and David W. Augsburger, *Christian Counseling: An Introduction* (Nashville, TN: Abingdon, 2007), 35.
323) Elizabeth Reynolds Welfel and Lewis E. Patterson, *The Counseling Process: A Multitheoretical Integrative Approach*, 6th ed. (Belmont, CA: Thomson Brooks/Cole, 2005), 4–5.

문화적 특성에 대한 민감성을 충분히 고려하여 이해하도록 하여야 한다. 특히 상담자는 내담자의 세계 또는 내담자의 문화 속으로 들어가서 내담자의 문제와 정서를 가능한 한 내담자의 시각에서 바라보고 느낄 수 있어야 효과적인 상담이 이루어질 수 있다. 따라서 상담에서의 초기 라포(rapport)형성은 단순히 내담자와 친밀해지는 과정을 넘어 내담자가 속한 사회 가족적 체계, 종교를 포함한 가치관, 전통 등을 충분히 이해하는 노력이 포함되어야 한다.

3) 개별화의 원리-내담자 개인의 개성과 개인차를 인정하고 내담자의 특성에 알맞은 상담 접근을 하라

상담의 궁극적 목적은 내담자가 만족하게 여기는 어떤 변화를 달성하도록 내담자를 돕는 것이다. 그리고 이러한 내담자가 원하는 변화는 그 내담자 개인의 특성에 따라 다를 수 있다. 상담자는 개인의 개성과 개인차를 인정하고 각 내담자의 특성에 맞는 상담접근을 하여야 한다.[324] 이를 위해 상담자는 교육과 실습을 통하여 인간행동의 원리와 유형에 대하여 잘 이해하여야 한다. 또한 내담자의 표현을 경청하고 세밀하게 관찰하여야 하며, 내담자의 감정변화에 민감하여야 한다. 그리고 내담자의 수준과 진행상황에 맞추어 상담을 진행하여야 한다.

4) 가치중립과 수용의 원리-상담자 자신의 가치관에서 가능한 중립적이기 위해 노력하라

내담자와의 공감을 위해 이러한 일이 상담자의 입장에서는 중요하지 않을지 모르나 내담자의 입장에서는 이러한 상담자의 내담자에 대한 공감이나 감정이 입은 치유적으로 매우 중요할 수 있다. 그리고 이러한 내담자와의 충분한 공감은 상담의 효율성을 달성하는데 있어서 중요한 역할을 한다.

---

324) 강갑원, 「알기 쉬운 상담이론과 실제」 (서울: 교육과학사, 2004), 18.322) H. Newton Malony and David W. Augsburger, *Christian Counseling: An Introduction* (Nashville, TN: Abingdon, 2007), 35.

상담의 목표는 조언, 재확신(reassurance), 감정의 표현, 사고의 명료화 그리고 재정립 등과 같은 일련의 활동들을 통하여 달성되는데 이러한 일련의 활동들은 사실 내담자에 대한 충분한 공감과 이러한 충분한 공감을 통하여 이루어지는 내담자의 수용과 신뢰가 바탕이 되어야 효과적이다. 상담에서 가장 쉽게 다루어지는 방법 중의 하나인 조언 역시 내담자와 상담자의 관계가 충분한 신뢰와 존중으로 이루어지지 않으면, 자칫 조언을 통하여 내담자는 상담자에게 열등감이나 의존감을 느끼게 될 경우가 있다. 재확신이나 감정의 표현, 사고의 명료화나 재정립 등도 마찬가지로 상담자가 내담자를 충분히 공감하거나 감정적으로 함께 하지 못하면 좋은 결과를 기대하기 어렵다. 상담자는 내담자가 안전하게 자신의 감정을 표현할 수 있도록 노력을 기울여야 하며 내담자가 표현하는 감정에 의도적으로 민감하고 적절하게 반응하여야 한다.

내담자 변화의 기초는 상담자와 내담자의 긍정적 관계이다. 따라서 상담자는 자신의 말이나 태도 및 표현을 통하여 내담자로 하여금 내담자 자신이 잘 이해되고 받아들여지고 있음을 느낄 수 있도록 노력하여야 한다. 그리고 내담자의 입장에서 내담자를 이해하고 내담자의 관점에서 내담자의 문제를 이해하도록 노력하여야 한다.[325] 그리고 내담자에게 직접적이고 정직하게 반응하도록 하는 일이 필요하다.

또한 상담자의 입장에서 볼 때, 상담에서 제기되는 여러 가지 이슈들은 끊임없이 가치관과 연관되어 있다. 경우에 따라 상담자는 내담자와 가치관의 갈등을 빚을 경우가 많다. 그러므로 상담자는 끊임없는 자기이해를 통하여 자신의 가치체계를 확인하는 것이 필요하며 나아가서 자신의 장점과 약점 역시 인식하는 것이 중요하다. 이를 통해 상담자의 역전이가 상담에 부정적인 영향을 미치지 않도록 노력할 수 있다.

---

325) Patton, *Pastoral Counseling*, 149.

5) 내담자 존중과 경청의 원리-내담자를 존중하고 경청하라

내담자가 상담자가 생각하는 일반 사람과 달리 특별하거나 이상하더라도 내담자는 존중받아야 한다. 이것이 지켜지지 않으면 상담은 진행이 불가능하다. 상담은 내담자가 처한 현재의 상황에서 시작된다. 만약 상담자가 내담자의 현재 상황에 대하여 충분한 이해와 공감을 하지 않는다면, 상담은 효율성을 기대하기 어렵다. 상담자는 내담자로 하여금 자신의 감정을 자유롭고 편안하게 표현할 수 있도록 환경을 조성하고 수용적인 태도를 지녀야 한다.

내담자가 표현하는 문제나 이슈를 경청하는 일은 내담자가 지닌 문제를 내담자의 시각으로 이해하는데 도움을 줄 뿐만 아니라 그 문제와 관련된 내담자의 감정을 이해하는데도 도움을 준다. 이때 내담자의 표현문제를 섣불리 해석하거나 너무 이른 문제해결 제시는 삼가야 한다. 대부분의 사람들은 조언을 듣기보다는 자신이 이해받기를 원하며 자신의 말이 잘 받아들여지기를 원한다.

내담자 중심접근으로 로저스가 강조하는 긍정적 배려와 공감의 두 요소 역시 내담자 존중과 경청에 불가분의 관계에 있다. 공감은 다른 사람의 말과 감정과 입장을 존중하고 경청할 때 가능하다. 그리고 긍정적 배려는 존중의 표현이다. 내담자를 인격체로서 있는 그대로 받아들여야 하며, 내담자의 장단점, 성격의 긍정적 부정적 측면, 긍정적 부정적 정서, 건설적 태도와 파괴적 태도 등을 있는 그대로 이해하는 자세가 필요하다.

이를 위해 상담 회기 중에 상담자는 신체언어와 태도를 통해 진심으로 내담자를 위해 존재함을 보여주어야 한다. 즉 내담자에게 전적으로 관심을 기울이며 내담자에게 집중하여 관찰하고 경청하는 태도가 필요하다. 이를 위해 적극적이고 반영적인 청취를 하여야 한다. 이러한 경청을 통하여 내담자가 말로 표현하는 문제 이면에 감추어져 있는 이슈를 좀 더 잘 이해할 수 있다.[326]

---

326) Jack Hall, *Affective Competence in Counseling* (Labham, MD: Univerity Press of America, 1995), 60.

6) 변화에 대한 저항(resistance)과 자기결정의 원리 [327]

인간행동의 변화가 늘 논리적이거나 인과적인 과정을 거쳐 일어나지는 않는다. 대부분의 문제 행동이나 사고나 습관들은 하루아침에 끝내기 쉽지 않다. 사람들은 자신들이 익숙한 행동에서 안전감을 느끼기에 심지어 해로운 결과를 가져오는 행동일지라도 쉽게 그만두기가 어렵다. 즉 인간은 자신이 익숙한 행동에 변화를 가져올 때 경우에 따라 정도의 차이는 있지만 스트레스를 느낀다.

상담에서 내담자의 변화에 대한 저항이나 스트레스는 상담과정에서 생길 수 있는 자연스러운 현상이라고 할 수 있다. 그리고 어떤 경우이든 상담과정에서는 내담자가 선택하고 결정하도록 해야 하기에 상담자는 상담과정을 통하여 내담자가 스스로 방향을 결정할 수 있도록 도와야 하는 도우미로서 이러한 상담과정에서의 저항 역시 내담자가 스스로 극복할 수 있도록 하여야 한다. [328] 이러한 변화에 대한 저항과 자기 결정을 돕기 위해 상담자는 여러 가지 방법을 통하여 내담자의 자기이해와 수용을 도와야 한다. 그리고 내담자가 자신의 잠재적 능력이나 사회적, 신앙적 자원을 인식하고 사용할 수 있도록 돕는 일이 필요하다.

7) 윤리적 책임감의 원리

상담에서 내담자는 자기노출, 자기직면, 위험감수 등에 적극적으로 참여하는 상담의 파트너이다. 이러한 과정에서 상담은 강렬한 경험으로 상담자와 내담자 모두에게 정서적으로 강한 영향을 미친다. 따라서 상담자는 전문적 책임감을 지닌 윤리적 행위가 요구된다.

무엇보다 상담자는 상담의 전 과정을 통하여 내담자의 유익을 늘 염두에 두며

---

327)Philip Culbertson, *Caring for God's People* (Minneapolis, MN: Fortress Press, 2000), 268.
328) 강갑원, 「알기 쉬운 상담이론과 실제」, 18-21.

내담자에게 피해를 줄 위험이 있는 말과 행동에 대한 책임감을 가져야 한다. 이러한 예로는 비밀유지 외에도 이중관계의 금지(성관계, 금전거래관계) 등이 있으며, 문제가 있을 경우 상담종결이나 다른 상담자에게 이전을 해야 한다. 또한 내담자에게 자신의 가치를 받아들이도록 강요해서는 안 된다.

또한 상담자는 내담자에게 모든 면에서 직간접적으로 영향을 미치는 모델이다. 상담과정을 통해 상담자가 내담자에게 하는 행동은 말보다 내담자의 변화에 더 큰 영향을 미친다. 상담자는 상담회기 이외에도 책임 있는 생활인으로서 활동하는 것이 요구된다. 상담 회기 중 필요한 경우 상담자는 역할연습을 통해 내담자에게 본보기 역할을 할 수 있어야 한다.

2. 목회상담의 과정

목회상담의 과정은 대체로 두 종류, 즉 비공식 목회상담과 공식 목회상담으로 나누어 그 과정을 살펴볼 수 있다. 상담은 그 과정과 관련하여 상담의 진행상황에 따라 여러 단계로 나눌 수 있으나 상담의 모든 단계와 과정은 크게 나누어 **진단과 해결**의 두 단계로 나눌 수 있다. 그리고 이 두 단계는 각각 여러 세분화된 과정으로 나눌 수 있다.[329] 목회상담의 과정을 살펴보기에 앞서 비공식적 목회상담과 공식적 목회상담에 관하여 간략하게 살펴보면 다음과 같다.

1) 목회상담의 종류-공식, 비공식 목회상담

(1) 비공식 목회상담

비공식 목회상담은 목회자가 1-2번 정도의 만남이나 심방을 통하여 내담자인

---

329) Robert R. Carkhuff and Bernard G. Berenson, *Beyond Counseling and Therapy* (New York, NY: Holt, Rinehart and Winston, 1967), 133.

교인의 당면한 문제해결이나 내적긴장 및 갈등의 해소를 돕는 목회돌봄의 일종이다. 일반적인 상담심리치료에서 단기심리상담의 경우 대체로 8-10회기 정도의 상담을 뜻하나, 목회상담의 경우는 목회현장의 특성상 대개의 경우 1-2회기 내의 초단기 상담이 될 수밖에 없다. 그 이유는 목회상담은 일반상담과는 달리 내담자에 대한 선 이해와 내담자를 둘러싼 상황에 대하여 상담자가 충분히 또는 어느 정도 알고 있기 때문에 신뢰관계(라포) 형성이나 문제이해를 위한 1-2회 정도의 회기가 생략되고 본격적인 문제해결을 위한 상담이 즉시 시작될 수 있기 때문이다.[330] 또한 목회상황 상 특별한 경우를 제외하고는 한 교인에게 2-3개월 규칙적으로 심방이나 상담하기가 용이하지 않기 때문이기도 한다. 이러한 비공식 목회상담의 경우는 목회자가 일반적인 목회자로서의 훈련과 준비 및 상식적인 판단과 문답식 대화기법을 통하여 상담하며 현장목회에서 대부분의 상담이 이에 속한다 할 수 있다.

(2) 공식 목회상담

공식 목회상담은 앞의 목회사역과정이나 비공식적 목회상담과정에서 좀 더 심층적인 돌봄이 필요하다고 생각되는 경우에 이루어지는 상담이다. 하지만 좀 더 깊은 수준의 돌봄이 필요하다고 여기진 경우라 할지라도, 목회현장의 특성과 목회자의 다중적 역할로 인해 수개월 내지는 수십 개월이 소요되는 장기상담을 하기 어렵다. 따라서 일반상담훈련을 받은 목회자가 필요에 의해 공식적인 상담을 하는 경우라 할지라도 3-5회기 정도의 단기 상담을 할 수밖에 없다. 만약 일반목회상황에서 상담기간이 좀 더 필요한 경우에 이러한 3-5회기의 상담이 끝난 후 다시금 3-5회기의 상담을 반복하는 것이 좋다. 그리고 만약 상담에서 다루는 문제가 목회자의 능력범위를 넘어선 경우 상담만을 전문적으로 하는

---

330) Wayne E. Oates, *The Christian Pastor*, 3rd and rev. (Philadelphia: The Westminster Press, 1982), 220, 222.

목회상담자나 기독교심리치료사 또는 기독교정신과의사에게 자문을 구하거나 의뢰 또는 이전하는 것이 바람직하다.

2) 목회상담의 과정

목회상담의 종류에 따라 비공식 목회상담과 공식 목회상담을 각기 진단과 해결의 두 과정으로 나누어 살펴보면 다음과 같다.

(1) 비공식 목회상담 과정

비공식 목회상담은 목회사역현장에서 가장 흔히 이루어지며 때로는 내적 불안감을 비롯한 정서적 필요의 충족이 목표가 될 수 있기에 경청과 공감의 과정에서 상담의 종결이 이루어질 수 있다. 혹은 완전한 해결보다 해결할 수 있는 용기와 희망 그리고 가능성을 발견함으로 상담이 종결될 수도 있다. 이러한 상담의 방법과 과정은 다음과 같다.[331]

i) 첫째 단계: 교인이 가져온 직면한 문제를 경청한다. 이때 상담자는 경청하는 가운데 충분한 문제이해나 진단에 필요한 내용을 질문한다.

ii) 둘째 단계: 경청이 종료되면 상담자인 목회자는 교인이 서술한 문제를 다음과 같은 표현으로 요약하여 재구술한다. "○○○형제(자매)님, 제가 형제(자매)님께서 말씀하신 내용을 이해한 바로는 ......입니다. 제가 이해한 형제(자매)님의 문제가 맞습니까? 혹은 제가 놓친 내용이나 더 해주시고 싶은 말씀이 계신가요?" 이때 내담자 교인들은 대체로 "예, 그런데 제가 제대로 말씀드리지 못한 점이 있는데 그것은 ......입니다" 또는 "아뇨, 제 얘기는 ......입니다"이다.

---

331) Oates, *The Christian Pastor*, 220-2.

iii) 셋째 단계: 내담자 교인에게 문제해결을 위한 방안에 대하여 다음과 같이 묻고, 내담자가 제시한 각 방안을 실행하기 위한 구체적 방법과 예상되는 결과를 함께 탐색한다. "그러면 형제(자매)님께서 이 문제를 해결하기 위해 어떠한 방안이 있습니까?" 이때 내담자 교인이 이전에 시도했던 해결방안도 함께 논의하며 그 해결방안을 평가함으로 더 나은 대안이나 이전의 해결방안의 개선을 통한 좀 더 적절한 해결방안을 모색한다. 상담자는 내담자와 함께 각 방안이 지니는 자원이나 실천가능성의 평가 그리고 실천에서 극복해야 할 과제를 주의깊게 탐색한다.[332] 이 과정에서 유의해야할 상담자의 태도로는 과도하게 지시적이거나 목회자가 일방적으로 해결방안을 제시하지 않도록 하는 점이다. 이 단계에서는 내담자가 충분히 자신이 지닌 문제해결의 방안을 탐색하도록 돕는 것이 중요하다.

iv) 넷째 단계: 앞 단계에서 탐색한 해결 방안들 중 내담자가 원하는 방안을 선택하도록 격려하고 자신감을 북돋운다. 이 단계에서 내담자가 좀 더 상담이 연장되길 원하거나 상담자가 회기의 연장이 필요하다 여길 경우 다음 회기를 약속하고 이 문제해결방안의 결정과정을 좀 더 연장할 수 있다.

(2) 공식 목회상담

비공식 목회상담이나 목회사역 과정에서 공식적인 상담이 필요한 경우 목회자는 공식적 목회상담의 과정을 밟는다. 이 과정에서의 어려움은 일반적 목회돌봄의 관계에서 상담자와 내담자로의 역할의 변화에 따른 교인과 목회자 간의 관계변화의 문제이다. 공식 목회상담의 과정은 대체로 다음의 단계로 진행된다.

---

332) Ibid.

i) 첫째 단계: 목회자는 여러 가지 목회활동 및 일상생활에서 도움이 필요한 이들을 파악할 수 있도록 주변 사람들을 늘 관심 있게 대한다.

ii) 둘째 단계: 일단 도움이 필요한 이와 접촉이 될 경우(내담자가 자발적으로 상담을 원하는 경우와 목회자인 상담자가 내담자에게 상담할 것을 권유하는 경우가 모두 해당된다) 상담 약속을 정하도록 한다. 이때 상담 장소는 목회자의 목양실이나 목회자의 가정이 상담의 효율성(안전감이나 다른 사람의 이목이나 방해받지 않는 상담)을 위해 바람직하다. 물론 이 경우 교회나 가정에 다른 사람이 있어야 한다. 상담소요 시간은 1시간에서 45분 정도 사이가 적당하며 회기는 3-5회기 정도(대략 1개월 정도)가 보통이다.[333]

iii) 셋째 단계: 신뢰관계(Rapport) 형성 및 긴장의 완화 단계

상담을 받으려는 내담자의 대부분은 자신이 직면한 문제와 아울러 담임 목회자와 자신의 문제를 상담한다는 사실로 인하여 긴장하고 불안해한다. 상담자의 제일 첫 번째 할 일은 내담자의 긴장과 불안을 진정시키고 감소시키는 일이다. 이를 위해 상담자는 당황하거나 서두르지 말고 침착하고 확신 있는 태도로 상대를 안심시키고 마음을 가다듬을 시간을 주도록 한다. 다음으로 신뢰형성을 위해 내담자의 (좌절, 상처, 실망, 편파적 등으로 표현되는) 분노나 두려움을 수용하도록 한다. 대부분의 경우 내담자인 교인들이 상담에서 지니게 되는 감정은 자신의 상담주제가 상담자인 목회자의 비난을 받지 않을까하는 두려움이다. 또는 어떤 내담자는 이전 목회자에 대한 분노를 현재 상담하는 목회자에게 투사하는 경우가 있을 수 있다. 상담자는 문제 해결에 내담자 자신의

---

333) Ibid., 236.

책임 있는 태도가 필요함을 알게 해야 하며(갈 6:5, "각각 자기의 짐을 질 것이라"), 동시에 내담자의 책임을 돕기 위해 상담자인 목회자가 늘 함께 있음을 깨닫도록 해야 한다(갈 6:2, "너희가 짐을 서로 지라").

iv) 넷째 단계: 문제 탐색 단계인 경청과 명료화 단계

상담과정에서 가장 중요한 문제 탐색과 명료화는 전적으로 경청에 달려있다 할 수 있다. 이 과정에서 경청이란 내담자의 생각과 감정에 같이하며 내담자의 관점에서 말하는 내용을 이해하려고 노력하는 것을 말한다. 보통 사람들은 생각하는 것의 속도가 말하는 속도의 4배나 빠르기 때문에 상대가 이야기할 때 그 이야기를 끝까지 주의 깊게 듣기보다는 상대가 하고 있는 말에 대한 나 자신이 할 말을 준비하는 경향이 있다. 그러므로 경청이란 그냥 듣는 것(hearing) 과는 달리 자연적이고 쉽게 되는 것이 아니며, 상대방의 언어와 비언어적 표현 모두에 대해 의식적이고 집중적인 노력을 기울여 상대방의 의도를 파악하는 행위를 의미한다. 내담자의 말에서 무엇을 숨기고 있으며 내담자의 침묵은 무엇을 말하고 있는가를 밝히는 일은 매우 중요하다.[334]

상담과정에서 경청은 다음과 같은 세 가지 의미를 포함한다.[335] 첫째, 내담자가 실제 말하는 것을 듣는 일이다. 이때 상담자는 내담자의 말에 귀를 기울여 집중하여 듣는 노력이 필요하다. 둘째, 경청은 내담자의 말을 유도하기 위해 상담자가 가능한 한 자신의 견해나 표현을 줄이는 일이다. 상담자는 내담자의 말을 듣고는 즉시 판단하고자 하는 유혹을 견디어 가능한 상담자 자신의 생각이나 판단을 보류하고 내담자가 가능한 한 자신을 충분히 표현할 수 있도록 표정이나 몸짓 또는 적절한 추임말 등을 통하여 돕는다. 이 과정은 신뢰정도에

---

334) Theodor Reik, *Listening with the Third Ear: the Inner Experience of a Psychoanalyst* (New York: Grove press, 1948), 126.
335) Oates, *The Christian Pastor*, 241–5.

따라 내담자의 더 깊은 자기 탐색을 위해 상담자가 사용하는 적절한 관심어린 침묵도 포함한다.[336] 셋째, 경청은 내담자의 자기표현을 돕기 위해 상담자가 적극적으로 내담자의 말에 반영하는 태도로 듣는 일이다. 상담자가 자신이 듣고 이해한 내용의 핵심을 내담자에게 간단명료하게 자신의 말로 표현하는 경청의 기법이 이에 속한다. 이러한 적극적 반영청취에는 내담자가 표현하고자 하는 내용, 감정 반영 및 요약 등의 방법이 있다.

이 단계에서 요구되는 명료화 과정은 다음과 같은 네 가지 상황을 고려하여 적용하도록 하여야 한다. 첫째 상황은 뚜렷한 해결책이 없는 문제(사랑하는 이의 죽음이 대표적인 예)의 상담 경우이다. 이러한 상황에서는 감정 반영을 위주로 한 청취 기법을 사용함으로, 내담자가 자신의 어려움에 잘 대처해나갈 수 있도록 함께함이 필요하다. 둘째 상황은 내담자가 문제를 정확히 알고 있으며 해결이 가능한 상황이다. 이러한 경우는 먼저, 상담자는 반영청취기법을 통해 내담자가 설명하는 문제에 동참할 수 있다. 내담자 자신이 문제를 정확히 파악하고 있기 때문에, 대화를 해 나가면서 스스로 문제의 해결책을 발견하게끔 도와줄 수 있다. 셋째 상황은 문제가 분명하고 구체적이어서, 내담자가 문제를 정확히 알고 또한 해결해 나갈 방법이 있으나 당사자가 그 상황을 해결할 수 없을 경우이다. 이 상황에서는 문제해결의 기법을 이용하여 내담자가 문제의 해결책을 찾거나 발견하도록 도와준다. 넷째 상황은 내담자가 호소하는 문제가 불분명하거나 광범위하여 해결책 역시 모호한 경우이거나 해결책이 있을 수 있지만 문제가 분명해지기까지는 해결책이 없는 경우이다. 이 상황에서는 문제를 명확히 하는 것이 도움이 된다. 이때 상담자는 내담자의 이해를 촉진시키기 위해 높은 수준의 공감, 직면, 해석 등의 기법을 사용한다. 또한 내담자로 하여금 경험을 통하여

---

336) Douglas Steere, *On Listening to Another* (New York: Harper & Brothers, 1955), 1.

이해할 수 있도록 하기 위해, 과거나 미래의 미해결 과제를 역할 연습을 통해서 실행해 볼 수 있도록 격려한다.

v) 다섯 번째 단계: 문제해결을 위한 재구성과 인도의 단계

이상의 단계를 통하여 내담자의 문제를 파악한 후 상담자는 문제해결을 위한 다음의 단계를 밟아 문제해결을 시도한다.

1 단계: 문제의 확인 및 탐색 – 내담자의 문제나 어려움을 분명하게 파악한다.

해결책이 있는 문제와 해결책이 없이 적응하고 수용하여 살아가야 하는 문제를 구별한다. 해결책이 존재하는 문제일 경우, 내담자와 상담자는 하나 이상의 해결책들이 있음을 확신하고 그것들을 다음의 사안을 염두에 두고 탐색한다. 현재 내담자인 교인이 인식하고 있는 문제와 내담자의 가족 그리고 성적 가족적 배경과 교육 및 직업적 배경을 바탕으로 탐색을 통해 문제 해결이나 성장을 방해하는 요인들을 밝혀냄과 동시에 내담자가 서술하는 문제들에 감추어져 있는 자원, 장점, 긍정적 요소들을 발견하도록 시도한다.

2 단계: 이전까지 시도해왔던 해결책들을 살펴본다.

이전의 해결책 탐색을 통해 새로운 해결책을 찾는 일에 도움이 되기도 하지만 동시에 실패한 방법들을 통해 변화가 잘 되지 않는 영역이나 상황을 파악하여 그 분야에 변화를 위한 모색들을 집중하게 된다.

3 단계: 달성하고자 하는 변화를 구체적이고도 분명하게 설정한다.

a) 내담자의 문제가 파악 가능한 경우는 이를 밝히 보여줌으로써 내담자가 자신이 해결해야 할 목표를 세우도록 한다. 이때 문제의 근본적인 변화를 한꺼

번에 해결하려는 시도보다 조그만 것이지만 분명하고 구체적인 변화를 목표로 설정하여 시도하는 것이 바람직하다.

b) 문제의 원인 파악이 용이하지 않을 경우, 문제원인 보다는 달성하고자 하는 변화의 달성을 위한 과정을 밟아간다. 이로 인해 내담자는 이제까지의 부정적이며 패배적인 형태의 삶에서 조금이나마 벗어나서 긍정적인 자아상을 맛볼 수 있고 성취감과 자신감을 가지게 된다.

c) 밝혀진 자신의 삶을 왜곡시키고 방해하는 요소들을 파악한 후, 그 왜곡된 이야기, 삶을 부정적으로 만드는 이야기를 긍정적이고 의미있는 요소들로 변화시켜 하나님께서 만드시는 이야기로 변환시키는 작업이 필요하다. 비록 비극과 부정적 요소들로 점철된 이야기라 할지라도 그 가운데서 하나님의 손길, 가르침, 성령의 개입 등을 발견할 수 있다.

4 단계: 변화를 가져오기 위한 계획을 만들고 실행한다.

새로운 문제 이야기 해석을 통하여 실행할 수 있는 단기적 전략(실천방안)들을 찾고, 실행할 수 있는 구체적 계획과 절차방법, 도우미 등을 준비한다. 내담자 문제의 대부분은 주입된 가치로 인한 경험의 결여와 관련되어 있다. 즉 내담자가 겪는 부적절한 감정은 대부분 자신이 진실로 경험하지 않은 채 형성된 것과 관련되어 있는 경우가 많다. 따라서 경험을 통하여 자신의 사고나 감정의 변화를 시도하도록 하는 것이 중요하다. 이 과정에서 내담자의 새로운 이야기(개정된 이야기를 포함)를 강화시키고 그것이 새로운 틀로써 자리 잡는데 새로운 이야기를 수용하고 격려하는 제3자의 도움을 얻는 일은 상담을 효과적으로 만드는데 있어서 중요한 요소이다.[337]

---

337) 이에 대한 자세한 내용은 Neil Pembroke, "A Trinitarian Perspective on the Counseling Alliance in Narrative Therapy," *Journal of psychology and Christianity*, vol. 24. no. 1 (2005): 13-20을 참조하시오.

5단계: 생활에의 적용 점검과 실행의 계속적인 지지와 재확신 단계

대부분의 내담자들은 심리적으로 낙담한 상태에 있다. 격려는 칭찬과는 다르다. 격려는 아무리 힘이 들더라도 용기를 잃지 않도록 북돋는 것이다. 칭찬이 행위의 결과에 초점을 맞추고 있다면 격려는 행위의 결과보다는 사람 그 자체에 맞추어져서 삶에서 용기를 잃지 않도록 돕는 것이다. 따라서 목회자는 내담자인 교인이 의지를 가지고 실행하려는 그 용기와 결심에 격려와 칭찬을 아끼지 말아야 한다.

실행단계에서 상담자는 내담자의 실행을 계속적으로 격려하고 인도(guide)한다. 이 과정에서 상담자는 내담자가 세운 계획을 잘 실행할 수 있도록 적절한 목표설정과 계획수립을 하도록 돕는다. 또한 실행단계에서 내담자의 사회적, 신앙적, 가족적 자원들을 잘 활용할 수 있는 방안을 내담자와 함께 모색한다. 해결방안 모색과 실행 단계에서 상담자는 내담자가 이제까지 해왔던 행동과는 다른 대안적 행동을 해 보도록 정보를 주고 지도, 격려한다. 또한 이때 상담자는 내담자의 실행 결과의 성패에 상관없이 시도자체에 관심을 두고 끊임없이 격려하는 일이 필요하다.

6단계: 종결

종결의 시점에서 상담자는 내담자와 함께 내담자 스스로 외부의 도움을 받지 않고 자신의 문제를 다룰 수 있는지의 여부를 점검하고 격려한다. 만약 미해결된 과제가 있으면 해결할 수 있도록 격려하고, 상담 전과 후에 내담자의 태도와 행동의 변화에 대해 피드백을 제공한다.

| 9장 |
목회상담과 상담자

　모든 상담관계에서 '자기이해(self-understanding)'는 주요한 치유 목표인
동시에 중요한 치유 과정 중의 하나이다. 먼저 내담자의 자기이해는 내담자 자신
의 문제 행동이나 문제 감정의 원인을 파악하는데 매우 중요하다. 상담과정을
통하여 내담자가 자신을 제대로 이해하여 문제감정이나 문제행동의 원인을
깨달을 때 치유과정이 시작된다. 사실 상담과정 전체가 내담자로 하여금 자신을
이해하도록 만드는 과정이라고 해도 과언은 아니다. 현재의 자신을 제대로
이해하기만 한다면 해결책을 찾고 문제를 해결하기가 한결 쉬워지기 때문이다.
하지만 상담전체가 내담자의 자기이해를 돕는 과정이기에 내담자의 자기이해란
영역을 목회상담에서는 따로 다루지 않는다. 하지만 본 장에서는 내담자의
자기이해 만큼이나 중요한 상담자의 자기이해를 통하여 효과적인 목회상담을
꾀하고자 한다. 왜냐하면 상담자의 자기이해는 상담과 치유과정에 진단자와

치유매개자로서 미치는 영향 때문에, 성공적이며 효과적인 상담사역을 위해 필요하며 나아가서 인격적으로 성숙하기 위해 반드시 필요하다.[338] 따라서 본 장에서는 성공적인 상담관계를 위한 요소로써 상담자의 자기이해와 관련된 내용을 살펴보고자 한다.

1. 목회상담자 자기이해의 중요성

건강한 자기이해는 유능한 상담자가 되기 위해 반드시 필요한 과정이다. 시카고대학교와 유니언신학교에서 신학을 가르치면서 동시에 심리학과 정신의학에 깊은 관심을 가졌던 다니엘 윌리엄스(Daniel Day Williams)는 '의사여! 당신 자신부터 고치시오'라는 경구가 상담자에게도 적용되어야 마땅하며, "영혼을 책임지고 있는 사람들은 반드시 자기 자신을 이해해야 한다"고 강조하였다.[339] 상담과정을 통하여 상담자는 진단자로서 뿐만 아니라 치유자로서 자신을 잘 이해함으로써 상담과정에서 발생하는 스스로의 행동이나 감정변화를 보다 잘 평가하고 통제할 수 있으며 나아가서 내담자의 감정과 행동을 보다 깊이 이해할 수 있다. 이러한 적절한 자기평가와 통제 그리고 내담자의 감정과 행동에 대한 깊은 이해는 상담의 효율성을 높이는 동시에 상담자 자신의 성장과 성숙을 가져온다.

먼저 진단 주체로서의 상담자의 자기이해는 다음과 같은 이유로 매우 중요하다. 먼저, 상담자에게 있어서 자신에 대한 이해는 '상담자 자신의 치유'에 도움을 준다. 이러한 자기이해를 통한 상담자 자신의 치유는 상담자가 상담사

---

338) Thomas M. Skovhold, 「건강한 상담자만이 남을 도울 수 있다」, 유성서 외 2인 역 (서울: 학지사, 2003), 258.
339) Daniel Day Williams, *The Minister and the Care of Souls* (New York, NY: Harper & Brothers, 1961), 95.

역에서 성공적으로 일하기 위해 필요하며 개인적으로 성숙하기 위해 반드시 필요하다.[340] 하나님과의 관계가 중심이 된 상황에서 인간의 신체적, 정신적, 정서적, 사회적 측면을 고려한 상담자의 인간됨에 대한 적절하고도 전인적인 자기이해는 도움을 받는 내담자뿐만 아니라 도움을 주는 상담자의 효과적이고 창조적인 상담에 반드시 필요한 일이다.

다음으로 상담자의 자기이해는 진단을 바탕으로 한 치유과정에도 역시 매우 중요한 영향을 미친다. 상담과정은 상담자 자신의 투영의 과정으로 이루어진 다고 할 수 있기에 상담에 있어서 그 과정 전체는 의식적 또는 무의식적으로 항상 상담자 자신의 필요와 억눌린 감정과 갈등 등이 투영되기 쉽다.[341] 내담자는 상담자가 보는 대로 자신의 문제를 보게 되며, 상담자가 제시하는 해결책들이 내담자 자신이 선택할 해결책임을 믿고 받아들이게 된다. 이처럼 내담자가 직면하고 있는 문제의 진단부터 해결의 단계까지 전 과정에 걸쳐 상담자가 깊숙이 개입되며, 이 과정에서 상담자의 지성은 물론 감정과 욕구, 경험 그리고 신앙까지도 깊숙이 영향을 미친다.[342] 따라서 상담의 효율성은 상담자가 끼치는 투영의 성질과 정도에 의해 제한된다. 그러므로 상담자는 내담자를 상담할 때 먼저 자기 자신을 잘 이해해야 할 필요가 있다.[343] 만약 상담자에게 억압된 적대감이나 불안정, 이상성욕, 지나치게 용납하려는 강력한 욕구 또는 기타 상담의 효율성을 저해하는 의식적 무의식적 정서적 신앙적 장애물이 있다면 상담에 부정적인 영향을 미친다. 남부감리교대학교의 데이빗 스와이쳐(David Switzer)는 상담자가 자신을 제대로 이해하지 못하여서 발생하는 이러한 상담사역에서의 문제를 다음과 같이 설명하고 있다.

340) Skovhold, 「건강한 상담자만이 남을 도울 수 있다」, 258.
341) Clyde M. Narramore, *The Psychology of Counseling* (Grand Rapids, MI: Zondervan, 1960), 18.
342) Carroll A. Wise, *Pastoral Psychotherapy: Theory and Practice* (New York, NY: Jason Aronson, 1980), 25-6.
343) David K. Switzer, *Pastoral Care Emergencies: Ministering to People in Crisis* (New York, NY: Paulist, 1989), 22-3.

만약 우리가 항상 평안하고 안전하며 분명하다고 느끼기 원한다면, 반대로 불안감과 위험과 혼란에 대하여 우리의 방어체계를 사용하는 것은 매우 자연적이고 쉽다. 만약 우리가 우리 자신의 분노나 다른 사람들의 분노를 두려워한다면, 우리는 다른 사람의 어떠한 분노의 말도 들으려 하지 않거나, 우리가 대응하는 방식으로 그들이 분노의 정도를 감소시키거나, 주제를 바꾸려 할 것이다. 만약 우리가 우리 자신에게 존재하는 어떤 성적인 측면에 거북하게 느낀다면, 아마 어떤 사람이 우리에게 자신의 성적 어려움을 토로할 경우 불편하거나 저항감을 느끼게 되거나 혹은 어떤 이가 우리를 향하여 자신의 성적 이끌림을 표현할 경우 믿을 수 없을 정도로 민감하고 당황해하며 입이 얼어붙게 될 것이다.[344]

실제 대부분의 경우 그렇지 않지만, 만약 상담자가 자신의 문제를 직면하지 않았거나 자기도피 및 자기기만 방법 그리고 자기합리화 기제를 사용한 적이 없을 경우 상담자는 내담자가 이러한 심리기제를 동원할 때 이를 잘 이해하지 못할 것이고 이는 곧 상담의 효율성에 영향을 미칠 것이다. 이처럼 상담자의 자기이해는 상담에서 아무리 강조해도 지나치지 않는다. 그리고 이러한 상담자 자신에 대한 이해는 단순한 기질이나 인성 또는 과거 탐색 등과 관련된 지적 이해를 넘어서 상담자 자신의 동기, 두려움, 희망 그리고 습관적 반응 등을 포함하는 것이어야 함을 명심하여야 한다. 이를 위해 목회상담자는 자신을 자기 자신보다 더 잘 아시는 성령께 자기이해를 위한 도움을 구하는 태도가 요구된다.[345] 따라서 목회상담자는 일반적 상담자의 자기이해의 범위를 넘어서 하나님 앞에서 자신의 실존적인 모습을 발견할 수 있으며 이는 내담자를 상

344) Ibid., 25.
345) Williams, *The Minister and the Care of Souls*, 96.

담하는데 있어서 긍정적 영향을 미친다. 이상에서 살펴본 진단자와 치유자로서의 상담자의 자기이해의 중요성과 함께 다음에 살펴볼 성서와 기독교 전통에 나타난 상담자의 정체성을 살펴보는 일은 목회상담사역에서 긍정적인 영향을 미치는 상담자 자신의 이해와 소명과 책임을 더욱 깊이 깨닫는 일에 도움을 준다.

2. 목회상담자의 정체성

기독교 역사를 통하여 '돌보는 자'(Care-giver)의 역할을 담당해온 목회상담자는 성서와 기독교 전통에서 여러 가지로 그 모습이 묘사되고 있다. 그 가운데 대표적인 목회상담자의 정체성이라 할 수 있는 '상처 입은 치유자,' '해석자로서의 상담자' 그리고 '사역자로서의 상담자'의 모습을 살펴보고자 한다.

1) '상처 입은 치유자'(A Wounded Healer)로서의 상담자

가톨릭 신부이자 학자인 헨리 나우웬(Henri Nouwen)에 의해 소개되어 가장 잘 알려진 상담자의 정체성 중의 하나는 유대인의 경전 탈무드에 언급된 '상처 입은 치유자'로서의 목회상담자의 모습이다.[346] 나우웬은 상담사역을 상담자 자신의 "상처들"이나 "깨어짐들"을 내담자들의 "상처들"이나 "깨어짐들"과 연결하는 과정으로 보았다.[347] 즉 예수님이 자신의 상처 입은 몸을 인류를 위한 치유와 새 생명을 가져다주는 수단으로 삼았던 것처럼, 목회상담자는 상담자 자신의 상처와 깨어짐을 자신을 포함한 사람들의 보편적 인간의 모습으로 깊이 이해함으로써, 자신의 상처와 깨어짐이 자신의 개인적 경험으로만 머물지 않고 자신과 같은 상처와 깨어짐으로 고통 받는 다른 이들을 치유하는 자원으로 만드는 사람이다. 가장 훌륭한 의사는 환자와 같은 질병을 겪고 나은 의사라 할 수 있다.

---

346) Henri J. M. Nouwen, *The Wounded Healer* (New York: Image Books, 1990), 81-2.
347) Henri J. M. Nouwen, *Walk with Jesus* (Maryknoll, NY.: Orbis, 1990), x.

나우웬은 상담자의 전형적인 상처가 여러 가지 있지만 그 중 하나를 개인적 삶과 직업적 삶에서의 "외로움(loneliness)"으로 보았다.[348] 상담자 개인의 외로움은 사실 오늘날 대부분의 다른 사람들이 겪는 여러 가지 고통들의 가장 보편적 원인 중의 하나이다. 현대인들은 가장 가까운 관계에서조차도 경쟁과 겨루기가 존재하는 것을 깨닫는다. 오늘날 증가하고 있는 사회에서의 경쟁과 겨루기는 모든 이들로 하여금 이러한 외로움을 더욱 깊이 느끼게 만든다.[349] 상담자 역시 예외는 아니다. 상담자는 이러한 외로움을 벗어나기 위해 다른 사람 혹은 자기 자신과 친밀감을 가지려고 애쓴다. 만약 가정이나 가까운 친구에게서 친밀감을 찾지 못할 경우, 상담자는 자신이 만족할 수 있는 개인적 관계들을 찾기 위해 상담에서 내담자들과의 관계에 집착한다. 즉 상담자는 내담자들의 필요보다는 상담자 자신의 필요로 인하여 정도 이상으로 내담자 개인이나 내담자 상담에 오랜 시간을 보낸다.[350] 하지만 이러한 상담자의 모습은 진정한 상처 입은 치유자로서의 목회상담자의 자세가 아니다.

상담자의 또 다른 전형적인 상처는 개인의 발달과정에서 겪는 '중요한 타자' 들과의 관계에서 생겨난 것들이다. 가족 구성원들과 가까운 친구 동료 등과의 관계에서 일어난 사건과 경험들에서 생긴 부정적인 영향들이 이러한 상처의 전형들이다. 이러한 개인의 발달과정에서 발생하는 상담자의 상처는 지속적으로 상담자 개인의 삶과 상담사역 현장에서 여러 가지 형태로 영향을 미친다. 물론 이러한 영향이 항상 부정적인 결과를 낳지만은 않는다. 때로는 이러한 과거의 상처로 인한 고통이 개인의 성숙과 성장에 긍정적인 영향을 미쳐 상담사역에 효과적이 되기도 한다.

'상처 입은 치유자'가 된다는 것은 단순히 겉으로 드러난 개인적 상처들을

348) Henri J. M. Nouwen, *The Inner Voice of Love: A Journey Through Anguish to Freedom* (New York: Doubleday, 1996), 83.
349) Henri J. M. Nouwen, *Ministry and Spirituality,* rev. and compiled (New York: Continuum, 1996), 188.
350) Henri J. M. Nouwen, *Intimacy* (Notre Dame, Ind.: Fides, 1969, reprint, New York: HarperSanFranci-sco, 1988), 118-9.

나누는 것이 아니라, 내담자를 포함한 모든 사람이 내면 깊숙이 지니고 있는 상담자 자신의 상처와 고통을 기꺼이 계속적으로 직시 혹은 직면하는 것을 말한다.[351] 인생에는 아무도 채워줄 수 없는 혼자만의 외로운 공간이 있다. 이 공간은 바로 목회상담자가 자신의 상처와 아픔들을 충분히 자각하면서 하나님을 만나는 바로 그 공간이다. 만약 목회상담자가 자신의 삶에서의 상처가 가져다주는 가르침에 대해 열려있고, 그 상처를 충분히 자각하고 하나님의 은혜 아래로 그것을 가져가서 정직하게 자신과 대면한다면, 상담자 자신의 상처는 다른 사람의 치유와 회복을 위한 귀중한 자원으로 사용된다.[352]

목회상담자의 상처와 고통에는 불행한 과거의 기억이나 관계에서의 깨어짐 등이 있을 수 있다. 하지만 이러한 상처들과 아픔들은 상담자 자신만이 겪는 경험이 아니라 정도와 경우의 차이는 있지만 이 땅의 모든 사람들이 겪는 문제와 상처들이다. 따라서 상담자가 자신의 아픔과 회복의 경험이 자신만의 것이 아니라 다른 사람들의 것일 수 있음을 깨닫고 내담자들의 아픔을 깊이 공감하고 자신의 경험을 내담자를 회복시키는데 사용하는 일련의 과정이 바로 '상처 입은 치유자'로서의 목회상담자의 모습이다. 진정한 상처의 회복과 치유는 그 상처를 잊거나 외면하지 않고 그 상처를 직면하여 치유되는 고통의 과정을 겪고 결국에는 자신의 상처가 다른 상처 입은 이들을 돕는 자원으로 까지 사용하게 될 때 비로소 가능하며 그 상처와 관련된 이들을 진정으로 용서할 수 있게 된다.[353] 그리고 나아가서 자신의 상처와 고통 속에서 같은 상처와 고통을 겪고 있는 사람들의 치유자로 부르시는 하나님의 부르심을 발견하게 되는 경우도 있다. 오늘날 우리 주변의 많은 목회상담자들이 자신의 상처와 고통 속에 숨겨져 있는 하나님의 부르심을 발견하여 상담사역에 자신을 드리고 있다. 이러한 모습이

---

351) Ibid., 88.
352) Nouwen, *The Wounded Healer*, 82-3.
353) 성서에 나타난 대표적인 예로서, 창세기 45장 1-15절에 나타난 요셉의 이야기를 들 수 있다.

진정한 '상처 입은 치유자'로서의 상담자이며 이렇게 될 때 비로소 내담자를 가장 효과적으로 도울 수 있는 상담자가 될 수 있다.

2) 해석자로서의 상담자

모든 사람의 인생은 그 자체가 하나의 이야기이다. 이러한 이야기는 과거 경험의 단순한 기억이나 회상만으로 이야기되기에는 부족하다. 이야기는 어떠한 일을 경험한 사람이 자신이 기억한 경험들을 바탕으로 그것들을 해석하고 그 해석해낸 결과에 의미를 부여할 때 만들어진다. 예를 들면 어릴 때 옆집 친구와 싸움을 했다는 사실은 단순한 과거 경험의 기억에 불과하다. 하지만 이러한 자신의 기억을 바탕으로 친구와의 싸움의 원인과 시작부터 결과 이후의 과정까지를 자신의 관점에서 의미를 부여하고 원인과 결과의 평가까지를 새롭게 만들게 되면 그제야 비로소 옆집 친구와의 싸움의 기억은 옆집 친구와의 '싸움 이야기'가 된다. 즉 사건 자체를 해석할 때 그 사건은 비로소 의미를 지니게 되며, 이렇게 자신의 해석을 바탕으로 의미가 실린 이야기는 한 개인의 삶에 긍정적 혹은 부정적 영향을 미치게 된다.

이처럼 사람들의 삶 그 자체가 이야기로 이루어져 있기 때문에 이야기는 특별한 노력이나 전문적 훈련의 필요 없이 사람들에게 자연스럽게 영향을 미친다.[354] 그리고 개인들에게 영향을 미치는 여러 이야기들은 계속하여 겪게 되는 자신들의 경험들에 의해 수정되거나 재구성되는 과정들을 거치면서 계속적으로 한 개인의 삶에 강력한 영향을 준다. 즉 옆집 친구와의 싸움 이야기는 그것이 다른 친구와의 관계나 또 다른 싸움의 가능성이나 싸움의 결과에 영향을 미친다. 뿐만 아니라 성장해가면서 겪는 여러 다른 경험들로 인하여 이전의 그 옆집 친구와의 싸움은 유년기의 재미있는 추억이나 성장에 밑거름이 되는 이야기로

---

354) Steere, *Spiritual Presence in Psychotherapy*, 181.

재구성 될 수도 있다.

기독교인들의 삶 역시도 그 자체가 이야기이다. 이 이야기의 우선적 저자는 하나님이시며 하나님께서는 자신을 드러내셔서 각 개인의 이야기를 만들어 가는 과정에 우리 각자를 우리 자신의 삶의 이야기의 공동저자로 초대하신다.[355] 우리의 인생 이야기는 미리 짜진 각본에 의한 것이 결코 아니다. 우선적 저자이신 하나님께서는 우리를 지극히 사랑하시기에 우리 자신들의 삶의 이야기를 만드는 과정에 적극적으로 관여하신다. 사랑은 강제가 아닌 자발성과 자율성에 기초할 때 진정한 사랑이 된다. 그렇기에 하나님께서는 때때로 매우 고통스럽지만 공동저자로서 우리의 독자성과 결정을 절대적으로 존중하신다.

다시 말해, 삶의 이야기 혹은 삶에서 일어나는 일들은 각본대로 혹은 프로그램된 로봇처럼 진행되는 것이 아니라 그 이야기의 공동 주연인 우리 자신의 주체적인 반응과 역할에 따라 다른 전개로 발전 혹은 변해간다. 따라서 '해석자로서의 상담자'의 모습은 인간이 결정론적이고 숙명론적인 존재가 아니라 자유의지를 지니고 있으며 자기의 이야기를 스스로 해석하는 능력을 지닌 존재라는 이해를 바탕으로 하고 있다. 사건과 경험은 이미 주어졌지만 인간은 그러한 사건과 경험에 의미를 부여하여 만든 이야기를 통하여 자신과 자신이 존재하는 세계를 만들어 간다.[356] 물론 이러한 의미부여는 의식적이고 자주적인 경우도 있지만, 종종 중요하다고 여기는 주변 사람들이나 집단에 의해서 무의식적으로 형성된 해석의 틀에 의해 이루어지기도 한다. 즉 비록 나의 이야기이지만, 내가 해석한 이야기가 아니라 다른 사람이 해석한 이야기가 나의 이야기가 되는 경우가 있다.

하나님과 인간이 함께 엮어가는 이러한 이야기는 표현되는 과정 속에서 좀

---

355) Allender, 「나를 찾아가는 이야기」, 26.
356) Steere, *Spiritual Presence in Psychotherapy*, 181.

더 분명하게 자신의 정체성을 발견하게 하거나, 과거의 사건과 그 사건 속에 담긴 의미들을 분명하게 하고, 현재를 이전과는 다른 시각으로 보게 하며, 이를 바탕으로 새로운 미래의 가능성을 발견하게 한다. 즉 어떤 아픈 과거의 경험 때문에 지니게 된 다른 사람이나 환경에 대한 부정적 기억이 아닌 '현재 그리스도 안에 있는 자기 자신의 관점'으로 자신의 인생이야기를 표현할 때, 그 자신의 삶은 새로운 이야기로 만들어지게 된다.[357] 그리고 이러한 한 개인의 이야기를 새롭게 만들어가는 궁극적 목적은 당사자 자신의 깨달음이나 변화만이 아니라 새롭게 된 그 이야기를 통해 가족과 이웃을 변화시켜 우리 인생의 주저자이신 하나님의 이야기를 드러내기 위함이다.[358] 그러므로 해석자로서의 목회상담자는 **내담자의 이야기에 숨겨져 있는 부정적인 자기 암시와 수동적이고 패배적인 해석의 틀을 내담자와 함께 찾아내고, 그 해석의 틀을 내담자의 주체적이고 능동적인 관점이 담긴 새로운 해석의 틀로 바꾸어 새로운 이야기로 만들 수 있도록 돕는 해석자의 역할을 담당하는 사람**이다.

내담자가 자신의 이야기를 상담자에게 말하는 순간부터 그 이야기는 단순히 내담자만의 이야기가 아니라 내담자의 이야기를 경청하고 있는 상담자에게도 변화를 가져온다. 따라서 상담의 상황은 내담자가 자신의 이야기를 말하고 상담자가 경청하는 단순한 과거의 탐색이 아니라 내담자와 상담자가 함께 내담자의 삶의 이야기를 새롭게 만드는 일을 진행하는 상담공동체가 된다. 즉 상담자는 내담자가 자신의 문제를 이야기하는 그 순간부터 시작하여 상담자 자신의 반영적 행동들을 통하여 내담자의 이야기에 의미를 부여하거나 바꾸거나 전환하는 일련의 의미 재구성 과정을 시작하게 된다. 이 과정을 거치면서 내담자와 상담자는 서로 배우고 격려하며 도전하면서 이야기들을

---

357) Barbara J. Hateley, *Telling Your Story, Exploring Your Faith*, 7.
358) Allender, 「나를 찾아가는 이야기」, 74-5.

발전시켜 미래의 변화를 위한 밑거름으로 만들어 나간다. 이러한 상담의 과정에서 상담자는 내담자의 이야기에 수동적으로 반응하는 존재가 아니라 능동적으로 내담자의 이야기 재구성에 참여하는 적극적인 자세를 지니고 상담에 임한다.

상담과정에서 상담자는 공감적인 자세를 견지하면서 상담을 받으러온 내담자가 표현하는 문제 이야기의 이면에 깔려있는 또 다른 이야기(숨겨진 이야기나 다른 사람이 만들어준 이야기)에 특별한 관심을 가져야 한다. 눈에 보이는 현상적 어려움의 이면에 자리 잡은 내담자의 진짜 이야기를 들을 수 있을 때에야 비로소 반복적인 대증(對症)적 해결제시의 악순환을 벗어나서 신앙적 자원들을 통하여 내담자의 이야기를 재구성하여 삶을 근본적으로 변화시킬 수 있게 된다. 이때 상담자의 역할은 상담 과정에서 내담자의 이야기와 일치하지 않는 또 다른 중요한 이야기가 있음을 보여주고, 그 이야기를 새로운 자신의 이야기로 받아들이도록 돕는 것이다. 이 과정을 통하여 내담자는 자신의 문제 이야기에 허점이 있음을 깨닫고, 기존의 자신의 문제 이야기에 묻혀버린 또 다른 이야기를 발견하여, '재구성'(reframing)하는 단계를 거쳐 자신의 정체성 회복과 문제와 상처로부터의 치유를 경험하게 된다.[359]

이때 **해석자로서의 상담자의 핵심적 역할**은 내담자가 지니고 있는 기존의 잘못된 부정적 해석 틀에서 만들어진 내담자의 문제 이야기를 청취하면서 발견한 허점들을 내담자가 보도록 돕는 일이다. 대부분의 내담자들은 자신들이 경험한 사건과 관계에 대해 기존의 자기 해석의 틀(frame)로 인해 자신이 의미

---

359) Irene Goldenberg and Herbert Goldenberg, *Family Therapy: An Overview, Instructor's Edition* (Stamford, CT: Thomson Learning, 2000), 213. 프린스턴 신학교의 도널드 캡스(Donald Capps) 교수는 내담자의 이야기 재구성을 통한 문제 해결이나 행동의 변화 네 단계를 다음과 같이 설명한다. 첫째 단계는 어려움이나 문제를 구체적인 용어로 정의한다. 둘째 단계는 현재까지 시도해본 해결 방법들을 조사해 본다. 셋째 단계에서는 달성하고자 하는 구체적인 변화를 명확하게 정의한다. 넷째 단계에서는 목표한 변화를 이루기 위해 실현 가능하고 구체적인 계획을 세우고 실천한다. Capps, *Reframing*, 22-3 참조.

있다고 여겨지는 이야기만을 말한다. 이때 상담자는 내담자의 현재 해석의 틀(frame)을 파악하도록 하여야 한다. 내담자를 제한하고 있는 기존의 해석 틀(frame)이 파악되었다면, 상담자는 내담자가 지닌 해석 틀이 유일한 것이 아니라 동일한 이야기의 줄거리와 등장인물들과 사건의 내용을 해석할 다른 해석도 있다는 사실을 인식할 수 있도록 여러 가지 다양한 기법을 사용하여 도와야 한다.

이러한 **기법**들에는 다른 가족 구성원의 역할을 가지고 동일한 문제를 바라보게 만드는 '역할 전환의 이야기,' 문제에 더 가까이 다가가서 내담자가 느끼는 문제가 실체가 아님을 경험하게 해주는 '역설적 방법(paradoxical intention),' 내담자가 자신이 지닌 해석의 틀에 과도하게 지배당할 때에 잠시 그 틀의 영향에서 벗어나는 기회를 주기 위하여 긍정적이고 건강하게 자신이 하고 싶은 일들을 생각하도록 하는 '딴 생각하기(de-reflection),' 내담자의 자기 방어기제가 강할 때 사용하는 '혼란(confusion),' 내담자가 지닌 문제가 비교적 가벼울 때 사용하는 '약점 광고(advertising),' 자기주장이 강한 내담자의 태도 변화를 위한 '호의적 방해(benevolent sabotage)' 외에 '이름 다시 붙이기(relabeling),' '더 나쁜 대안 제시하기(providing a worse alternative)' 등이 있다.[360]

이상의 방법들을 통하여 기존의 '해석 틀'(hermeneutical frame)의 문제점을 발견한 후, 상담자는 내담자로 하여금 자신의 이야기를 다른 해석적 관점에서 재구성 할 수 있도록 돕는다. 이 과정은 이전까지 내담자가 살아왔던 삶의 이야기가 내담자 자신이 만든 이야기가 아니라 내담자를 압도하고 있던 부정적 문제의 틀(frame)에 의한 이야기임을 깨닫고 주체적이고도 긍정적으로 자신의 이야기를 새롭게 재구성하는 단계이다.[361]

---

360) 내담자의 기존 틀(frame)을 변화시키는 이러한 기법들에 대한 좀 더 자세한 이해를 위해서는 Capps, *Reframing*, 28-51을 참조하시오.
361) Donald Capps, *Living Stories: Pastoral Counseling in Congregatonal Context* (Minneapolis, MN: Fortress, 1998), 41.

이를 위해 상담자는 내담자로 하여금 자신이 겪고 있는 문제에서 하나님께서 하시는 일과 그분의 임재를 발견하도록 돕기 위해 다음과 같은 질문을 통하여 도움을 줄 수 있다. "이러한 어려운 문제 가운데서도 당신을 지켜온 것은 무엇인가?," "그와 같은 힘은 어디서 왔는가?," "현재의 어려움을 직면하는 최선의 방법은 무엇인가?." 이러한 하나님의 개입을 발견하는 일과 자신의 이야기를 새롭게 재구성하는 과정이 어우러져서 문제에 대한 새로운 이해의 틀이 형성된다. 이렇게 될 때 비로소 문제는 더 이상 내담자를 구속하고 지배하는 것이 아니라 내담자의 성장과 성숙을 위한 기회가 된다. 이 과정에서 상담자는 내담자가 자신의 새로운 이야기들을 구체적으로 실행할 수 있도록 구체적인 방안을 함께 논의하고 그에 필요한 자원들을 탐색하는 일을 도우며 실행할 수 있도록 격려한다. 상담과정에서 이러한 해석자로서의 목회상담자의 적극적인 역할은 단기화 되어가는 상담추세와 무관하지 않다.

3) 사역자로서의 상담자

이상에서 살펴 본 상처 입은 치유자로서의 상담자, 해석자로서의 상담자와 함께 우리 목회상담자의 정체성과 관련이 있는 또 하나의 모습은 '사역자로서의 상담자'이다. 교회는 '부르심을 받은 사람들의 모임'이며, 그러한 하나님의 부르심에 응답하는 모든 신자들은 제사장직분을 지닌 사역자이다(고전 1:2; 벧전 2:9). 성서에 나타난 '사역'(ministry) 혹은 '목회'(pastorate)의 의미는 목회자들의 전문 사역을 지칭하는 동시에 모든 신자들이 행하는 사역을 뜻하는 경우에도 사용되고 있다(롬 12:6-8; 고전 12:4-11; 엡 4:4-16). 이러한 '전신자 사역'의 성서적 가르침은 교회의 핵심적 신앙의 가르침 중의 하나이다(벧전 2:4, 9).[362]

---

362) Estep, "국교반대주의(Nonconformity)의 사상이 침례교인들의 양심에 스며들어 있다," 147.

그렇다면 오늘날 목회사역자로 섬기는 목회상담자들이 경험하는 '특수(특별)한 부르심' 혹은 '제한된 부르심' [363]은 어떻게 이해해야 하는가? 종종 이러한 특수한 부르심은 '전임사역자'로의 부르심이나 '유급사역자'로의 부르심으로 생각할 수 있으나 이러한 기준은 성서적으로 뒷받침되지 않고 있다. 성서는 모든 그리스도인은 자신들의 삶의 전부를 주님 앞에 드리는 사역자이며 이러한 드림은 그 일에 따른 급여의 여부에 관련이 없이 적용된다고 가르치고 있다.[364] 유대교 전통에서 제사장들은 급여를 받았지만 대부분의 선지자들과 서기관들은 금전적인 도움을 받지 않았음을 볼 수 있다.[365] 초대교회는 사도들을 제외하고는 이러한 목회사역의 부르심과 일반 성도들의 소명 사이의 명백한 구별을 두고 있지 않았다. 신약시대의 대부분의 목회사역은 당시의 유대교 회당의 상황과 비슷하게 평신도들에 의해서 이루어졌으며 대부분의 경우 목회사역자들은 이중직을 지닌 목회자들이었다.[366] 사도 바울은 세상 직업을 유지하면서 하나님의 사역을 하였으며, 베드로는 교회에 전적인 도움을 받으며 하나님의 일을 하기도 하였다. 이 모두가 사역으로 부르시는 하나님의 부르심에 대하여 자신들의 삶 전체를 드려서 응답하는 자세였다.[367] 즉 신약교회가 보여주는 가르침은 오늘날 소위 목회자와 평신도를 구분짓는 기준이 '전임,' '비전임,' 혹은 '사례비 유무'의 차이가 아니라는 사실이다. 가장 중요한 차이는 하나님의 소명을 받은 사람으로서 자신이 소유한 은사에 따라 어떤 특정 사역의 영역을 통해 하나님의 부르심에 응답하는 경우가 있는데 목회사역도 그 중의 하나에

---

363) Frank Stagg, "Understanding Call to Ministry," in *Formation for Christian Ministry,* eds. Anne Davis and Wade Rowatt, Jr. (Louisville, KY: Review and Expositor, Southern Baptist Theological Seminary, 1988), 31.
364) Paul L. Stagg, "An Interpretation of Christian Stewardship," in *What is the Church?* ed. Duke K. McCall (Nashville, TN: Broadman, 1958), 148-63.
365) Frank Stagg, "Understanding Call to Ministry," 31-2.
366) 대표적으로 사도 바울과 브리스길라와 아굴라 등을 들 수 있다.
367) Barnette, 17, 68; J. Winston Pearce, *God Calls Me* (Nashville: Convention Press, 1960), 47; Dennis M. Campbell, *Who Will Go for Us?* (nashville: Abingdon, 1994), 18.

해당한다고 보는 것이었다.[368] 즉 교회를 섬기는 사람들을 향한 하나님의 부르심, 즉 목회 소명은 성령께서 주신 각 개인의 은사에 의해 결정되었다. 이러한 은사에 기초한 교회의 사역은 교회의 역사적 발전과정과 함께 좀 더 조직화되고 공식화되어갔다. 은사에 기초한 일반사역과 교인들을 섬기는 목회사역을 구별하기 시작한 흔적을 볼 수 있는 성서의 자료가 에베소서 2장 11절-12절이라 할 수 있다. 이 구절은 모든 신자들을 사역자로 부르시는 소명과 어떤 이들을 성도들을 섬기는 목회사역으로 부르시는 소명을 구별하고 있는 성서적 뒷받침이라 볼 수 있다.[369] 사도바울은 에베소 교인들을 향한 서신에서 "성도들을 온전하게 하여 봉사의 일을 하게하며 그리스도의 몸을 세우는 일"(엡 4:12)을 하기 위한 교회의 일꾼들을 부르심에 대하여 분명하게 언급하고 있다. 즉 사역자로서의 목회상담자는 일반 성도를 상담하고 돌보기도 해야 하지만, 더욱 중요한 임무는 교회의 평신도 지도자들을 발굴하고 훈련시켜 돌봄과 상담사역을 하게끔 하도록 하는 일이라 할 수 있다. 즉 사역자로서의 목회상담자는 일반 평신도 상담사역자를 은사에 따라 발굴하고 훈련하는 일을 감당하여야 한다. 따라서 사역자로서의 상담자는 교회를 세우기 위해 모든 지체를 돌보고 섬길 평신도 상담사역자를 양육할 자신의 목회상황에 적합한 계획과 프로그램을 개발하고 준비하여야 한다.

3. 목회상담자의 준비 및 자기이해에 필요한 사항들

상담자의 기교나 방법보다 훨씬 더 중요한 것은 상담자의 인격이다.[370] 상담자가 무엇을 하는가보다는 상담자가 어떤 사람인가가 중요하다. 즉 상담자의 성품과 태도가 상담자가 말하고 행하는 것보다 더 중요하다. 일반적으로 상

---

368) Segler, 39.
369) Polhill, 72.
370) Gary Collins, 「폴 투르니에의 기독교 심리학」, 정동섭 역 (서울: IVP, 1998). 128.

담자는 인내심, 진심어린 타인에 대한 관심, 주의 깊은 경청, 내담자를 이해하려는 자세, 내담자를 신뢰하고 사랑과 희망을 보여주고 용납하고 위로하는 등의 인격적 특성이 요구된다. 이에 더하여 목회상담자는 하나님의 사역자로서 영적 특성을 갖추어야 한다. 콜린스는 상담자가 갖출만한 영적인 특성으로 다음과 같은 것들을 제시하고 있다.

> 하나님께 순종하는 사람으로, 겸손해야 하며, 기도하는 사람인 동시에 성서에 대한 충분한 지식을 가져야 한다. 하나님과 다른 사람에게 그리고 경우에 따라서는 내담자에게 자신의 결점과 약점을 정직하게 고백할 수 있는 믿음의 사람이어야 한다. 자신의 일을 하나님께 의탁하고 헌신하는 사람으로서 치유에 사용하는 과학적인 기법의 선택에도 하나님의 인도하심이 있다고 믿는 사람이어야 한다.[371]

이러한 하나님의 사역자로서의 목회상담자가 지녀야 할 특성들 외에 일반적으로 상담자의 **자기이해를 위한 준비**에는 다음과 같은 것들이 있다.

첫째, 상담자는 자신의 상담에 영향을 준 사람이나 요소들을 이해하여야 한다. 이러한 과정을 통하여 상담자는 상담자로서의 자신을 더 잘 이해할 수 있다. 상담자는 자신의 삶을 형성하는데 도움을 주었던 중요 인물들로부터 영향 받은 상담의 태도들을 돌아볼 수 있어야 한다. 이러한 중요 인물들에는 부모, 배우자, 친구들, 목회자들, 선생님들 등이 있다. 부모는 가장 중요한 영향을 미친 돌봄의 모델이다. 부모는 대부분의 상담자들에게 있어서 돌봄의 모델을 제공해 주는 실제 인물이다. 가족역동의 영향을 받은 상담자 자신의 상담 유형을 이해하지 못할 경우 상담에서의 효율성이 저해될 수 있다. 이러한 상담자 자신의 돌봄의

---

371) Ibid., 129.

유형에 대한 이해부족은 나아가서 상담자로서의 자신을 돌보거나 성장을 추구하는 것을 방해할 수 있다.[372]

둘째, 상담자는 자신이 속해 있는 성인발달과정을 이해하여야 한다. 상담자의 자기 돌봄은 항상 필요하지만, 특히 중년 남성 상담자의 경우 오랜 동안 사람들의 필요에 반응하는 과정에서 정서적인 고갈이나 윤리적인 어려움을 겪기 쉽다.[373] 그러므로 상담사역자들은 자신들의 삶의 과정의 특징과 과제들을 잘 이해하여 정서적 영적 필요를 적절하게 채울 수 있어야 한다.

셋째, 상담자는 "메시야 증후군"을 조심해야 한다. '메시야 증후군'에 사로잡힌 상담자들의 특징은 "나는 나 자신을 제외한 모든 사람들을 돌보아 주어야 한다"고 생각하는 것이다.[374] 이런 상담자들은 상대방이 특별한 도움이 필요하지 않을 때라도 자신의 필요 때문에 다른 사람들의 필요에 매달린다. 이럴 때 상담사역자는 일중독이나 탈진에 노출되기 쉽다.

넷째, 상담사역자는 건강한 관계 수립에 노력해야 한다. 효과적 상담사역의 기초는 건강한 관계에 기초해 있다. 이러한 건강한 관계는 마치 쌍방도로처럼 한편으론 상담자가 내담자를 잘 도울 수 있게 하며, 다른 한편으로는 상담자 자신을 효과적으로 돌볼 수 있도록 한다.[375]

다섯째, 상담자는 자신의 심리적 내구력을 길러야 한다. 심리적 내구력은 헌신(commitment), 통제력(control) 그리고 도전(challenge)의 성격적 특징을 나타낸다.[376] 이러한 세 가지 성격적 특성은 상담자의 개인적 스트레스를 개인 성장의 기회로 변화시킨다. 헌신은 자신이 하고 있는 일에 전심으로 흥미를

---

372) Robert D. Dale, "Our Personal Heritage: Caregivers' Caring for Themselves," *Called to Care: Helping People Through Pastoral Care,* comp. James E. Hightower (Nashville, TN: Convention Press, 1990), 10.
373) Ibid., 45.
374) Carmen Renee Berry, *When Helping You Is Hurting Me: Escaping the Messiah Trap* (San Francisco, CA: Harper & Row, 1988), 6.
375) Ellen Berscheid and Elaine Hatfield Walster, *Interpersonal Attraction*, 2nd. (Reading, MA: Addison-Wesley, 1978), 47.
376) Salvatore R. Maddi and Suzanne C. Kobasa, *The Hardy Executive: Health Under Stress* (Chicago, IL: Dorsey Professional Books, 1984), 31.

느끼게 도움을 준다. 통제력은 사건들에 자신이 영향을 미치고 있다는 것을 느끼고 믿고 행동할 수 있게 해준다. 상담자는 자신의 정신적 영적 건강을 위해 주도적으로 행동하므로 건강한 심리적 상태로 상담에 임할 수 있어야 한다. 도전은 자연스러운 변화를 고려하게 하며 그러한 변화를 통해 성장하는 기회로 삼게 한다.

여섯째, 상담자는 탈진의 어려움을 극복해야 한다. 상담사역자를 포함하여 사람들에게 봉사하는 직업군의 사람들은 특히 탈진에 노출되기 쉽다. 탈진의 증상은 과도한 업무관련 스트레스와 불만족으로 인해 생긴 "자신의 일에서의 의욕이나 흥분 그리고 사명의 상실"이라 할 수 있다.[377] 탈진은 이전에 소명으로 여겨지던 것을 단지 하나의 직업이 되게 만드는 상황이라고 할 수 있다. 대부분의 경우 탈진은 상담사역자의 내면에 영향을 끼쳐 낮은 자존감과 냉소주의 그리고 부정주의(negativism)를 낳는 결과를 초래한다.[378]

일곱째, 상담사역자는 휴식과 여가를 적절하게 취해야 한다. 필요한 휴식이나 여가가 없다면 상담사역자는 쉽게 지치게 되며 자신이나 내담자에 관한 관점을 유지하기 어렵다. 상담사역자들은 자신들의 정서적, 신체적, 영적 재충전을 위한 시간과 방법들을 찾아야 한다. 즉 하루 혹은 일주일 그리고 정기적 휴가를 의도적으로 만들어 일에서 오는 요구들을 적절하게 관리할 수 있어야 한다.

여덟째, 상담사역자는 훈련과 재훈련의 필요를 주의 깊게 검토해야 한다. 상담자는 내담자로 하여금 새로운 삶의 방향을 선택하고 행동의 변화를 돕는 사역자이기 때문에 성장해야만 한다. 가장 빠르게 변화하며 날마다 새로운 이론들이 쏟아져 나오는 상담영역에서 자기 계발과 훈련에 관심을 두지 않는 것은 개인적으로나 직업적으로 스스로를 죽음으로 몰아가는 것이다.

---

377) Cary Chemiss, *Staff Burnout: Job Stress in the Human Service* (Beverly Hills, CA: Sage, 1980), 16.
378) David Nuss, "Helping Young Leaders Avoid Burnout," *Christian Education Journal*, vol. 11 (Winter 1991): 65.

아홉째, 상담사역자는 개인적으로나 직업적으로 지지가 필요하다. 상담자는 자신들을 믿어주고, 건강한 의문을 제기하거나, 자신의 관점을 평가하거나, 기도해줄 사람이 필요하다. 이러한 사람들은 배우자나 동료들일 수 있다. 이들을 통해 상담자는 심리적 안정을 유지할 수 있으며 직업적 발전을 도모할 수 있다.

열째, 상담사역자는 자신의 영적인 감각을 새롭게 하여야 한다. 목회상담 사역자는 하나님께 대한 경외심을 일깨우는데 도움을 주는 일들을 규칙적으로 해야 한다. 하나님의 돌봄의 사역에 동참하는 상담사역자들은 "홀로 하나님과 있고, 그 분께 말하고, 우리의 가슴 속에 있는 그분의 말씀을 묵상하는 침묵의 시간이 필요하다. 우리는 새롭게 되고 변화되기 위해 침묵 속에서 하나님과 홀로 있는 것이 필요하다."[379]

마지막으로, 상담자는 그리스도 안에서 건강하고 균형 잡힌 사람이어야 한다. 훌륭한 상담자가 되기 위해서 상담자들은 자신을 잘 이해할 뿐만 아니라 그리스도 안에서 올바른 사람이 되어야 한다. 기독교상담자는 주님이 자신의 삶을 주관하도록 맡겨야 하며, 이렇게 될 때 상담자는 '위로부터 오는 지혜'를 가지게 된다. 상담자는 "순결하고," "평화스럽고," "친절하고," "온순하고," "자비와 선한 열매가 풍성하고," "편견과 위선이 없는" 사람이 되도록 노력하여야 한다.[380]

이상에서 목회상담자의 자기이해에 관련된 사항들을 살펴보았다. 평생에 걸친 상담자의 자기이해가 결코 완전할 수 없지만, 상담자는 성경말씀과 매일의 하나님과의 교제와 자신의 배우자나 동료 상담자 등의 도움을 통하여 자신을 돌아볼 수 있다. 따라서 늘 성령께 자신을 더 잘 알 수 있도록 인도해 달라고 간구함으로 더 건강하고 잘 준비된 하나님의 상담사역자가 될 수 있다.

---

379) Mother Teresa, *Mother Teresa: Contemplative in the Heart of the World* (Ann Arbor, MI: Servant Books, 1985), 101.
380) 야고보서 3:15, 17.

| 10장 |
목회상담과 상담윤리

    인간의 삶을 다루는 직업은 어느 영역이든 그 자체가 지니는 엄중함으로 인해 매우 높은 윤리적 수준이 요구된다. 특히 인간의 삶과 생명을 다루는 다른 영역인 의학, 교육, 목회, 법률 등과는 달리 대부분의 경우 상담은 다른 사람들이 관찰할 수 없는 곳에서 진행되기 때문에 무엇보다도 높은 탁월성과 도덕적 수준이 요구된다. 그 가운데서도 목회상담자는 자신의 신앙지도자로서의 위치와 신앙적 가치로 인하여 일반상담자의 경우보다 더욱 신중하고 탁월한 윤리적 자세가 필요하다. 또한 상황에 따라 다르지만 어떤 윤리적 기준들은 국가나 지역에 따른 법적 규제가 되어 있어 상담에서의 법적 책임의 문제가 동반되는 경우가 있다.[381] 이러한 상담에서의 윤리적 문제는 목회상담자와 내담자 모두에게 중요한 영향을 미치기에 먼저 상담윤리의 필요성을 살펴본 후, 상담과 관련된 핵심적인 윤리적 기준들을 찾아보고자 한다. 나아가서 상담과 관련된 중요한 윤리적 이슈들

---

381) Gary R. Collins, 「뉴 크리스천 카운슬링」, 한국기독교상담심리치료학회 역 (서울: 두란노서원, 2008), 108.

및 그와 관련된 필요한 원리들을 살펴봄으로써 목회상담자로서 갖추어야 할 태도와 자세를 준비하도록 한다.

1. 목회상담윤리의 필요성

윤리학은 전통적으로 철학의 한 분야로서 도덕적 문제들이나 도덕적 판단들에 관한 것들을 다루는 학문이다.[382] 미국의 윤리학자이자 철학자인 노만 가이슬러(Norman Geisler)는 윤리를 "도덕적으로 옳고 그른 것이 무엇인지를 다루는 것이며, 특히 기독교 윤리는 기독교인에게 무엇이 도덕적으로 옳고 그른 것인가를 다루는 것이다"라고 정의하고 있다.[383]

인간행동에 관한 평가를 규정하는 기준에 따라 사람들은 자신이나 다른 사람의 행동을 옳고 그름, 좋고 나쁨 그리고 적절한 것과 적절하지 않은 것 등으로 나눈다. 이러한 윤리적 기준은 인간의 역사만큼이나 오래되었다. BC 400년경에 만들어진 히포크라테스 선서는 최초로 직업윤리를 다룬 윤리적 기준으로 간주되고 있다. 심리학이나 상담학에서 윤리적 기준을 제정하려는 움직임은 계속되어 왔으며 미국심리학회(APA, American Psychological Association)의 윤리규정은 1992년에 제정되어 내려오고 있다.[384]

'윤리'(倫理)에서 윤(倫)은 사람 인(人)과 덩어리 륜(侖)자의 합성어로서 "사람 덩어리," "무리" 등의 의미이며, 이(理)는 "이치" 또는 "도리" 등의 뜻을

---

382) Gerald P. Koocher and Patricia Keith-Spiegel, *Ethics in Psychology: Professional Standards and Cases,* 2nd ed. (New York: Oxford University Press, 1998), 4.
383) Norman L. Geisler, *Christian Ethics: Options and Issues* (Grand Rapids: Baker Academic, 1989), 17.
384) 미국심리학회(APA)의 홈페이지(www.apa.org)를 참조하시오.

담고 있다.[385] 윤리의 영어말 'ethics'는 헬라어 '에토스'(ethos)에서 나온 말로 '자연환경의 특성에 순응하고 각기 그 집단과 더불어 생활하여 온 인간이 한 구성원으로서 살아가는 방식과 습속'을 의미한다.[386]

윤리와 도덕은 어원적으로 별 차이가 없으나, 윤리가 사회적 관습에 대한 이론적 측면이 강조된 반면, 도덕은 사회적 관습에 대한 실천적, 실제적 행동 측면이 부각되어 사용된다. 하지만, 이 두 단어는 대체로 구별하지 않고 중복적으로 사용되는 경향이 있다.[387] 그러므로 윤리란 "사회 속에서 사는 사람이 지켜야 할 도리와 규범"이라고 할 수 있으며, 기독교 윤리란, "세상 속에 거하면서, 기독교 공동체에 속해 있는 신자가 지켜야할 도리와 규범"으로 정의 할 수 있다.[388] 이러한 정의는 그 기초를 성서에 두고 있다. 그러면 목회상담자가 상담에서 윤리적 이슈들을 알아야 하는 이유는 무엇인가?

1) 상담윤리의 필요성

호주의 상담학자 브루스 리치필드(Bruce Litchfield)와 넬리 리치필드(Nellie Litchfield)는 상담자를 "다양한 범위의 심리적, 대인 관계적 문제를 갖고 도움을 받기 위해 내담자들이 찾아가는 고도로 훈련된 정신 건강 및 교육 전문가"로 규정하고, 상담자가 제공하는 서비스는 "상대방에 대한 존중, 전문지식, 최근의 조사, 조력 기술, 윤리규약을 따르는 계약관계와 원칙적 관계를 통해 제공된다"고 설명하고 있다.[389] 즉 상담자는 도움을 필요로 하는 내담자에게 일정한 원칙과 태도를 바탕으로 한 서비스를 제공하기 때문에 이러한 원칙과

---

385) 김병권, "기독교 윤리학," 「신학의 순례자를 위한 신학입문」, 침례교신학연구소 편 (대전: 침례신학대학교 출판부, 2004), 339.
386) Ibid.
387) Ibid., 239-40. 도덕은 "일정한 사회 내에서 그 사회 구성원의 사회에 대한, 그리고 구성원 상호 간에서의 행위를 규제하는, 그 사회에서 일반적으로 승인되고 있는 규범의 총체"로 정의된다.
388) 김병권, "기독교 윤리학," 340-1. 김병권에 따르면, 일반윤리학이 선악을 판별할 수 있는 보편타당한 기준을 찾기를 추구한다면, 성서에 기초를 둔 기독교 윤리학은 "선악을 아는 지식"이 아니라 "하나님께 순종하는 것"을 추구한다는 점에서 차이를 지닌다.
389) Bruce Litchfield and Nellie Litchfield, 「기독교상담과 가족치료」, 5권, 정동섭, 정성준 역 (서울: 예수전도단, 2002), 73.

태도에 관하여 알아두어야 한다. 특히 일반상담자와는 달리 또 하나의 삶의 원리인 기독교인의 가치관을 우선적으로 여기는 목회상담자는 상담에서 더욱 더 높은 수준의 윤리적 자세가 요구된다. 따라서 목회상담에서의 상담윤리는 다음과 같은 이유로 필요하다.

첫째, 상담윤리는 목회상담자로서의 정체성과 하나님의 사역에 동참하는 일의 정립에 필요하다. 둘째, 목회상담자로서의 자기성장을 위해 상담윤리가 필요하다. 셋째, 상담관계의 건강성과 효율성을 위하여 그리고 내담자의 보호와 이익을 극대화하기 위해 상담윤리가 필요하다. 넷째, 상담자의 법적 보호를 위하여 상담윤리가 필요하다.

2. 상담윤리의 핵심 원칙과 윤리적 문제의 범주

대부분의 상담심리관련협회들은 자체 윤리강령들이 있다. 하지만 상담에서 발생하는 모든 사례들이 윤리강령에서 다루어지지는 않는다. 따라서 협회의 공식 상담윤리강령이나 선언에 제시되어있지 않은 사례의 경우는 상담윤리 강령이나 선언의 기초가 되는 일반적인 상담윤리의 원칙에 따라 판단한다. 윤리의 원칙은 규율만으로는 윤리 결정이 어려운 경우 참고하는 윤리결정준거이 며 도덕적 규율이나 상담윤리요강보다 더 일반적이다. 이러한 일반상담에서의 윤리적 핵심 원칙과 윤리적 문제가 발생하는 유형을 살펴보면 다음과 같다.

1) 상담윤리의 핵심 원칙

상담에서 윤리적으로 완벽할 수 있는 것은 불가능하다. 하지만 상황에 적합한 윤리적 행동은 가능하다. 여러 가지 장애가 있겠지만 대체로 상담자들이 대부분 동의하는 상담과정에서 요구되는 핵심적인 윤리적 원칙들은 다음과 같다.[390]

---

390) Koocher and Keith-Spiegel, *Ethics in Psychology*, 4-5; Karen S. Kitchener, "Intuition Critical Evaluation and Ethical Principles: The Foundation for Ethical Decisions in Counseling Psychology," *The Counseling Psychologist*, vol. 12 (1984): 43-54.

첫째, 내담자에게 해로운 행위 금지의 원칙이다. 내담자는 상담에서 어떠한 피해도 입어서는 안 된다. 여기에는 내담자가 피해를 입지 않는다는 것과 내담자가 타인에게 피해를 끼치지 않도록 한다는 점 모두가 고려되어야 한다. 미국의 경우 내담자가 타인에게 해를 끼쳤을 경우 법적으로 상담자에게 책임을 지우기도 한다. 상담 연구에서 내담자가 피해를 입게 되거나 내담자에게 진단을 잘못하여 문제가 생기는 것 등은 무해성의 원칙에 어긋나는 일이다. 그러므로 상담자는 내담자의 위험이나 잠재적 위험들을 가능한 최대한 줄이기 위해 노력해야 한다.

둘째, 자율성 존중의 원칙이다. 내담자가 타인의 삶을 방해하거나 해를 끼치지 않는 범위 내에서 상담자는 내담자의 자율권과 자기 결정권을 존중하여야 한다. 나아가서 상담자는 상담의 목표로서 이러한 인생에서 내담자의 자기결정권과 자율권이 보장될 수 있도록 유의하여야 한다. 설령 내담자의 선택과 결정이 다소 잘못되었더라도 내담자의 자율적 선택과 행동을 존중해주어야 한다. 그러나 이것도 타인의 권리를 침해하지 않는 한 자신의 행위를 결정할 수 있다는 것을 뜻한다. 상담은 내담자가 자신의 행위에 대하여 스스로 책임을 지는 자율적 존재라는 것을 전제로 한다. 만약 내담자의 의사결정 과정이 이성적이지 못하면 이 원리를 지키기는 어렵다. 예를 들면 유아나 정신장애의 경우에는 이 원리에 제한을 둘 수밖에 없으며 이 원리보다 다른 원리를 우선해야 한다.

셋째, 내담자 유익 추구의 원칙이다. 상담자는 내담자의 성장과 복지에 기여하여야 한다. 이러한 원칙은 해로운 행위 금지의 원칙보다 좀 더 적극적으로 내담자의 권익을 추구하는 태도이다. 상담자는 내담자의 자율성과 해로운 행위를 금지하는 기준들에 벗어나지 않는 범위 내에서 자신의 모든 결정이 내담자에게 최대한 유익을 끼치도록 노력하여야 한다. 능력이 부족하거나 정직하지 못한 상담자 또는 내담자의 복지나 성장에 기여하지 못하는 상담자는 내담자에게 해를 줄 수 있다.

넷째, 공정함의 원칙이다. 상담자의 모든 행위는 내담자를 공정하고 평등하게 대해야 한다. 내담자는 어떠한 차별 대우를 받아서도 안 된다. 이러한 공정함의 원칙에서 참조할 기준은 바로 상담자 자신이 받기를 원하는 공정함과 평등함의 기준만큼 내담자를 공정하고 평등하게 대해야 한다. 내담자는 인종, 성별, 종교적 신념에 관계없이 동등하게 대우를 받아야 한다. 차별대우를 하는 것은 공정하지 못하다. 여기서의 공정하다는 의미는 상담자가 내담자에게 내담자의 개인적 배경에 상관없이 필요한 봉사를 적절하고 평등하게 해준다는 의미이다.

다섯째, 신실함의 원칙이다. 상담자는 내담자를 상담할 때 신뢰를 바탕으로 성실하게 해야 한다. 여기서 성실이란 충실, 신뢰, 약속 이행 등을 뜻한다. 상담 계약을 이행하지 않거나(상담약속 불이행이나, 비밀 보장 파기 등) 허위로 하는 것은 성실 원리를 위반한 예가 된다. 상담자는 내담자에게 성실하고 진실해야 하며, 약속을 지키고 신용 있는 행동을 하여야 한다. 상담자가 내담자를 존중하며 속이거나 잘못하지 않도록 조심하여 행동할 때 이러한 신실함의 원칙은 지켜질 수 있다.

여섯째, 존엄성의 원칙이다. 상담자는 내담자를 하나님의 사랑받는 존재로서 그 가치를 인정하고 존중하는 태도를 지녀야 한다. 이러한 내담자의 존엄을 중시하는 태도는 상담에서의 윤리적 태도를 유지하는데 도움이 된다.

일곱째, 배려와 연민의 원칙이다. 상담자는 전문가로서의 직업적 경계(bound-aries)를 유지하면서 내담자를 사려 깊고 친절하게 대해야 한다. 이러한 배려와 연민의 원칙을 직업적 경계를 유지하면서 실천하는 일은 매우 예민하고 지속적인 자기 성찰과 지혜가 요구되는 과정이다. 하지만 예수 그리스도를 닮은 기독교 상담자로서 결코 포기하지 말아야 할 상담태도이다.

여덟째, 탁월함의 추구 원칙이다. 상담자는 유능하여야 하며 최선을 다하는 동시에 자신의 일에 자부심을 지니는 일은 높은 수준의 상담제공과 비윤리적 행위를 예방하는데 있어 매우 중요하다.

아홉째, 책임감의 원칙이다. 상담자는 예상되는 가능한 결과를 고려하고 자신의 결정에 따른 결과를 책임지는 태도가 요구된다. 임시방편적이거나 편의적인 태도를 피하고 기꺼이 책임을 지려는 태도가 때로는 고통을 동반하지만, 이러한 비난과 책임을 피하지 않는 태도는 장기적으로 상담자의 자기 존중을 가져온다.

2) 상담에서의 윤리적 문제의 주요 유형

상담에서 발생하는 대부분의 윤리적 문제의 유형들은 다음의 아홉 가지 범주에 속한다.[391] 이러한 문제들은 사실 바로 앞에서 언급한 상담윤리에서의 핵심적 원칙과 직접적 연관을 지니고 있다. 상담자가 윤리적인 핵심원칙들을 유의하고 실행한다면 다음에 제시된 상담에서의 윤리적 문제는 대부분 방지할 수 있다.

첫째, 무지와 이해 부족으로 인한 문제이다. 윤리적 문제를 지닌 상당수의 상담자들이 대부분 자신의 상담자로서의 직업에서 요구하는 윤리적 기준에 대해 무지하거나 잘못 알고 있다. 상담자 자신의 정확하지 않은 경력표시로 인한 문제나 자격문제를 관장하는 단체에서 제시하고 있는 윤리강령 등을 제대로 알고 있지 못함으로 인한 자격문제 등이 이에 속한다. 하지만 심각한 문제는 이러한 윤리적 문제가 충분한 경력을 지닌 상담자들에 의해 고의적 혹은 상습적으로 행해지는 것이다.

둘째, 무능함으로 인한 문제이다. 무능함으로 인한 윤리적 문제는 제대로 준비되지 못한 상담자가 상담에 임하여 생기는 문제이다. 이러한 문제는 상담자가 제대로 훈련을 받지 못했거나 상담자의 정서적 문제 등으로 인하여 발생하는

---

391) Koocher and Keith-Spiegel, *Ethics in Psychology*, 6-10.

경우가 많다. 심리진단검사 훈련을 배우거나 받지 못한 상담자의 부정확한 심리검사로 인한 잘못된 상담계획이 이러한 경우이다. 또한 상담자 개인의 스트레스나 탈진 혹은 정서적인 불안정 등으로 인한 상담약속의 불이행, 결근 혹은 필요한 자료의 누락과 미제출, 내담자와의 마찰 등이 준비되지 못한 상담자로 인한 윤리적 문제에 속한다.

셋째, 무감각함으로 인한 문제이다. 일반적으로 상담자들은 다른 사람들에 비해 타인의 감정이나 태도의 변화에 비교적 민감하다. 하지만 가끔 상담에서 내담자의 필요나 감정 나아가 내담자의 권리나 안녕에 관심을 보이지 않는 태도가 이에 속한다. 감정이입이나 공감의 부족, 지배 욕구, 특정 상담기법에 대한 과도한 애착, 특정 사람이나 집단에 대한 편견 등이 이러한 무감각함의 원인이 된다.

넷째, 착취의 문제이다. 상담자가 자신의 위치나 권위 또는 전문지식을 남용하여 내담자로부터 이익을 얻으려 할 때 내담자 착취의 문제가 발생한다. 내담자의 안녕이나 유익보다 자신의 정서적 육체적 필요나 금전적 이익을 우선하는 상담자의 경우로서, 내담자나 수련생과의 성적 관계, 상담자의 이익을 위한 내담자와의 다중관계 등이 이에 해당된다.

다섯째, 무책임의 문제이다. 무책임으로 인한 윤리적 문제는 여러 가지가 있다. 상담자가 내담자를 성실하게 상담하지 않아서 내담자가 불평하는 경우가 이에 해당한다. 상담 전 혹은 상담과정에 맺은 내담자와의 약속이나 계획 등의 이유 없는 불이행 혹은 상담자의 충분한 설명 없는 일방적인 상담관계 파기 등이 이에 속한다.

여섯째, 보복이나 앙심을 품는 문제이다. 비록 이러한 상담자가 많지 않지만 상담과정이나 감독과정에서 가끔씩 발생한다. 내담자가 상담자의 해석이나 상담접근방법 등에 이의를 제기하거나 비협조적일 경우 상담자가 감정적인 대응을 하게 되는 경우가 이에 속한다. 물론 이러한 일시적인 감정적 흥분에 대하여 상담자가 내담자에게 사과하여 상담관계가 지속되나 그렇지 않은 경우도 가끔 있으며 심지어는 폭력적으로 변질되기도 한다.

일곱째, 두려움의 문제이다. 상담자가 당연히 공개해야 할 자신이 이미 행했던 부끄러운 일이나 실수나 잘못한 일이 드러날까 두려워 숨기는 경우가 이에 속한다. 잘못된 진단에 따른 상담진행이나 조사나 통계 과정에서의 조작이나 실수의 은폐나 떠넘김, 동료 상담자의 비윤리적 행위에 대한 묵인 등이 이에 속한다.

여덟째, 합리화의 문제이다. 합리화의 문제는 종종 상담자의 무책임이나 무능함의 문제를 덮는 방법으로 사용된다. 사실 합리화는 대부분의 경우 상담자 자신의 필요와 내담자의 유익을 위해서라는 구분이 분명하게 분별되기 어려운 경우가 많다. 어려운 내담자를 돕기 위해 상담자가 자신이 필요한 일에 내담자에게 일을 주어서 사용하는 경우가 이에 해당된다. "이번 한번이야," "이것은 다른 경우야" 등의 생각이 이에 해당한다. 또한 내담자와의 부적절한 관계를 내담자의 치료과정에서 필요한 것이었다고 항변하는 상담자의 태도 등이 이에 속한다.

아홉째, 실수의 문제이다. 유능하고 잘 준비된 상담자라고 할지라도, 경우에 따라 실수로 인한 윤리적 문제에 직면할 수 있다. 상담자가 내담자의 심리검사 설명을 마치고 바로 점심식사를 갔다가 그 장소에 심리검사결과 자료를 놓고 오는 경우나 기타 의도하지 않는 윤리적 문제와 관련된 실수가 이에 속한다. 사실 모든 상담자들이 위에서 언급한 실수나 문제에 부딪칠 수 있으며 어떤 경우는 그러한 문제들을 예측하거나 예방하기 어려운 경우도 있다. 하지만 어떠한 경우든 상담자는 이러한 윤리적 문제를 예방하거나 피하고자 하는 노력을 기울여야 한다. 다음은 이러한 윤리적 문제를 미연에 방지하거나 해결하는데 필요한 의사결정과정에 대하여 살펴본다.

3. 상담에서의 윤리적 결정과정과 필요 자원

상담윤리원칙에서 이미 언급하였지만, 상담에서의 윤리적 결정은 명시된 강령이나 선언 등에 나타난 원칙을 따라 이루어진다. 하지만 적용이 명확하지 않은 경우 혹은 적용할 기준이 없는 경우에 대부분 즉흥적이고 반사적인 결정을 하게 되며 이러한 결정들은 대체로 만족할만한 결정들이 아닌 경우가 많다. 따라서 충분히 숙고하고 논의된 상태에서 내려지는 결정을 위해 다음의 단계에 걸친 윤리적 결정과정을 적용하는 것이 도움이 된다.[392]

1) 일반적인 윤리적 결정과정

(1) 1단계-당면한 문제가 윤리적인 것인지를 파악하라

윤리적 결정과정은 당면한 문제가 윤리적 결정을 필요로 하는 일이 아닌 경우에는 해당되지 않는다. 따라서 상담에서의 윤리적 결정과정의 첫 번째 단계는 당면한 문제가 윤리적인 내용에 속하는 것인지를 파악하는 것이다. 자신이 겪는 문제가 비윤리적 행위와 관련된 일인지 아니면 전문가로서의 자질이나 태도의 부족함에서 기인한 문제인지를 구별하여야 한다. 이러한 이유로 상담자는 일반적인 윤리규정이나 자신이 속한 단체의 윤리지침을 숙지하고 있어야 한다. 상담자의 자율성의 존중, 상담자 권익 우선주의, 공평함, 상담자의 인권과 존엄의 존중 등은 양보할 수 없는 윤리적 원리들이다. 이러한 원리들은 대부분의 상담심리관련 단체의 윤리규정에 잘 반영되어 있다.

---

392) A. J. Tymchuk, "Ethical Decision Making and Psychological Treatment," *Journal of Psychiatric Treatment and Evaluation*, vol. 3 (1981): 507-13.

(2) 2단계-자신이 직면한 윤리적 문제의 해결에 적용 가능한 기존의 윤리
지침을 참조하거나 조언을 받으라

상담자 자신이 속한 협회나 단체(예를 들어 상담협회나 상담심리협회, 보건
가족복지부 등)의 윤리강령이나 지침 혹은 다른 관련 단체의 상담윤리규정
등을 잘 이해하는 일이 필요하다. 이를 위해 상담자는 가능하다면 평소 윤리관련
자료들을 개인적으로 정리 보관하여 언제든지 필요할 경우 이용할 수 있도록
준비하는 것이 좋다. 이러한 조언을 받는 과정에서 비밀 준수의 원칙이 지켜지도록
유의하여야 한다.

(3) 3단계-최선을 다하여 자신이 직면한 문제 해결방법에 영향을 줄 수
있는 모든 관련된 자원들을 고려하라

문제에 직면할 때 상담자가 범하는 실수들은 대부분 자신의 편견이나 고정
관념 혹은 개인적인 욕심으로 문제를 객관적으로 보지 않기 때문에 발생한다.
따라서 최선을 다하여(때로는 신뢰할만한 동료나 감독의 도움을 받아서) 자신이
직면한 문제를 객관적으로 성찰하기 위한 노력을 기울여야 한다. 소속 기관의
규정이나 지침으로 명확하게 파악하기 힘든 윤리적 문제들이나 이전에 존재하
지 않았던 새로운 문제의 경우 상담자에 따라 문제해결에 대한 최선의 대응방
법이 다를 수 있다. 이러한 상담자에 따른 의견 차이에 영향을 미치는 요소로는
성별, 세대차, 상담자의 학문적 배경과 개인적 성격 그리고 훈련과정, 문화적
종교적 배경 등이 작용한다.

(4) 4단계-윤리적 문제를 의논할 신뢰할 동료집단의 도움을 받으라

윤리적 문제들은 대체로 개인의 주관에 의해 영향을 받기 쉽다. 따라서 상담
자는 자신을 객관적으로 도와주는 헌신적인 동시에 윤리적인 문제에 민감함을
지닌 동료로부터 도움을 받는 것이 좋다.

(5) 5단계–당면한 윤리적 문제에 영향을 받는 당사자들(기관들을 포함한)의 권리와 의무 그리고 취약점 등을 평가하여야 한다

윤리적 문제에 대한 해결과정에서 당사자들의 비밀 준수나 동의서 및 평가에 대한 피드백 등을 간과함으로 잘못된 문제해결을 도출하는 경우가 종종 발생한다. 따라서 상담자는 자신이 당면한 문제와 관련된 당사자들의 책임과 권리와 취약점들을 면밀히 살펴서 처리하여야 한다.

(6) 6단계–대안들을 만들라

이 단계에서는 적절한 대안들을 너무 심각하게 선정하는 단계가 아니다. 그러므로 상담자가 생각한 가능한 여러 대안들을 충분히 나열하도록 한다. 이러한 여러 가지 대안들이 모색되는 단계에서 비교적 가장 적절한 대안들이 가려진다.

(7) 7단계–각 대안들에 따른 결과를 예측하라

결과들은 당연히 경제적이고도 심리적이며 동시에 사회적인 비용을 고려하여야 하며, 각 대안이 실행될 경우 그것이 미칠 단기 장기 혹은 계속적인 영향 및 위험과 유익 등을 고려하여야 한다. 또한 시간과 노력이 고려되어야 하며 각 대안이 지니는 한계점들 역시 고려되어야 한다. 이때 각 대안들이 미칠 영향을 기록으로 남기면 비교평가에 도움이 된다.

(8) 8단계–결정을 내린다

가장 적절한 결정은 여러 항목에 걸쳐서 가장 좋은 결과들이 많은 것으로 귀결된다. 그리고 이러한 결정은 충분한 정보와 함께 문제 당사자들이나 그 법적 대리인들 모두에게 알려져야 한다.

(9) 9단계 – 내린 결정을 실행한다

결정의 실행은 구체적이고도 명확한 결과를 동반하여야 하는데 이러한 실행 과정에서 장애물이나 예측하지 못한 어려움을 겪을 수 있으며 실망이나 피곤을 극복하여야 하기도 한다. 상담자들은 실행과정에서 세부적인 행동들의 영역에서 상담자 개인의 가치관이나 문화적 요소에 영향을 받는다.

2) 윤리적 결정을 위한 목회상담자의 자원

상담과정에서 발생하는 윤리적 문제들에 대하여 결정을 내리고 그것을 실천하기 위하여 하나님께서 목회상담자들에게 주신 자원들에는 다음의 것들이 있다.

(1) 양심

하나님은 우리가 도덕적 선택과 결정을 내리도록 인도하시기 위해 우리에게 양심을 주셨다(행 2:26; 벧전 3:15, 16). 인간의 영의 기능인 양심은 정직과 충성과 같은 일반적인 도덕, 진리를 볼 수 있는 능력이며 그러한 진리들을 구체적인 상황에 적용할 수 있는 능력이다. 양심은 비록 그렇게 하는 것이 불편하고 심지어 대가를 지불한다 해도 진리를 말하며 약속을 지키도록 한다. 양심에 순종하는 것은 상담자의 윤리적 행동의 기초가 된다.

이러한 양심이 어떻게 기능하는지 이해하기 위해서는 양심의 양식과 내용을 구별해야 한다. 먼저, 양식(form)이란 양심이 작용하는 방식을 말한다. 이것은 모든 사람이 동일하다. 그것은 우리가 올바르게 행하고 있는 때와 잘못하고 있는 때를 우리에게 알려준다(롬 2:15; 9:1). 양식은 법을 만들지는 않지만 법정의 재판관처럼 법에 비추어 우리의 행동에 판정을 내린다. 둘째, 양심의 내용(content)이란 양심이 판정을 내리는 근거를 말한다. 그것은 우리에게 무엇이 옳으며 무엇이 틀린 것인지 말해준다(고후 1:12). 그리스도인의 양심은 무엇보다도 하나님의 말씀에 우리 자신이 노출된 정도에 따라 좌우된다. 우리의 양심은 성서와 성령의 도움을 힘입어 많은 잘못된 내용으로부터 청결케 되어야 하며 새로워져야 한다(히 9:1; 딤전 1:5).

이러한 양심과 관련된 성서의 가르침은 다음과 같다. 첫째, 도덕적 연약함이다. 이것은 개인에게 올바른 기준이 있지만 그 기준에 맞춰 살지 못하는 것을 뜻한다(롬7:22-4). 이러한 사람은 강화하고 격려해 주는 것이 필요하다. 둘째, 악함이다. 이것은 개인이 잘못된 도덕적 기준을 갖고 있는 것이다(롬 1:28-32; 엡 2:1-3). 그래서 그의 양심은 악한 행위를 눈감아준다. 이러한 사람은 개혁이 필요하다. 셋째, 속박이다. 속박은 한 개인의 도덕적 자유가 중독이나 초자연적인 존재의 세력에 의해 손상을 입은 경우에 발생한다(막 5:1-17; 딤후 2:26). 이러한 사람은 해방이 필요하다. 넷째, 더럽혀지고 화인 맞은 양심이다. 양심이 더럽혀지고 화인을 맞아서 더 이상 반응하지 않게 될 수도 있다는 것 또한 기억해야 한다(딛 1:15; 딤전 4:2).

(2) 하나님의 말씀

하나님은 우리가 성서를 통해 옳고 그름을 이해할 수 있도록 그분이 인정하시는 것과 인정하시지 않는 것에 대해 충분히 계시해 주셨다(시 119:105; 잠 6:16-9). 첫째, 하나님은 성서의 계시를 통해 우리의 삶에 대한 당신의 규례를 제시하신다(엡 5:1-8). 둘째, 성서말씀을 통하여 우리 인간이 어떻게 살아야 가장 좋은 인생을 살 수 있는지를 보여주신다. 셋째, 성서의 구약과 신약의 윤리에서 윤리적 결정을 위한 자원들을 찾을 수 있다. 십계명과 예수님의 산상수훈이 대표적인 예들이라 할 수 있다. 십계명의 1-3계명은 하나님에 대한 인간의 의무, 4계명은 인간의 소명, 5계명은 가정의 신성함, 6계명은 생명의 신성함, 7계명은 결혼의 신성함, 8계명은 공의와 평등, 9계명은 진실과 정직,

10계명은 내적 동기와 욕구이다.

신약은 우리의 잘못된 행동을 피해야 할 뿐 아니라 그러한 행위를 부추기는 생각을 피해야 한다고 말한다. 그것은 정욕, 탐욕, 분노 등이다(마 5:20-48). 우리는 우리의 잘못된 행동을 중단할 뿐만 아니라 그것을 바람직한 행동으로 대체해야 한다(엡 4:28-32).

(3) 예수 그리스도의 삶과 가르침

하나님은 예수 그리스도를 통해 우리에게 요구하시는 삶의 모본을 보여주셨다. 그리스도는 우리의 이상형이며 그분을 닮는 것이 우리의 궁극적 삶의 과정이자 목표이다(롬 8:29; 갈 4:19). 우리는 복음서를 포함한 성서의 여러 부분에 나타난 예수 그리스도의 삶과 가르침을 통하여 우리 자신의 윤리적 결정과 실행을 위한 자원을 얻을 수 있다.

(4) 성령의 인도하심

성령은 우리 안에 거하시며 우리가 하나님이 원하시는 사람이 될 수 있도록 힘을 주신다(롬 8:8-17). 새로운 성품이 되는 것은 성령의 초자연적인 사역이다. 새로운 성품은 마음의 변화에서 시작된다. 우리의 책임은 우리 안에 그 분이 일하시는 것을 가로막는 죄악 된 행동과 태도를 처리하는데 있어서 성령에게 협조하는 것이다(엡4:22-4).

4. 상담윤리의 주요 내용

1) 비밀유지(Confidentiality)

비밀유지는 효과적이고 신뢰할만한 상담관계를 위해서 필수적인 요소이다.

비밀유지가 되지 않는다면 대부분의 상담은 시작되지도 않으며 시작되었더라도 얼마가지 못할 것이다. 내담자가 상담에서 얻은 정보나 테스트 결과로부터 얻은 정보는 비밀이 유지되어야 하며, 내담자가 알려져도 좋다고 허락될 때만 알려져야 하는 것이 이상적이다. 그렇기에 대부분의 상담윤리규정이나 강령 등은 비밀유지조항을 포함하고 있다. 하지만, 이러한 비밀유지의 중요성에도 불구하고 상담자가 지켜야할 비밀유지를 제한하는 법적 윤리적 조건들이 있다. 내담자는 상담자가 이러한 사회적 법률의 테두리에 구속받는 존재임을 이해해야 한다(Tatiana Tarasoff의 죽음에 관련된 소송, AIDS 환자인 내담자의 경우). 그러므로 상담시작 시(時) 비밀유지의 예외 조항, 즉 상담 시에 나누는 정보를 밝힘으로써 다른 사람의 생명을 보호해야 할 상황이나 내담자의 생명 을 보호해야 할 상황에 대하여 언급하는 것이 관행이며, 이를 제외하고는 상 담 과정에서 나눈 정보들은 철저하게 비밀이 유지된다는 사실을 강조하여야 한다.[393]

만약 내담자가 상담실 밖에 있는 사람과 공유해야만 하는 정보를 가지고 있다면 내담자가 직접 정보를 나누도록 격려하거나 지원하는 것이 좋다(AIDS 환자의 경우, 불륜의 관계에 있는 내담자가 성병에 걸린 경우 내담자의 아내에게 말하도록 권함). 집단상담의 경우 특별히 집단원들에게 비밀유지에 대해 각별히 당부하고 가능한 상담상황 외의 만남을 금하는 것이 비밀유지문제를 예방하는 방법이 된다.

---

393) Gary R. Collins, 「기독교와 상담윤리」, 오윤선 역 (서울: 두란노, 2003), 62. 이 밖에 1) 내담자가 상담내용의 공개에 동의하고 서명한 경우, 2) 아동학대 등과 같이 국가의 법률이 공개를 요구하는 경우, 3) 상담내용과 관련된 법적 소송이 제기된 경우(내담자가 제소자가 된 경우), 4) 정부지원금 교부시 부분적인 내담자의 정보가 요구되는 경우, 5) 기타 긴급 상황의 경우(내담자의 생명이 위험해 응급실 담당의사가 내담자의 상황에 대해 질의해 왔을 경우 등이 이에 속함). See, Horace C. Lukens, Jr., "Essential Element for Ethical Counsel," *Christian Counseling Ethics*, ed. Randolph K. Sanders (Downers Grove, IL: InterVarsity Press, 1977), 45. 상담자의 법적 보호를 위해 상담소에서는 통상 상담 계약 시에 서면동의서를 준비하여 서명하게 하는 것이 일반적이다. 상담계약동의서에 포함되는 요소는 1) 상담자가 내담자에게 제공하는 치유접근의 내용, 2) 사용되는 요법의 목표 및 진행과정, 3) 재정적 이슈(상담료와 시간 등), 4) 비밀유지 조항과 그 예외 사항(학위, 자격증, 응급시의 연락처와 응급처치 요령) 등이 있다.

2) 상담기록(Documentation)의 작성 및 보관

대부분의 상담소나 기관에서는 정확한 상담기록을 남기는 것을 필수적으로 여긴다. 이러한 상담기록에는 적어도 다음과 같은 것들이 포함되어야 한다. 1) 상담일시, 2) 상담자와 상담의 주요 내용, 3) 평가와 진행 정보.

정확한 기록은 상담자로 하여금 상담의 진행과정을 알려주는 역할을 하여 일관성 있는 상담요법을 제공할 수 있게 하며 중요한 치유접근을 기억할 수 있게 돕는다. 또한 이러한 기록은 상담자를 다른 기관에 의뢰할 경우 계속적인 치료를 위한 시간과 비용의 절감을 가져오며, 나아가 법적 문제가 있을 경우 보호받을 수 있는 근거를 제공하기도 한다.

하지만, 상담기록의 문서화 역시 어느 시점에 이르면 제3자가 볼 수 있는 비밀유지의 한계라는 문제가 있을 수 있다(예를 들면 상담기록 제출 시 사무원이나 다른 직원이 볼 수 있는 경우 등이 이에 속한다).[394]

3) 이중/다중관계(Dual/Multiple Relationships)와 성적인 친밀감

(1) 이중관계

이중 관계란 상담자가 "자신들의 직업적인 도움을 받는 사람(들)과 동시에 혹은 연이어서 두 가지 역할을 맺는 것"[395]을 의미한다. 이러한 이중 관계의 예로는, 상담자인 동시에 친구, 상담자이자 친척, 상담자이자 연인 같이 직업적인 동시에 개인적인 관계를 동시에 맺고 있는 경우 등이 있다. 성적인 부적절한 관계 이외에도 제자이자 내담자, 이웃, 교인 등의 경우도 있으며, 내담자와의 채권 채무관계, 내담자와의 숙식을 같이하는 경우나 사회적으로 만나는 경우

---

394) Lukens, "Essential Element for Ethical Counsel," 51-2.
395) C. H. Huber, *Ethical, Legal and Professional Issues in the Practice of Marriage and Family Therapy*, 2nd ed. (New York, NY: Macmillan, 1994), 67.

등이 있다.[396] 하지만 이러한 이중관계가 교인인 동시에 내담자이게 되는 목회상담에서는 피할 수 없는 경우가 대부분이며 모든 이중관계가 반드시 나쁘다고 할 수 없으나, "상담자의 객관성을 저해하거나 상담자로서의 효과적인 상담을 방해하거나, 상대방을 해를 끼치거나 착취할 가능성이 있는" 이성적인 관계, 가까운 친척이나 가족관계, 제자나 고용인 그리고 채권 채무관계 등과 같은 이중관계는 가능한 피해야 한다.[397]

(2) 성적(性的) 관계

모든 상담윤리규범은(기독교적이건 아니건) 내담자와의 성적 친밀감은 비윤리적으로 규정하고 있다. 성적 부정행위는 "치료자와 내담자 사이의 성교 또는 명백히 의도가 담긴 성적 마찰인 공공연한 성적 전희"로 정의할 수 있다.[398] 상담에서 대다수의 성적 부정행위는 젊은 성인 여성 내담자를 피해자로 만드는 남성 상담자와 목회자에 의한 것이다.[399] 대부분의 사람들은 상담자와 내담자 사이에서 또는 상담자와 이전 내담자 사이에서의 어떠한 성적 접촉도 있어서는 안 된다는 데 동의한다. 조사에 따르면 5-7% 정도의 상담자가 내담자와 성적으로 연루되었다고 보고되고 있으며 광범위한 대다수의 내담자들이 그들의 상담자와의 성적인 경험에 의해 종종 심각하게 상처를 받는다고 나타났다.[400]

이러한 상담에서의 성적관계가 생기는 이유는 대체로 성적인 문제에 취약한 내담자와 취약한 상담자의 두 가지로 생각해 볼 수 있다.

첫째, 성적 문제에 취약한 내담자의 경우이다. 내담자들은 대체로 낮은 자존감과 다른 사람들과의 깨어진 관계 그리고 어떤 방향 제시를 받고자 하는 소망을

396) Lukens, "Essential Element for Ethical Counsel," 53.
397) 미국심리학회(APA)의 홈페이지(www.apa.org), code, Sect 1. 17 참조.
398) Collins, 「기독교와 상담윤리」, 100.
399) Ibid., 101.
400) Ibid., 66.

가지고 있다. 이러한 상황의 내담자들은 불안하고 외롭기 때문에, 치료에 있어서 대화는 성적인 문제를 포함하여 종종 친밀한 문제들에 관해서 나누고 상담자와 내담자 간에 믿음과 친밀감을 형성하는 문제들에 대해 나눈다. 자신들의 고통과 어려움 가운데 내담자들 몇몇은 매우 쉽게 조정되고 영향을 받는다. 이들은 상담자들의 따뜻한 온정과 이해, 지원과 확언에 의해 감동을 받는다. 또 어떤 내담자는 다른 사람들과의 애정과 친밀감에 갈급할 수 있으며 이들을 껴안아 주는 것이나 다른 관심의 표현에 기꺼이 반응하며 조만간 성적인 친밀감으로 나아갈 위험이 있다.

둘째, 성적 문제에 취약한 상담자의 경우이다. 상담자가 약할 때 비윤리적 성적관계의 위험이 더욱 높아진다. 만일 상담자가 내담자에게 끌리고 불만족한 결혼생활과 외로움을 느낀다면 성적인 행위는 더욱 이루어지기 쉽다. 특히 내담자가 생활이 어렵고 유혹적이거나 다루기 쉬울 때는 특히 그러하다. 내담 자의 삶의 세부적인 사항이 치료과정에 친밀하게 토론될 때 어떤 상담자는 성적 충동을 가질 수 있다. 이러한 일련의 과정은 어떠한 사전 계획 없이 서서히 일어 나는 것처럼 보이기에 더욱 위험하고 관련된 사람들의 충격이 크다. 그러므로 상담자들은 모두 유혹에 약하다는 사실을 명심하고 믿을만한 동료들에 대해 책 임을 잃지 않도록 조심해야 한다. 이를 위해 상담자들은 상담시간과 상담관계에 제한을 두어야 하며, 상담자 자신의 결혼생활을 올바로 꾸려나가는데 관심을 갖고, 상담 외의 다른 부분에서 친밀한 관계를 가지도록 노력해야 한다. 그리고 잠재적으로 의심받는 상황을 피해야 하며 유혹에 빠질 위험을 나타내는 전조들을 깨달아야 한다. 이러한 전조들은 가족들과의 접촉을 피하기 위해 늦게까지 일에 몰두하는 것, 종종 몇 명의 특별한 내담자에 대해 생각하는 것, 자신의 배우자로부터 떨어져서 지적이고 사회적인 자극을 찾는 것 그리고

개인적으로 헌신적인 삶을 지속적으로 유지하지 못하는 것 등이 포함된다.[401]

4) 유능성(Competence/Excellence)의 문제

사람들의 문제들은 다양하고 매우 복잡하다. 그리고 어떤 상담자도 모든 문제를 다 해결하는데 도움을 줄 수 있을 만큼 유능하지 않다. 그러므로 윤리적인 규범은 어떤 상담자도 자신의 전문분야를 벗어난 봉사를 하려고 해서는 안된다는 것을 명시하고 있다. 가끔 호전되지 않거나 실패한 것으로 여겨지는 상담의 경우 무능함에 대한 비난에 직면하거나 법적 문제에 직면하는 경우도 있을 수 있다. 이런 이유로 인해, 학문적인 학위를 지니지 않았거나 인정받은 자격증을 소유하고 있지 않다면, 전문상담자라거나 전문심리학자라는 용어를 쓰는 것은 비윤리적인 것이다. 대부분의 경우, 훈련과 경험 그리고 합법적으로 인정된 전문영역 범위 안에 머무는 것이 더 안전하고 현명하며 정직하고 더 윤리적이다.[402]

5) 재정적인 이슈

윤리적으로 상담료는 상담을 시작할 때 논의되어야 하는 사항이다. 하지만 대부분의 목회상담의 경우가 담당 목회자와 교인 간에서 진행되기에 이러한 상담료에 따른 문제가 일반적인 목회현장에서는 생기지 않는다. 하지만 목회상담자로서 전문적으로 활동하는 경우는 이러한 상담료를 포함한 재정적인 문제는 다음과 같은 고려사항을 전제로 결정하여야 한다. 즉 상담료는 합리적인 통보 없이 올리지 말아야 한다. 대부분의 전문상담자들은 그들의 훈련과정과 그들의 경험수준 그리고 그들의 지역에서 시행되고 있는 상담료 비율 등에 근거하여

---

401) Ibid., 66-7. 고린도전서 10:12을 보라.
402) Collins, 「기독교와 상담윤리」, 58-9. 전문심리학자들 중 22.8%가 경우에 따라서 자신의 능력 밖에서 상담을 했다고 보고되고 있고, 효과가 없는 경우에도 계속 상담을 해왔다고 인정한 상담자는 59.6%로 나타나고 있다.

상담료를 채택한다. 그리고 부분적으로는 내담자의 지불능력을 고려하여 상담료를 책정하기도 한다. 특히 목회상담자에 있어서 상담료를 지불할 능력이 없는 사람에게 상담을 제공하지 않는다거나 중단하는 일은 쉽지 않은 상황을 야기시킨다.

이상에서 살펴본 상담관계에서의 여러 가지 윤리적 요소들은 선택사항이 아니라 상담자인 우리를 사역으로 부르시고 맡겨주신 하나님에 대한 책임인 동시에 하나님께서 우리에게 요구하시는 것이다. 그러므로 목회상담자는 윤리적인 행위에서 탁월해야 하며, 그럴 때 하나님이 우리의 행위를 통하여 영광을 받으신다. 만약 동료상담자가 앞에서 열거한 비윤리적인 일에 관계되어 있다면 마태복음 18장 15-17절의 말씀에 근거하여 개인적이고도 비공식적으로 만나 권면하는 것이 좋다. 이것은 공동체 안에서의 형제와 자매 간 그리고 동료 목회자로서의 책임 있는 자세이다.

5. 목회상담자의 윤리적 자세

앞서 언급한대로 목회상담자에게는 가장 높은 수준의 윤리와 도덕성이 요구된다. 사람들의 삶에 개입한다는 것은 심각하고도 책임있는 일이기에 상담 분야만큼 탁월성이 요구되는 분야도 없다. 이러한 높은 수준의 탁월성과 윤리성에 도달하고 그것을 유지하기 위해 목회상담자는 그리스도인의 성장과 제자 훈련 그리고 겸손을 이루는데 헌신적이어야 하며, 고결성, 공명정대성 그리고 존중과 같은 기본적 가치를 지녀야 한다. 또한 목회상담자는 내담자를 만나기 전에 자기 자신 그리고 다른 상담자들에 대한 자신의 책임을 인식하고 있어야 한다.[403]

따라서 목회상담자는 인격적 고결성을 유지해야 하며, 영적인 훈련에 헌신

---

403) Litchfield and Litchfield, 「기독교상담과 가족치료」, 5권, 73-4.

되어지고 하나님과 함께 하는 삶에서 성숙되어 가야 한다. 상담의 방법에 대해 박식하고 잘 훈련된 사람이라 할지라도 개인적 영성을 소홀히 한다면 목회상담자로서는 유능한 사람이 되지 못할 수도 있다. 영적인 헌신은 목회상담자로서 핵심적인 일이다. 참다운 목회상담자는 예수 그리스도의 제자들로서 그의 주권을 인정하며, 우리의 죄를 자유롭게 고백하면 그가 용서할 것을 믿으며, 그리스도를 아는 지식에서 자라기를 힘쓰며, 매일의 삶 속에서 겸손하게 하나님의 인도하심을 바라는 자들이어야 한다. 끝으로 목회상담자는 영적 정서적 윤리적 민감성을 지녀야 하며 동시에 다른 상담자를 발굴하고 양육하여 다음 세대를 더욱 효율적으로 목양할 수 있도록 준비할 수 있어야 한다.

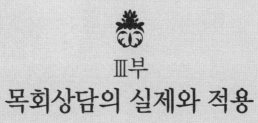

Ⅲ부
목회상담의 실제와 적용

상담은 단순하게 한 개인을 돕거나 외로움에 빠진 가족을 돕는 행위만을 의미하는 것은 아니다. 상담은 이러한 개인들과 가족들이 처한 사회적 상황을 고려하는 조력행위이며, 시대와 계층 그리고 문화와의 연관 속에서 개인과 가족을 이해하고 돕는 과정을 포함한다.[404] 3부에서는 앞장에서 살펴보았던 목회상담의 신학적 이론적 토대를 바탕으로 목회상담의 주요 내용과 주제인 결혼과 가족, 대인관계 및 갈등해결, 인생의 위기 그리고 임종과 사별과 관련된 내용들을 살펴보고 목회현장에 필요한 상담과 돌봄의 구체적 방법과 접근을 알아보기로 한다.

결혼과 가족은 목회현장에서 가장 많이 접하는 돌봄과 상담의 대상이며 동시에 신앙공동체의 건강을 담보하는 기초가 된다. 하나님께서 사람을 만드시면서 가장 먼저 사람을 위해 베풀어주신 상호돌봄의 울타리가 결혼과 가족이다(창 2: 20-25). 본 장에서는 목회상담의 가장 빈번한 주제이자 인간사회를 이루는 기초단위가 되는 가족과 그 가족을 이루는 출발이 되는 결혼에 대하여 알아보기로 한다.

---

404) Lan Baglow, *Contemporary Christian Counseling* (Australia: E. J. Dwyer, 1996), 6.

| 11장 |
목회상담과 결혼 및 가족

1. 현대사회의 결혼과 가족의 이해

1) 현대 결혼과 가족에 미치는 거시적 영향

결혼과 가족의 형태와 경향은 소속된 사회의 영향을 직간접적으로 받는다.[405] 어떤 사회에서는 법으로 정해져 있는 일부일처제도가 다른 사회에서는 일부다처 혹은 일처다부제가 시행되고 있다. 가족구성원의 평균 인원수를 결정하는 자녀의 수 역시 그 사회의 시대적인 영향을 강하게 받는다.[406] 결혼 풍속 역시 직접적인 사회적 영향을 받는다. 중매결혼, 연애결혼, 결혼사이트를 통한 결혼 등의 형태 역시 사회적 변화에 따라 그 형태가 달라져왔다. 또한 이혼을 가족과

---

405) James M. Henslin, "Introduction," *Marriage and Family in a Changing Society*, 4th ed. ed. James M. Henslin (New York, NY: The Free Press, 1992), 1.
406) 1970년대와 80년대 초엽까지 한국사회는 전후세대 베이비부머들로 인한 과밀현상으로 교육, 주택, 환경 등을 비롯한 국가경제 전반에 걸쳐 어려움을 겪었다. 또한 이러한 베이비부머의 출산문제는 한국사회의 전통적인 남아선호사상과 맞물려 해결이 더 어려웠다. 저 출산의 문제로 어려움을 겪고 있는 21세기 초엽의 한국사회와는 달리, "잘 키운 딸 하나 열 아들 안 부럽다." "한 집 건너 하나 낳기 운동" 등 1970년대와 80년대 당시 버스 안이나 공공장소에서 쉽게 발견할 수 있었던 산아제한 구호는 그 시대의 산아제한을 권하던 사회적 분위기를 반영한 내용들이 많다.

가문의 수치로 보았던 이전과는 달리 오늘날 21세기 초엽의 한국사회는 이혼을 개인적인 문제로 보고 있으며 사회적으로나 가족적인 수치의 문제로 보고 있지 않다.

오늘날 결혼과 가족에 위협을 가하는 거시적 요소는 대표적으로 다음의 세 가지를 들 수 있다.[407]

첫째, 급격한 정치, 사회, 경제의 변동이다. 이전 세대와는 비교할 수 없는 기술의 발전 속도와 그 기술의 내용이 결혼과 가족을 위협하는 요소가 된다. 컴퓨터와 인터넷의 발전, 정보의 사회적 공유 및 사이버 관계의 증가, 성전환자나 동성애자들의 사회적 권리 주장 및 육아와 합법화 경향 등의 성적 윤리적 태도의 변화가 주변에서 발견할 수 있는 급격한 가족과 결혼의 변화추세이다.

둘째, 이러한 변화의 속도와 내용으로 말미암은 사람들이 느끼는 중압감이 결혼과 가족을 위협하는 요소가 되고 있다. 전반적 사회 변화의 내용과 속도는 기존 가족과 이성 간의 관계에도 시간과 공간의 문제 및 관계의 질적 영역에 영향을 미친다. '더 빨리, 더 편리하게, 더 많이'에 휩싸인 사회 속에서 문명의 이기와 이들과 관련된 기대되는 인간관계의 반응들이 이전과는 다른 가족관계와 결혼의 풍토를 낳고 있으며 이에 대한 우리들의 반응을 강요하고 있다. 데이트의 풍속이 휴대전화의 발명으로 바뀌고 있으며, 가족의 대화방식 역시 인터넷과 휴대전화의 문자나 이모티콘 등으로 통하여 이전과는 다른 방식으로 변화하고 있다.

셋째, 이러한 변화와 중압감으로 말미암은 은연중 만연되어 있는 사람들의 비관적 태도가 건강한 결혼과 가족을 위협하고 있다. 이전과는 비교할 수 없는 정보의 공유범위와 사회적 상호의존의 증가는 사람들로 하여금 수동적이고도

---

407) Gary R. Collins, 「가정의 충격」, 안보현, 황희철 역 (서울: 생명의 말씀사, 1997), 26-30.

무기력한 생각에 쉽게 사로잡히게 만든다. 이전에는 내가 살던 작은 마을에서 풍년이 들면 그것으로 행복했지만, 이제는 풍년이 가져올 곡물값을 비롯한 농산물의 하락을 걱정해야 한다. 이전에는 나와 지리적으로 가까이 있던 사람들이 나의 준거집단이었으나 이제는 전 세계의 잘 살고 앞서 있는 나라, 화려한 연예인들과 그들의 소비패턴이 사람들로 하여금 자신의 삶의 질과 양을 비교해 볼 수 있는 준거의 틀을 제공하고 있다. 한 동네의 작은 문제가 사회적 정보망의 발달로 인하여 걷잡을 수 없는 사회적 이슈가 되어 심하면 자살로까지 이어지는 일들도 벌어진다. 이로 인해 쉽게 행복하고 작은 것에 감사하고 작은 희망으로 삶의 의미를 찾았던 이전과는 달리, 보고 듣고 알게 된 견줄 수 없는 비교의 대상들과 정보들로 인하여 자기도 모르게 무기력하고 패배적이며 수동적이 되기 쉬운 시대에 살고 있다. 결혼과 가족은 이러한 거시적 변화에 의해서도 영향을 받지만 동시에 끊임없이 다음에 살펴 볼 미시적인 요소들에 의해서도 또한 영향을 받는다.

2) 현대 결혼과 가족에 미치는 미시적 영향

결혼과 가족제도는 그 사회 구성원의 재생산 및 교육 그리고 기본적 경제 단위를 구성하는 핵심 사회 제도이다. 또한 결혼과 가족제도는 안전하고 합법적 인 성적 관계와 이를 통한 자녀의 출산과 양육 그리고 이를 통한 정서적 안정과 충족을 보장함으로 사회의 안정과 유지의 기초를 제공한다.[408]

이처럼 중요한 결혼과 가족에 영향을 미치는 미시적 요소들이 많이 있지만 콜린스가 제시하고 있는 아홉 가지 요소를 목회상담현장에서 실제적으로 도움 을 주는 미시적 요소로 소개한다. '과거에 겪은 경험과 사건들,' '현재의 사건과 그 영향,' '세계관,' '미래에 대한 꿈과 기대,' '구성원들의 결정과 선택,' '가정의

---

408) Ibid., 2.

변화 단계와 변천,' '인종과 문화적 독특성,' '가정의 계속성과 부단한 변화' 그리고 '하나님의 손길.'[409] 사실 목회상담현장에서는 이러한 미시적 요소를 상담과 돌봄의 현장에서 더 자주 적용하고 있다.

3) 변화하는 오늘날의 결혼과 가족의 모습

(1) 통계로 본 오늘날의 결혼과 가족의 모습

현대사회는 전통적 결혼의 붕괴, 맞벌이부부, 이혼과 재혼, 핵가족화, 동성애 증가 등의 영향으로 인하여 이전과는 달리 다양한 형태의 가족이 존재한다. 동성애부모가정, 사실혼가정, 편부모가정, 다문화가정 등이 그것이다.[410] 미국 가정을 조사한 통계학자 조지 바나(George Barna)에 의하면 미국인들 90%가 결혼을 하며, 동거가 널리 용인되고 있고, 혼전 동거부부가 그렇지 않은 부부보다 이혼율이 더 높다. 미국 동성애자의 수는 약 1% 정도이며, 태어나는 아이들의 2/3는 성인이 되기 전 한쪽 부모만 있는 가정에서 살게 될 것이고, 성인이 된 20대와 30대의 자녀들이 부모와 살기 위해 자신의 원가정으로 돌아가는 수가 증가하고 있다고 한다.[411]

여성가족부가 2011년 1월 24일 발표한 2010년 2,500가구 4,754명을 대상으로 실시한 '제2차 가족실태조사' 결과에 나타난 한국가족의 현주소는 다음과 같다(1차 조사는 지난 2005년에 실시됐다). 가족 간의 대화에서 아빠는 의사소통에서 소외돼 있고, 엄마는 가사와 육아 및 교육을 거의 전담하고 있다. 따라서 아이는 아빠보다는 엄마와 더 친한 관계를 가지고 있다.

가정 내 의사결정과정에서 2005년의 조사와 비교해서 남편과 아내의 평등이

---

409) Ibid., 40.
410) Bruce Litchfield and Nellie Litchfield, 「기독교상담과 가족치료」, 3권, 정동섭, 정성준 역 (서울: 예수전도단, 2002), 68.
411) George Barna, *The Future of the American Family* (Chicago, IL: Moody Press, 1993), 22-3.

증가했지만 여성의 양육과 자녀 돌봄에 대한 부담은 여전한 것으로 나타났다. 조사 결과, 육아는 거의 여성이 전담하고 있었다. 12세 이하 자녀가 있는 경우 자녀 돌봄 활동의 거의 모든 항목(밥 먹는 것 도와주기, 옷 입는 것 도와주기, 아플 때 돌봐주기 등)에서 '대체로 아내가 담당한다'는 응답이 높았으며 1주일 평균 소요시간은 여성이 남성보다 2-3배나 많았다.

가족 구성원과 남성의 심리적 거리는 점점 멀어지고 있다. 자녀와 대화가 충분한지 묻는 질문에 대해 '부족하다'고 응답한 어머니는 20.1%인 것에 비해 아버지는 34.4%로 높게 나타났다. 자녀 관점에서도 '대화 부족' 응답이 어머니는 11.9%였지만 아버지는 35.4%나 됐다. 그럼에도 불구하고 '노후를 누구와 지내고 싶은가'라는 질문에 대해서는 남성 79%, 여성 66.6%가 '배우자와 단둘이'라고 응답해 부부가 서로 의지하고 노후를 같이 보내고 싶어 하는 것으로 조사됐다.

특히 이번 조사에서 처음 실시된 명절 실태 설문 결과, 55.1%가 전통적인 제사를 지내며 제수 장만은 '여성이 주로 한다'는 응답이 62.3%에 달했다. 또 남편 쪽 가족과 함께 보내는 경우가 62%, 남편 쪽과 보낸 후 부인 쪽으로 이동하는 가구가 34.6%로 여전히 남성 위주 명절 문화가 지배적인 것으로 나타났다.

급격한 변화를 보이는 분야는 처가에 대한 가족인식의 둔화이다. '우리 가족'의 범위로 배우자의 부모가 2005년 1차 조사 당시 79.2%에서 50.5%로, 배우자의 형제자매가 54%에서 9.6%로 급감하는 등 핵가족에 대한 인식이 보다 굳어진 것으로 분석됐다. 즉 두 가구 중의 하나는 배우자의 부모를 가족으로 여기지 않는 것을 나타났다.

많은 가구가 자녀 양육에 있어 경제적인 부담을 느끼고 있어 저출산 현상이 심해지고 있는 것으로 조사됐다. 1차 조사 당시 출산 계획이 없는 이유로 '자녀 양육과 교육비가 부담스러워서'라고 응답한 비율이 14.4%였지만 이번 조사에서는 23.3%로 급증해 '나이가 많아서'(39.5%)를 제외하고 가장 큰 이유로 꼽혔다. 자녀 사교육비로 월 평균 50만~100만원을 지출한다는 가구가 28.8%로 가장 많았고, 30만~40만원 지출이 18.5%, 100만원 이상 지출한다는 가정도 13.6%나 됐다. 공교육비 월 평균 지출액도 10만~20만원이 18.8%, 20만~30만원도 17.4%로 조사돼 부담이 적지 않은 것으로 나타났다.

평균적으로 결혼 비용이나 신혼집을 마련하는 데 있어서는 남성 부담이 높았다. 결혼하는데 남성은 8,078만원, 여성은 2,936만원이 들었고 신혼집 마련에는 남성 6,465만원, 여성 512만원이 들었다.[412]

오늘날 한국 사회의 결혼 관련 통계를 보면, 2004년 이후 증가하던 혼인건수가 2010년 이후 계속 증가하고 있는 추세이며, 이혼건수 또한 증가하고 있다. 평균초혼연령은 10년째 꾸준히 증가하여 2014년 통계청의 발표에 따르면 평균 초혼연령은 남자 32.2세, 여자 29.6세이며 평균 재혼연령은 남자 46.8세, 여자 42.5세이다.[413] 또한 이혼의 증가 및 성적개방풍조의 영향이 결혼에 부정적 영향을 미친다.[414] 전반적으로 독신자들이 늘어나고 있는데 미혼 인구비율은 20세 이상 모든 연령층에서 증가하고 있다. 학업의 연장 및 결혼의 경제적 부담 증가와 이로 인한 만혼화 추세 등으로 결혼 적령기에 속하는 25세-34세 사이의 연령층에서 미혼률이 증가하고 있다. 또한 다문화 가정의 증가와 이혼률의 증가, 중년과 노년 부부의 이혼률 증가와 이로 인한 이혼연령의 높아짐과 재혼연령 또한 높아지는 현상을 보이고 있다.[415]

---

412) 2010년 여성가족부 발표. 고재만, "'제2차 가족실태조사' 결과" [온라인 자료], http://news.mk.co.kr/newsRead.php?year=2011&no=51927, 2011년 6월 10일 접속.
413) "한국인 혼인건수 3년째 감소세속 평균 초혼연령 10년째 증가," [온라인 자료], http://www.econovill.com/archives/182995, 2014년 10월 14일 접속.
414) Litchfield and Litchfield, 「기독교상담과 가족치료」, 3권, 70.
415) Ibid., 74-5; 2014년 사법연감에 따르면, 결혼 20년차 이상 부부의 이른바 '황혼 이혼' 사건은 3만2천433건으로 역대 최다를 기록하였다. 이는 결혼 5년차 미만 부부의 이혼건수인 2만7천299건을 앞지른 수치로 2013년 황혼이혼은 전체 이혼의 28.1%를 차지하였다. 2010년 이후 황혼 이혼은 계속하여 증가하고 있다. 「연합뉴스 인터넷판」, 2014년 10월 22일 접속.

국제결혼은 2006년 방문취업제 시행예고로 중국교포 등의 국내입국과 취업이 합법적으로 이루어짐에 따라 결혼을 통한 합법적인 체류가 아니더라도 입국과 취업이 가능하기에 국제결혼의 건수는 2013년 2만 6천 건으로 조금씩 감소하는 추세이다.[416] 한국 남자와 혼인한 외국 여자의 국적은 중국, 베트남, 일본 순이다. 이중 2006년 혼인한 농림어업에 종사하는 한국 남성 중 1.0%가 외국 여자와 결혼하였다. 그리고 이들 국제결혼 부부의 평균 혼인 연령차가 11.5세나 되어 한국인 부부의 평균 혼인 연령차 2.4세의 약 4.8배나 되기에 이들 국제결혼 부부의 문화적 언어적 어려움과 함께 나이 차이로 인한 부부 공감대 형성도 어려움이 많음을 짐작할 수 있다.

2013년의 혼인건수는 32만 2,800건으로 전년대비 4,300건 1.3% 감소하였고 반면, 이혼건수는 11만 5,300건으로 2012년 대비 1,000건 0.9% 증가했다. 한편, 재혼의 경우 2013년 3만 6,100 전체 혼인의 11.2%를 차지해 2013년 전체 혼인의 10건 중 1건 이상이 재혼인 것으로 나타났다.[417] 흥미로운 사실은, 초혼의 경우 여자연상부부가 2012년 대비 0.6% 증가하였고, 재혼의 경우 '재혼남과 초혼녀'의 결혼비중이 '초혼남과 재혼녀'보다 높았지만 1995년 이후부터 이 비중이 역전되어 '초혼남과 재혼녀'의 결혼비중이 더 높게 나타나고 있다.[418]

(2) 현대 결혼과 가족의 경향 및 전망

앞에서 최근 한국의 결혼과 가족의 추세를 간략하게 살펴보았지만, 오늘날 사회의 결혼과 가족은 이전의 전통적 결혼과 가족과는 달리 그 결속력이나 언약적 성격 등이 점점 약화되는 경향을 보인다.[419] 또한 현대산업사회의 발달과

---

416) "한국인 혼인건수 3년째 감소세속 평균 초혼연령 10년째 증가."
417) Ibid.
418) 통계청, "2010년 인구동태통계연보(혼인, 이혼편)."
419) 이를 나타내는 것이 이혼율의 증가와 핵가족화의 영향으로 인한 가족범위의 축소현상이다.

도시화로 인하여 다양성과 익명성 그리고 복잡성 및 개인주의가 가속화되고, 이로 인하여 이혼율과 동거결혼의 증가, 동성교제 및 동성결혼 그리고 이전에는 볼 수 없었던 여러 가지 가족 형태 등이 나타나고 있다. 현대에서의 거시적 가족의 변화추세를 요약하면 다음과 같다.

첫째, 결혼동기의 변화가 혈연적인 대를 잇기에서 사랑하는 사람과 가족을 이루는 것으로 바뀌어 간다.

둘째, 부모 자녀 관계가 지배 복종관계에서 보다 민주적이며 어느 정도 상호 독립적인 관계로 변화해 간다.

셋째, 부부 관계는 이전의 가부장적인 위계 서열적인 관계에서 평등하며 상호보완적인 관계로 변화해 간다.

넷째, 혼인의 형태면에서 연애혼이 증가하며 따라서 이전의 부모의사중심에서 벗어나 당사자 의사중시로 혹은 절충형으로 바뀌어 간다.

다섯째, 가족규모가 축소되어 간다. 이전의 확대가족 형태에서 핵가족 중심으로 변해 간다.

여섯째, 다양한 가족형태가 출현한다. 독신가족, 동거가족, 자녀 없는 가족, 편부모 가족, 역할전이가족(집안일을 남성이 담당하고 사회적 역할을 여성이 담당하는 형태), 동성가족, 비혈연가족, 공동체가족 등이 그것이다.

하지만 이러한 형태와 내용의 변화에도 불구하고, 비록 그 시간과 장소는 다를지라도 하나님께서 세우신 결혼과 가족은 교회와 함께 영원히 존재하게 될 것이다. 경쟁과 스트레스, 빈부 차이, 상대적 박탈감 등으로 인해 힘들고 어려울수록 사람들은 '행복'과 안정을 더욱 추구하게 된다. 그래서 가족의 정서적 관계적 역할은 더욱 중요하다. 사랑과 신뢰, 책임을 주고받고 배우고 경험하는 기본적인 생활단위가 바로 가정이기 때문이다. 이상에서 살펴본 결혼과 가족을 가능하게 하는 것은 가정을 이루기 위한 배우자 선택이다. 다음에서 배우자 선택과 그 과정 그리고 목회상담에서 필수적인 결혼예비상담에 대하여 살펴보자.

2. 이성교제와 배우자 선택 및 결혼예비상담

성서는 결혼에 관하여는 많은 가르침들이 있지만 이성교제와 배우자 선택에 관한 내용은 거의 언급이 없다. 그 이유는 아마 성서시대의 결혼 풍습이 개인 간의 교제에 의해서가 아니라 가족이나 가문의 약속에 의한 결혼이었기에 이성교제와 배우자 선택에 관한 언급이 다루어지지 않은 듯하다.[420] 하지만 오늘날 한국 사회에서 결혼의 준비과정이 이성교제 및 이를 통한 배우자의 선택임을 감안하면 상담자가 이성교제와 배우자 선택에 관한 내용을 살펴보는 것은 필요하다.

1) 이성교제

낯선 사람이 만나 데이트를 통하여 서로에게 헌신하고 사랑에 빠지며 결혼으로 향하는 과정이 전형적인 이성관계의 단계이다. 한국에서 본격적인 결혼으로 이어지는 이성교제는 정규 교육과정이 끝난 후 안정적인 직업을 가지고 난 다음부터라 할 수 있다. 이성 관계에서 사람들이 일반적으로 꿈꾸는 일은 문학 작품이나 사랑의 노래에서 나오는 것처럼 운명적인 사랑이 낭만적으로 이루어져서 결혼으로까지 이루어지는 것이다. 하지만 이성교제는 그 시작부터 의지적, 정서적 그리고 인지적 노력과 상호작용이 개입되는 인간관계이기에 이러한 낭만적인 이성 간의 사랑이 현실적으로 이루어지기란 쉽지 않다.

---

420) Collins, 「뉴 크리스천 카운슬링」, 553.

(1) 이성교제의 방식

이성교제를 시작하게 되는 경우는 다양하지만 그것을 분류하면 다음의 몇 가지로 나눌 수 있다. 첫째, 소개를 통한 방식이다. 가까운 친구들이나 가족 친지를 통하여 상대방을 소개받고 이성교제를 시작하는 경우이다. 둘째, 자신의 선택에 의해서이다. 우리 사회가 남성이 적극적으로 이성교제를 시작하는 행동을 취할 것을 기대하지만, 남성이나 여성들은 자신이 선택한 사람과의 이성교제를 간접적 방식으로 시작하는 경우가 많다. 셋째, 온라인과 오프라인의 이성교제 서비스나 동호회 또는 카페를 통한 이성교제 방식이다. 생각보다 많은 사람들이 이러한 방식을 통하여 상대를 구하고 성공적인 이성교제로 이어지는 경우가 있다.

이러한 여러 방식을 통한 이성교제는 사랑이 뒷받침 될 때 지속적인 관계로 발전하며 나아가서 결혼배우자가 될 수 있다. 그러면 이성교제에서 가장 중요한 요소인 사랑이 가능하기 위해서 사랑에서 어떠한 요소가 요구되는지를 살펴보자.

(2) 사랑의 구성요소

여러 결혼 연구는 결혼을 위한 전제조건으로 사랑에 무게를 두는 비중이 남녀가 다르다는 사실을 발견했다. 일반적으로 남성이 여성보다 더욱 낭만적인 사랑을 결혼의 조건으로 여긴다. 다른 말로 하면 여성이 남성보다 낭만적인 사랑에 비중을 두지 않는다는 사실이다.[421] 오랜 시간을 내려오면서 남성들에 의존해왔던 여성들은 자신들의 결정이 인생에서 매우 중요하다는 사실을 인지하고 있기 때문에 남성보다 낭만적이기 않고 좀 더 현실적이고 조심스럽게 되었다고 볼 수

---

421) Willard Waller, *The Family: A Dynamic Interpretation* (Hinsdale, IL: Dryden Press, 1938), 243.

있다.[422] 그러면 결혼을 위한 바람직한 사랑이란 어떤 것일까?

예일대학교의 로버트 스턴버거(Robert Sternberg)와 그의 제자 수잔 그래적(Susan Grajek)은 한 연구에서 사랑의 세 가지 구성요소로 정서적 영역의 '친밀감(intimacy),' 사랑의 동기유발 영역인 '열정(passion),' 그리고 인지적 영역인 '헌신(commitment)'을 제시하였다.[423]

이 친밀감과 열정 그리고 헌신의 정도에 따라 이성교제는 다음의 8가지 유형으로 나뉘어진다. 첫째, 비사랑(non-love)이다. 세 요소 아무것도 갖추지 않은 무의미한 대인관계가 그것이다. 둘째, 우정(liking)이다. 뜨거운 열정과 헌신은 없지만 가까움과 따뜻함의 친밀감만 있는 사랑이다. 셋째, 열병앓이 사랑(infatuation)이다. 친밀감이나 헌신의 과정 없이 우연히 보고 가슴 태우는 열정만 있는 사랑이 이에 속한다. 넷째, 공허한 사랑(empty love)이다. 열정이나 친밀감 없이 헌신만 있는 사랑으로 형식적 결혼관계나 의무감으로 가정을 이루고 사는 결혼형태가 그 한 예가 될 수 있다. 다섯째, 낭만적 사랑(romanticlove)이다. 열정과 친밀감은 있지만 헌신이 없는 사랑이다. 인격적으로 성숙하지 못한 이성교제에서 종종 발견되는 사랑의 형태이다. 여섯째, 허구적 사랑(fatuous love)이다. 열정과 헌신은 있지만 진정한 친밀감이 결여된 사랑으로 만난 지 며칠 만에 열정에 빠져 사랑하고 그 헌신의 표식으로 결혼하지만 친밀감은 결여된 경우가 이에 속한다. 이러한 사랑 역시 인격적 성숙이 결여되었을 때 나타나는 사랑의 형태로 볼 수 있다. 일곱째, 동료/동지애(companionate love)이다. 친밀감과 헌신은 있으나 뜨거운 열정은 결여된 사랑의 형태이다. 끝으로, 온전한 사랑(consummate love)이다. 친밀감, 열정, 헌신 이 모두를 균형 있게 충족한

---

422) David A. Karp and William C. Yoels, "From Strangers to Intimates," *Marriage and Family in a Changing Society*, 4th ed. ed. James M. Henslin (New York, NY: The Free Press, 1992), 137.
423) Robert J. Sternberg and Susan Grajek, "The Nature of Love," *Journal of Personality and Social Psychology*, vol. 47, no. 2 (1984): 312-29; 지용근 외 3인, 「인간관계론」 (서울: 박영사, 2004), 254-5.

이상적 사랑으로 모든 이성교제는 이 형태를 향하여 성숙하고 성장한다고 할 수 있다. 그러면 이러한 사랑은 어떠한 과정을 거쳐 성숙하고 건강한 결혼을 위한 준비가 갖추어 지는가를 살펴보자.

(3) 사랑의 발전단계

첫눈에 반하여 사랑에 빠지는 경우가 없지는 않지만 대부분의 경우 사랑의 관계는 점진적인 과정을 거치면서 형성된다. "사랑의 수레바퀴 이론"(wheel theory of love)으로 잘 알려진 미국의 저명한 사회학자 아이라 레이스(Ira Reiss)는 사랑의 상호 연관된 발전적 과정을 수레바퀴의 사분의 일로 이루어진 네 단계로 설명하고 있다.[424] 각 수레바퀴는 신뢰형성 → 자기개방 → 상호의존 → 인격적 정서적 필요 충족의 네 단계의 순서를 지니고 있다. 레이스는 이성 간의 사랑의 발전단계가 이러한 단계를 차례로 밟아 나간다고 주장한다. 즉 신뢰형성 단계가 이루어져야만 다음 단계인 자기개방의 단계로 나아갈 수 있다는 것이다.

레이스의 수레바퀴이론에 따라 이성교제의 발전과정을 좀 더 자세하게 살펴 보면 다음과 같다.

첫째, 신뢰형성과 자기개방의 단계이다. 우리 모두는 낯선 사람을 만난 경험 들을 가지고 있다. 그리고 그러한 낯선 만남의 자리에서는 서로 간에 분위기를 위하여 자기소개를 간단히 하고는 형식적이고 표피적인 질문들과 대화들이 오고간다. 만약 상대방이 마음에 들어 관계를 조금 깊게 맺고 싶다면 상대방을 좀 더 알고 자신을 좀 더 알리는 방향으로 대화를 진행한다. 이 단계에서 다음에 상대방을 만날 계획을 가질 것인가 말 것인가를 결정하는데 외모는 중요한

---

424) Ira Reiss, "Toward a Sociology of the Heterosexual Love Relationship," *Marriage and Family Living*, vol. 22 (May 1960), 143.

요소가 된다. 하지만 외모의 중요성에 관하여 남녀의 차이가 존재한다. 열 명 중 아홉 명꼴로 남성은 외모를 가장 중요한 요소로 꼽는다. 하지만 여성의 경우, 외모가 중요한 영향을 미치는 것은 사실이나 그 보다 조사대상 92퍼센트의 여성은 자신들의 태도와 가치관과 비슷한 태도와 가치관을 가진 남성을 자신들이 계속적인 관계를 유지할 상대로 선택한다고 응답하는 것을 볼 수 있다.[425] 즉 남성들이 여성들의 외모를 관심을 가지는 반면, 여성들은 남성들의 성품에 더 큰 관심을 가지고 있다는 사실이다.

처음의 만남 이후 만남을 계속해 가면서 남녀는 서로가 유사함이나 상이함을 발견할 수 있는 다양한 경우들을 경험한다. 그리고 이러한 경험들이 쌓이면서 서로 상대를 알아가게 된다. 이성교제의 단계에서 사람들은 의식적이든 무의식적이든 지속적으로 자신의 이상적인 모습을 상대방에게 보이고 싶어 한다. 여러 번의 만남을 통하여 사람들은 상대방이 자신을 좋게 보는데 방해가 되는 정보들을 숨기려는 동시에 상대방의 숨겨진 정보들을 찾고자 한다. 하지만 종교, 직업, 사회경제적 지위, 교육정도, 인종, 가족적 배경 등과 같은 정보들처럼 감추기 힘든 것들이 있다. 그리고 초기 단계에서 이러한 드러난 요인들이 이성 간의 만남을 일찍 종결하게 만들기도 한다.

어떻든 초기의 신뢰형성단계를 지나 서로 상대방을 알아가면서 남녀는 서로가 함께 잘 지낼 수 있을 것이란 사실을 확인하는 신뢰와 자기개방의 과정을 밟는다. 이 과정에서 사회 경제적 요소나 가치관 그리고 태도나 성격적인 면에서 함께 하기 힘든 경우는 자연스럽게 그 관계가 종결된다. 물론, 사람들은 인기리에 방영되는 이성 간의 사랑을 다룬 TV드라마나 동화 '신데렐라'와 같은 사회경제적인 격차를 극복한 사랑을 꿈꾸기도 하고, 그러한 사랑이 이루어지는 것을

---

425) Karp and Yoels, "From Strangers to Intimates," 138-9.

통해 대리만족을 느끼기도 한다. 하지만 현실에서 이루어지지 않는 동화이기에 현실을 살아가는 사람들에게 대리 만족을 주는데 그치고 만다.

둘째, 상호의존과 신뢰의 단계이다. 신뢰와 자기개방의 단계를 통해 남녀는 서로 상대를 결혼 상대자로 심각하게 고려하는 단계로 가게 되는 기로에 서게 된다. 즉 관계를 더욱 발전시키기 위해 친밀한 관계인 상대를 위한 헌신의 단계로 나아갈 것인가를 결정하는 시점에 이르게 되는 것이다.[426] 이 단계를 바탕으로 하여 남녀커플은 상호의존과 헌신의 단계로 나아가게 된다. 즉 "나에게 필요한 것은 오직 당신뿐이오"란 단계가 되는 것이다.

상호의존과 헌신의 단계에서 가장 중요한 특징은 이전까지와는 달리 매일 자신의 일상생활에 대해 서로 나누고 자신의 은밀한 비밀을 숨기지 않고 나누는 경험을 한다는 것이다.[427] 이 단계가 되면 비로소 이웃이나 가족 혹은 다른 사람들로부터 공개적인 결혼을 전제로 한 이성교제 상대로 인정을 받게 된다. 공개적인 인정은 이성교제 당사자끼리의 독점적인 관계를 인정받는 동시에 서로에게 그에 적합한 책임 있는 행동을 해야 하는 당위성과 의무를 낳는다. 이 단계가 되면 함께 초대를 받고 공적인 자리에 함께 참석하면서 인정을 받는다. 이전과는 달리 주말 데이트가 매일 데이트나 수시로 상대방에 대한 소식이나 연락을 하는 관계가 되며, 가족이나 친구들의 중요 모임에 함께 참석하여 소개하거나 소개받게 되며, 귀한 선물을 사주고 받는 사이가 된다.

하지만 이러한 새로운 단계로의 발전은 서로에 대한 새로운 기대와 함께 상대방 가족과 친구들과의 관계에서 긴장과 새로운 적응을 해야 하는 어려움을 가져온다.[428] 그리고 이러한 어려움은 상대방에 대한 더욱 깊은 헌신을 필요로 한다. 일반적으로 이러한 깊은 헌신의 관계에 대하여 남성들은 자신들의 자유와

---

426) Murray S. Davis, *Intimate Relations* (New York, NY: The Free Press, 1973), 324.
427) Karp and Yoels, "From Strangers to Intimates," 141.
428) Ibid.

독립을 잃었다고 여긴다. 반면 여성들은 이러한 깊은 헌신의 관계에 대하여 안전감을 느낀다.[429] 물론 이 단계에서 상대방을 위해 자신의 미래 계획이나 좋은 기회를 놓치는 어려운 결정을 내려야 할 경우도 있다.

이 시기의 또 다른 어려움은 상대방 친구나 가족들에 의한 부정적 평가이다. 이성교제가 아들이나 딸의 장래 계획에 방해가 된다고 여길 경우, 상대방 부모의 반대가 있을 수 있다. 친구를 잃는다고 여기는 상대방 친구들의 보이지 않는 방해나 질투 역시 있을 수 있는 어려움이다. 이런 어려움을 극복하는데 중요한 요소는 상대방이 서로를 위해 함께 헌신하고 사랑하기 위해 애써야 한다는 사실이다. 남녀 중 헌신의 정도가 다를 경우, 이 어려움이 결별로 이어지는 확률이 헌신의 정도가 동일한 경우보다 두 배 이상이 된다.[430] 그리고 결별의 경우, 결별을 당하는 상대는 결별을 주도하는 상대보다 죄책감은 덜하지만 스트레스와 외로움과 불행을 더 깊게 느낀다. 또한 남녀 차이를 보면, 대체로 남성들이 그 결별의 어려움을 더 크게 겪고 극복하는데 어려움을 겪는다.[431]

2) 배우자 선택

(1) 배우자 선택의 기본 전제

결혼에서 가장 중요한 일이 사랑할 수 있으며 적합하고 헌신적인 배우자를 선택하는 일임은 두말할 필요가 없다. 하지만 이러한 배우자 선택에 앞서 정작 필요한 일은 자기 자신을 잘 아는 것과 자신을 둘러싼 상황과 환경을 깨달아 아는 것이다.[432] 즉 자신의 신앙을 포함한 가치관, 자신을 둘러싼 가족체계,

---

429) Ibid., 142.
430) Ibid., 143.
431) Arlene Skolnick and Jerome H. Skolnick, eds., *Family in Transition* (Boston, MA: Little, Brown, 1980), 324.
432) 이주희 외 4인, 「인간관계론」 (고양: 공동체, 2008), 199.

속한 집단과 공동체 및 문화적 특성 등을 잘 인지하는 일이다. 기독교인으로서 이러한 자신의 이해를 바탕으로 적합한 배우자를 선택하는 중요한 기준은 같은 신앙인을 배우자로 선택하라는 성서적 가르침이다. 사도 바울은 고린도 교회에 써 보낸 편지에서 "너희는 믿지 않는 자와 멍에를 함께 메지 말라 의와 불법이 어찌 함께 하며 빛과 어둠이 어찌 사귀며 그리스도와 벨리알이 어찌 조화되며 믿는 자와 믿지 않는 자가 어찌 상관하며 하나님의 성전과 우상이 어찌 일치가 되리요……"(고후 6:14-6)라고 가르치고 있다. 이것은 기독교인이 아니면 기독교인의 결혼배우자로 적합하지 않다는 가르침이다. 그러면 이러한 성서적 가르침 안에서 배우자를 어떻게 선택할 것인가?

사실 배우자를 선택하는 일은 대부분 그 사람이 속한 사회의 종교나 문화와 풍습 및 가족적 이해관계에 매우 큰 영향을 받는다. 하지만 오늘날 한국사회의 배우자 선택은 여러 가지 전제조건들이 있지만 기본적으로 자신들의 자유로운 교제를 통하여 배우자를 선택한다. 이러한 자유로운 이성교제의 상황은 20세기 들어서 사회가 산업화 도시화 되면서 가능해졌다.[433] 이러한 새로운 삶의 상황은 결혼을 위한 배우자 선택에서 영향을 미쳤으며, 도시화의 영향으로 말미암아 전통적인 가족의 영향을 벗어나 개인의 자유의사가 점점 중요해졌다. 하지만 여전히 배우자 선택에서 있어서 가족, 특히 부모의 영향은 크다. 기독교인들 역시 이러한 상황 아래에서 자신의 신중한 고려와 주위 사람들의 조언과 가르침을 통하여 자신의 자유의사에 근거하여 배우자를 선택할 수 있다.[434] 그렇기 때문에 배우자 선택은 결혼을 앞두고 있는 미혼 남녀에게 매우 중요하지만 쉽지 않은 일이다.

---

433) 김정옥 외 11인, 「새로 보는 결혼과 가족」(서울: 신정, 2001), 102.
434) Collins, 「뉴 크리스천 카운슬링」, 554.

(2) 배우자 선택의 바람직한 기준

배우자 선택을 위한 바람직한 준비로는 일반적으로 첫째, 자신에 대해 알기 위해 노력해야 하며, 둘째, 상대방을 알기 위해 노력하여야 하며, 셋째, 상대방과 자신의 관계가 미칠 영향을 알기 위해 노력하여야 한다.[435] 첫째, 자신을 알기 위한 노력이다. 우리 자신을 알기 위해 노력하는 일은 쉽지만은 않다. 알게 모르게 우리는 우리 자신을 알기를 두려워하고 때로는 속이기도 한다. 자신의 진실한 욕구나 필요 등의 점검은 가끔 자신을 고통스럽게 하기도 한다. 자신의 욕구나 필요의 점검과 함께 자신의 결혼과 사랑의 동기를 점검하는 일 또한 필요하다.

둘째, 상대방을 알기 위한 노력이다. 이를 위하여 교제하는 과정을 통하여, 무엇보다 상대방이 말하는 진짜 의미를 주의 깊게 듣고 그/그녀가 말과 행동이 일치하는 사람인가를 객관적으로 관찰하는 일이 필요하다. 자신의 말과 약속에 충실한 사람인가의 여부는 결혼 전의 약속이나 한 말들의 결혼 후 지속여부를 짐작하게 만드는 참고가 된다. 다음으로, 다른 사람들이 자신의 배우자가 될 사람을 어떻게 생각하는지 여부를 알아보라. 즉 자신의 상대가 다른 사람과의 관계가 어떻게 유지 발전시키고 있는가를 파악하는 일이다.

셋째, 상대방의 부모가 어떠한가를 알아보아야 한다. 왜냐하면 알게 모르게 부모는 자식의 인격형성에 가장 많은 영향을 미친 존재이기 때문이다. 행복하고 성공적인 부모 아래에서 자라난 자녀가 좀 더 성공적인 결혼 상대가 될 가능성이 높다. 마지막으로, 배우자 될 상대방과 그/그녀의 부모와의 관계를 살펴보는 것이 상대방을 이해하는데 도움이 된다.

상대방을 이해하는 이러한 과정과 함께 끝으로, 서로 간의 성격이나 경향의 관계성을 이해하는 과정이 배우자선택에 도움이 된다. 서로의 관계의 영향을

---

435) Richard H. Klemer, *Marriage and Family Relationships* (New York, NY: Harper & Row, 1970), 132.

알기 위한 가장 일반적이고 쉬운 방법은 서로의 성격이나 경향을 검사하여 비교해 보는 일이다. 이러한 검사에 대해서는 아래 각주에 나와 있는 내용이 도움이 된다.[436)]

(3) 배우자 선택 원리와 과정

배우자 선택과정은 사실 그 정서적 민감성이나 선택의 중요성으로 인하여 복잡하고 다면적이나 간단히 요약하여 설명하면 다음과 같다.

첫째, 근접성의 원리이다. 소개를 통하든 아니면 개인적인 이끌림이든 자주 만나는 사람이 일단 배우자 후보에 속한다.

둘째, 유사성의 원리이다. 자주 만나는 상대방에게 서로의 유사함으로 인해 마음이 이끌림을 자각하는 단계이다. 이러한 유사성에는 여러 가지가 있다. 성격이나 성향의 유사성, 사회적 배경이나 가치관의 유사성(같은 신앙을 가진 사람의 만남이 편한 이유도 여기에 있다), 좋아하는 취미나 대상 혹은 사회활동 등이 유사성을 통하여 서로의 이끌림을 경험하게 만드는 일들이다.

셋째, 신뢰형성의 단계이다. 단순한 관심의 단계에서 나아가 상대를 신뢰하게 되는 단계이다. 이러한 신뢰는 다음 단계인 자기개방을 가능하게 한다.

넷째, 자기 개방 단계이다. 신뢰형성을 통하여 자신의 내면을 상대방에게 드러내 보이는 단계이다. 이 단계는 상대를 신뢰하는 마음으로 인해 두려움이나 부끄러움이 줄어든 상태로서 상대방에게 자신의 약점, 장점, 처한 현실, 미래의 꿈과 계획 등을 구체적으로 나누게 된다.

다섯째, 보완성 탐색의 단계이다. 이 시기는 서로의 내면을 깊이 있게 나누기

---

436) 커플들을 위한 심리검사로는 대표적으로 테일러-존슨 기질검사(T-JTA, Taylor-Johnson Temperament Analysis- www.tjta.com)가 있다 이 밖에도 프리페어 인리치(Prepare Enrich- www.prepare-enrich.com), 포커스(FOCCUS- www.focusinc.com), 릴레이트(RELATE- www.relate-institute.org) 등이 있다. 이에 대한 자세한 설명은 Collins, 「뉴 크리스천 카운슬링」, 585를 참조하시오.

때문에 내가 채워줄 수 있는 상대의 부족한 점, 상대가 채워줄 수 있는 나의 부족함 점을 서로 인식하고 상대를 온전하게 해주기 위한 헌신을 시도하는 단계이다.

마지막 여섯째, 상호결정의 단계이다.[437] 이러한 상호결정은 결혼으로 이어지며 새로운 가족이 탄생하게 된다. 결혼으로 이어지기 전, 좀 더 행복하고 성숙한 결혼 생활을 준비하기 위해 다음에서 살펴 볼 결혼예비상담이 필요하다.

3. 결혼예비상담

1) 결혼예비상담의 목표

결혼예비상담은 결혼을 앞두고 있는 개인이나 커플 그리고 그룹을 도와 행복하고 성공적인 결혼에 대비하도록 상담하는 것이다. 결혼예비상담은 결혼 및 가정생활의 어려움을 미리 예측하고 사람들이 건강하고 만족스러운 결혼 관계를 유지하도록 도와주는 것을 목표로 한다. 모든 일이 그렇듯이 치유나 문제해결보다는 예방이 더욱 중요하다. 상담에서의 결혼준비분야는 사람들에게 가장 실질적인 도움을 주어온 영역이며 사회적으로 중요하다고 여겨지는 분야이다.

이러한 결혼예비상담에는 대체로 다음과 같은 다섯 가지 목표들이 있다.

첫째, 성서적인 결혼에 대한 이해를 돕는다.[438]

둘째, 결혼을 위한 준비가 되어 있는지를 평가한다. 다음의 사항들은 혼전상담에서 결혼을 위한 준비를 평가하는데 도움을 준다.[439]

---

437) Ibid., 261-2.
438) Collins, 「뉴 크리스천 카운슬링」, 583. 이에 대한 좀 더 자세한 설명은 Collins, 「교회지도자를 위한 효과적인 상담」, 107-9쪽을 참조하시오.
439) Ibid.

i) 결혼하는 이유의 점검: 결혼하는 이유가 건강하고 지혜로운가를 생각하도록 돕는 것이다. 건강하지 못한 결혼의 이유들에는 다음과 같은 것들이 있다. 사회적 압력으로 인한 결혼, 부모나 이전 애인에 대한 복수심으로 인한 결혼, 결혼 적령기 나이로 인한 결혼, 불행한 가정에서 벗어나는 방법으로서의 결혼, 성적인 충동의 해결방법으로서의 결혼 그리고 혼전임신 등이 그것이다.

ii) 유사성의 점검: 결혼은 부부가 비슷한 관심사와 가치관을 갖고 있으며, 사회적 경제적으로 비슷한 배경을 갖고 있으며, 교육 수준 혹은 신앙 등이 비슷한 경우가 비교적 성공할 가능성이 높다. 따라서 결혼예비상담은 상담을 통하여 자기 자신을 알고 이를 바탕으로 상대방을 이해하도록 돕는다. 이 과정에서 필요하다면 몇 가지 성격이나 심리검사도 하도록 한다.[440]

iii) 연령과 나이차: 일반적으로 결혼 적령기의 적절성 여부. 너무 어린 나이일 경우 불안정성으로 인한 어려움을 겪을 확률이 높으며 이런 어려움을 극복할 수 있는 성숙도가 낮다. 또한 부부사이에 10년 이상 나이차가 날 경우 어려움을 겪을 확률이 높아진다. 왜냐하면 이런 경우 부부 사이의 관심사가 다르고 신체적인 원기의 차이가 있으며 상호 간에 친구를 사귀는 데 어려움이 있고 나이 많은 쪽이 배우자이기 보다는 부모처럼 행동할 가능성이 있기 때문이다.

iv) 구혼기간: 구혼 기간 및 약혼 기간의 길이는 결혼생활에 영향을 미친다. 짧은 기간 동안 사귀고 결혼하는 남녀나 연애 기간에 잦은 마찰과 심한 갈등으로 점철되어 있는 커플들은 결혼할 준비가 되어 있지 않은 것이라고 할 수 있다.

---

440) 각주 28을 참조하시오.

따라서 성급한 결혼 진행 보다는 다시 한 번 자신과 상대방을 점검하고 확신하는 과정이 필요하다.

v) 결혼에 대한 태도의 점검: 결혼을 앞두고 있는 사람이 성적 결합이나 관계에 혐오감을 느낄 경우나 결혼에 대해 심한 두려움을 느끼는 경우, 적절한 자녀의 수, 결혼생활의 성역할에 대한 이해, 미래에 대한 계획 등이 다르다면 이러한 영역에서의 허심탄회한 대화가 이루어질 때까지는 결혼을 연기하는 것이 바람직하다.

vi) 외부적인 환경과 여건의 고려: 결혼생활에 직접적인 영향을 미칠 환경, 즉 학업, 부채, 재정의 어려움, 부모의 반대, 떨어져 사는 살림 등이 그것이다.

vii) 결혼할 커플의 영적인 성숙도를 점검한다.

셋째, 잠재적 마찰을 예상하여 준비하도록 한다. 결혼 전 잠재적 마찰 요인들을 예측하고 이를 예방 혹은 해결할 방법을 미리 모색할 수 있다면 결혼생활에서의 적응은 쉬워질 것이다. 이러한 공통적인 잠재적 마찰 요인들에는 다음과 같은 것들이 있다. 성적 적응문제, 재정 문제, 사교활동 및 오락 활동의 선택문제, 시부모와의 적응문제, 종교적 가치나 신념의 차이, 친구선택에 대한 의견차. 이 밖에 신혼여행에 관한 세부 사항이나 상호 기대감 같은 것에 대해서도 깊이 생각해 볼 수 있도록 격려해야 한다. 이를 위해 상담자는 결혼을 준비하는 커플들이 이러한 문제 분야에 대한 정보를 제공하고 경험 있는 커플들과의 멘토링 관계를 통하여 도움을 받도록 한다. 또한 상담을 통하여 각자가 가지고 있는 태도나 기대가 어떤 것인지 이야기하고 현존하는 갈등이 있다면 해소하기 위한 노력을 하도록 한다. 이 밖에 배우자 상호 간에 주의 깊게 경청하고 정확하게 이해하고 사랑과 존경의 태도로 자신을 솔직히 표현하는 것 등 부부 간의 효과적인 대화법을 배울 수 있도록 도움을 준다.[441]

넷째, 자기평가를 지도해 준다. 결혼생활에서 대화 당사자들이 스스로를 정직하게 바라볼 능력을 갖춘다면 관계가 더 원만할 수 있다. 비록 자기 평가가 힘든 과정이긴 하지만 남녀가 각각 서로 또는 상담자 앞에서 자신을 보다 명확하게 보려는 노력(자신의 강점과 약점의 파악)은 결혼 생활에서의 갈등을 예방하는데 도움이 된다.[442]

다섯째, 마지막으로 목회자는 결혼식 계획을 세우는 일을 함께 의논하고 돕는다(결혼식과 관련한 예전적인 부분은 「침례교 매뉴얼」을 참조하시오.)

2) 결혼예비상담의 구성의 예[443]

상담자는 결혼을 준비하는 커플들을 어떻게 상담할 것인지를 계획하고 준비하여야 한다. 방식은 결혼을 준비하는 커플을 개별적으로 상담하는 것이 바람직하나, 경우에 따라 소그룹으로 진행하기도 한다.

(1) 1회기

일반적인 다른 상담의 경우와 마찬가지로 첫 번째 회기에서 결혼을 준비하는 커플과 상담자는 서로를 알고 신뢰를 형성할 수 있는 일련의 대화들을 나눈다. 먼저 가볍게 서로의 개인적 이야기를 나누도록 한다. 그런 후, 내담자들이 결혼하고 싶은 이유와 결혼에 대한 기대들을 묻고 경청하도록 한다.

---

441) Ibid., 584-6.
442) 결혼준비를 하는 커플들의 자기 이해를 돕기 위한 자료는, 이주희 외, 「인간관계론」, 204-6; Collins, 「교회지도자를 위한 효과적인 상담」, 105-7의 혼전 자기평가 질문서를 참조하시오.
443) 결혼예비상담의 구성은 상담자와 결혼할 커플들의 상황에 따라 다르기에 회기와 내용이 다양하고 관련 자료들도 많이 있지만, 본서에서는 Collins, 「뉴 크리스천 카운슬링」, 587-9에서 제시하고 있는 예시를 참조하여 간략하게 소개한다.

서로 익숙해지는 시간을 가진 후, 상담자는 결혼예비상담을 통하여 내담자들이 달성하고자 하는 목표를 탐색하고, 상담자가 지닌 결혼예비상담에 관한 전반적인 견해와 내용을 나눈다. 여기에는 상담의 목적과, 기대되는 유익, 상담 회기 그리고 상담의 진행과정 및 과제와 검사 등에 대한 소개의 내용이 포함된다. 또한 이 시간에 내담자들의 영적인 상태를 점검하는 일이 필요하다. 구원의 확신 유무나 현재 신앙생활의 상태 등을 자연스럽게 나누도록 격려 한다.

(2) 2회기

성서적 결혼관을 탐색하도록 한다. 성서에 나타난 결혼 관련 가르침들을 찾아보고 내담자들의 견해를 듣고 토의하고 자신들의 상황에 적용하도록 격려한다.[444] 이때 결혼에 관한 성서적 가르침에 관한 서적이나 강연 혹은 온라인 자료들을 사용하여 내담자들의 생각을 나누고 자신들의 경우에 적용할 수 있는 가르침들을 찾아볼 수 있도록 한다.

(3) 3회기

결혼 준비와 관련된 여러 가지 내용들을 함께 탐색한다. 결혼을 통해 기대되는 변화나 결과들을 탐색하고, 서로의 유사성과 보완적 요소들을 찾아보도록 돕는다. 이때 내담자들을 위해 미리 그 전 회기에서 실시한 심리검사 결과들을 사용하여 내담자들의 이해를 돕는다. 그리고 서로가 좋아하는 것들, 중요하게 생각하는 상대방의 취미나 중요하게 생각하는 기념일 등과 자녀 관련 생각과 소비 패턴 및 경제적 준비와 계획 등을 나누도록 한다. 또한 이 회기에 결혼 후 서로의 가족 간의 전통과 알아야 할 중요한 내용과 가족관계에 대한 기대를

---

444) Collins, 「뉴 크리스천 카운슬링」, 589. 콜린스는 이에 대한 예로써, 창세기 2장 18-24절에 나타난 결혼의 기원, 결혼의 목적 및 마태복음 19장 3-9절에서 예수님이 가르치신 결혼의 영속성 등을 들고 있다.

나눈다. 이러한 내용은 친구관계에도 적용하도록 한다. 이 기간에 결혼에서 중요한 내용인 사랑과 성생활에 대한 내용도 다루도록 한다. 이 회기를 진행하면서 다루는 내용이 많을 경우 상황에 따라 1-2회기 정도를 추가하는 것이 좋다. 만약 경청이나 말하기 등의 의사소통방법이나 갈등해결방법, 성생활에 필요한 내용 등과 같은 결혼 전 수정이나 도움이 필요한 내용이 발견되면 추가하도록 한다.

(4) 4회기

결혼예비상담의 마지막 회기에서는 결혼식과 관련된 구체적인 내용들을 함께 다루도록 한다. 결혼예식 순서와 법률적 준비와 시행, 예식 예행연습 및 비용, 신혼여행 계획 등을 함께 나눈다. 이 후 내담자들에게 결혼식 후 적어도 6개월 이내에 다시 한 번 상담을 통하여 결혼 초기의 적응의 어려움이나 예상하지 못한 신혼의 문제들에 관해 도움을 받을 수 있도록 권하고 시행하도록 한다.

이상의 결혼예비상담에서 상담자자 유의해야 할 내용은 무엇보다도 축복되고 기대되는 예비부부들이 너무 경직되거나 염려하지 않도록 전체적인 회기의 분위기를 부드럽고 안전한 느낌을 갖도록 하는 일이다. 또한 결혼예비상담을 통하여 결혼생활에서 명백하게 심각한 문제를 겪을 가능성이 있는 예비부부의 경우는 따로 좀 더 깊은 상담을 통하여 결혼을 연기하거나 다시 한 번 결혼 자체에 대한 점검을 하도록 권할 필요도 있다. 그리고 너무 회기에 얽매이지 말고 필요하다고 생각될 경우 내담자들과의 협의를 통해 회기를 좀 더 융통성 있게 조정하는 것도 필요하다.

4. 결혼 및 가족 상담

1) 결혼생활문제의 요인들

성서는 결혼에 관하여 여러 가지 가르침을 주고 있다. 하지만 결혼 생활에서 발생하는 문제점에 대하여는 가르침을 찾기가 쉽지 않다. 그렇기에 결혼생활에서 어려움을 겪는다. 이러한 결혼생활에 어려움을 겪는 주요 원인은 주로 다음의 세 가지 이유이다.[445]

첫째는 부부 중의 어느 한 쪽이나 양쪽 모두가 자신들의 결혼 생활의 기초를 하나님의 인도하심이 아닌 자신들의 의지나 계획이나 이기적인 욕망에 두고 있기 때문에 결혼 생활에서 어려움을 겪는다. 그러므로 결혼한 기독교인 부부는 결혼의 최초의 주례자가 하나님이셨음을 기억하여(창 2:18-24), 자신들의 결혼 생활을 하나님께서 변화시키시고 보호하신다는 사실을 믿고 하나님의 인도하심에 순종하는 자세가 필요하다.

둘째는 사람들이 결혼의 주기와 그 주기에 따른 자연스러운 부부 간의 변화를 알지 못하기 때문이다. 따라서 결혼의 생애주기에 따른 결혼생활의 변화를 알고 적절하게 준비한다면 결혼생활에서 겪는 여러 가지 어려움들을 예방할 수 있다.

셋째는 사람들이 자신들의 결혼을 준비하지 못하여서 오는 결혼에 대한 잘못된 기대 때문에 어려움을 겪는다. 이러한 잘못된 또는 비현실적인 결혼에 대한 기대는 다음과 같다.[446]

i) 사람들은 서로 낭만적인 애정에 이끌리기 때문에 결혼한다. 완전히

---

445) H. Norman Wright, *Seasons of a Marriage* (Ventura, CA: Regal, 1982), 5.
446) 결혼에 대한 잘못된 기대나 오해들에 대한 자세한 자료와 내용에 대한 설명은 Everett L. Worthington, Jr., *Marriage Counseling* (Downers Grove, IL: InterVarsity, 1980), 40-1; William J. Lederer and Don D. Jackson, *Mirages of Marriage* (New York, NY: W. W. Norton & Company, 1968); 김정옥 외 11인, 「새로 보는 결혼과 가족」, 147-50을 참조하시오.

틀린 말은 아니나 완전히 맞지도 않다. 왜냐하면 이 밖에 여러 가지 다른 중요한 이유들(예를 들면 경제적인 능력, 외로움, 성적매력, 부모나 집안의 압력 등) 때문에 결혼하기도 한다.

ii) 결혼한 대부분의 부부들은 낭만적인 애정을 지속적으로 유지하며 살아간다. 물론 어느 순간순간들의 짧은 연애감정들이 조금씩은 남아 있지만, 대부분의 부부들은 결혼한 지 육 개월 정도가 지나면 눈에 띌 정도로 낭만적인 연애감정의 감소를 경험한다고 한다. 따라서 일반적으로 부부들이 변함없이 낭만적인 애정을 지속적으로 유지하며 살아간다고 생각하는 것은 비현실적인 생각이다.

iii) 행복한 결혼생활을 위해서는 연애감정이 필수적으로 필요하다. 좋은 말이며 가능한 한 우리는 이 같은 연애감정을 지속할 수 있을 만큼 지속해야 하나, 연애감정이 반드시 행복하고 만족한 부부생활의 필수조건은 아니다. 많은 부부들이 연애감정 없이도 깊이 서로 사랑하면서 살아간다. 60세 이상의 만족한 결혼생활을 즐기는 사람들의 공통된 견해는 배우자에게 오래된 친구 같은 편안함을 느낀다고 한다.

iv) 결혼생활의 문제는 부부 간의 서로 다른 점이 많아서 생긴다. 일부 부부 간의 문제는 부부 사이의 심각한 성격이나 태도의 상이함 때문에 발생하나 행복한 결혼 생활을 하는 부부도마찬 가지로 다른 점이 많다. 오히려 중요한 점은 부부 간의 다른 점이 문제가 아니라 부부가 서로의 다른 점을 해결해나가는 과정과 방법이 문제 부부와 건강한 부부의 차이를 구분하는 중요한 차이점이 된다.

v) 아이가 태어나면 결혼생활의 문제가 해결된다. 사실 '결혼만족도'만을 최대한 추구한다면 아이를 갖지 않는 것이 더 바람직 한 것이 보통이다. 그러나 비록 결혼 만족도는 아니지만, 아이들이 즐거움과 기쁨과 만족감을 주기 때문에 삶의 만족도나 가정생활의 만족도가 종종 높게 나타난다.

vi) 결혼이 외로움을 해결해준다. 일정 부분 어느 정도는 독신으로 있을 때 보다 결혼을 통하여 외로움이 다소 나아질 수 있을 수 있다. 하지만 사실 외로움이란 외부적인 조건에 의해 만들어지기 보다는 개인의 주관적인 판단과 정서에 의한 경우가 대부분이기 때문에 결혼이 반드시 외로움을 해결해주는 것은 아니다.

vii) 잉꼬부부는 부부싸움을 하지 않는다. 거의 모든 부부가 때때로 이견을 보이거나 서로 의사가 일치하지 않고 그에 대해 감정적으로 깊이 개입한다. 잉꼬 부부와 보통부부의 차이는 어떻게 싸우는가와 어떻게 두 사람 사이의 관계에 깊은 상처를 입히지 않고 갈등 문제를 해결하는가의 여부에 달려있다.

viii) 기독교인들은 결혼문제가 없다. 이것을 믿고 주장하는 이들이 종종 자신들의 문제를 방치해 두다가 결국에는 더 큰 문제를 야기시키는 경우를 종종 볼 수 있다. 이러한 착각을 하는 사람들은 목사/교우들이 어떻게 손쓸 수 없는 단계에 가서야 도움을 요청하는 경우가 많다.

ix) 하나님께서는 사람의 손을 빌리지 않고 사람들의 결혼을 기적적으로 치유하실 수 있다. 사실 이 내용은 옳은 말이다. 하지만 하나님께서 그 문제를 치유하시더라도, 거기에는 관계가 정상적으로 회복되는 데 필요한 많은 일들이 두 사람이 해야 할 몫으로 남겨져 있음을 알아야 한다.

x) 남편/아내에게 복종한다는 것이 나의 감정을 억누른 채 상대가 원하는 것을 하는 것을 의미한다. 아마도 서로를 깊이 사랑하는 부부 간에는 대부분의 경우 이러한 서로 복종하는 경험들이 있을 것이다. 하지만 "남편에게 복종하라"는 에베소서 5장 22-24절의 말씀은 의논/상의 없이 일방적인 통고나 강요에 복종하라는 뜻의 말씀은 아니다. 이러한 복종의 명령에 이어서 성서는 남편의 아내를 향한 희생적 사랑을 명령하고 있다. 즉 부부 간의 복종과 사랑의 관계는 상호 호혜적인 동시에 스스로를 자발적으로 희생하는 사랑의 태도에 기초해서 이루어지는 것이다. 따라서 부부관계에서 자기희생을 조심해야 할 경우는 첫째, 자기희생이 자기(본인) 파괴를 가져올 경우이다. 대표적인 경우들이 상습적으로 가정폭력에 시달리는 매 맞는 아내/아이의 경우나 술 중독으로 가정경제나 관계를 파괴시키는 경우이다. 둘째, 자기희생이 부부 서로 간의 변화와 발전을 가로막는 경우에는 자기희생의 태도를 수정하여 다른 방법을 찾도록 하는 노력이 필요하다.

2) 결혼의 구조적 변화 이해

결혼의 특징 중의 하나는 변화이다. 결혼은 세월이 흘러감에 따라 구조의 변화가 온다. 가족은 대체로 2 → 3 → 4 → 3 → 2 → 1의 구조의 변화에 따라 가족 간의 역할과 상호작용하는 방식이 달라진다. 결혼 생활은 변화의 연속이며 이 변화를 잘 이해하고 각 단계의 변화에 적절하게 준비하여 적응한다면 결혼생활에서의 갈등을 미리 예방할 수 있을 뿐만 아니라 부부관계를 더욱 풍성하게 만들어 나갈 수 있다. 이러한 결혼의 구조변화를 살펴보면 다음과 같다.

(1) 신데렐라 시기: 결혼의 꿈을 가꾸는 시기(어린 시절부터 결혼 전 까지)

결혼은 꿈과 기대로 시작된다. 부모의 행복하지 못한 결혼을 본 사람들은 자기 결혼은 그렇지 않을 것이란 기대와 꿈으로 결혼에 대한 준비를 하고, 부모의 행복한 결혼을 보고 자라난 사람들은 그와 같은 부모의 결혼을 기대하면서 꿈을 가지게 된다. 하지만 이 꿈은 모래 위에 지은 집과 같다. 즉 환상과 과잉기대란 모래위에 지은 집이다.

따라서 행복한 결혼생활을 위해서, 예비부부는 자신들의 역할, 신념과 행동들을 재점검하고 상대방과 서로 다른 점들을 조정하는 훈련을 할 필요가 있다. 결혼을 앞둔 이들이 조정해야 할 분야의 예는 다음과 같은 것들이 있다. 첫째, 집안에서의 공간을 사용하는 습관의 차이이다. 정리정돈 잘하는 아내(남편)가 어질러놓은 채 모아서 한 번씩 치우는 남편(아내)의 경우가 여기에 속한다. 둘째, 시간사용 역시 이에 속한다. 시간계획표를 잘 짜고 그대로 실행하는 사람과 시간계획을 느슨하게 진행시키는 사람의 차이로 인한 약속시간 문제로 갈등을 겪는 경우가 여기에 속한다. 셋째, 경제적 문제나 가족전통(명절의 가족 방문, 약혼, 청혼, 결혼기념일, 생일 등의 행사에 대한 태도), 넷째, 휴가나 상대방의 친구에 대한 태도 등이 갈등의 원인이 되기도 하며 조정해야 할 내용들이다.

조정의 과정은 대화를 통한 조정이 주를 이루므로 정확한 상대방의 의미 청취와 의사 전달이 중요하며 진솔한 자기감정 표현이 요구된다. 그러므로 예비부부는 대화의 기본적 자세와 방법을 알아야 한다. 주의할 점은 첫째, 조정의 과정에서 상대나 자신을 비난하는 경우가 생길 경우 상호 간에 벽이 생기게 되며 특정 분야에 대하여 서로 대화를 회피하는 경향이 생기게 된다. 둘째, 조정하지 않고 자기주장이나 생각의 정당성을 계속 주장할 경우 갈등을 초래하게 되며 다툼으로 변하게 된다. 그러므로 용납, 주의를 기울임(관심), 칭찬과 감사의 표현, 격려, 지지, 애정의 표현(touching), 인정, 안전, 편안함과 연민, 존경 등이 남편과 아내가 서로의 다른 점을 이해하고 조정해나가는데 필요한 요소들이다.

(2) 신혼기(밀월기, Honeymoon stage): 결혼생활에 대한 기대감으로 가득한 시기

개인차가 있지만 대체로 이 시기는 보통 결혼 후 3-6개월 정도 지속되는 것이 일반적이다. 이 시기는 자신의 생각과 상대 배우자가 다른 것을 경험하지만 조화를 이루기 위해 노력하기 때문에 부정적인 감정들을 무시하게 된다.[447] 이로 인해 이 시기가 끝난 후 사람들은 자신의 배우자가 변했다고 여기지만, 사실 변한 것이 아니라 원래대로 돌아갔다고 보는 편이 정확하다. 이 시기의 위험 중의 하나는 결혼 전에 알지 못했던 서로 만나지 않고 있던 나머지 시간의 상대의 삶을 알지 못하기 때문에 결혼 직후 상대방이 자신에게 보이는 예상하지 못했던 행동에 대하여 실망하는 일이 그것이다. 결혼 전, 데이트 때는 집중적으로 서로의 시간을 사랑하는 행동에 집중하지만 데이트가 끝나고 헤어져서는 자기의 시간을 가지게 된다. 하지만 결혼 후에는 늘 함께 지내기 때문에 본래 자신의 시간을 어떻게 보내는 지가 드러나게 된다. "당신은 연애할 때는 그렇지 않았는데 집에만 오면 나를 쳐다보지 않고 TV 만 본다"는 불평이 한 예이다. 사실 아내는 그 남편이 결혼 전에 데이트를 하고 집에 오자마자 TV 보는 것을 알지 못했다. 기대와 현실과의 차이가 문제가 되기 시작함에 따라 신혼기의 달콤함은 막을 내리게 된다.

대부분 신혼의 시작은 짙은 연애감정으로 시작된다. 이 시기의 커플들은

---

447) "사실 부엌 설거지를 하는 것은 남자인 내가 하는 것은 아니지만 아내를 사랑하기 때문에 이것을 해야 하겠지?," "난 휴일에 낮잠을 자고 싶지만, 아내가 영화를 보고 싶어 하니까 나가야 겠어" 등이 여기에 속한다.

상대의 욕구나 소망, 필요, 기대들에 대한 피상적인 지식만을 가지고 있다. 이 시기에 부부들은 결혼의 준비가 다 되었다고 믿고 있으며 상대방을 누구보다 잘 알고 있다고 생각한다. "내 남편은 ~같은 사람이 될 것이다. 내 아내는 ~일 것이다." 그리고는 공약(公約)아닌 공약(空約)을 남발한다. "우리는 아이들이 자랄 때까지는 아내에게 일을 시키지 않을 것이다" 등이 그것이다.

이 밀월기에 가지기 쉬운 비현실적 기대들에는 다음과 같은 것들이 있다:

i) 결혼생활은 항상 신혼 때와 같을 것이다.

ii) 신혼의 열기는 항상 유지 가능하며 다시 재현할 수 있을 것이다. 하지만 현실은 결혼을 통해 서로의 일과 책임이 증가하고, 부모가 되며, 여러 가지 생각하지 못한 변화들이 찾아온다.

iii) 자아도취적으로 상대 배우자를 독심술사(Mind Reader)로 만들기 쉽다. "만약 내 남편/아내가 나를 사랑한다면, 그(녀)는 내가 원하는 것을 알 것이고 그것을 위해 모든 것을 다할 것이다"라고 생각하기 쉽다.

iv) 결혼만 하면 한 몸이니 모든 것이 같을 것이란 환상 속에서 "부부 간은 일심동체니 모든 것이 같아야 한다"고 믿고는 상대가 나와 같아야 한다는 강박관념을 가진다. 그렇기 때문에 생각이나 행동이 자신의 기대와 조금만 달라도 슬퍼하며 상대가 변했다고 주장한다. 하지만 결혼은 같은 것을 추구하는 과정이 아니라 서로의 다른 점을 발견하는 탐험의 과정이며 그 다른 점의 귀함을 발견하는 과정이다.

v) 어떤 부부들은 어려움을 예견하고는 그 어려움과 차이들은 해결할 수 없다고 숙명적으로 일찍 포기하고 사는 자세를 가지는 경우도 있다.

사실 신혼기의 비현실적인 기대감들이 무너지는 것은 시간문제인데, 이때의 실망감은 분노를 동반한 좌절을 겪게 만든다. 이때 대부분의 부부들은 이러한 실망이 자신들의 잘못된 기대 때문이라기보다는 상대방이 변했거나 자신을 속였기 때문이라고 생각한다. 이런 경우 대부분은 관계개선을 위한 방법을 찾기보다 다시 요구하게 되고, 안 되면 다시 실망하고 좌절하고 자기 연민에 빠지게 되며 신세한탄으로 세월을 보내며 결혼생활의 발전을 포기한다. 이때 다음의 질문이 도움이 된다. "나 자신의 기대감이 합리적인가? 내 아내 혹은 남편에게 이를 요구하는 것이 타당한가?"[448]

(3) 밀월기 이후: 첫 자녀의 출산 전

대부분의 이혼의 경우가 결혼 후 3년 안에 일어난다. 문제가 있는 결혼의 경우, 대개 첫 6개월은 신혼이며, 그 다음 해는 갈등의 횟수가 잦아지고 점점 심해진다. 그리고는 2년째에 별거가 이루어지며 3년째에 이혼이 성립된다. 하지만 모든 부부가 이런 과정을 겪지는 않는다. 대부분은 여러 가지 갈등을 해소하는 방법을 배우게 되고, 서로의 공통부분과 다른 부분을 알게 되고 조화를 이루어가게 된다. 자녀가 없는 이 기간이 사실 대부분의 경우에 부부 사이의 만족도가 가장 높을 때이다. 많은 부인들이 아기를 늦게 낳으라고 조언하는 이유이기도 하다. 부부가 함께 하는 시간이 많고 쉽게 외출이나 여가를 즐길 수 있고 이러한 부담 없는 일들이 서로를 더 잘 알게 만들며 결과적으로 서로의 친밀성이 높아진다. 성적(性的)관계 역시 어느 정도는 서로를 알고 적응하는

---

448) 이러한 질문의 구체적 항목들의 예는 Wright, *Seasons of Marriage*, 19-20를 참조하시오.

시기이기도 하다. 갈등이 줄어들고 친밀감은 높아지기 때문에 가장 결혼 만족도가 높은 경우가 된다.

(4) 첫 아이의 출산

첫아이의 출산은 부모로서의 준비와 두려움으로 인하여 새로운 기쁨과 동시에 고통과 어려움이 동반됨으로 인해 부부 만족도를 감소시키기 시작한다.[449] 아이는 돌봄이 필요하고 돌봄은 기존의 부부 중심의 시간을 아이를 위한 시간으로 변화시키기를 요구한다. 이와 같은 과외의 시간과 노력의 요구는 기존의 부부 두 사람 간의 관계에 변화를 가져온다.

이 시기 가장 흔한 부인의 불평은 육체적으로 피곤함을 호소하는 것이다. 부모가 된다는 것은 아무리 준비하고 연습하고 공부하더라도 항상 새로운 영역이며 어려운 영역이다. 두려움과 불안감이 항상 존재한다. 아무리 준비해도 모자라는 듯한 느낌이 든다. 아내에게 있어서 이 육아의 경험은 좀 더 자기희생적이 되게 하며 가족의 삶에 좀 더 깊은 관심을 갖게 만드는 계기가 된다.

이 시기의 가장 흔한 남편의 불만은 자기 부인이 이전만큼 자신에게 관심을 보이지 않는다는 것이다. 그리고 부부 두 사람 모두의 불만은 아이의 출생 후에 서로의 친밀감이 준 것 같다는 것이다. 왜냐하면 이제는 사실 더 이상 부담 없는 둘 만의 시간을 가지기 쉽지 않기 때문이다. 자연히 대화 시간이 줄고 친밀감은 줄어드는 듯하다. 이러한 문제의 해결방법으로는 부부 두 사람만의 생활에 새로운 역할의 조정과 일과표의 변화노력이 필요하다. 서로 더 상대의 역할을 인정하고 도와주려는 자세가 필요하다. 이 시기에 부부가 고려해야 할 사항은 부모로서의 역할과 아이를 고려한 부부 두 사람 간의 관계 그리고 다음 아이의 출생에 대한 사항이다.

---

449) 지용근 외 3인, 「인간관계론」, 286.

(5) 유아기의 부부관계

이 시기의 부부들은 자녀를 키우는 과정을 겪으면서 인간이 본질적으로 이기적이며 죄인이라는 믿음에 확신을 갖는(?) 경험들을 한다. 보통 2살 때쯤의 아이들은 부모들의 바람과는 다르게 자신들의 의지를 주장하고 관철하려고 한다. 떼를 쓰고 자기 마음대로 행동하고 부모는 전혀 고려하지 않는 등의 행동이 시작되는 시기가 이때이기 때문이다.

따라서 언제 어떤 방법으로 아이들을 훈계해야 하는가가 이 시기 부부의 주요 이슈가 된다. 부부가 서로 다른 가정교육으로 자랐났기 때문에 과거 자신들의 부모들의 훈육방식에 대해 부정적이 될 수도 긍정적이 될 수도 있다. 이 과정에서 이제까지는 드러나지 않았던 영역들이 부부 간의 갈등 요소로 등장하게 된다. 이 시기에 아동 교육가나 상담자의 조언이 도움이 된다. 이 시기 아이의 훈육에서 부부가 가능한 한 같은 잣대를 가지고 아이를 교육하는 일이 필요하며 동시에 부부의 일관성 있는 태도가 중요하다. 엄마가 아이가 잘못했다고 지적한 것은 아빠도 동일하게 잘못했다고 해야 한다. 그렇지 않으면 아이가 옳고 그름에 대하여 혼란을 느끼게 되고 눈치를 보며 훈육이 어렵게 된다. 또한 부부 중의 어느 한 사람이 훈육을 시작했을 경우 다른 상대는 그것에 대해 동의하지 않고 나중에 아기가 보지 않는데서 그것의 타당성에 대해 부부가 대화하더라도, 아이가 보는 앞에서는 지지하는 것이 좋다.

(6) 학령기의 부부관계

아이가 만 5-6 세가 되어 학교에 입학하게 되면, 이제까지 가족들만의 공간에 아이를 통해 학교와 학교 관련자들이 가족관계에 개입되게 된다. 학교가 아이에 대해 권위를 가지고 지시하고, 부부의 자녀 양육에 대하여 관여하게 된다. 부모 역시 자기 자녀에 대한 학교의 평가나 교육방식에 불만이 있을 수 있고, 이와 관련한 부부 간의 이견이 있을 수 있으며, 이것이 부부 갈등의 요인이 되기도 한다.

학령기의 아이를 기르는 기간은 부부에게도 매우 바쁘고 힘든 기간이다. 대체로 30대 중반에 접어든 학령기의 부부는 남편의 경우 교육이 끝나고 직장에서 경력을 쌓고 관계를 넓혀가고 경제적인 안정을 위해 노력하는 시기이다. 어떤 경우는 이 시기가 직업이나 진로를 위한 변화를 추구하는 결정적 시기이기도 하기에 바쁘고 힘든 시간을 보내게 된다. 결혼관계에서 이 시기는 성적으로 정서적으로 적응이 어느 정도 이루어진 시기이기에 부부 간의 친밀성이 가장 많이 요구되는 시기이며 동시에 서로를 배려해주는 여유 또한 필요한 시기이기도 하다.

(7) 사춘기 자녀를 둔 부부: 40대

학령기부터 시작된 부부 간의 힘들고 바쁜 시기는 이때까지도 계속되나 부부 간의 친밀감에 대한 욕구는 여전하다. 하지만 여러 가지 여건상 이러한 친밀감이 충족되기가 쉽지 않다. 그렇기 때문에 이 중년의 시기에 외로움을 호소하고 친한 친구를 사귀게 되며 이 같은 욕구가 외도를 유발시키기도 한다.

십대 자녀를 둔 부부는 자녀로 인해 부부 간의 관계의 변화를 겪게 된다. 십대 아이들은 대체로 부모들이 생각하는 것보다 자신들이 좀 더 독립적으로 잘 할 수 있다고 생각한다. 이때 부모들은 자녀들이 요구하기 전에 미리 잘 준비하여 자녀들이 독립적으로 행동하는 영역을 줌으로써 부모 자녀 간의 갈등을 줄일 수 있도록 노력하여야 한다.

십대 자녀가 표현하는 남녀 간의 성적 정체성과 관련된 이슈들은 부모를 당황하게 하며 동시에 자신들의 남성성과 여성성을 돌아보게끔 하기도 한다.

아울러 자녀들의 직업과 진로에 대한 질문은 부모로 하여금 이제까지 살아온 자신의 직업의 가치에 대해 새롭게 생각하게 만들기도 한다. 특별히 이 기간은 자녀들이 대학을 진학할 시기이다. 이때 부모들은 자신들의 직업에서 가장 절정기에 있을 수 있지만 상대적으로 힘들다고 느낄 수 있다. 그렇기 때문에 이때 아버지들은 자신감을 잃기 쉽다. 이러한 모든 이슈들이 엮어져 있기 때문에 청소년을 둔 부부의 결혼 만족도가 가장 낮은 것이 일반적이다.[450]

(8) 아이들이 집을 떠나는 시기: 빈 둥지(the empty nest)

이 시기는 대부분의 경우 큰 변화가 없다. 그러나 아내의 경우는 자신의 삶의 의미를 아이들의 양육을 통해서 확인해 왔기 때문에, 심리적으로 이제 자신의 삶의 가치와 의미를 재평가해야할 때라고 느끼게 된다. 대부분 아내의 경우는 이 시기에 자녀양육과 교육으로부터 해방감을 누린다.[451] 이 시기에 부부는 우선적인 관계의 초점을 부모로서의 삶으로부터 다시금 우선적으로 부부로서의 관계를 새롭게 정립해야 한다는 사실을 깨닫게 된다. 이러한 깨달음이 위기의 순간이 될 수 있다. 이 과정에서 이때까지 눌려져왔던 친밀감의 문제와 육아에 헌신한 서로 간의 희생에 대한 서로 다른 평가 등으로 인해 부부 간의 갈등이 깊어질 경우가 있다.

이 시기에 이혼한 부부들의 이야기는 자신들은 단지 아이들을 위해 서로 함께 살았다고 말하는 경우가 많다. 하지만 사실은 이 전환의 시기에 두 사람만의 삶에 재적응을 하지 못하여서 이혼한 것이다. 가장 중요한 것은 서로 노력함으로 갈등을 줄이는 것이 우선적으로 해야 할 일이다.

일반적으로 이 시기를 잘 이해하고 새롭게 적응한다면, 이 시기는 어느 때보다

---

450) Ibid.
451) 이에 대한 자세한 연구는 Lillian Rubin, "The Empty Nest," *Marriage and Family in a Changing Society*, 4th ed., ed. James M. Henslin (New York, NY: The Free Press, 1992), 261-70을 참조하시오.

부부 간의 친밀감이 최고조에 달하는 시기이기도 하다. 직업에서도 어느 정도 여유가 있고 시간도 여유가 있으므로, 둘 사이의 새로운 관계 정립이 제대로 된다면, 여생을 가장 행복하게 보낼 수 있다.[452]

(9) 은퇴와 노년기의 부부의 삶

이 시기는 은퇴를 경험하고, 사돈관계가 형성되며, 할아버지와 할머니가 되는 시기이다. 대체로 일찍 자녀들에게 결정권을 넘겨준 부부들은 노년기에 쉽게 적응한다. 하지만 자녀가 결혼한 뒤에도 여전히 자녀들을 통제하려는 부모는 자녀들의 삶에 자신들이 얽혀 들어가 노년기가 매우 힘든 상황이 된다. 이 시기에 부부가 자녀들의 조언자이며 친구로서의 자세를 지니면 부부의 삶이 매우 만족스럽게 된다.[453]

이 시기에 은퇴 후의 시간을 어떻게 쓸 것인가와 수입의 감소에 따른 삶의 규모와 형태의 변화가 동반된다. 이와 함께 은퇴 후의 자기 존재감에 대한 확인이 중요 이슈가 된다. 이를 극복하기 위한 방안으로 자기 존재의 가치 발견을 위해 여러 가지 자원봉사의 일이나 다른 일을 하는 것이 도움이 된다. 그러므로 주변에서 노인들을 위한다거나 노인들에게 일이 힘들어 보인다고 노인이 하는 일을 함부로 빼앗지 말아야 한다.

(10) 배우자의 죽음과 홀로 됨

배우자의 죽음은 홀로된 배우자의 사회적 관계와 이로 인한 정체성에 지대한 변화를 가져온다. 배우자의 죽음으로 말미암은 충격과 혼란 혹은 죄책감은 종종 깊은 우울감이나 사회적 퇴행으로 이어질 수 있다. 배우자 상실은 남은 이에게

---

452) Irving Sarnoff and Suzanne Sarnoff, "Love-Centered Marriage," *Marriage and Family in a Changing Society*, 4th ed., ed. James M. Henslin (New York, NY: The Free Press, 1992), 163.
453) Ibid., 164.

무력감과 절망 혹은 자기 돌봄의 방치로 이어지며 급격한 사회적 신체적 퇴행을
경험하게 된다. 이러한 과정을 건강하게 잘 극복할 경우 새로운 홀로된 삶에
대한 재적응을 하게 되며 배우자 없는 미래를 계획하고 살아갈 의미를 찾게
된다.[454]

3) 결혼(부부) 갈등 상담

(1) 건강한 결혼의 네 가지 원리

저명한 기독교 결혼가족 학자인 에버렛 워싱턴(Everett Worthington, Jr.)은
대표적인 인간의 기본적인 필요를 네 가지로 파악하고 이 네 가지 필요에 근거한
원리를 행복하고 건강한 결혼생활의 중심원리로 제시하고 있다. 다시 말해
건강하지 못한 결혼은 그러한 네 가지 원리 가운데서 어떠한 영역에서 문제가
있다는 것이다. 이러한 결혼의 네 가지 기본원리를 살펴보면 다음과 같다.

i) 헌신(Commitment)

헌신의 영역을 점검하고 계발하는 방법은 첫째, 하나님과 부부 두 사람과의
관계가 삼겹줄임을 기억하고 공동으로 영적인 부분의 헌신과 성장을 도모하는
일이 필요하다(전 4:12). 둘째, 항상 배우자를 염두에 두고 자신이 내리는
결정들을 고려한다. 셋째, 주변 환경에서 일어나는 일을 배우자와 항상 의논한
다. 넷째, 집안일이나 자녀 양육 혹은 다른 가정에서 필요한 역할 등을 필요에
따라 서로 분담하도록 한다.

---

454) Robert C. DiGiulio, "Beyond Widowhood," *Marriage and Family in a Changing Society*, 4th ed., ed. James M. Henslin
(New York, NY: The Free Press, 1992), 457-69.

ii) 친밀감(Intimacy)

개인에 따라 친밀함의 양, 종류가 다르다. 모두 그렇지는 않지만, 대부분의 경우 여성들은 남성보다 친밀감을 더 원하는 경향이 있다. 이러한 친밀감은 성적 정서적 영역을 포함하는 것으로 부부관계를 측정하는 중요한 척도가 된다. 친밀감의 향상과 계발을 위해서는 첫째, 친밀감의 표현과 충족이 일방적이기보다는 상호 호혜적이어야 한다. 둘째, 친밀감의 표현이 추측이나 상대방이 알아주기를 기다리기보다는 적절한 방식으로 정확하게 표현하는 것이 좋다. 따라서 부부는 서로 친밀감의 영역에서의 필요와 요구를 표현하고 수용할 수 있는 적절한 방식을 개발하여 실천하도록 하여야 한다. 이러기 위해 사랑이나 어려움, 고통 등을 나누기 위한 부부만의 표현방법을 통한 의사소통의 방법을 개발 사용할 필요가 있다.

iii) 효율성(Effectance)

사랑은 상대방을 위한 섬김과 봉사로 표현된다. 결혼생활에서의 사랑 역시 상대를 위한 섬김과 봉사로 나타나며 이러한 섬김과 봉사의 영역에서의 효율성은 결혼생활에서의 각 영역에서의 역할의 분담과 결정권의 인정을 통해 결혼생활에 효과를 가져 오는 것을 의미한다. 대표적인 예로는 식사 준비와 설거지, 식사의 내용 결정, 아이의 양육과 교육의 분담 등이 있다. 이러한 과정에서 충돌이나 갈등이 발생할 경우, 비공식적인 의사소통 방법을 통해 조정하는 것이 바람직하다.

iv) 용서(Forgiveness)

용서란 상대방이 하나님이 아님을 인정하고 자신을 희생하는 것을 의미한다. 일반적으로 자기희생이란, 자기 삶을 내려놓는 것으로서 다음과 같은 세 가지 의미가 있다. (i) 상대방으로 하여금 자기가 원하는 것을 하도록 강요하는 것을 그만 두는 것을 의미한다. (ii) 상대를 비난하는 것을 그만 두는 것을 의미한다. (iii) 자신의 즐거움보다 하나님의 뜻과 배우자의 뜻을 구하는 것을 의미한다. 이러한 자기희생을 통해 용서를 실천하는 것은 우리가 하나님의 성품에 참여하는 것을 의미한다.

결혼에서 자기희생 및 용서의 원리의 실천에는 반드시 참된 고백과 회개가 선행되어야 한다. 결혼이 완벽하게 준비된 경우가 없기 때문에, 용서와 화해를 통해 결혼은 만들어져 가는 것이며 고쳐감으로써 걸작을 만들어가는 것이다. 유명한 화가인 레오나르도 다빈치(Leonardo da Vinci, 1452~1519)의 대표적 작품인 모나리자를 엑스선으로 살펴본 결과 여러 개의 밑그림이 그려져 있음을 발견하였다. 즉 진정한 걸작은 수없는 시행착오와 개선을 바탕으로 이루어지는 것임을 알 수 있듯이 아름다운 결혼 역시 부부가 서로 노력하고 수용하고 함께 성장하려고 함으로 건강하고 행복하게 된다.

(2) 부부갈등 상담

갈등 없는 결혼이나 부부는 없다. 널리 알려진 대로, 행복한 부부나 그렇지 않은 부부나 모두 결혼생활에서 갈등을 겪는 것은 비슷하나 이 둘 사이의 중요한 차이는 발생한 갈등을 관리하고 처리하는 과정에 있다. 먼저 부부갈등 상담에 임하는 상담자는 이러한 부부갈등에 대하여 기본적인 내용들을 이해하고 상담자가 해야 할 일들을 알아야 할 필요가 있다.

i) 부부갈등의 원인

부부 간의 갈등의 본질적 원인은 주로 성장 배경이 다름으로 인해 발생한다.

가족 간의 성역할에 대한 이해의 차이, 친족 간의 관계나 가족 규칙의 상이함, 사회경제적 차이, 문화와 종교 및 가치관의 차이 그리고 교육 혹은 훈육방식의 차이 등은 부부 각자가 자신의 원가족으로부터 습득한다. 그리고 이러한 부부 각자가 지닌 사회화로 인한 차이들이 부부 결혼생활에서 근본적인 갈등 유발의 원인이 되는 경우가 많다.[455]

부부갈등을 상담함에 있어서 상담자가 유의해야 할 점은 다음과 같다. 첫째, 하나님께서 내담자의 변화를 위한 도구로 상담자 자신을 선택하였다는 사실을 확신한다. 둘째, 합리적이고 실제적인 지도와 과제를 부여하도록 한다. 셋째, 부부의 환경과 인지적 변화에 긍정적 변화를 가져다 줄 수 있는 기법을 주의 깊게 선택하도록 한다. 넷째, 상담에서의 과제나 지도 사항들이 부부 간의 갈등해결에 어떻게 도움이 되는지를 명확하게 설명하도록 한다. 다섯째, 내담자가 지시나 약속을 이행하지 않을 시, 부담을 줄여주기 보다는 앞으로 할 과제로서 하도록 한다. 여섯째, 부부가 성취한 것들이 자리 잡도록 지도한다. 일곱째, 내담자들이 성취한 것들을 상기시킨다. 여덟째, 내담자 스스로 할 수 있는 목표들에 초점을 맞춘다. 아홉째, 내담자가 성취한 것들을 강화 혹은 격려한다.[456]

ii) 부부갈등 주요 영역 및 상담과정

부부갈등의 영역을 살펴보면 대체로 다음과 같다. 애정과 성문제의 친밀감의 영역, 금전이나 성역할 및 자녀 양육에 관한 의사소통(대화)의 영역, 갈등해결의 방법이나 태도의 영역, 고통과 비난과 죄의 영역, 결혼생활의 주요 영역에서

---

455) 지용근 외 3인, 「인간관계론」, 287; Philip Blumstein and Pepper Schwartz, "What Makes Today's Marriage Last?," *Marriage and Family in a Changing Society*, 4th ed., ed. James M. Henslin (New York, NY: The Free Press, 1992), 475–80. 사실 현대 부부 갈등의 주된 세 가지 영역은 돈(money)과 일(work)과 성생활(sex)이라고 할 수 있다. 돈의 영역은 돈의 양이 아니라 돈을 어떻게 사용하는가에 대한 견해의 차이가 갈등의 원인이 된다. 일의 영역은 부부가 자신의 일을 함에 있어서 상대를 배려하고 가사와 육아를 함께 분담하는가의 문제가 주된 갈등의 영역이다. 성생활의 영역에서는 성생활의 만족도가 부부 간의 만족도에 큰 영향을 미치게 된다.
456) Worthington, *Marriage Counseling*, 206-7.

상대를 배려하고 자신을 희생하는 헌신의 영역이 그것이다.[457]

이러한 부부결혼에 대한 이해를 바탕으로 **상담의 과정**을 간략하게 살펴보면, 상담자는 첫째, 내담자가 지닌 갈등영역의 문제를 파악하고 내담자들이 자신의 문제를 인식할 수 있게 도우는 일이 필요하다. 둘째, 파악한 문제나 행동을 상호 경청이나 역할전이, 조각기법 등의 상담기법을 사용하여 중단할 수 있도록 지도한다. 문제행동의 중단에 이어 상담자는 내담자가 대체적인 새로운 행동이나 태도를 습득하여 생활화 할 수 있도록 내담자의 의견을 반영하여 실행하도록 한다.[458] 하지만 부부갈등에서 가장 최고의 방법은 치료나 갈등해결보다 예방이다. 부부갈등이 일단 생기면 정도의 차이는 있고 그 건설적 결과로 성숙과 성장이 있지만 갈등에서 예방만큼 좋은 것은 없다. 부부갈등 예방에서 핵심적인 방안이 바로 부부대화이다. 그렇기에 이에 필요한 건강하고 행복한 부부관계의 중요한 요소인 부부 대화기법을 살펴본다.

4) 관계증진을 위한 부부 대화기법(Couple Communication Skills)

(1) 부부 대화문제의 원인들

부부 간의 의사소통 부재 혹은 대화기법의 문제는 많은 부부가 자신들의 불화의 원인으로 꼽는 주제이다. 이러한 부부 간의 대화의 문제는 대체로 명시적 의미와 함축적 의미 사이의 정확한 의사소통의 능력결여, 대화 욕구나 의지의 결여, 대화 시 안전감의 결여, 경우에 맞지 않는 의사소통 등으로 말미암는다.[459]

---

457) Worthington, *Marriage Counseling*, 200; Everett L. Worthington, Jr. and Douglas McMurry, *Marriage Conflict: A Short-term Structured Model* (Grand Rapids, MI: Baker Books, 1994), 40-1. 각 영역에 대한 상담적 진단과 접근에 대한 자세한 설명은 Worthington, *Marriage Counseling*, 11-14장을 참조하시오.
458) 이 과정에 대한 더 자세한 내용은 Worthington, *Marriage Counseling*, 102-7과 Worthington and McMurry, *Marriage Conflict*, part 2에 나타나 있는 결혼상담의 단계를 참조하시오.
459) Klemer, *Marriage and Family Relationships*, 202.

일반적으로 명시적으로 말하기 힘든 영역인 성문제나 죽음, 사랑함의 전달 등의 의사전달에서 말보다 몸짓언어나 눈짓 또는 가벼운 접촉 등이 진정한 마음을 전할 수 있는 더욱 효과적인 방법이 되기도 한다. 가벼운 터치가 "사랑한 다"는 말보다 때로는 더욱 강렬하게 상대방에게 전달되는 경우가 있다. 슬픔을 당한 사랑하는 이에게 가만히 다가가서 어깨를 감싸 안으며 가볍게 두드리는 행동이 더욱 큰 위로와 격려가 되기도 한다.

하지만 이러한 함축적 의미를 지닌 일련의 의사소통방식은 받아들이는 상대 방과의 공감과 상황적 적절함이 생명이다. 만약 앞의 예에서의 터치나 가벼운 두드림이 상황에 적절하지 않을 경우 혹은 상대방이 그것을 수용할 준비가 되어 있지 않을 경우는 오히려 기존 관계나 감정 교류에 역효과를 가져올 수 있다. 엄마가 아이에게 "아빠 바쁘니 아빠 건들지 마"라고 말했을 때, 여기에 담겨있는 말의 진짜 의미는 말의 강약 표정 그리고 상황에 따라 달라질 수 있다. 행복한 부부의 대화의 특징은 덜 행복한 부부의 대화에서 보다 더 정확하게 듣고 이해한다.

대화의지나 욕구의 결핍이 부부 간의 대화 문제를 야기시키는 경우가 있다. 대화가 성립되는 기본 전제는 두 사람 혹은 서로가 대화하기 원하는 의지가 있어 야 한다는 사실이다. 여기서의 '의지'란 대화 상대방의 드러난 말을 듣는 것에서 나아가 상대방을 진심으로 이해하려고 하고 그 감정까지도 수용하려고 하는 의지를 말한다. 이러한 조건이 갖추어져야 대화의지나 욕구가 있는 진정한 대화라고 할 수 있다. 오늘날 결혼의 중요한 기능 중의 하나는 부부 서로의 상처나 염려 또는 희망과 계획 등을 나누는 일이다. 하지만 이러한 기능들이 상대방의 관심의 결여나 적절하지 않은 반응 등으로 인해 제대로 역할을 하지 못하고 있다.[460]

---

460) Mirra Komarovsky, *Blue Collar Marriage* (New York, NY: Random House, 1964), 140.

(2) 부부 대화 기법

이러한 부부 간의 대화에서의 문제 원인을 볼 때, 대화의 내용만큼이나 대화의 방식 역시 중요함을 알 수 있다. 동일한 주제라 할지라도 상황에 따라 표현방식이 달라져야 좀 더 적절한 대화가 될 수 있으며, 상황에 따른 표현방식 역시 정확하게 상대방이 이해할 수 있게 표현될 때 효과적이고도 적절한 대화가 될 수 있다. 따라서 부부 대화를 의미 있고 성공적으로 하기 위해서 먼저 부부 간의 대화에 영향을 미치는 요소들을 알아야 할 필요가 있다.

i) 부부 간의 의사전달(communication)에 영향을 미치는 요소들

대부분의 경우 감정이나 느낌들은 말 자체로 충분히 직접 전달되는 경우는 거의 없다. 상대방이 전하고자 하는 대화의 의미를 정확하게 전달하기 위해서 눈이나 손짓, 표정, 몸짓 등이 종합적으로 작용하는 것이 일반적이다. 부부 의사소통에 직접적 영향을 미치는 요소들을 살펴보면 다음과 같다.

첫째, 관계적 요소이다. 부부 사이에 이미 존재하는 관계를 의미한다. 같은 얼굴표정이라도 관계가 좋은 때와 나쁠 때는 다른 결과를 낳는다. 또한 상대방에 대한 편견이 있을 경우 제대로 된 의사전달이 어렵다. 이러한 부부의 관계적 요소와 관련이 있는 대표적인 두 가지 영역은 "부부가 서로를 위해 주는가?"와 서로가 "상대방의 자존심을 배려하고 존중해주는가 아니면 무시하는가?"이다.

둘째, 부부 각자의 서로 다른 가정과 사회 경제적 배경요소이다. 서로 다른 가정과 사회 경제적 문화 속에서 겪는 부부 대화에서의 차이는 말의 속도에 있다. 말을 늦게 하는 습관을 가진 남편과 빠르게 하는 부인의 관계에서 "빨리 말하는 것"을 화내는 것/꾸중하는 것이라 인지하고 자라는 쪽에서 평소의 말 속도와 다를 경우 상대방이 오해할 경우가 있다. 음성의 크기와 언어의 선택, 비언어적 의사전달방법 등이 가정문화와 사회 경제적 배경에 따라 차이를 지니며 이로 인하여 부부 간의 갈등이나 오해가 빚어지기도 한다. 따라서 부부는 자신들의 여러 가지 배경을 함께 나누고 상대방을 이해시키는 동시에 자신도 상대의 성장과정과 가정문화 등에 대하여 이해의 폭을 넓힐 필요가 있다.

셋째, 남녀의 성별차이 요소이다. 일반적으로 여성들이 남성보다 말을 많이 한다고 한다(물론 예외도 있다). 여성들이 나누는 대화의 주제가 주로 사람과 사람의 관계에 대한 내용인데 반하여 남성들이 나누는 대화는 정치나 스포츠, 기계나 자동차(물론 군대이야기도 빼놓을 수 없는 주제이다) 등에 대한 경우가 많다. 또한 여성들이 남성들보다 대화에서 질문을 많이 사용하는 경향이 있다. 남성들은 "아내가 말을 하고 싶으면 내가 묻지 않아도 말할 것이다"라고 생각하고 여성들은 "내가 질문하지 않으면, 저 사람이 내가 자신의 말에 관심을 보이지 않는다고 생각할 것이다"라고 생각한다. 따라서 퇴근한 남편에게 아내는 관심의 표현으로 질문하는데 남편은 자신의 아내가 '꼬치꼬치' 캐묻는다고 귀찮게 여기고 짜증내는 경우가 있다.

이상에서 간략하게 살펴본 부부대화에 영향을 미치는 요소들과 이로 인한 영향 때문에, 정확한 상대방의 의사를 파악하기가 어렵다. 그러므로 올바른 부부 간의 대화를 위해서는 먼저 올바른 듣기가 필요하다.

ii) 올바른 듣기의 4 가지 특징

(i) 듣는 일에 집중해야 한다. 상대의 말의 흐름에 주파수를 맞추고 공감하면서 상대의 입장에 서서 듣도록 해야 한다. 상대방이 말하는데 TV를 시청하거나 딴 일을 하면서 상대방의 말을 듣는 것은 상대로 하여금 다음과 같은 오해를 하게끔 한다. "저이/저 사람이 내말을 듣기 싫어하는구나," "저이/저 사람이 나를 별로 존중해 주지 않는구나."

(ii) 정신적으로 신체적으로 들을 준비를 잘 갖추어야 한다. 너무 피곤하거나 신체적으로 지친 상태는 상대의 말을 잘 듣지 못하거나 오해할 가능성이 높다. 따라서 대화하기에 너무 지친 상태일 경우 배우자에게 양해를 구하고 대화를 연기하거나 다음을 기약하는 것이 좋다.

(iii) 상대의 말이 완전히 끝나기까지 충분히 기다린 다음 자신의 의견을 말한다. 상대의 말에 대하여 성급한 결론/판단은 내리지 않는 것이 좋다. 그렇지 못할 경우 다음의 두 가지 위험이 있다. 첫째, 상대가 자신의 말을 잘 듣지 않고 있다고 느낄 위험이 있다. 이는 앞서 언급한 것과 같이 상대가 무시당하고 있다는 느낌을 줄 위험이 있다. 둘째, 완전히 상대가 전하고자 하는 내용을 듣지 못하여 오해할 위험이 있다. 이러한 경우는 갈등상태에서 감정적으로 서로 격앙되게 만들 경우가 있으며 더 큰 갈등으로 발전될 위험이 있다.

(iv) 상대의 말을 듣는 동안 상대의 말을 충분히 듣고 있음을 나타내기 위한 적절한 반응이 필요하다. 상대가 말을 하는 동안 적절하게 그 말에 반응하여 고개를 끄덕이거나, 상대와의 눈 맞춤을 계속하는 비언어적 반응이 필요하다. 이는 아내(남편)가 자신의 말에 귀 기울임을 확인하는 동시에 자신이 존중받고 있음을 느낄 수 있게 한다. 그리고 필요할 경우 상대가 한 말을 요약하거나 되풀이하여 확인하거나 되묻는 것 또한 올바른 의사소통을 위해 도움이 된다.

(3) 부부 간의 대화에 있어서 '해야 할 것'과 '하지 말아야 할 것'

i) 부부 대화에서 해야 할 10가지(win/win 방식)
  * 말할 것을 미리 준비하라, 특히 어려운 말은 미리 연습해 보라.

* 상대가 대화를 할 무드나 상황인가를 확인하라.

* 가능한 한 긍정적으로 표현하라.

* 상대의 말에 대한 자신의 의견은 가능한 한 "나"라는 말로 시작한다("I" 메시지). "당신이 말하는 것은," "당신이 이런 식으로 말하는 것은"보다는 "내 생각에는," "내가 느낀 점은."

* 최소한의 말하기 규칙을 정하라. 서로 상황이나 표현방식의 한계를 정하라. 즉 "이런 말은 서로 하지 말자, 이런 표현은 하지 말자, 이런 상황에서는 말하지 말고 잠시 후에 하자" 등이다.

* 자기의사를 말한 후에 권유하는 표현을 써라. "나는 ~하려고 한다," "당신도 나와 함께 ~하겠느냐?," 단순히 "당신 ~할래 안 할래?" 등의 상대의 자유의사를 제한하는 표현은 피하는 것이 좋다.

* "왜" 보다는 "어떻게"라는 질문을 통해 의견이 일치하는 부분과 일치하지 않는 부분을 발견하려고 노력하라. 이유/원인을 묻는 것은 상대가 자신을 비난한다고 오해할 소지가 있다. 그러나 "어떻게 되었는가?"란 질문은 덜 비난적인 느낌이 든다. 물건을 샀을 경우 "왜 이것을 샀어?" 보다는 "우리가 이것이 필요한가?"의 표현이 한 예라 할 수 있다.

* 현재 중심적이어야 한다. 대화에서 과거의 추적이나 미래의 억측은 대화를 부정적이게 만든다.

* 가능하면, 직접적이며 솔직하게 대화하라. 단순한 사실의 전달이 때때로 가장 좋은 대화방법일 수 있다. 간혹 사회적으로나 사업상으로는 능수능란한 화술의 소유자가 집에서는 유능한 대화자가 되지 못하는 경우 많다. 그 이유는 사회적으로 간접적이고 수사적인 대화의 방법들을 부부 간의 대화에 사용하기 때문이다.

* 상대방의 감정을 상한 경우를 확인하면 즉시 사과하라.

ii) 부부 대화에서 하지 말아야 할 것들

* 일반화시키지 말라. "늘, 항상, 꼭" 등의 표현을 피하라. 이러한 표현을 듣게 되면 상대방은 방어본능으로 인해 그에 대한 반론이나 변명을 하려고 하기 때문에 대화가 건강하게 진행되기 어렵다. 필요하다면 구체적인 사례를 정확하게 들어서 이야기하는 방법을 사용하는 것이 좋다.

* 아내/남편의 말을 가로채지 말라.

* 마음을 지레 읽지 마라. 상대방의 말의 이유나 동기를 분석하지 말라. "그 말을 하는 것을 보니 당신은 내가 죄책감을 느끼게 하려고 하는군" 등의 표현이다.

* 과거를 소급하여 말하지 말라.

* 대화 주제에 상관없는 다른 불평이나 불만으로 대화를 변경시키지 말라.

* 상대의 감정을 상하게 하는 "용어"를 쓰지 말라. "이기적," "좀 모자란다," "당신 좀 이상해 진 것 아냐?," "~ 생각하면 끔찍스럽다" 등. 이러한 상대 마음을 상하게 하는 경우가 심각할 경우, 서로 어느 정도(30분-한 시간 정도)의 냉각기를 가진 후 대화를 재개하도록 하는 것이 바람직하다.

* 방어적이거나 반격하지 말라. 건설적인 대화를 위해서 상대의 말에 변명하거나 강변하는 태도는 언쟁을 야기할 위험이 있기에 피하도록 함이 좋다.

* 상대를 깔보는 듯이 무시하거나 일방적으로 훈계하지 말라.

* 나만이 옳다는 자세를 버리라.[461] 부부 간의 대화에서의 불편한 점이나 갈등이 win/lose 게임이 아님을 명심하여야 한다. 부부 사이에서는 승자와 패자가 모두 한 배를 탄 운명공동체임을 기억하여야 한다. 즉 상대의 승리가 나의 승리이며 상대의

---

461) 이 영역에서 도움이 되는 부부 활동들 가운데 하나는 역할극이다. 즉 상황을 주고 서로의 역할을 바꾸어서 상대방의 방식대로 역할극을 해보도록 한 후 그것에 관하여 나누는 것이다. 또 다른 활동으로는 Richard B. Stuart, *Helping Couples Change* (New York, NY: Guilford, 1980)에서 제시하고 있는 다음의 것들이 있다: 1) 각 배우자는 상대방의 행위에서 변하기를 원하는 것 5가지를 구체적이고도 긍정적으로 나열한다. 2) 각각 상대방의 요구를 분명히 알기 위해 상대의 요청을 재구성하여 물어본다. 3) 자기의 그 요청을 기입한 후, 그 옆에다 상대방이 그 요청을 실천하기 위해 구체적으로 실천한 것들을 적어 보도록 한다.

패배가 나의 패배이다. 따라서 양보와 용서 그리고 이해와 공감이 부부대화와 갈등 해결에서 반드시 필요하다.

5) 문제가족 상담

결혼과 가족상담에서 가장 흔히 경험하는 사례들 가운데 하나가 문제가족상담이다. 문제가족은 문제 자녀를 비롯한 여러 가지 가정의 문제를 발생시키는 배경이 된다. 따라서 결혼과 가족상담에서 상담자가 알고 있어야 할 영역 가운데 하나가 바로 문제가족 상담이다. 이러한 문제가족에 대하여 알기 전 먼저 건강한 가족이란 어떤 가족인가를 살펴보는 것이 문제가족에 대한 이해와 상담에 효과적이 된다.

(1) 건강한 가족의 특성

결혼과 가족상담 현장에서 가장 흔히 접하는 내담자들의 문제들은 그들이 속해 있는 가족으로 인한 것들이 대부분이다. 건강한 가족들이 지니는 공통적인 특징을 결여하고 있는 이들 문제가족들의 상담과 그에 필요한 사항들을 살펴보기 전, 먼저 건강한 가족들이 지니는 공통적인 여섯 가지 특성을 살펴보면 다음과 같다.[462]

첫째, 서로에게 자주 진심어린 감사를 표현한다. 둘째, 가족들과 함께 보내는 시간이 많다. 셋째, 서로에게 깊이 헌신하는 태도와 행동을 보이는 가족이다. 넷째, 건강한 의사소통 형태를 지니고 있다. 함께 시간을 보내는 가족은 의사소통할 기회가 많으며 상대방에 귀를 기울인다. 갈등을 겪더라도 서로 대화를 통하여 극복한다. 다섯째, 높은 수준의 신앙적 태도를 지니고 있다. 여섯째,

---

462) Nicholas Stinnett, "Strong Families," *Marriage and Family in a Changing Society*, 4th ed., ed. James M. Henslin (New York, NY: The Free Press, 1992), 499–504.

위기 상황에서 긍정적 태도를 지니고 대처한다. 이러한 건강한 가족의 특성은 바꾸어 말하자면 다음에 살펴 볼 문제가족이 건강한 가족들이 지닌 공통적인 특성들이 결여되었음을 보여준다.

(2) 문제가족이 지닌 공통적 특성들

문제가족이란 "가족의 문제들이 그들의 성장/발달과 행복을 심각하게 방해하는 가족"을 말한다.[463] 이러한 문제가족들은 대체로 다음과 같은 일반적인 특성들을 지니고 있으며 상담자가 아래의 특성을 발견 혹은 파악할 경우 문제 해결에 도움을 줄 수 있다.

i) 방어기제(Defense Mechanisms)를 지닌 가족

문제가족은 그 가족의 부모들이 그들의 원가족으로부터 가져와서(무의식적으로 배운) 그들의 자녀들에게 가르친 '가족방어체계'를 공통적으로 가지고 있다. 이러한 가족방어체계의 가장 흔한 세 가지 형태는 '부정(Denial),' '합리화(Rationalization),' '투사(Projection)'들이다. '부정'은 흔히 다음과 같은 표현으로 나타난다. "나는 아무런 잘못을 저지르지 않았어. 만일 내가 잘못을 범했다 하더라도 그건 대수롭지 않은 것이야." '합리화'는 "그래, 아마 내가 잘 못했을지도 몰라, 하지만 그런 배후에는 내가 어떻게 할 수 없는 형편과 처지가 있었어." '투사'의 예는 "바로 네가 이 문제에 책임을 지고 비난받아야 할 당사자야"라고 문제의 원인을 타인에게 전가시키는 태도이다. 이러한 방어기제를 지닌 문제가족에는 어느 누구도 문제에 대한 책임을 지려고 하지 않기 때문에 가족의 문제들이 표면화(명확하게 발견)되지 않거나 해결되지 않는다.

---

463) Michael E. Cavanagh, "Family Counselling: Basic Concepts for Ministers," *Pastoral Psychology*, vol. 43, no. 2 (1994): 71.

ii) 피해자와 가해자에 대한 잘못된 인식(Alternating Victim and Oppressor Roles)

문제가족의 구성원들은 어떤 때는 희생자가 되었다가 다른 경우에는 가해자로 바뀌는 경우가 있다. 예를 들면 남편으로부터 무시당하는 아내가 한편으로는 계속적으로 그 남편을 비난하는 가해자도 되는 경우가 있다. 이 같은 경우남편과 아내는 서로가 피해자로서 자신들을 인식하지 자신들을 가해자로 인식하지 못한다. 배우자 쌍방이 서로 피해자이며 가해자라는 사실을 깨닫기 전까지는 갈등은 계속된다.

iii) 부적절한 강화(Inappropriate Reinforcement)

일반적으로 가족들은 그 구성원의 행위에 대해 아래의 네 가지 방식으로 반응한다.

(i) 잘된 행동은 칭찬이나 상을 주고 잘못된 행동은 비난(벌)을 준다.

(ii) 잘된 행동은 칭찬하고 잘못된 행동은 모른척한다.

(iii) 잘된 행동은 무시하고 잘못된 행동만 벌을 준다.

(iv) 잘못된 행동은 칭찬/상을 주고 잘한 행동은 벌을 준다.

일반적으로 **건강하지 않은 가족**들은 (iii)와 (iv)의 반응을 종종 보인다. 이러므로 건전한 행위들은 무시되거나 비난받고 건전하지 않은 행위는 칭찬받는 환경을 만들어 간다. 예를 들면 어린아이가 이기적이면 꾸중을 들어야 하지만,

너그러울 경우 핀잔 받거나 꾸중을 듣는 경우가 있다. "경수야 나는 네가 가장 좋아하는 장난감을 네 친구 형우에게 주었다는 사실이 이해가 되지 않는다!"

iv) 희생양을 만드는 가정(Creating Scapegoats)

가족이 그 구성원 중의 한 사람(배우자, 부모, 아이)을 문제로 간주하고 나머지 구성원들은 그 희생양(scapegoat) 뒤에 숨어서 그 희생양이 받는 부정적인 주목들과 부정적인 관심 속에서 자신들의 문제나 가족 전체의 문제를 발견하지 못하거나 발견하려고 하지 않는 경우이다. 그 예로, 학교에서 선생님들에게 반항적이고 친구들을 트집 잡아 괴롭히는 8세 아동의 경우를 들 수 있다. 이 아이의 문제를 해결하기 위한 상담, 훈육방법의 논의, 학교직원들과의 만남 등과 같은 시도들은 이 아이의 아버지의 알코올 중독 문제, 어머니의 지속적인 적개심, 누나의 과도한 식이요법 등으로부터 관심을 멀어지게 한다. 희생양들의 문제들은 대부분의 경우 그 가족 전체가 지닌 문제들이 표현되어서 발생하는 경우가 많다. 이 아이의 경우는 가정에서 생긴 분노를 학교에서 표현한 것이라고 할 수 있다.

v) 가족끼리 무시함(Discounting)

"아이구 이 바보야," "너는 맨 날 어째 그러니?" 등의 말로서 가족 구성원끼리 서로를 폄하 또는 무시하는 경우이다. 이 가족은 다른 가족구성원의 필요, 감정 등을 무시하거나 잊어버리는 것 등을 통해 가족을 무시한다. 예를 들면 아이가 모든 식구가 모여 있는 자리에서, "내가 몸이 좀 좋지 않은 것 같아"라는 말을 했으나 아무도 반응 하지 않고, 아빠는 엄마에게 자신이 내일 설교할 원고를 좀 봐 달라고 말하고, 엄마는 자신이 마침내 일을 그만둘 용기를 내어서 일을 그만두게 되었다고 말함으로써 아빠로부터 어리석은 결정을 하였다고 핀잔을 듣는 가족의 경우가 그러하다.

vi) 아이들이나 친정 또는 시댁의 일들로 가정의 영역이 구분되지 않고 혼합되어 있는 가정

vii) 건전하지 못한 규칙을 가진 가정

건강하지 못한 가정은 성숙이 없다. 예를 들면 부모는 언제나 옳기 때문에 무시해서는 안 되고 반대해서도 안 된다. 정직함이 가정의 평화를 깨뜨리지 않는 범위에서만 허용된다. 가정 안/밖에서 자기 가정의 문제를 의논해서는 안 된다. 그래서 항상 바깥에서 볼 때 행복한 가정으로 비춰져야 한다. 위선이 용인되거나 조장되고, 사리분별이 있는 것처럼 행동해서는 안 되고 일방적으로 복종하거나 희생을 강요당하게 되는 가정이다.

(3) 문제가족 상담을 위한 기본적 제안

가족상담의 목표는 가족을 행복하게 혹은 가정을 구하기 위한 것이 아니라 가족들로 하여금 그들의 문제(어려움, 관계, 현실)를 바로 보도록 도와주고 그러한 것들에 대해 적절하고 효율적이며 건설적으로 대응할 수 있도록 돕는 것이다. 그러므로 가족상담이 때로는 행복한 가정을 이루도록 할 수도 있고, 그냥 조금 나아지게 할 수도 있으며, 심지어는 가족 간에 결별을 가져오나 구성원들이 이전보다 더 건강하고 열매를 많이 맺는 삶을 살 수 있게 하는 경우도 있다. 아래에서 제시하고 있는 기본적인 내용들이 상담자로서 문제가족의 내담자를 돕는 데 있어서 필요한 내용이다.

i) 과거의 문제보다 현재와 미래에 초점을 맞추라. 과거를 자꾸 들추는 것을 금하라. "문제를 해결하기 위해 지금 무엇을 할 수 있으며, 다음에는 어떤 변화가 있기를 원하며, 그렇게 하기 위해 무엇을 어떻게 할 것인가?"에 초점을 맞추라.

ii) 다른 가족 구성원의 변화를 요구할 경우, 그에 걸맞게 반드시 자신도 그에 상응하는 행동이나 변화를 시도하도록 하라.

iii) 상담자는 문제해결의 당사자가 아니라 문제해결을 도와주는 도우미임을 인식시키고 문제해결의 주체는 내담자임을 깨닫게 하고 인내를 가지고 상담에 임하도록 하라.

iv) 가족상담에서 상담자는 모든 가족 구성원들을 동등하게 존중하고 주의를 기울이라. 아이들도 부모와 동일한 무게로 대하라.

v) 상담자는 자신들이 내담자의 의견이나 제안에 동의/확신하는 일에 주의하라. 주부의 경우, 파트타임으로 일을 함으로서 자신의 필요를 가족 바깥에서 채우려할 때, 그 주부의 생각에 쉽게 동의하게 되면 그 주부가 가족 관계 속에서 만족을 얻으려는 시도를 포기하고 가족들과 심리적으로 별거하게 만드는 위험이 있음을 알아야 한다.

vi) 모든 문제를 한꺼번에 해결 받는 가족은 없다. 그리고 모든 가족 구성원들이 동일하게 진보를 보이지도 않는다. 상담의 진전은 가족 구성원들이 지닌 자원들과 상담자의 자질에 따라 달라진다.

vii) 가족들이 만든 편견/선입견에 좌우되지 말라.

viii) 단기가족상담에서 한꺼번에 많은 것을 할 수 없을 경우, 한 번에 긍정적인 것 한 가지씩 만이라도 하게끔 격려하고 한 번에 한 가지씩 부정적인 일을 그만두도록 지도한다.

ix) 처음 상담 시작의 3분 정도까지 상담자는 가족들이 들어오는 순서, 좌석 배치, 말하는 순서, 가족의 대변인이 누구인가, 누가 서로를 쳐다보며/눈길을 피하는가 등을 파악함으로써 가족 구성원들 간의 역학관계를 어느 정도 짐작하는 것이 좋다. 가족 간의 공격, 포기 등의 표현에 따라 문제해결의 시작을 위한 힌트를 얻을 수 있다.

x) 내담가족의 필요에 따른 책략을 조심하라. 다른 사람에 의해 완전하게, 신앙적이게, 행복하게, 절망적이게, 위험에 처해 있는 것처럼, 무기력하게, 방치되고 있는 것처럼 보이려고 노력하는 가족들의 시도를 잘 파악하라. 문제가 깊은 가족일수록 이와 같은 책략이 많다.

xi) 가족 중의 천사(가장 건강하거나 모범적으로 행동하는 사람)에 주의를 기울이라. 그 같은 사람이 은밀하게 가족 문제를 야기시키는 역할을 하는 경우도 있다.

xii) 상담자는 내담자 중에서 상담자를 자신의 편으로 끌어들이려는 시도에 주의를 기울여야 한다. 예를 들면 "선생님, 선생님 보시기에 제 남편이 가정에다 좀 더 시간을 투자해야 한다고 생각 들지 않으세요?"라고 말하는 아내와 같은 경우이다.

xiii) 도움을 원하지 않는 가족을 도울 수 있는 상담자는 없다. 아무리 경험 많고 노련한 상담자도 불가능하다.

xiv) 일반적으로 만 18세 이하의 자녀들은 자신들만의 독립적인 문제를 갖고 있는 경우가 드물다. 그러므로 아이들의 문제를 다룰 때는 항상 가족 전체와의 관계 속에서 상담에 임해야 한다.

xv) 종종 상담자가 문제의 근원에 가까이 다가 갈수록 가족들이 상담자의 주의를 다른 곳으로 돌리게 만드는 경우가 있다.

| 12장 |

목회상담과 대인관계 및 갈등

하나님의 관계적 특성을 닮아 창조된 인간은 태어나면서부터 수많은 관계 속에서 살아간다. 다른 사람 또는 집단과의 상호작용 속에서 사람은 관계를 맺는 대상에게 영향을 주는 동시에 자신의 정체성 또한 형성해 간다. 이러한 인간관계는 사회 속에서 한 개인의 성공여부를 결정짓는 중요한 요인이 될 뿐만 아니라 나아가서 한 집단이나 조직의 효율성과 성공여부에 결정적인 영향을 미치기도 한다. 하지만 개인의 미성숙과 이기적인 태도, 제한된 자원과 경쟁 등에 의해 사람들은 서로 문제를 일으키고 갈등에 휩싸여 살아간다. 본 장에서는 목회상담의 또 하나의 중요한 영역인 가족 외의 일반적인 대인관계와 그 관계에 직접적인 영향을 미치는 갈등해결에 관하여 살펴본다.[464]

---

464) 인간관계와 대인관계 둘 다 사람과의 관계에 대한 용어이지만 전자가 좀 더 광범위하다. 인간관계는 일반적으로 사회과학에서 좀 더 자주 사용되는 용어이지만, 본 장에서 저자는 저술의 내용상 인간관계와 대인관계의 분명한 차이를 필요로 하지 않기에 이 두 가지를 혼용하여 쓴다.

1. 목회상담과 대인관계

대인관계는 개인이 사회 속에서 살아가는데 있어서 핵심적인 요소이다. 다양한 사람과 여러 상황 가운데서 맺는 인간관계가 늘 친밀하고 안정적이지는 않다. 어떤 때는 인간관계가 불편하고 힘들 때가 있다. 이처럼 사회 속에서의 대인관계는 끊임없이 변화하는 역동적인 관계이며 이러한 역동적으로 변화하는 관계로 인해 사람들은 여러 가지 상황을 경험하고 희로애락의 감정을 느끼기도 한다.

1) 대인관계의 중요성과 특성

대인관계란 "인간과 인간 또는 인간과 집단과의 관계에서 어떠한 대상이 다른 대상에 영향을 미치는 일련의 상호작용"이다.[465] 이러한 상호작용에는 행위 자체와 더불어 정서적 인지적 요소 및 의사소통의 요소가 개입된다.[466] 대인관계의 근원은 "하나님이 자기 형상 곧 하나님의 형상대로 사람을 창조하시되"라는 창세기 1장 17절의 말씀에서 출발한다. 즉 하나님이 성부 성자 성령 삼위의 관계적 존재이시기에 그 형상을 닮은 우리 역시 관계적 존재로 창조되었다는 사실이다.

이러한 관계적 존재인 인간은 항상 다른 사람과의 관계 속에서 살아간다. 따라서 가족관계는 물론이고 가족 외의 다른 사람들과 관계를 맺거나 친분관계를 유지 발전시키는 일은 개인의 삶의 행복과 질을 결정하는데 있어서 매우 중요하다. 또한 대인관계가 본질적인 요소이기에 사회적 성공이나 성취의 중요한

---

465) 이주희 외 4인, 「인간관계론」, 16.
466) Robert A. Hinde, "Describing Relationships," *The Diversity of Human Relationships*, eds. Ann Elisabeth Auhagen and Maria von Salisch (New York, NY: Cambridge University Press, 1996), 9.

요소로 인간관계 혹은 대인관계를 꼽는다.[467]

사람들은 대인관계를 통해 자신의 기본적인 필요를 충족시킬 뿐만 아니라 나아가서 감정적 지지를 주고받으며, 서로 간에 삶의 방향에 영향을 주는 충고나 조언을 받는다. 이로 인해 대인관계는 그 개인의 사회적 활동의 영역에 결정적 영향을 끼치며 이러한 영향은 한 개인의 사회적 성공에 지대한 영향을 미친다. 그리고 이러한 대인관계는 다른 사람의 삶에 영향을 주는 동시에 자신의 자아 역시 성숙 변화 발전을 이루어간다.[468] 또한 건강한 대인관계는 상대의 자율성과 존중을 바탕으로 협동적이고 상호의존적인 동시에 생산적이며 도덕적이어서 삶을 풍요롭고 의미 있게 만든다. 하지만 대인관계가 제대로 되지 못할 경우 계속 스트레스를 야기하여 불안과 우울, 좌절과 소외 및 갈등 등을 경험하게 되고 그 결과 개인과 그 개인을 둘러싼 사람들과 집단에 파괴적이며 부정적인 영향을 준다.

이러한 대인관계는 변화와 새로움이라는 두 가지 특성을 가지고 있다.[469] 비록 오랜 기간 유지되어온 관계라 할지라도 관계의 내용은 여러 과정의 변화를 겪는다. 예를 들어 오랜 기간 결혼생활을 유지해온 부부사이나 오랜 기간 우정을 가꾸어 온 친구관계라 할지라도 표면적 관계의 틀은 변함이 없는 듯 보이나 그 관계의 내적인 영역은 서로가 겪은 사건이나 시간의 흐름에 따라 끊임없이 변화한다. 즉 관계의 외적 틀은 변화가 없는 듯 보이나 그 관계의 실질적 내용과

---

467) 하버드 대학교의 위건(A. E. Wiggan) 박사가 직장 생활에 실패한 사람, 가정생활에 실패한 사람, 사회생활에 실패한 사람 등 각 분야에서 실패한 사람들을 조사했다. 우리가 얼른 생각할 때는 그들 대다수가 백과사전적인 기술, 즉 능력의 결여로 인해 실패한 것으로 여기기 쉬우나, 이 통계는 그와 같은 생각을 완전히 뒤엎어 놓고 있다. 그의 보고서에 의하면, 전문적인 지식의 결여로 실패한 사람들은 불과 전체의 15%밖에 안 되고 나머지 85%의 실패자들은 모두 인간관계를 잘못했기 때문인 것으로 밝혀졌다. 또한 미국의 카네기재단에서 5년 동안 사회적으로 성공한 1만 명을 대상으로, "당신이 성공한 비결은 무엇입니까?"라는 질문으로 설문 조사를 했다고 한다. 그 질문에 대해 흔히 우리는 전통적으로 성공의 3대 조건이라고 일컫는 머리, 기술, 노력을 답으로 예상하기 쉽다. 그러나 놀랍게도 85%나 되는 사람이 인간관계를 잘했기 때문이라고 대답했다. 김성규, "HIR Professional" [온라인 자료], http://cafe.naver.com/ak573.cafe?iframe_url=/ArticleRead.nhn%3Farticleid=77104&, 2011년 6월 13일 접속.
468) 송관재, 「생활 속의 심리」 (서울: 학지사, 2006), 287.
469) Ronald B. Adler and George Rodman, *Understanding Human Communication*, 9th ed. (New York, NY: Oxford University Press, 2006), 205-6.

질은 결코 처음과는 같지 않다. 따라서 인간관계는 항상 변화와 아울러 새로운 단계로 나아가는 특성을 지니고 있다.

2) 대인관계의 종류

인간은 평생을 살아가면서 다양한 대인관계를 경험한다. 그리고 인생의 발단 과정을 거치면서 여러 종류의 사람과 다양한 인간관계를 맺고 그때마다 그에 알맞은 역할과 기능을 하면서 살아간다. 이러한 다양한 인간관계의 종류를 살펴보면 다음과 같다.[470]

첫째, 대인관계의 형성 요인에 따라 일차적 인간관계와 이차적 인간관계로 나눌 수 있다. 일차적 인간관계는 혈연, 지연, 학연 등에 의해 형성되는 인간관계를 말하며, 이차적 인간관계는 개인의 매력, 직업, 종교나 가치 혹은 신념의 공유에 의해 형성되는 인간관계이다. 일차적 인간관계의 특징은 본인의 의사에 상관없이 형성되는 인간관계이며, 가입과 탈퇴가 제한된다. 따라서 그 관계가 비교적 항구적이다. 하지만 이차적 인간관계는 이와 달리 선택에 의해 형성되는 인간관계이며 가입과 탈퇴가 자유롭다. 그리고 관계가 비교적 한시적일 수 있다.

둘째, 수직적 인간관계와 수평적 인간관계가 있다. 수직적 인간관계는 나이, 계급, 직위, 권한 등에 의한 상급자와 하급자 간의 불평등 관계를 말하며 수평적 인간관계는 평등과 개인의 가치를 존중한 상호 호혜적이며 동등한 권위를 지니고 맺어진 인간관계를 말한다.

셋째, 인간관계에서 상대방에 대해 느끼는 감정과 태도에 따라 우호적 인간관계와 적대적 인간관계로 나눌 수 있다. 우호적 인간관계는 서로에 대해 호감을 지니는 동시에 공동의 목표를 위해 협동적인 반면, 적대적 인간관계는

---

470) 권석만, 「젊은이를 위한 인간관계 심리학」 (서울: 학지사, 2008), 37-9.

서로를 경쟁대상으로 인식하고 상대를 방해하거나 비협조적인 태도를 지닌다.

넷째, 인간관계의 형성과 유지요인에 따라 애정 중심적 인간관계와 업무 중심적 인간관계로 나눌 수 있다. 애정 중심적 인간관계는 상대에 대한 매력이나 호감에 의해 관계가 형성되며 서로 사랑과 우정을 주고받는 것이 관계유지의 중요한 요인이 된다. 업무 중심적 관계는 상대방에 상관없이 상대방과 함께하는 작업이나 업무로 인해 관계가 형성되고 유지되는 인간관계로서 상대와의 관계를 통해 얻는 이득이나 성과가 관계의 주요 유지 요인이 된다.

이 밖에도 사람들은 자신들의 발달단계에 따라 여러 가지 인간관계를 맺고 살아간다. 인생의 발단단계에 따라 만나는 사람들이 달라질 뿐만 아니라 그들과 맺는 인간관계의 내용과 질도 달라진다. 쉬운 예로, 자녀와 부모의 관계를 들 수 있으며 스승과 제자의 관계도 발단단계에 따라 달라짐을 볼 수 있다.

3) 대인관계의 형성과 발전 원리

대인관계 또는 인간관계 형성과 발전의 바탕은 개인의 인격과 올바른 정체성이다. 이러한 인격과 정체성 형성에 중요한 영향을 미치는 존재가 '중요한 타자' (significant others)들이다. 타인과의 관계형성의 기초가 되는 인격과 정체성 형성에 영향을 미치는 중요한 타자들로는 부모와 가족, 친구, 스승 및 동료 등이 있다. 이러한 중요한 타자들은 인생의 발달단계를 거치면서 달라진다. 중요한 타자들의 역할을 다음과 같다. 첫째, 사회적 지지자의 역할을 한다. 정서적 경제적으로 일관성 있고 다양한 지원을 해주는 역할을 한다. 둘째, 자기평가에 중요한 기준을 제시하는 역할을 한다. 사람들이 진정으로 인정받기를 원하는 사람이 그러하며 개인의 행동에 중요한 영향을 미치는 사람이다. 셋째, 유사성을 통한 상호영향력을 미치는 역할을 한다. 상호 간에 유사성을 많이 공유할수록 영향력을 주고받는 상호적 영향력이 크며 이러한 상호영향력이 큰 사람이 중요한 타자가 된다.[471] 이러한 중요한 타자들의 영향을 전제로 하여 아래에서 대인관계 형성과 발전의 요인에 대하여 알아본다.

(1) 대인관계 형성의 요인

대인관계를 형성하는데 도움이 되는 요인들은 다음과 같다.[472]

첫째, 상대방에 대한 호감, 존경, 신뢰가 그것이다. 사람들은 자신이 상대방을 좋아하게 되면 상대가 지닌 자질을 존경하고 자신도 그러한 자질을 닮고 싶어 한다. 또한 신뢰는 대인관계에 있어서 유대관계를 형성하는 기초를 제공하며 대인관계에서의 안정감을 제공한다.

둘째는 유사성이다. 유사한 태도는 상대방과 의견일치가 되기 쉽고 이로 인해 자신의 생각을 지지해주기 때문이다. 대인관계가 형성된 후에는 서로가 지니고 있는 유사성에 의해 관계의 계속 여부가 영향을 받는다.

셋째는 친밀감이다. 일반적으로 접촉빈도가 많으면 친밀감이 향상된다.

넷째는 신체적 근접성이다. 사람들은 서로 가깝게 살고 일하며 상호작용하는 사람들에게 호감을 갖기 쉽고 친하기 쉽다.

다섯째, 신체적 매력이다. 대체로 신체적 매력이 돋보이는 사람이 대인관계를 형성하고 유지 발전시키는데 있어서 유리하다. 그리고 여성보다는 남성들이 일반적으로 상대방의 외모나 신체적 매력에 더 큰 영향을 받는다.

여섯째, 보상과 만족의 정도이다. 사람들은 대인관계에서 이익을 최대화하고 손실을 최소화하려 하기 때문에 갈등을 야기한다. 이때 갈등을 표면화시키지 않고 관계를 유지시키기 위하여 서로 간에 주고받는 보상의 정도가 어느 정도 서로를 만족시킬 수 있어야 하며 동시에 공평하여야 한다. 사회관계에서 애정,

---

471) Ibid., 50-1.
472) 송관재,「생활 속의 심리」, 288-93; 지용근 외 3인,「인간관계론」, 27-30.

지위, 금전, 기술 또는 친절 등의 다양한 보상을 주고받는데 사람들은 자신에게 이러한 보상을 주는 사람을 가깝게 여긴다. 또한 상대방과의 관계를 계속할 것인가의 여부 역시 상대방으로부터 받는 보상과 그로 인한 만족의 양과 관련이 있다. 대부분의 경우 만족은 보상이 비용을 초과할 때 얻어진다. 하지만 대인관계에서 비용이 보상을 초과하는 경우에 사람들은 관계를 단절하거나 새로운 관계를 시작하려는 경향을 띤다.

(2) 대인관계 발전의 요인과 원리

대인관계의 발전에 영향을 주는 요인들로는 자기노출하기, 공감하기, 피드백하기 그리고 열린 마음 갖기 등이 있다.[473] 이러한 요인들을 어떻게 적용하는가에 따라 대인관계 발전에 긍정적 또는 부정적 영향을 미친다. 이러한 대인관계의 발전에 영향을 주는 요인과 그 적용을 살펴보면 다음과 같다.

i) 자기노출하기(Self-disclosing)

사람들이 처음 만나 관계를 발전시켜 나가는데 있어서 가장 중요한 상호작용 중의 하나는 서로를 상대방에게 보여주는 자기노출이다. 자기노출이란 단순한 자기 고백이나 자기 자신에 대하여 말하는 행위가 아니라 "상대방과 관계를 형성하기 위해 자발적으로 자신의 정보나 감정을 다른 사람과 나누는 행위"를 의미한다.[474] 대인관계를 발전시키는 의미는 자신에 대한 상대방의 반응에 대하여 자신을 개방하는 기회를 가지는 것이다. 이러한 자기노출은 의도하기도 하지만 즉흥적이기도 하다. 의도된 자기노출은 대부분 이미 기존의 관계가 잘 형성되어 있는 상태에서 어떤 정보나 감정을 나누는 경우에 해당된다.

---

473) Kathleen M. Galvin and Cassandra Book, *Person to Person: An Introduction to Speech Communication*, 5th ed. (Lincolnwood, IL: National Textbook Company, 1994), 163–89.
474) Ibid., 172.

관계형성에서의 자기노출과 관련하여 '조하리의 창'(Joharri's Window)이 도움이 된다. 이것은 자기공개와 피드백의 측면에서 사용할 수 있는 방법 중의 하나이다. 조하리의 창은 심리학자 조셉 러프트(Joseph Luft)와 해리 잉햄(Harry Ingham)에 의해 개발되어 두 사람의 이름을 합성하여 명명된 것으로 자기공개와 피드백의 축으로 각 스케일이 1부터 9까지로 이루어진 네 개의 영역으로 구분된다. 이들 영역은 공개적 영역, 맹목의 영역, 숨겨진 영역, 미지의 영역으로 명명된다. 첫째, 공개적 영역(open area)은 나도 알고 있고 다른 사람에게도 알려져 있는 나에 관한 정보의 영역이다. 둘째, 맹목의 영역(blind area)은 나는 모르지만 다른 사람은 알고 있는 나에 관한 정보의 영역이다. 자신이 인식하지 못하는 무의식적인 행동습관, 말버릇 등이 이에 속한다. 셋째, 숨겨진 영역(hidden area)은 자신은 알고 있지만 다른 사람은 알지 못하는 자신에 관한 정보의 영역이다. 자신이 알고 있는 자신의 약점이나 비밀이 이에 속한다. 미지의 영역(unknown area)은 자신도 모르고 다른 사람도 모르는 자신의 영역을 의미한다. 대체로 심층적이고 무의식적인 영역이 이에 속한다.[475]

이러한 네 영역의 구성차이에 따라 사람의 유형을 네 가지로 나눌 수 있다.

첫째 개방형이다. 공개적 영역이 가장 넓은 사람으로 대체로 인간관계가 원만한 사람이 이에 속한다. 이들은 적절하게 자기를 노출할 줄 아는 동시에 다른 사람의 말도 잘 경청하는 사람들이다. 그러나 지나치게 공개적 영역이 넓은 사람은 말이 많고 주책맞다 또는 경박하다는 느낌을 주기도 한다.

둘째, 맹목의 영역이 가장 넓은 주장형이다. 이들은 자신의 기분이나 의견을 잘 표현하며 나름대로 자신감을 지닌 솔직하고 시원시원한 사람일 수 있다. 하지만 이들은 다른 사람의 반응에 무관심 또는 둔감하여 독선적이거나 안하무인격인 사람으로 비춰질 수 있다.

---

475) 권석만, 「젊은이를 위한 인간관계의 심리학」, 56-7.

셋째, 신중형이다. 숨겨진 영역이 가장 넓은 사람이다. 이들은 다른 사람에 대해 수용적이며 속이 깊고 신중하다는 평을 듣는다. 다른 사람의 이야기는 잘 경청하는 편이나 자신의 이야기는 잘 하지 않는 편이다. 이들 중에는 자신의 속마음을 잘 드러내지 않는 사람이 많으며 대체로 계산적이며 실리적 경향을 지닌다. 이러한 신중형은 잘 적응하지만 내면적으로 고독감을 느끼는 경우가 많다.

넷째, 미지의 영역이 가장 넓은 고립형이 있다. 이들은 인간관계에 소극적이며 혼자 있는 것을 좋아한다. 다른 사람과 접촉하는 것을 불편해하거나 무관심하여 혼자 있는 고립된 삶을 즐긴다. 이런 유형 중에는 고집이 세고 주관이 지나치게 강한 사람도 있으나 대체로 심리적 어려움이나 고민이 많으며 사회적 부적응인 삶을 살아가는 사람이 있다.[476]

자기노출은 관계가 진전됨에 따라 내용이 다양해지고 그 깊이도 깊어진다. 이러한 자기노출은 상대방의 반응에 따라 달라지며 지나친 일방적 자기노출은 상대로 하여금 부담을 주어 오히려 관계에 부정적 영향을 준다. 일반적으로 사람들은 자신이 상대방에게 노출하는 정도로 상대가 자신에게 노출하는 것을 편안하게 여긴다. 즉 노출이 대인관계 발전에 중요한 요소이지만 노출의 상호작용이 사실 더욱 중요한 작용을 한다고 할 수 있다.[477]

ii) 공감하기(Empathizing)

공감은 상대방의 입장에서 이해하고 느끼는 것을 말한다.[478] 다른 사람에 대하여 세심한 사람은 상대의 감정이나 입장에 대한 배려와 공감을 쉽게 할 수 있다. 즉 세심한 사람은 상대방의 언어적 또는 비언어적 전달을 잘 인식하고

---

476) Ibid., 57-8; Galvin and Book, *Person to Person*, 176-7.
477) 지용근 외 3인, 「인간관계론」, 25-7.
478) 양창삼, 「인간관계론」 (서울: 경문사, 2005), 189.

그에 따라 적절하게 반응한다. 이러한 사람은 비교적 대인관계에서 긍정적 평가를 받으며 다른 사람과 쉽게 관계를 맺는다. 이러한 공감 능력은 종종 우리 자신이 상대방과 비슷한 상황을 경험하였는가의 여부 또는 그러한 상황에서 느꼈던 감정의 유무에 따라 달라진다.

대인관계의 형성에 긍정적 영향을 주는 세심함은 선천적인 요인이기도 하지만 동시에 학습과 노력에 의해 개발할 수 있기도 하다. 대인관계를 발전시키는 세심함을 개발하기 위한 방법으로는 첫째, 상대방이 쉽게 감정적으로 빠지게 되는 주제들에 대하여 관심을 가져야 한다. 둘째, 상대방이 현재 경험하고 있는 주제나 문제가 그 상대방의 배경이나 이전의 감정적 경험과 관련이 있는가를 파악하여야 한다. 셋째, 이를 바탕으로 상대방의 입장에 자신을 놓고 느끼며 이해하도록 한다. 즉 "나 자신이 이러한 상황을 어떻게 느끼는가?"가 아닌 "내가 상대방의 입장이라면 어떠한 감정을 가질까?"의 자세가 필요하다.[479]

iii) 피드백하기(Giving feedback)

긍정적 피드백은 대인관계의 지속적 발전에 매우 중요하다. 피드백은 각자에게 자신이 처한 상황에서 어떻게 처신하여야 할 것인가를 알려주는 역할을 하기에 대인관계의 형성과 발전 그리고 지속에 매우 큰 영향을 미친다. 건설적인 피드백은 다음과 같은 특성을 지닌다. 첫째, 상대방의 인격이나 사람 자체보다 그 행동이나 구체적 행위에 초점을 맞춘다. 둘째, 행동이나 행위에 대한 평가가 아닌 묘사나 설명을 하도록 한다. 셋째, 과거나 이전의 경험이나 행위가 아닌 현재 발생한 또는 현재 직면한 행위나 문제 자체를 다룬다. 넷째, 자신의 무의식적 태도나 비언어적 전달에 유의한다. 다섯째, 피드백의 타이밍에

---

479) Galvin and Book, *Person to Person*, 178-9.

유의한다.[480] 이러한 건설적 피드백 특성은 목회사역현장에서 선배목회자로써 또는 동료로써 상대방에게 조언할 때 좋은 길잡이가 된다.

vi) 열린 마음 갖기(Being Open-minded)

'열린 마음'이란 "어떠한 상황이나 사람에 대하여 반응하는데 있어서 유연한 태도를 가지는 능력"을 말한다.[481] 즉 어떤 사물이나 사건 또는 사람을 대하는데 있어서 흑백 논리적 태도가 아니라 상황에서 벌어지는 변수에 대하여 긍정적으로 수용하는 태도를 말한다.

열린 마음을 갖기 위한 노력으로는 첫째, 사람이 아닌 문제 자체에 관심을 가져야 한다. 사람이 아닌 문제해결에 관심을 가짐으로 문제를 바라보는 여러 가지 관점이 있으며 그 접근방안 역시 다양함을 받아들이도록 하여야 한다. 문제와 그 문제의 해결방안에 초점을 맞춤으로써 자신의 생각이나 관점만을 주장하는 오류를 벗어날 수 있다.

둘째, 새로운 관점을 수용하여야 한다. 어떠한 문제나 주제에 새로운 정보나 생각이 주어질 때 그 문제나 주제를 바라보는 관점을 바꿀 수 있어야 한다. 주제나 문제에 새로운 정보나 환경의 변화가 발생했음에도 자신의 기존 생각이나 관점을 고수하는 태도는 상대방에 대한 고정관념을 유지시켜 자칫 대인관계를 경직시키고 제한하게 된다.

셋째, 새로운 생각이나 경험을 위한 노력을 하여야 한다. 안전감을 본능적으로 추구하는 대부분의 사람들에게 있어서 갖기 쉽지 않은 태도이나 조직이나 개인의 발전과 대인관계의 긍정적 발전을 위해 새로운 관점이나 경험을 능동적으로 찾도록 하여야 한다.[482]

---

480) Ibid., 182.
481) Ibid., 186.
482) Ibid., 186-7.

4) 대인관계 발전단계

이처럼 중요한 대인관계는 갑자기 이루어지기보다는 시간이 지나가면서 서서히 단계를 거쳐 역동적으로 발전한다.[483] 대인관계의 발전 단계는 자기개방 정도, 서로 공유하는 정보의 내용과 질 그리고 접촉의 정도와 깊은 관련이 있다. 즉 대인관계의 진행 정도에 따라 자기를 개방하는 정도 및 상대방과 나누는 대화의 내용과 그 대화의 깊이가 달라진다. 또한 신체적 접촉의 정도 역시 자연스럽게 변화한다. 또한 이러한 대인관계는 사회적 문화적 상황 하에서 상호 간의 의사소통에 따라 많은 부분 영향을 받는다.[484] 즉 사람들은 자신들이 처해있는 사회 문화적 상황에 따라 인간관계를 맺고 있는 상대방과 의사소통을 통하여 대인관계를 발전시켜 나간다. 이러한 대인관계의 발전 단계를 간략하게 살펴보면 다음과 같다.

첫째, 관찰과 접촉단계이다. 어떠한 종류의 인간관계도 접촉 단계가 없이는 이루어질 수 없다. 모든 대인관계의 시작은 관찰 후의 접촉으로부터 시작된다. 이러한 접촉은 다양한 경로로 이루어진다. 직접 서로 만남을 통해서 이루어지기도 하고 온라인상의 접촉을 통해서 이루어지기도 한다. 첫 만남에서 사람들은 상대방에게 좋은 인상을 주기 위해 노력하며 상대와 비슷한 의견의 주제로 대화나 접촉을 이어간다. 이때의 대화는 서로를 잘 알지 못하는 상태이기에 개인적인 주제보다는 일반적인 사회적 주제나 문화적 이슈들에 대한 주제를 나누는 것이 보통이다. 날씨나 패션의 유행, TV드라마 또는 정치 사회적 이슈들이 대표적인 예들이다. 물론 시간이 지남에 따라 자신을 드러내는 정보들을 나누기도 하지만 이것 역시 일반적으로 알 수 있는 정도의 내용들이 보통이다. 이런 주제들에 대한 대화의 수준은 피상적인 것이 일반적이다. 이

---

483) Adler and Rodman, *Understanding Human Communication*, 201.
484) Hinde, "Describing relationships," 9; Collins, 「뉴 크리스천 카운슬링」, 351.

단계에서는 만약 상대가 자신의 마음에 들지 않을 경우 그것을 표현하지 않고 만남이 끝나거나 자연스럽게 다른 대상을 만나기 위해 관심을 옮겨간다.[485]

둘째 단계는 친해지는 단계이다. 서로의 가벼운 안부를 묻고 가벼운 농담을 주고받으며 알고 지내는 관계이지만 서로를 위해 헌신하거나 희생하는 관계는 아닌 단계이다. 이러한 관계의 사람들은 함께 관심사가 되는 영역에서 서로 자신의 의견을 말하고 매우 사적인 내용이 아닌 개인적 정보에 대해서는 함께 대화를 나눈다. 이 단계에서 사람들은 서로 상대방의 비언어적 표현을 어느 정도는 이해하고 상대에 대한 고정관념에서 비교적 자유롭다.[486]

셋째 단계는 상호의존의 단계이다. 이 단계의 사람들은 서로 상대방에 대하여 헌신하기 시작한다. 그렇기에 이 단계의 사람들은 상대방을 위해 기꺼이 어느 정도의 위험을 무릅쓰며 자신의 시간과 금전을 사용한다. 이 단계에서 사람들은 자신의 사적인 영역에까지 자신을 개방하고 서로의 성격을 이해하고 가치관과 문제들을 공유한다. 서로의 관계를 해치지 않으면서도 서로 의견의 불일치를 경험하기도 하며 상대방의 감정을 공감하며 상당한 수준의 비언어적 의사소통이 가능하다. 이 세 번째 단계에서 비로소 의미 있는 대인관계가 이루어 진다고 할 수 있다.[487]

넷째 단계는 안정적 관계 단계이다. 이 단계의 사람들은 아주 깊은 정도까지 서로 개인적 영역을 잘 알고 이해한다. 할 수 있는 한 서로 상대방에게 자신들을 개방하고 자신의 약점이나 속마음을 나눈다. 이 단계에 이르면 비교적 정확하게 서로 상대방의 비언어적 표현과 감정을 이해할 수 있으며 필요할 경우 자신의 소유나 재산을 어느 정도 상대방에게 제공한다. 이러한 관계를 유지하는 일은 쉽지 않은 노력과 시간이 요구되기에 많은 사람과 이러한 관계를 맺을 수는

---

485) Galvin and Book, *Person to Person,* 154; 지용근 외 3인, 「인간관계론」, 23.
486) Ibid., 155-6.
487) Ibid., 156-7; 지용근 외, 「인간관계론」, 23-4.

없다. 물론 어떤 사람은 이러한 관계를 결코 경험하지 못하는 경우도 있다. 이러한 단계의 친구나 연인을 잃는 일은 매우 충격적이며 마음의 상처가 매우 크게 남는다.[488]

2. 대인관계와 갈등관리

인류의 창조 이후 사탄은 하나님과 대적하는 방법으로 인간을 타락시키고 가장 가까운 사이에서 분쟁을 일으키며 불화를 조장했다(창 3장). 이로 인하여 범죄 한 이후로부터 인간사회는 사람과 사람 사이의 갈등이 일상적이자 보편적인 현상이 되어왔다.[489] 하지만 어느 누구도 갈등을 좋아하거나 환영하지는 않는다. 즉 사회적 존재로서의 인간이 관계를 맺고 살아가면서 피할 수 없는 일이 바로 대인관계에서 오는 갈등이며 갈등에 대한 일반적 인식은 부정적이다.

이러한 보편적이고 일상적인 동시에 부정적 인식을 주는 갈등은 사실 해결 여부에 따라 개인이나 조직에 발전과 활력과 새로움을 가져다주기도 한다. 결혼 가족의 영역과 함께 기독교상담에서 많이 다루어지는 상담영역인 대인관계 갈등은 개인과 그 개인이 속한 공동체에 중요한 영향을 미치기에 매우 중요한 화평케 하는 하나님 사역의 한 영역이다. 따라서 상담자는 대인관계에서 갈등의 이해와 그 해결방안에 대하여 알고 준비하여야 한다.

대부분의 목회상담에서 다루어지는 대인관계 문제들은 개인적 요인 및 관계갈등과 관련이 있다. 대인관계의 일반적 문제원인으로는 위에서 언급한 근본적인 사탄의 영향과 함께, 개인의 자기중심적 태도, 편견이나 우월감 등의 집단이나 개인의 편협한 신념, 건강하지 못한 의사소통 방식, 수줍음 그리고

---

488) Galvin and Book, *Person to Person*, 158; 지용근 외, 「인간관계론」, 25.
489) 성서는 사탄을 "거짓의 아비"(요 8:44)라고 말한다.

과밀이나 과도하게 경쟁적인 사회적 상황 등을 들 수 있다.[490] 그러므로 본 장에서는 이러한 관계갈등에 관하여 간략하게 살펴보기로 한다. 이러한 일반적인 인간관계의 문제원인 이외에 목회현장에서 종종 발견되는 개인적 원인으로는 성격장애를 들 수 있다. 인간관계에 부정적 영향을 미치는 대표적 성격장애 및 그 특성은 본 장의 끝 부분에 간략한 설명을 참조하면 도움이 된다.

1) 갈등의 의미와 원인

대인관계에서의 문제 중에서 가장 흔히 발견되는 현상이 타인 또는 타 집단과의 갈등이다. 갈등의 어원적 의미는 "서로 치다, 서로 때리다"의 뜻을 가지고 있으며 "둘 이상의 존재가 자신들의 판단에 함께 공유할 수 없는 목표를 가지려고 하는 상황"을 말한다.[491] 갈등을 학문적으로 정의한 바에 따르면 갈등이란, "둘 이상의 존재(생각, 사람, 공동체, 혹은 국가)가 함께 머물 수 없는 공간에 동시에 같은 자리를 차지하려고 시도하는 상태" 또는 "양립할 수 없는 목표와 희소한 자원 그리고 목표달성과정에서 상대방의 방해를 인지하고 있는 적어도 둘 이상의 상호의존적인 당사자의 드러난 다툼"을 의미한다.[492]

2) 갈등의 구성요소

갈등이 이루어지는 요소들로는 다음의 조건들이 갖추어져야 한다.

첫째, 표현된 혹은 드러난 다툼이어야 한다. 갈등은 잠재되어 있던 서로의 불편한 감정이나 문제가 표현된 또는 드러난 다툼으로 나타나야 비로소 갈등이라고 할 수 있다. 즉 관계를 맺고 있는 당사자가 말로든 아니면 행동으로든

490) Collins, 「뉴 크리스천 카운슬링」, 354-9; 이위환, 김용주, 「현대사회와 인간관계론」(고양: 공동체, 2009), 252-7.
491) Speed Leas and Paul Kittlaus, Church Fight (Philadelphia, PA: Westminster, 1973), 28; Ross Stagner, comp., The Dimensions of Human Conflict (Detroit, MI: Wayne State University, 1967), 136; Collins, 「뉴 크리스천 카운슬링」, 357.
492) Norman Shawchuck and Roger Heuser, Managing the Congregation (Nashville, TN: Abingdon, 1996), 250; Joyce L. Hocker and William W. Wilmot, Interpersonal Conflict, 3rd ed., (Dubuque, IA: Wm. C. Brown Publishers, 1991), 12.

갈등을 표현하지 않는 이상 갈등은 발생할 수 없다. 잠재적 갈등의 당사자가 서로를 피하는 경우라 할지라도 그것 역시 회피라는 형태로 표현된 갈등의 한 형태라고 할 수 있다. 따라서 갈등은 반드시 쌍방 혹은 어느 한 쪽에 의해서 표현되는 다툼이라고 할 수 있다.

둘째, 갈등은 서로 상호의존적(Interdependent) 관계가 있어야 발생한다. 표현된 다툼 혹은 상호 방해 등은 갈등의 당사자가 독립된 존재들이 아니라 밀접하게 상호의존적으로 관계를 맺고 있는 존재들임을 나타낸다. 갈등의 깊이는 이러한 상호의존적 관계의 질적 정도에 따라 달라진다. 그리고 이러한 상호의존 정도에 대한 각 당사자의 인식 정도가 갈등의 해결의 선택에 영향을 미친다. 사무엘상 20장 1절 이하에서 사울은 자신의 아들 요나단의 절친한 친구인 다윗을 죽이려고 하였으나 다윗은 자신과 요나단의 관계 그리고 하나님을 두려워함으로 인하여 사울을 죽이지 않고 살려주게 된다(삼상 26:21-25). 갈등의 내용은 같으나 그 갈등을 인식하고 있는 당사자에 따라 그 갈등의 해결방식이 달라진다.

셋째, 갈등은 서로 저항하며 경쟁적으로 애쓰는 과정이 있다. 갈등이 되는 경우는 서로가 상대를 인식하고 경쟁하거나 저항하며 애쓰는 과정이 있을 때에 가능하다. 만약 어느 한쪽이 자신이 달성하고자 하는 바를 포기하면 갈등은 더 이상 존재하지 않거나 사라지게 된다. 따라서 갈등은 당사자들이 서로 경쟁하며 다투는 과정이 있어야 성립된다.

넷째, 얻고자 하는 목적 혹은 목표가 양립할 수 없을 때 갈등이 존재한다. 갈등은 동시에 당사자들이 공유할 수 없는 목표나 목적을 향하여 경쟁할 때 발생한다. 만약 갈등 당사자들이 자신들이 추구하는 목표나 목적을 공유하거나 나눌 수 있을 때는 갈등이 해소되게 되어 더 이상 갈등은 존재하지 않게 된다.

다섯째, 상대의 방해/간섭을 인지할 때 갈등은 성립된다. 아무리 심각한 갈등의 문제라도 잠재되어 상대방이 그것을 알지 못할 경우는 갈등이 발생하지 않는다. 따라서 갈등은 상대가 목표나 목적의 달성을 위해 서로의 간섭이나 방해를 인지할 때 갈등으로서 표출된다.

여섯째, 반대와 협력의 선택이 있어야 갈등이 성립된다. 만약 반대만 있을 경우는 그것이 전쟁이나 싸움은 되지만 갈등은 아니다. 또한 협력만 있을 경우 갈등의 소지가 없이 순응과 복종만이 존재하기에 당사자 간의 갈등은 더 이상 존재하지 않는다.[493] 따라서 갈등관리란 "서로의 상반된 이해관계를 건설적인 과정을 이용하여 의도적으로 개입하는 과정"이라 할 수 있다.[494]

3) 갈등의 순기능과 역기능

갈등 그 자체는 이 땅에서 질그릇(고후 4:7)인 그리스도인의 삶의 피할 수 없는 현상의 한 부분으로 부정적인 느낌을 주지만, 갈등 그 자체는 이 땅에서의 삶의 "자연적, 중립적, 정상적" 현상이다. 하지만 해결되지 않는 갈등은 잠재적으로 개인과 사회의 힘과 자원과 일의 목적을 와해시킬 위험이 있으며, 개인과 집단 내에서 갈등의 해소방법에 따라 같은 종류의 갈등이 파괴적인 갈등이 될 수도, 건설적인 갈등이 될 수도 있다.[495]

(1) 갈등의 순기능

갈등이 일반적으로 부정적 느낌을 갖게 하지만, 사실 갈등은 다음과 같이 개인과 사회에서 순기능적인 역할을 담당하기도 한다.

첫째, 갈등은 집단이나 개인의 문제점에 대해서 관심을 갖게 하는 계기가 되어 긍정적 변화를 이끌어 낼 수 있다.

493) Kenneth O. Gangel and Samuel L. Canine, *Communication and Conflict management in Churches and Christian Organizations* (Nashville, TN: Broadman Press, 1992), 131-2; Hocker and Wilmot, *Interpersonal Conflict*, 12-21.
494) Hugh Halverstadt, *Managing Church Conflict* (Louisville, KY: Westminster/John Knox, 1991), 10.
495) David Augsburger, *Caring Enough to Confront* (Ventura, CA: Regal, 1981), 11-2; 송관재, 「생활 속의 심리」, 324-5.

둘째, 갈등이 합리적으로 해결되면 쇄신이나 변동 및 발전과 재통합의 계기가 될 수 있다.

셋째, 갈등은 인간에게 성숙해지는 계기가 된다.[496] 갈등 경험을 통해 창의성, 진취성, 적응성, 융통성을 향상시킬 수 있다.

넷째, 갈등은 구성원들의 다양한 심리적 요구를 충족시키는 계기가 될 수 있다. 우리 속담에 "우는 아이 떡 하나 더 준다"는 말이 있다. 때때로 갈등은 구성원들의 욕구를 이해하는 길이 되어 다양한 사회 심리적 요구를 충족시키기는 역할을 하기도 한다.

다섯째, 갈등은 조직 내의 갈등을 관리하고 방지할 수 있는 방법을 학습할 수 있는 기회를 제공한다. "비온 후 땅이 더 굳어진다"는 속담이 이에 해당한다. 갈등의 경험은 이후 이와 유사한 또는 다른 갈등을 해결 할 수 있는 방법을 깨우치게 함으로써 개인과 조직의 갈등대처능력을 향상시킨다.

(2) 갈등의 역기능

갈등의 역기능은 일반적으로 잘 알려져 있다.

첫째, 갈등해결에 노력하는 동안은 성과나 목표달성에 매진할 수 없으므로 개인이나 조직에 부정적 결과를 준다.

둘째, 갈등은 조직의 안정성, 조화성, 통일성을 깨뜨릴 수 있다.

셋째, 갈등은 조직이나 개인의 창의성이나 진취성을 질식시킬 수 있다.

넷째, 갈등은 조직 내의 작은 문제에만 집착하여 환경을 무시할 수 있다.

4) 갈등의 주요 원천

갈등을 일으키는 원인으로는 여러 가지가 있으나 대표적으로 다음의 다섯

---

496) Collins, 「뉴 크리스천 카운슬링」, 354.

가지를 들 수 있다.

첫 번째는 내적 갈등이다. 이는 개개인이 지닌 자신의 내면적인 갈등을 말한다. 즉 각 개인이 여러 가지 원인으로 인하여 가진 개인적인 갈등이다. 예를 들어 마음에 드는 물건을 보았지만 구입할 것인가 말 것인가를 망설이는 경우가 있다. 또한 상대방의 사과나 감사를 수용할 것인가 거부할 것인가에 대한 선택의 망설임도 이에 속한다.

두 번째는 대인관계의 갈등이다. 갈등에서 가장 대표적인 것으로 어떤 안건이나 의견이 아니라 서로 맞지 않은 성격이나 생활방식 등에서 오는 갈등이 이에 속한다. 이러한 갈등은 주로 의견차이가 아닌 느낌들로부터 오는 경우가 많다. 대인관계 갈등은 주로 다음의 세 가지 차원이 주된 원인이 된다.

첫째, 태도의 다름에서 오는 갈등이다. 이것은 어떤 사람이나 안건에 대한 느낌이나 관점이 다름으로 인해 오는 대인간의 갈등으로, 편견, 고정관념, 특정 신념 등이 이에 속한다.[497] 둘째, 헌신 정도의 차이에서 오는 갈등이다. 이것은 서로 간에 같은 헌신의 정도를 갖고 있으나 그 헌신의 표현방법이나 정도의 차이가 다름으로 인해 오는 갈등이다. 예를 들어 각자의 살아온 삶의 방식에 의해 헌신을 표현하는 우선순위의 차이나 방식 등으로 인해 갈등을 겪는 경우가 이에 속한다. "상대가 나를 존중한다면 약속 시간을 꼭 지킬 것이야," "나는 상대를 생각하기에 이러한 가치의 선물과 정성을 들여야 해" 등이 대표적인 갈등의 여지가 있는 생각이다. 만약 자신의 이러한 기대가 충족되지 못할 경우는 실망하게 되고 갈등을 표출하게 된다. 셋째, 의사소통의 문제로 인한 갈등이다. 의사소통의 문제는 주로 앞의 두 가지 원인에 기인한 패쇄적이고 외골수적인 의사전달방법에서 출발하며 이것은 갈등을 더욱 악화시키는 요인이 되는 경우가 많다.

---

497) 송관재, 「생활 속의 심리」, 327.

세 번째는 의견의 다름에서 오는 갈등(Substantive Source)이다. 두 당사자 혹은 두 집단 간에 사실, 목적, 수단 등에 대한 견해/의견 등이 다름으로 인해 야기되는 갈등을 말한다.[498] 여기에는 다음의 네 가지 종류가 있다. 첫째, 사실, 상황에 대한 의견이 다르기에 발생하는 갈등, 둘째, 문제해결 방법, 수단 등에 대한 다른 의견에서 오는 갈등, 셋째, 서로의 목적이 다름에서 오는 갈등 그리고 넷째, 목적을 설정하는 기초가 되는 서로의 가치관이 다름에서 비롯된 갈등이 그것이다.

네 번째는 구조적인 갈등이다. 조직의 구조적인 원인으로 말미암아 생기는 갈등을 말한다. 이에는 다음과 같은 갈등원인들이 있다. 첫째, 불명확한 집단 구성으로 인한 갈등이다. 집단구성원의 책임, 업무/일의 영역의 불분명함으로 인하여 발생하는 갈등이 이에 속한다. 둘째, 집단 내의 역할에 대한 혼동으로 인한 갈등이다. 당사자가 인지하고 있는 역할과 상대방이 기대하는 역할의 차이에서 오는 갈등이 이에 속한다. 종종 결혼 초기에 부부가 서로의 문화에 적응하면서 겪는 갈등이 이에 속한다.

다섯 번째는 하부 문화 간 갈등이다. 계층이나 세대 간의 문화 차이에서 발생하는 갈등이 대표적이라 할 수 있다.

5) 갈등의 진행과정과 심화단계

(1) 갈등의 진행과정

일반적으로 갈등의 진행은 다음과 같은 과정을 밟는다.

첫째, 갈등에 대한 개인의 이해/가정이 있다. 사람들마다 갈등에 대한 저마다의 기존 관념/이해를 가지고 있다. 갈등이 무엇이다, 갈등은 이렇게 해소해야 한다 등이 그것이다.

---

498) Ibid., 328.

둘째, 갈등이 일어날 구체적 상황이 있다. 이전의 유사한 갈등 경험들, 쌍방의 관계의 질적 정도, 집단이나 개인 간의 약속 등이 이에 속한다.

셋째, 실제 갈등의 발생이다. 갈등이 공개적으로 사람들 사이에 알려지게 되는 단계이다.

넷째, 갈등해결노력이다. 갈등 상황에 대응하는 사람들의 반응들이 나타나는 단계이다. 후퇴, 싸움, 응원, 관망 등이 이에 속한다.

다섯째, 해결이다. 해결이 긍정적일 경우 개인과 집단의 성숙과 성장이, 부정적일 경우 개인과 집단의 분열이나 계속적인 또 다른 갈등의 영역으로 번져갈 위험이 있다.

(2) 갈등의 심화단계

갈등은 그 강도와 깊이에 따라 다음과 같이 다섯 단계로 나눌 수 있다.

1단계는 다른 사람에 대한 비난이 없이 문제를 즉각적으로 해결할 수 있는 단계이다. 해결방법에 이견이 있을 수 있으나 모두가 문제를 해결할 수 있다고 믿고 노력한다. 그러므로 대부분의 사람들은 이 단계를 갈등으로 여기지 않는다.

2단계는 의견불일치의 단계로 자신의 입장을 옹호하는 단계이다. 이 단계는 구체적인 상황에서 일반화시키게 되는 시작 단계이다. 신뢰가 감소하기 시작하고 상대방을 적대적으로 대하지는 않지만 그 상대방에게 조심하며 정보를 흘리지 않으려고 하는 단계이다. 이 단계에서 미리 대화를 촉진하는 것이 갈등해결이나 예방으로는 가장 적절하다.

3단계는 경쟁의 단계이다. 이 단계에서 갈등 당사자들은 자기 방어에서 상대를 이기려는 입장으로 바뀐다. 이 단계에서 사람들의 편 가르기가 시작되며, 과장이나 이분법(모 아니면 도)적 태도를 지니게 되며, 과도한 일반화가 진행된다. 이 단계에서는 서로 믿고 만나 의견을 교환할 수 있는 기회와 분위기 필요하며 마음을 열고 문제해결에 적극적인 의지를 표명하고 실행하는 자세가 도움이된다.

4단계는 분쟁의 단계이다. 이기려는 마음에서 상대방에게 상처를 입히거나 제거하려는 단계이다. 서로 간에 사건과 당사자들을 구분하지 않고 "상대방은 절대적으로 나쁘다"라고 하는 도덕적/근본적인 가치를 가지고 상대를 평가한다. '정의,' '진실' 등의 단어는 우리 쪽의 것이고 '불의'나 '거짓' 등은 상대방이라고 결정짓는 일반화가 정점에 이른다. 이 단계의 갈등해결을 위해서는 외부의 공정하고 신뢰받는 제삼자의 개입이 필요하다.

5단계는 돌이킬 수 없는 상황이다. 이 단계의 갈등은 해소할 수 있는 단계를 벗어나 있으며, 상대의 멸망만이 목표가 된다.

6) 한국인의 갈등인식 특징

갈등의 과정에서 살펴보았듯이 갈등은 당사자들이 지니고 있는 갈등의 개념과 그 해결과정에 대한 인식과 태도에 따라 그 양상이 달라진다. 또한 각 문화권마다 갈등에 대한 인식과 태도가 다르기에 갈등의 이해와 선호하는 해결방법역시 다르다. 개인주의적인 서구인들이 갈등을 철저히 개인적 차원에서 접근하는데 반하여 한국인을 비롯한 집단주의적 경향을 지닌 사람들은 갈등해결에 있어서 집단을 개인보다 더 중시하며 그 접근방법 역시 간접적이며 우회적 방법을 선호한다.[499] 서구문화권의 사람들과 다른 한국인의 갈등에 대한 인식을 살펴보면 다음과 같다.[500]

첫째, 한국인은 갈등을 상호적인 것이 아니라 일방적인 것으로 본다. 한국인들은 전통적으로 수직적이며 권위주의적이다. 이로 인하여 갈등의 발생원인

---

499) Adler and Rodman, *Understanding Human Communication*, 245.
500) 김숙현 외 6인, 「한국인과 문화 간 커뮤니케이션」 (서울: 커뮤니케이션북스, 2001), 150-6; 이위환, 김용주, 「현대사회와 인간관계론」, 332-5.

역시 수직적 인간관계에서 체면이나 감정, 무시 등으로 인한 일방적 원인으로 보는 것이 대부분이다. 따라서 갈등을 상호의존적인 것으로 보지 않고 일방적인 것으로 보는 경향이 강하다. 우리나라에서 발견되는 여러 가지 갈등을 보면 갈등의 당사자들이 갈등의 원인이 상대방은 물론 상대방과 자신의 상호의존적 관계에서 발생한다는 사실을 인식하지 못하고 있다. 그래서 문제가 생기면 서로 간의 문제라고 생각하지 않고 상대방 책임으로 몰아가며, 해결 역시 상대방의 일방적 양보나 희생을 요구함으로 갈등해결을 어렵게 만든다.

둘째, 한국인은 갈등을 인간성과 결부시킨다. 한국인들은 갈등의 원인이 서로 상충되는 개개인의 목적지향에 있다는 것을 잘 인식하지 못하고 서로의 인간성 또는 성격의 차이에 있다고 생각하는 경향이 강하다. 갈등의 정의에서 나타나 있듯이 갈등을 일으키는 주범은 인간성이 아니라 공유하기 어려운 목적이다. 아무리 인간성이 좋은 사람도 상대와 다른 목적을 가질 수 있으며, 서로 목적이 다르다 보면 갈등은 자연적으로 발생한다. 따라서 갈등이 성격차이 또는 나쁜 인간성 때문에 생겨나는 것으로 보는 것은 옳지 않다. 하지만 관계중심의 집단주의 문화에 속한 한국인들은 개인의 능력이나 잠재력, 자신감 보다는 다른 사람에게 보여지는 인간성이나 인품을 중시한다. 한국문화에서의 바람직한 인간성은 사람이 타고난 본성으로 "조화로운 인간관계유지에 동참하는 것"을 뜻한다.[501] 하지만 갈등이 생겨났을 때 이를 서로의 인간성 탓으로 돌린다거나 성격 차이를 운운하는 것은 갈등의 핵심을 제대로 보지 못하기 때문이라고 할 수 있다. 문제의 근원을 따질 때도 "서로가 가진 목적이 다르다"는 사실은 뒷전으로 제쳐두고 서로의 인간성과 결부된 무성의나 이기심이 문제를 야기시켰다고 생각하기에 상대와의 공존보다는 일방적 양보나 패배를 요구하게 된다. 우리

---

501) 김숙현 외 6인, 「한국인과 문화 간 커뮤니케이션」, 152.

사회의 갈등이 다른 나라보다 심각한 이유나 갈등해결이 합리적이기 힘든 이유도 갈등을 인간성과 결부시킴으로 감정적인 골이 깊어지기 때문이다.

셋째, 한국인은 좀처럼 문제를 갈등으로 표출하지 않는다. 한국인은 문제가 있어도 이를 상호 간에 드러내어 실제 갈등을 만드는 것을 피하려는 경향이 있다. 이러한 특징은 한국인들의 체면문화와 집단 우선적 경향으로 인한 것이라 할 수 있다.

우리 한국인은 집단의 조화와 인화를 깨뜨리지 않기 위해 인내를 감내하며 이를 미덕으로 여긴다. 따라서 문제가 있더라도 그냥 참고 지내는 것이 도리라고 생각한다. 따라서 상대방에 대한 불만은 속으로만 축적되어갈 뿐 정작 문제의 근원인 상대방은 그 문제가 존재한다는 사실조차도 인식하지 못하게 된다. 이런 작은 문제들이 점점 쌓여나가다 보면 언젠가는 도저히 참을 수 없는 상태에 이르게 되며 그 시점에 이르러 사람들은 그 동안 쌓인 불만을 한 순간에 폭발시키게 된다. 그렇기 때문에 한국인은 갈등을 잘 표현하지 않지만 일단 표출되면서부터는 매우 폭발적이며 급진적이기에 해결에 어려움을 겪는다.

작은 문제가 억눌려졌을 때 그것이 시간에 따라 자연적으로 해소되는 것이라면 별로 걱정할 것이 못된다. 그러나 어떤 문제는 자연적으로 해결되지 않는 것들이 있고 이러한 문제들에 대하여 관심을 갖고 즉시 해결하지 않으면 잠재되었다가 여러 가지 형태로 개인이나 집단의 관계에 부정적으로 영향을 미친다. 따라서 문제가 있을 때 이를 표출시켜 하나씩 해결하려는 자세가 갈등해결에서의 바람직한 태도라고 할 수 있다.

넷째, 한국 사람들은 상대방의 조직 내 위치에 따라 갈등대응방식을 달리한다. 구체적으로 살펴보면, 상사나 동료를 대상으로 갈등을 겪게 될 때는 주로 회피형 전략을 사용하는데 비하여 부하 직원과 갈등을 겪을 때는 통합적 전략을 더 많이 사용한다는 것이다. 상사나 동료와의 관계에서 가급적 정면충돌을 피하고자 하는 태도는 당연한 일이고 따라서 회피형 전략을 선호한다는 것은 쉽게 이해가 된다.

그런데 부하직원과의 관계에서 경쟁적 전략보다는 통합적 전략을 더 많이 사용하는 이유는 무엇일까? 여기에는 두 가지 요인이 작용하고 있는 것으로 보인다. 첫째 요인으로는 우리 사회의 유교적 가치관을 꼽을 수 있다. 앞에서도 설명했지만 유교적 인간관계는 상명하달식의 종속적 인간관계보다는 친화력을 바탕으로 한 대등한 인간관계를 기본으로 한다. 이러한 상하관계의 전통은 오늘날의 기업문화에도 영향을 미쳐 상사가 부하를 다룰 때 다른 그 무엇보다도 친화력을 중시하게 하고 이러한 친화력 중시 경향이 통합적 전략을 선호하도록 하고 있는 것 같다. 둘째 요인으로는 체면의식을 꼽을 수 있다. 부하와의 갈등에서 이겨보자고 경쟁적으로 나서게 되면 부하의 체면을 위협하는 것은 물론이거니와 자신마저 "볼썽사납게"되어 체신이 떨어지게 된다. 그래서 회사의 상사들은 부하직원을 상대로 되도록이면 경쟁적 전략을 쓰려하지 않는 것으로 보인다.

7) 갈등해결의 5단계와 접근방법

갈등해결에는 갈등의 원인만큼이나 복잡하고 다양한 접근들이 있고 이에 따른 과정들이 있으나 본 장에서는 다음의 5단계와 이에 따른 해결방법을 간략하게나마 소개한다.

(1) 갈등해결의 5단계

첫째 단계는 문제의 파악의 단계로, 정확한 정보에 근거한 갈등의 정도, 성격 파악 그리고 가장 효과적인 해결방법의 모색이 필요하다.

둘째 단계는 정보수집의 단계로, 구체적인 갈등의 원인을 당사자들이 파악하고 당사자들 간의 해결의 격려한다.

셋째 단계는 토론의 단계로, 교회 지도자들과 분쟁당사자들이 모여 함께 갈등을 해결을 위한 난상토론를 한다.

넷째 단계는 대안의 선택 단계로, 이때 대안은 서로가 공감할 수 있는 대안이어야 한다.

다섯째 단계는 갈등의 해결 및 사후처리의 단계로, 양보가 서로의 공감대를 위해서 필수적이며, 갈등 해결 후 이것을 돌아보며 자신, 가족, 교회 그리고 하나님과의 관계를 다시 한 번 정립한다.

(2) 갈등해결의 통합적 접근방법

갈등이 생겨났을 때 이를 해결 방법에는 회피(avoidance approach), 경쟁(competitive approach), 위협, 폭력, 통합적 접근 방법(integrative approach) 등이 있다.[502] 이 가운데 위협과 폭력은 가장 피해야 할 갈등해결접근이며, 회피와 경쟁의 방식은 각각의 장단점이 있으나 한국인들이 가장 선호하는 동시에 가장 바람직한 갈등해결접근은 통합적 갈등해결전략이라 할 수 있다.[503] 또한 남성보다는 여성들이 좀 더 통합적 접근방법을 선호한다.[504] 따라서 아래에서 통합적 접근의 갈등해결방식에 대하여 알아본다.

통합적 접근이란 갈등을 "관계 속에 존재하는 문제를 해결하기 위한 장(場)"으로 생각한다.[505] 이 전략은 서로 협력하여 나와 상대방이 원하는 것을 동시에 만족시킬 수 있는 통합적 방법을 찾고자 하는 전략이다. 바꾸어 말하면 이 전

---

502) 이러한 접근들에 대한 자세한 설명은 Hocker and Wilmot, *Interpersonal Conflict*, 102-44를 참조하시오.

503) 송관재, 「생활 속의 심리」, 330-3; 이위환, 김용주, 「현대사회와 인간관계론」, 335-43; 김숙현 외 6인, 「한국인과 문화 간 커뮤니케이션」, 157-8; Adler and Rodman, *Understanding Human Communication*, 247-50. 세 가지 갈등관리방법 중에서 일반적으로 한국인들은 경쟁적 전략보다는 회피형 전략 그리고 회피형 전략보다는 통합적 전략이 더 많이 사용되고 있다. 이러한 이유는 인간관계를 무엇보다도 중시하는 우리 사회의 집단주의적 전통 때문일 것이다.

504) Adler and Rodman, *Understanding Human Communication*, 243-4.

505) 이위환, 김용주, 「현대사회와 인간관계론」, 338.

략은 공동노력을 통하여 쌍방이 모두 승리할 수 있는 방법(win/win 전략)을 모색하고자 하는 것이다. 이 방식은 회피나 경쟁의 전략보다 더 많은 장점을 가지고 있다. 갈등을 통합적으로 해결하기 위해서는 무엇보다도 이성적으로 행동하여야 하며 서로의 자아를 문제로부터 격리시켜야 한다. 즉 문제가 있을 때는 "네 책임이다 내 책임이다"라는 식으로 서로의 자아를 끌어들이지 말고 "우리 사이에는 이런 문제가 있다"는 식으로 문제 자체에 초점을 맞추는 접근법이 필요하다는 것이다. 이러한 통합적 전략을 실현하기 위해서 다음 단계를 밟는 것이 필요하다. 그리고 이러한 과정에 도움을 주는 기본적인 태도와 접근 방법이 필요하다.[506]

i) 통합적 갈등해결의 과정

첫째, 자신의 문제와 필요를 파악한다. 즉 갈등해결을 위한 대화를 시도하기 전 갈등을 일으킨 원인이 되는 문제가 무엇인가를 파악함으로써 갈등해결 시에 문제와 사람을 분리할 수 있게 도움을 준다. 또한 상대방에게 자신과의 갈등이 발생한 원인에 대하여 정확하게 설명함으로 갈등해결의 효율성을 높일 수 있다.

둘째, 갈등해결에 적절한 시간을 설정한다. 준비되지 않은 상대방과의 갈등해결을 위한 시도는 비효율적일 뿐만 아니라 나아가서 건설적인 해결을 방해한다.

셋째, 자신의 문제와 필요를 명확하게 설명하고 상대방이 그것을 이해했는지를 확인한다.

넷째, 상대방의 필요를 파악하고 자신이 그것을 분명하게 이해했는지를 확인한다.

다섯째, 협상을 통한 문제해결을 시도한다. 상대와 함께 문제와 필요에 대한

---

506) Ibid.

해결책을 여러 가지로 모색한 후, 각 해결책을 함께 평가하여 쌍방이 가장 적합하다고 여기는 해결책을 선택한다.

여섯째, 선택한 해결책의 실행을 시도하고 확인한다.[507] 만약 갈등이 쌍방 간의 노력에 의해서 해결할 수 있는 정도를 넘어 제 삼자의 도움이 필요할 경우는 쌍방이 동의하는 경험 있는 제 삼자의 개입을 통하여 갈등을 해결하는 것이 바람직하다.[508]

ii) 통합적 접근에 필요한 태도와 기법들

첫째, 상대방을 존중하도록 하여야 한다. 이러한 마음 준비가 되어있지 않으면 갈등해결을 위한 시도를 하지 않는 것이 좋다. 따라서 갈등해결의 구체적 시도 전에 상대방에 대하여 존중하는 자세를 갖도록 노력하는 것이 필요하다.

둘째, 상대방의 입장이 충분히 이해될 때까지 경청한다. 좋은 방법은 로저스가 제시한 대로 상대방의 생각과 감정을 가능한 정확하게 재구성하여 되풀이한 후 자신의 이야기를 하도록 하는 방법이다.[509] 이러한 이유는 상대방이 의도하는 의미와 내용을 정확히 이해하기 위한 것이다.

셋째, 성급한 판단을 피하고 객관적인 묘사적 언어를 사용하도록 한다. 관계 내에 갈등이 발생할 때 무엇보다도 먼저 피해야 할 것이 성급한 판단이다. 성급한 판단을 피하고 문제를 되도록 객관적인 방향으로 표현하는 방법으로 일어난 사건이나 상황을 있는 그대로 기술하는 묘사적 표현을 하도록 하여야 한다. 문제나 갈등의 이슈를 예단하지 않고 객관적으로 설명하고 이해하도록 노력하는 것은 통합적 해결의 출발점이 된다.

넷째, 과거 지향적 논의를 피하고 현재 지향적으로 접근하여야 한다. 갈등이

---

507) Adler and Rodman, *Understanding Human Communication*, 253-4.
508) 갈등의 제 삼자 개입에 대한 자세한 설명은 Hocker and Wilmot, *Interpersonal Conflict*, 230-56을 참조하시오.
509) Carl Rogers, *On Becoming a Person* (Boston, MA: Houghton Mifflin, 1961), 332.

생겨났을 때 이것을 과거 지향적으로 해결하려는 자세는 매우 위험한 것이다. 문제의 원인에 대하여 따지는 방식은 상대로 하여금 방어적이게 만들어 건설적 논의를 도출해내기 어렵게 만든다. 따라서 갈등은 현재 지향적인 방법으로 해결하여야 한다. 즉 그 문제를 누가 초래했느냐는 개의치 않고 "어떠한" 문제가 존재하는지 만을 논의하는 것이다. 그런 다음에 이 문제를 "어떻게" 해결해야 할 것인가에 대한 구체적인 논의를 벌이는 것이 통합적 갈등관리의 핵심이다.

다섯째, "너" 메시지를 피하고 "나" 메시지를 사용하도록 한다. "너" 메시지란 메시지의 초점을 상대에게 두는 것이며 "나" 메시지란 그 초점을 자신에게 두는 것이다. 즉 전자는 문제가 되는 상대의 행동을 그 사람의 인격이나 동기 또는 의도와 연결 지우는 메시지이며, 후자는 문제가 되고 있는 상대의 행동으로 인하여 자신이 어떠한 감정 상태에 빠져있으며 어떠한 영향을 받고 있는지를 나타내는 메시지이다.

여섯째, 단어를 신중하게 선택하여야 한다. 속담에 "말 한 마디로 천 냥 빚을 갚는다"란 말이 있다. 갈등상황에서 말의 영향력은 대단하다. 똑같은 말도 갈등상황에서는 왜곡되어 해석될 수 있기 때문에 가급적 경직된 언어보다는 부드러운 말을 사용함으로써 갈등 상황의 분위기를 긍정적으로 만들어야 한다. 따라서 단어를 선택할 때는 상대방의 자존심과 체면을 염두에 두고 상대방의 인격이나 능력 또는 인간적 가치를 부정하는 언어를 사용하지 않도록 한다.

일곱째, 즉각적인 대응이나 반응을 하지 않도록 조심한다. 갈등해결의 방법 중에서 침묵의 힘은 가장 소홀히 다뤄진 영역 중의 하나이다. 그러나 적절하게 사용된 침묵은 갈등상황에서 매우 효과적일 수 있다. 상대방의 주장에 즉각적으로 반응하기보다는 3-4초 정도 침묵하였다가 천천히 반응을 보이는 것이 여러 모로 좋다. 반응을 지연시키다 보면 감정의 고조를 방지할 수 있을 뿐만 아니라 보다 좋은 대응책을 찾아낼 수 있는 시간도 벌 수 있다. 뿐만 아니라 상대방은 자신의 의견이 경청되고 있다고 느끼기 때문에 협조적으로 나오게 된다. 따라서 이성적인 상태에서 갈등을 풀어나가기 위해서는 때로는 침묵할 줄도 알아야 한다.

여덟째, 자신의 잘못을 진심으로 인정하는 자세가 필요하다. 갈등상황에서 자신의 잘못을 인정하는 것은 쉬운 일이 아니다. 특히 갈등을 경쟁으로 인식하는 경우에는 잘못을 인정한다는 것이 패배를 자인하는 것으로 생각되기 쉽다. 그러나 통합적으로 갈등을 관리하려 한다면 스스로의 잘못도 인정할 줄 알아야 한다. 적절하게 자신의 잘못을 시인하는 것은 갈등의 실마리를 푸는 기폭제 역할을 하기 때문이다. 갈등해결의 가장 중요한 핵심은 진심어린 마음이다. 갈등을 발전적으로 해결하기 위해서는 우선 자신의 잘못을 솔직하게 시인하는 용기가 필요하다.[510]

[대인관계에 부정적 영향을 미치는 성격장애의 대표적 유형과 그 특징 [511]]

대인관계를 해치는 성격장애의 대표적인 유형은 다음과 같은 것들이 있다.

1. 편집성 성격장애(paranoid personality disorder)

편집성 성격장애는 타인에 대한 강한 불신과 의심을 지니고 적대적인 태도를 나타내는 성격적 특성을 지니고 있다. 이러한 사람은 친밀한 대인관계를 맺기

510) Robert Bolton, *People Skills* (New York, NY: Simon & Schuster, Inc., 1979), 218-27; 이위환, 김용주, 「현대사회와 인간관계론」, 338-43.
511) 권석만, 「젊은이를 위한 인간관계 심리학」, 75-95.

어렵고 주변사람들과 적대적 관계를 형성하기 쉽다. 과도한 의심과 적대감 때문에 반복적으로 불평하거나 격렬하게 논쟁하거나 아니면 냉담하거나 공격적인 행동을 나타낸다. 자신에 대한 타인의 위협 가능성을 지나치게 경계하기 때문에 행동이 조심스럽고 비밀이 많으며 생각이 지나치게 복잡하고 미래의 일을 너무 치밀하게 예상하거나 계획하는 경향이 있다. 편집성 성격장애의 주된 특징은 첫째, 충분한 근거 없이 타인이 자신을 착취하고 해를 주거나 속인다고 의심한다. 둘째, 친구나 동료의 성실성이나 신용에 대하여 부당한 의심에 집착한다. 셋째, 정보가 자신에게 악의적으로 사용될 것이라는 부당한 공포 때문에 터놓고 얘기하기를 꺼린다. 넷째, 타인의 말이나 사건 속에서 자신을 비하하거나 위협하는 숨겨진 의미를 찾으려 한다. 다섯째, 자신에 대한 모욕이나 손상, 경멸 등의 원한을 용서하지 않는다. 여섯째, 타인은 그렇게 생각하지 않지만 자신의 인격이나 명성이 공격당했다고 인식하고 즉시 화를 내거나 반격한다. 일곱째, 이유 없이 배우자나 성적 상대자의 정절에 대해 반복적으로 의심한다.

2. 분열성 성격장애(schizoid personality disorder)

분열성 성격장애는 타인과의 친밀한 관계형성에 관심이 없고 감정표현이 부족하여 사회적 적응에 현저한 어려움을 나타낸다. 이러한 성격장애를 지닌 사람들은 가족을 제외한 극소수의 사람을 제외하면 친밀한 인간관계를 맺지 못하며 이성에도 무관심하여 고립되고 매우 단조로운 독신의 삶을 살아가는 경우가 많다. 타인의 칭찬이나 비판에도 무관심한 듯 감정반응을 나타내지 않으며 흔히 대인관계가 요구되는 업무는 잘 수행하지 못하나 혼자서 하는 일에는 능력을 발휘하기도 한다. 이러한 성격장애의 주요 특징은 다음과 같다. 첫째, 가족의 일원이 되는 것을 포함하여 친밀한 관계를 원하지도 즐기지도 않는다. 둘째, 대부분 혼자서 하는 활동을 한다. 셋째, 성경험이나 그러한 활동에 거의 흥미를 느끼지 않는다. 넷째, 직계 가족 이외에 가까운 친구나 마음을 털어놓는 친구가 없다. 다섯째, 타인의 칭찬이나 비평에 무관심해 보인다. 여섯째, 정서적으로 냉담하거나 무관심한 감정반응을 보인다.

3. 분열형 성격장애(schizotypal personality disorder)

분열형 성격장애는 사회적으로 고립되어 있으며 기이한 생각이나 행동을 나타내어 사회적 부적응을 초래하는 성격장애이다. 이러한 성격장애를 지닌 사람은 대인관계형성에 심각한 어려움을 겪을 뿐만 아니라 경미한 정신분열 증적 증상을 동반한다. 다른 성격장애보다 더욱 심각한 사회적 부적응을 경험하며 심한 스트레스를 받을 경우 일시적인 정신병적 증상을 보이기도 한다. 분열형 성격장애의 주된 특징은 첫째, 관계망상과 비슷한 사고를 한다. 둘째, 행동에 영향을 미치는 괴이한 믿음이나 마술적 사고를 한다. 셋째, 괴이한 사고와 언어 및 특이한 행동이나 외모를 나타낸다. 넷째, 부적절하거나 메마른 행태를 보인다. 다섯째, 의심이나 편집적인 사고를 한다. 여섯째, 직계가족 이외에는 가까운 친구나 마음을 털어놓는 사람이 없다. 일곱째, 과도한 사회적 불안을 나타낸다.

4. 반사회적 성격장애(antisocial personality disorder)

반사회적 성격장애는 사회의 규범이나 법을 지키지 않으며 무책임하고 폭력적인 행동을 반복적으로 나타내는 사회적 부적응 성격장애이다. 이러한 성격장애는 사회의 규범이나 법을 무시하고 자신의 쾌락과 이익을 위해 수단과 방법을 가리지 않기에 범죄에 연루되는 경우가 많으며 반복적으로 구속을 당하는 경우가 많다. 충동적이고 호전적이어서 폭력적이고 배우자나 자녀를 구타하는 일이 많다. 가족부양이나 채무이행을 등한시하고 타인의 고통을 초래한 일에 대해 자책하지 않고 유사한 불법을 반복해서 자행하는 경향이 있다. 이러한 성격장애자는 흔히 동기나 청소년기부터 범죄나 기타 문제행동을 나타내는 것이 일반적이다. 반사회적 성격장애의 특징은 다음과 같다. 첫째, 법과 규범을 무시하여 구속당할 행동을 반복한다. 둘째, 개인의 이익이나 쾌락을 위한 반복적인 거짓말, 가명사용 또는 타인을 속이는 사기행각을 벌인다. 셋째, 충동성 또는 미리 계획을 세우지 못한다. 넷째, 호전적이고 공격적이어서 빈번한 폭력이나 싸움에 개입된다. 다섯째, 자신이나 타인의 안전을 무시하는 무모함을 보인다. 여섯째, 꾸준한 직장생활을 하지 못하거나 채무를 이행하지 못하는 무책임성을 보인다. 일곱째, 타인에게 해를 입히는 행동을 하고도 무관심하거나 합리화하며 자책하지 않는다.

5. 연극성 성격장애(histrionic personality disorder)

　타인의 애정과 관심을 끌기 위한 지나친 노력과 과도한 감정표현이 특징이다. 이러한 사람은 정서적으로 불안정하며 대인관계에서 갈등을 자주 초래한다. 희로애락의 감정기복이 심하며 종종 원색의 화려한 외모로 치장하거나 이성에게 유혹적인 행동을 나타내는 경향이 있다. 이들의 마음속에는 다른 사람의 관심을 끌고 그들에게 사랑과 인정을 받고 싶은 강렬한 욕구가 있다. 그렇기 때문에 다른 사람이 자신에게 각별한 관심을 주지 않으면 우울하거나 불안해 하는 경향이 있다. 관심의 대상이 되는 다른 사람에게 시기와 질투, 경쟁심과 강한 분노를 표시한다. 이러한 사람은 대인관계 초기에는 매우 매력적으로 느껴질 수 있다. 하지만 관계가 지속되면 지나치게 요구적이고 끊임없는 인정을 요구하기에 부담스럽게 느껴진다. 이들은 거절에 대한 강한 두려움을 지니기에 자신의 요구가 관철될 수 있도록 타인을 조정하는 기술이 뛰어나다. 가끔 자신의 중요한 요구가 거부되거나 좌절될 경우 자살하겠다고 위협하거나 상식을 벗어난 무모한 행동을 하기도 한다. 이러한 성격장애의 특징은, 첫째, 자신이 관심의 초점이 되지 못하면 불편함을 느낀다. 둘째, 다른 사람과의 관계에서 흔히 상황에 어울리지 않게 성적으로 유혹적이거나 도발적인 행동을 특징적으로 나타낸다. 셋째, 관심을 끌기 위해 지속적으로 육체적 외모를 활용한다. 넷째, 지나치게 인상적으로 말하지만 구체적 내용이 없는 대화양식을 가지고 있다. 다섯째, 타인이나 환경에 의해 과도하게 영향을 받는다. 여섯째, 대인관계를 실제보다 더 친밀한 것으로 생각하는 경향이 있다.

6. 자기애성 성격장애(narcissistic personality disorder)

자기애성 성격장애는 자신에 대한 과장된 평가로 인한 특권의식을 지니고 타인에게 착취적이거나 오만한 행동을 나타내어 사회적 부적응을 나타낸다. 즉 자신을 비현실적으로 과대평가하고 타인을 무시하며 자기중심적 행동을 통하여 대인관계의 갈등을 야기시킨다. 이들은 자신이 주변사람들과 달리 특별한 존재라고 여기며 특별한 대우를 받아야 한다는 특권의식을 지니고 거만하고 오만한 행동을 나타낸다. 다른 사람들이 자신을 칭찬하고 인정해주기를 바라며 그렇지 않을 경우, 상대방을 무시하거나 분노를 표현한다. 이들은 다른 사람의 입장이 되어 생각하고 느끼는 공감능력이 결여되어 있으며 대인관계에서 매우 자기중심적이고 일방적이어서 따돌림을 당하거나 잦은 갈등을 경험하게 된다. 동시에 과장된 자아상의 현실세계와의 불일치로 인해 자주 상처를 입게 되므로 우울해지거나 분노를 느끼게 된다. 자기애성 성격장애의 특징은 첫째, 자신의 중요성에 대한 과장된 의식을 가지고 있다. 둘째, 무한한 성공, 권력, 탁월함, 아름다움 또는 이상적 사랑에 대한 공상에 집착한다. 셋째, 자신이 특별하거나 독특한 존재라고 믿으며 특별하거나 상류층의 사람들만이 자신을 이해할 수 있고 또한 그런 사람들하고만 어울려야 한다고 믿는다. 넷째, 과도한 찬사를 요구한다. 다섯째, 특별대우를 받을 이유가 없는데도 특별대우나 복종을 바라는 불합리한 특권의식을 가진다. 여섯째, 자신의 목적을 달성하기 위해 다른 사람을 이용하는 착취적 대인관계를 가진다. 일곱째, 타인의 입장과 감정에 대한 감정이입 능력이 결여되어 있다. 여덟째, 흔히 타인을 질투하거나 타인들이 자신을 질투하고 있다고 믿는다. 아홉째, 거만하고 방자한 태도나 행동을 보인다.

7. 경계선 성격장애(borderline personality disorder)

경계선 성격장애는 강력한 애정과 분노가 교차하는 불안정한 대인관계가 특징인 성격장애이다. 이러한 사람은 극단적인 심리적 불안정성을 보이며 심한 충동성을 나타내며 자살과 같은 자해적 행동을 반복적으로 보이는 경향이 있어 때로는 치명적인 결과를 초래하기도 한다. 이들이 가장 두려워하는 일은 타인으로부터 버림받는 것이며 이러한 상황이 예상되면 사고, 감정, 행동에 심한 동요가 나타난다. 흔히 이성을 이상화하여 강렬한 애정을 느끼고 급속하게 연인관계로 발전한다. 하지만 상대가 자신을 떠나는 것을 두려워하여 늘 함께 있어주거나 강렬한 애정 표현을 요구한다. 이러한 요구가 좌절될 경우 상대를 극단적으로 증오하거나 경멸하거나 자해나 자살 같은 극단적인 행동을 하기도 한다. 이러한 사람은 충동적이기에 지나친 낭비, 문란한 성생활, 과음이나 약물 복용, 자해 등의 행동을 한다. 경계선 성격장애의 특징은 다음과 같다. 첫째, 극단적인 이상화와 평가절하가 특징적으로 반복되는 불안정하고 강렬한 대인관계 양식이다. 둘째, 정체감의 혼란이 과도하게 그리고 지속적으로 나타난다. 셋째, 자신에게 손상을 줄 수 있는 충동성이 적어도 두 가지 영역 이상에서 나타난다(낭비, 성관계, 약물남용, 무모한 운전, 폭식 등). 넷째, 반복적인 자살 행동, 자살위협 또는 자해행동이 나타난다. 다섯째, 현저한 감정변화에 따른 정서의 불안증상이 몇 시간 정도 지속된다. 여섯째, 만성적 공허감을 표현한다. 일곱째, 스트레스와 관련된 망상적 사고나 심한 해리증상[512]을 일시적으로 나타내는 경우가 있다.

8. 강박성 성격장애(obsessive-compulsive personality disorder)

지나치게 완벽주의적이고 세부적인 사항에 집착하며 과도한 성취지향성과 인색함을 특징으로 하여 오히려 관계와 일의 효율성을 저해하는 성격장애이다. 이런 사람은 구체적 규칙과 절차가 정해지지 않을 경우 결정을 내리지 못하고 많은 시간을 소비하며 어려움을 겪는다. 감정표현을 억제하는 경향이 있으며 감정표현을 자유롭게 하는 사람과 있으면 불편함을 느낀다. 이성과 도덕을 중요시하며 제멋대로 행동하는 충동적인 사람을 혐오한다. 부드러운 감정을 잘 표현하지 못하며 칭찬이나 농담을 거의 하지 않는다. 또한 돈에 매우 민감하며 매우 인색하다. 아울러 당장 필요하지 않은 물건을 앞으로 사용하기 위해 버리지 못하고 여러 잡동사니들을 많이 모아놓는 경향이 있어 가족들과 주변사람들을 불편하게 한다.

9. 의존성 성격장애(dependent personality disorder)

스스로 독립적인 생활을 하지 못하고 다른 사람에게 과도하게 의존하거나 보호받으려는 행동을 특징적으로 나타내는 성격장애를 말한다. 늘 주변에서 의지할 대상을 찾으며 그러한 대상에게 매우 순종적이며 복종적인 태도를 지닌다. 이들은 사회적 활동에 소극적이며 책임져야 하는 지위를 피하고 결정을 내려야 하는 상황에 이르면 심한 불안을 느낀다. 대체로 대인관계가 좁으며 의지하는 몇 사람에게만 국한되는 경향이 있다.

---

512) 의식, 기억, 정체성, 환경에 대한 지각 등에 이상이 생긴 상태로 기능의 일부가 상실되거나 변화되어 자신에 대한 기억의 상실 또는 다른 인격체로의 정체성 혼란 등을 그 예로 들 수 있다.

10. 회피성 성격장애(avoidant personality disorder)

다른 사람과의 만남에 대한 불안과 두려움 때문에 사회적 책임과 역할에 어려움을 나타내는 성격장애이다. 이들은 자신에 대한 타인의 부정적 평가를 가장 두려워한다. 타인이 자신을 좋아하고 완전히 수용할 것이라는 확신이 없는 한 인간관계를 피하려고 한다. 그러나 극소수는 친한 사람들과 함께 있을 경우에 따뜻하고 편안한 모습을 나타내기도 한다. 내면적으로 애정에 대한 강렬한 소망을 지닌 동시에 거절에 대한 두려움 역시 강하기에 심리적 긴장상태 속에서 불안, 슬픔, 좌절감, 분노 등의 부정적 감정을 만성적으로 지니는 경향이 있다. 더 자세한 설명은 권석만,「젊은이를 위한 인간관계 심리학」, 75-95 및 이상심리학 관련 서적들을 참조하시오.

| 13장 |
목회상담과 인생의 위기

    사실 인생의 위기는 새삼스러운 주제는 아니다. 깨닫거나 알지 못해서 그렇지 우리는 위기와 공존하면서 살아간다. 텔레비전이나 라디오 또는 인터넷 매체 등의 정보매체가 제공하는 수많은 새로운 소식들 가운데 상당수는 누군가에게는 슬프거나 감당할 수 없는 내용들임을 알 수 있다. 그럼에도 불구하고 우리는 인생의 위기가 마치 뉴스에서 보듯 나와는 상관없는 것으로 여기며 살아간다. 하지만 조금만 눈을 돌려 주의 깊게 살펴보면 우리 주변에는 많은 사람들이 감당할 수 없는 어려움과 상실과 슬픔으로 힘들어하며 살아가는 모습을 찾을 수 있다. 목회상담에서 위기에 빠진 사람들을 돌보는 영역은 목회사역의 특성상 우선적이며 가장 중요한 사역 중의 하나이다. 목회상담자는 위기상담에 임할 때 위기에 관한 구체적인 지식을 가지고 있어야 위기에 처한 사람의 문제를 정확하게 이해할 수 있으며 동시에 위기에 따른 정서적 변화를 잘 이해할 수 있으므로 효과적으로 돌볼 수 있다. 본 장은 제한적이나마 목회상담자들에게 위기에 대한 이해를 돕고 상담적 접근을 제시함으로 목회상담자로 하여금 위기 상황에 처한 교인들을 효율적으로 도울 수 있는 방향을 제시하고자 한다.

1. 위기(Crisis)의 일반적 이해

우리 주변에서 흔히 접하는 위기란 무엇인가를 다각적으로 살펴보면 아래와 같다.

1) 위기의 정의

(1) 어원적 의미

위기(crisis, 危機)의 영어 단어를 웹스터 사전에서 찾아보면 '위험한 고비 (crucial time),' '어떤 일의 전환점(turning point)'이라고 풀이하고 있다. '위기 (crisis)'라는 용어는 '분리(分離)'를 의미하는 단어 헬라어 *krinein*에서 파생된 단어이다. 이 단어는 원래 회복과 죽음의 분기점이 되는 돌연한 결정적 병상(病狀) 변화를 시사(示唆)하는 의학 용어로 사용되어 왔다. 이러한 어원에서 발전하여, 위기란 어원적으로 "보통 어떤 상태의 안정에 대해 부정적인 영향을 줄 수 있는 상황의 급격한 변화" 또는 "어떤 사상(事象)의 결정적 또는 중대한 단계를 보여주는 분수령"이라 정의할 수 있다.[513]

위험한 시기를 나타내는 위기의 한자어 '危機'는 위험과 기회의 두 가지 의미를

---

513) 정정숙, 「성서적 가정사역」 (서울: 베다니, 1994), 326.

가지고 있는 것으로 중국인들은 생각한다. 즉 위기는 한 개인이나 그의 가족에게 위협적인 영향을 끼치거나 자살이나 정신질환을 일으킬 수도 있음으로 '위험'한 것이다. 그러나 위기는 어떤 개인이 위기에 처했을 때 다른 상황에서보다 더욱 더 치유적인 외부의 자원들을 받아들일 자세를 갖추게 한다. 다시 말하면, 위기는 위기 당사자에게 자극을 주어 그에게 잠재되어 있는 위기 대응 능력을 일깨우고 더 유능한 자기 자신을 발견하게 하며, 건강을 촉진시키는 방향으로 이끌어감으로써 하나의 발전적 기회(chance)가 되기도 한다.[514] 그렇기에 위기는 '위험하지만 기회'가 될 수 있다는 의미를 지니고 있다.

(2) 위기의 일반적 의미

위기는 사람이나 중요한 것의 상실, 어떤 사람의 역할이나 지위에 있어 급작스런 위태로움 또는 위협적인 새로운 인물이나 사건들의 출현 등을 포함한다. 위기 사태는 너무나 격렬하고 독특하기 때문에 스트레스를 다루고 문제를 해결하던 지금까지 익숙한 방법들이 더 이상 효과가 없게 되는 상태를 의미한다. 즉 "일반적인 문제해결 방법으로는 중요한 삶의 목적에 장애가 되는 어려움을 극복할 수 없을 때"를 위기라 한다.[515]

삶의 목적에 장애가 되는 어려움의 결과는 사람들로 하여금 일반적인 선택과 행동으로는 이러한 어려움을 극복할 수 없다고 믿거나 상황에 대처하는 방식을 모르게 된다. 이로 인해 혼란스럽고 당황하게 되어 흔히 불안, 분노, 실망, 슬픔, 죄책감 등을 포함한 감정적인 혼란과 비능률적 행동반응이 수반된다. 이런 행동적이고 감정적인 혼란은 짧을지라도 그 영향력은 몇 주나 그 이상 지속될 수 있다. 하지만 위기는 이러한 부정적 결과뿐만 아니라 사람들을 삶에 변화를 주고

---

514) 정태기, 「위기목회상담」 (서울: 대한기독교서회, 1992), 68.
515) Gerald Caplan, *An Approach to Community Mental Health* (New York, NY: Grune & Stratton, 1961), 18.

성장하게 만들기도 하며 위기 대처의 더 나은 방법들을 배우게 하기도 한다.[516]

(3) 상담심리학적 정의

상담학은 위기에 대하여 "어떤 외적 위험에 대한 개인의 내적인 반응"이라고 정의하고 있다.[517] 클라인벨은 위기에 대해 "시간적으로 참으면 되는 위험이나 고통, 긴장 이상의 것"이라고 정의한다.[518] 또한 콜린스는 "위기란 한 인간의 안녕에 위협을 주며 그의 일상적인 생활을 침해하는 모든 사건 및 그러한 상황의 연속"이라 정의하고 있다.[519] 이장호는 위기의 정의를 "중요 생활 목표의 좌절 또는 생활양식의 혼란에서 오는 과도한 긴장감"이라고 설명하며, 이러한 위기는 "평상시의 적응 방법이나 생활양식으로는 해결하지 못할 만큼 심리적인 긴장을 느끼는 상태"라고 정의하고 있다.[520]

심리학적으로는 위기를 "자신이 해결하기 어렵다고 깨달은 위협이나 적응으로 말미암은 심리적 불안정감"으로 설명하고 있으며,[521] 자원봉사 상담자를 위한 상담 기법을 저술한 조셉 무어(Joseph Moore)는 위기를 "사람의 심리적인 균형이 깨어지고 삶의 고난들에 대처해 나가던 일반적인 방법이 더 이상 제대로 통하지 않는 사건"으로 정의하고 있다.[522] 이러한 불안정감은 내적인 혼란 상태로서, 사람이 중요한 삶의 목적에서 좌절을 경험하거나 삶의 주기와 스트레스에 대처하는 방식에서 심각한 붕괴에 직면하게 된다. 이때 위기라는 용어는 일반적으로 붕괴 그 자체가 아니라 붕괴에 대한 공포, 충격, 고통의 감정을 의미한다.[523]

---

516) 김영욱, 「위험, 위기, 그리고 커뮤니케이션」 (서울: 이화여자대학교출판부, 2008), 219; Gary Collins, 「크리스챤 카운슬링」, 피현희, 이혜련 역 (서울: 두란노, 1995), 68-9.
517) 정정숙, 「성서적 가정사역」, 327.
518) Howard J. Clinebell, 「현대목회상담」, 박근원 역 (서울: 대한기독교출판사, 1991), 68-9.
519) Gary Collins, 「훌륭한 상담자」, 정동섭 역 (서울: 생명의 말씀사, 1987), 97.
520) 이장호, 「상담심리학 입문」 (서울: 박영사, 1991), 279.
521) Judson J. Swihart and Gerald C. Richardson, Counseling in Times of Crisis (Waco, TX: Word Books, 1987), 16.
522) Joseph Moore, 「비전문 상담자를 위한 상담학」, 전요섭 역 (서울: 은혜출판사, 1995), 72.
523) Richard K. James and Burl E. Gilliland, 「위기개입」, 한인영 외 5인 역 (서울: 나눔의 집, 2002), 19.

이상의 위기에 대한 정의를 종합하여 보면, 위기란, '개인이나 집단이 현재 가지고 있는 자원이나 능력으로는 극복하기 어려운 사건이나 상황을 인식하여 개인의 안전을 위협받는 상태'라 할 수 있다.

2) 위기의 성서적 이해

이러한 위기에 대하여 기독교인은 비기독교인과는 다른 대처기제와 자원을 지니고 있기에 우리는 믿음 안에서 위기를 이해하는 노력이 필요하다. 그리고 목회상담자는 위기에 처해있는 교인에게 이것을 상기시키고 깨닫게 함으로써 좀 더 효율적으로 위기에 빠진 사람들을 돕도록 하여야 한다. 그러면 성서를 통해 우리가 발견할 수 있는 위기의 의미에는 어떠한 것이 있는가?

첫째, 위기란 하나님의 특별한 인도하심이나 창조의 자연적 진행 또는 인간의 영적 타락으로 말미암은 삶의 한 부분이다.

둘째, 위기에는 우리 인생에서 하나님께서 뜻하시는 어떠한 목적이 있다(잠 16:9). 비록 우리가 인간의 제한성으로 인해 이해하지 못할지라도 하나님께서는 위기 가운데 우리를 향한 그 분의 목적과 계획을 지니고 계시는 분이시다(잠 30:3-4).[524]

셋째, 위기란 변화를 거부하는 상황일 수 있으나 그 변화는 결국에는 합력하여 이루어진다(롬 8:31).[525]

넷째, 위기에는 그 위기에 대처하는 영적 자원들이 있다. 이러한 자원들은 주술적이 아니라 성령을 통한 예수 그리스도와의 관계로 말미암은 영적 자원들이다. 이러한 영적 자원들로는 다음의 것들이 있다. i) 하나님의 선하심에 대한 믿음으로 내적 평안을 유지하는 하나님의 성품(롬 8:31, 32; 요 14:27; 빌 4:6,

---

524) Judson J. Swihart and Gerald C. Richardson, 「위기상담」, 정태기 역 (서울: 두란노, 2002), 39-40.
525) 출애굽기 5장에서 12장에 걸친 이스라엘 민족의 애굽 탈출과정에 나타난 바로의 저항과 애굽의 위기를 예로 들 수 있겠다.

7), ii) 성서말씀을 통한 하나님의 인도하심(잠 16:3), iii) "이 문제를 해결해 주세요"라는 태도보다는 "주님 이 사건을 통해 주님을 더 잘 알게 해주시고 당신의 인도하심에 민감할 수 있게 해 주소서"라는 기도의 자세를 통한 기도의 능력, iv) 우리의 상한 마음의 위로자이시며 치유와 회복을 돕는 성령의 위로(요 14:26, 성령의 이름인 *paracleitos*'는 '위로자' 또는 '돕는 자'라는 의미를 지니고 있다), v) 한 몸 된 믿음의 공동체를 통한 격려와 위로와 도움(고전 12:12; 살전 4:9) 등.

다섯째, 우리가 위기를 이해하게 될 경우는 위기를 통한 성숙으로 인하여 하나님께 감사할 수 있다(롬 8:28, 37).[526]

3) 위기의 특성

이상에서 살펴본 위기의 의미를 좀 더 자세히 알기 위해 위기가 지닌 특성을 살펴보면 다음과 같다.

첫째, 위기는 그 단어의 의미에서 보듯이 '위험과 기회가 공존하고 있다.' 위기 자체는 인간의 일상과 일반적인 대처 능력을 넘어선 사건이나 상황으로 개인의 안녕을 위협하는 위험이라 할 수 있다. 하지만 위험상황에서 외부의 도움을 구하는 과정과 고통을 경험하고 이러한 고통을 잘 극복함으로 자기성장과 자각의 기회를 마련할 수 있다는 측면에서 기회라 할 수 있다.[527] 대체로 사람들은 위기에서 다음의 세 가지 방식 중 하나로 반응한다. 첫 번째 방식은 가장 이상적인 상황으로서 경험을 통하여 혼자 힘으로 위기에 효과적으로 대처하고 이를 통해 개인의 능력을 개발하는 것이다. 우리는 위기를 통해 변화와 성장을 경험하고 위기를 통하여 더 강해지고 온정적인 사람이 될 수 있다. 두 번째 방식은

---

526) Swihart and Richardson, 「위기상담」, 28-37.
527) Lawrence M. Brammer, *The Helping Relationship: Process and Skills*, 3rd ed. (Englewood Cliffs, NJ: Prentice Hall, 1985), 95.

위기를 극복한 것처럼 보이지만 사실은 자신이 상처받은 충격을 인식하지 못하는 경우이다. 이로 인해 자신은 깨닫지 못하지만 위기의 경험은 일생에 걸쳐 부정적인 영향을 미친다. 세 번째 방식은 위기가 발생했을 때 그 위기에 압도당하여 정서적으로 무력해지기에 즉각적이고 집중적인 돌봄과 도움을 통해 비로소 생활이 가능해 지는 경우이다.[528]

둘째, 위기에 대한 반응은 정신적 질환의 징표가 아니고 정서적으로 위험한 상황에 대한 한 사람의 정상적인 반응이다.[529] 물론 홍수나 지진 같은 물리적인 재난이 있을 때 사람들은 극도의 정서적 혼란을 경험하는 것에 대해 놀라지 않는다. 그러나 위기 촉발 사건이 정서적이거나 사별이거나 이혼 같은 대인관계적인 것일 때에는 그 사람의 달라진 행동에는 어떤 정신적 질환이라는 딱지가 붙기도 한다. 그러나 위기 가운데 있는 사람이 반드시 정신적 질환을 앓는다고 할 필요는 없지만 번민, 의기소침, 긴장, 공포, 개인적 그리고 사회적 혼란과 혼돈, 상실감, 무력감, 소망의 상실 혹은 정신분열증 등과 같은 매우 강렬한 정서적 반응을 경험할 수 있다.

셋째, 위기는 단순하지 않고 복잡하다. 위기는 이해하기 복잡하면서도 어렵고, 단순히 원인과 결과로 설명할 수 없는 복잡한 증상을 지닌다. 동일한 위기라도 사람에 따라 그 반응이 다르고 그 반응의 정도는 위기를 경험하는 사람이 그 위기를 어떻게 이해하는가에 달려있다. 위기를 맞는 사람에 따라 성장을 가져오는 사람이 있는가 하면 더 퇴보하는 사람이 있다. 이처럼 위기의 증상들은 매우 다면적이며 역동적이기에 위기를 이해하고 해결하는데 있어서 개인적 차원의 도움인 미시적인 접근뿐만 아니라 재발방지를 위해 제도적, 생태적, 사회적인 측면의 거시적 접근방식 역시 필요하다.

---

528) James and Gilliland, 「위기개입」, 19-20.
529) Kenneth France, *Crisis Intervention: A Handbook of Immediate Person-to-Person Help*, 2nd ed. (Springfield, IL: Charles C Thomas, 1990), 4.

넷째, 위기는 개인과 집단의 변화와 성장의 동인이 된다. 위기의 해결 과정은 더 좋은 결과를 가져올 수도 있고 더 나쁜 결과를 초래할 수도 있다. 따라서 어떤 사람은 위기 동안에 상당한 정서적 고통을 경험한다고 할지라도 그것은 적극적인 경험, 즉 성장의 기회가 될 수 있다. 따라서 위기로부터 아무 것도 배우지 않고 지나가 버리는 것은 귀중한 기회를 낭비하는 것이 될 수 있다. 위기를 성공적으로 해결한 경험이 있는 사람은 새로운 위기에 대해서도 성공적으로 대응할 가능성이 더 많다. 나아가서 모든 위기는 사람의 감정적 육체적 지적 생활을 격변시키는 것 외에 삶의 가치관과 의미에도 혼란을 야기하며, 종교적 잠재력을 가지고 있다. 즉 위기에 빠진 사람은 인생의 의미, 신의 섭리를 다시 한 번 생각하며 거기에서 신의 존재를 느끼고 자기를 내맡기는 역사가 일어난다. 이처럼 위기에 동반되는 불균형의 상황에서 불안이 나타나며 이러한 불안과 불편함은 개인이나 조직의 변화의 동인이 된다.[530]

다섯째, 위기는 선택을 요구한다. 위기는 짧은 시간 내에 개인으로 하여금 선택이 필요하게 만든다. 무엇을 할 것인가를 선택하는 것은 적어도 성장의 가능성과 위기에 처한 사람에게 목적을 설정하고 어려움을 극복하는 계획을 조직적으로 세울 기회를 주는 것이 된다. 선택의 상황에서 대처하는 방법이 많고 다양할수록 위기를 경험할 가능성은 적어지며 대응수단이 빈약한 사람이 겪는 것과 같이 심각한 위기는 경험하지 않는다. 즉 위기는 위협에 대한 대응책이 실패할 때 더욱 심각하게 된다. 이때 위기 당사자가 위기 상태를 보다 위협적이라고 평가할수록 그 위기에 대한 대응책들은 더욱 원시적이고 퇴보적이 될 가능성이 많다. 이렇게 됨으로 심각한 위기를 경험하고 있는 사람들은 현실과의 접촉을 끊으며, 시간 감각을 잃어버리며, 대인관계들로부터 스스로를 단절시

---

530) Ellen H. Janosik, *Crisis Counseling: A Contemporary Approach* (Boston, MA: Jones and Bartlett Publishers, 1986), 39; Brammer, *The Helping Relationship*, 91; France, *Crisis Intervention*, 5.

킨다. 동시에 그 사람들은 상당한 의존성과 유아적 관계에 대한 밀착의 갈망을 나타내는데 그것은 다른 사람들을 거절하여 반발과 고립을 자극하는 경향이 있다.[531]

여섯째, 위기는 보편성과 고유성을 지니고 있다.[532] 모든 사람은 대부분 일생을 통해 발달적 위기와 상황적 위기를 경험한다. 그리고 위기에 처했을 때 사람들은 독특한 위기행동을 한다. 그 위기행동은 위기를 당하지 않은 사람들보다 위기에 처한 사람들에게 더욱 더 두드러지게 나타난다. 여기서 위기행동이란, 권태와 피로, 무력감, 무능, 혼동, 염려, 신체적 징후들, 근심, 직장의 인간관계에서 나타나는 혼란이나 가족관계에서 나타나는 혼란 등을 포함한다. 위기에는 공통적으로 수반되는 불균형이나 혼란이 따른다. 또한 어떤 사람도 위기에 대해 면역력을 가질 수 없고 환경을 바르게 배열할 힘이 없다는 점에서 위기는 보편성을 지닌다. 갑작스러운 정신적 충격에 영향을 받지 않고, 안정적으로 침착하게 위기를 다룰 수 있다는 것은 불가능하다. 아무리 심리적 외상 혹은 외부적 충격에 조건화된 사람일지라도 혼란과 불균형 개인대처 기제의 분열은 일어나기 마련이다. 한편 같은 상황에서도 누군가는 성공적으로 위기를 극복할 수 있는 반면 어떤 이는 그렇지 못하다는 측면에서 위기는 고유성이 있다.

4) 위기의 구성요소

모든 위기는 위기의 요건이 되는 다음의 세 가지 요소가 있다.[533]

첫째, 모든 위기는 위협 또는 위기를 불러오는 사건의 발생이 있다.

둘째, 위기를 불러오는 사건의 발생과 상징적으로 관련된 본능적인 위협의

---

531) France, *Crisis Intervention*, 5; Carkhuff and Berenson, *Beyond Counseling and Therapy*, 173.
532) Collins, 「훌륭한 상담자」, 98; James and Gilliland, 「위기개입」, 21.
533) Howard W. Stone and Geoffrey Peterson, 「위기상담」, 오성춘 역 (서울: 대한기독교출판사, 1986), 25-7; Lydia Rapoport, "The State of Crisis," *Social Science Review*, vol. 36, no. 2 (June 1962): 211-7.

인식과 평가가 요구된다. 즉 동일한 위기라 할지라도 어떤 사람에게는 경험의 유무나 극복의 유무 등에 의해 상대적으로 위협을 적게 느끼기에 위기가 아닐 수도 있다.

셋째, 적절한 위기 대응 능력의 결핍이다. 즉 위기를 가져오는 사건이 발생했을 때, 위협을 느낀다 할지라도 그 위기를 극복하는데 필요한 '적응기제'(coping mechanism)를 사용하여 적절하게 반응하게 되면 위기로 발전하지 않지만, 그렇지 못할 경우에는 위기로 발전한다. 이러한 적응기제의 예로는, 사회적 조력 집단의 유무, 정서적, 영적 도움을 줄 수 있는 관계나 집단의 유무 등이 있다. 이와 관련하여 위협을 가하는 사건의 해결 적응 방식 습득의 유무 역시 위협을 가하는 사건이 위기로 발전하는가에 영향을 미치는 요소이다.[534]

위협을 가하는 사건이 발생할 때 적절한 적응기제를 사용하여 그 위협을 잘 극복하는 사람이 있는 반면, 부적절한 적응방식으로 인해 위기를 극복하기 어려운 사람도 있다. 이러한 위기극복에 취약한 사람에는 감정적 또는 정서적으로 취약한 사람, 육체적으로 허약한 사람, 현실을 부정하고 인정하지 않는 사람, 시간적으로 비현실적인 해결 태도를 취하여 계속 미루거나 방임하는 사람, 과도하게 자책하는 사람, 이와는 반대로 다른 사람을 비난하는 사람, 너무 의존적이거나 너무 독립적인 사람 등이 있다.[535]

2. 위기의 원인, 구분, 영역 및 단계

1) 위기의 원인

위기는 영적 정서적 균형을 깨뜨리는 사건으로 인해 일어난다. 근본적으로 위기는 위협을 느끼거나 적응이 불가능한 사건을 만날 때 다가온다. 여기서

---

534) Swihart and Richardson, 「위기상담」, 40-5.
535) H. Norman Wright, *Crisis Counseling* (Ventura, CA: Regal Books, 1993), 28-31.

위협을 느낀다는 것은 매우 중요하다. 즉 실제로 그 사건이 일어나든, 일어나지 않든 이미 당사자는 위기를 경험하고 있기 때문이다. 이러한 위기의 원인으로는 다음과 같은 것들이 있다.

첫째, 개인의 삶에서 중요한 위치를 차지하는 사람을 상실했거나 상실할 위험에 직면했을 때 위기가 발생한다. 사랑하는 사람과의 이별이나 사별 또는 자녀의 결혼이나 유학 등이 이에 속한다.

둘째, 새로운 사람과 대면하게 될 때 또는 우리의 존재에 위협적인 인물이나 위협적 사건에 직면하게 될 때 위기를 경험하게 된다. 이제까지 익숙하였던 학교를 떠나 전학하거나 졸업 후 진학하여 새로운 학교에 입학했을 때 또는 입사, 이사, 결혼 등이 이에 속한다.

셋째, 지위와 역할의 상실이나 변화를 겪었을 때 위기를 경험한다. 퇴직이나 이혼 혹은 사별 등으로 인한 지위와 역할의 상실 등이 이에 속한다.[536]

2) 긴급성에 따른 위기의 구분

긴급성에 따라 위기는 급한 위기, 만성적 위기, 적응의 위기 등으로 구분할 수 있다.[537]

첫째, 긴급한 위기이다. 이러한 위기는 즉각적인 개입을 필요로 하는 위기이다. 이러한 경우는 위기와 관련된 사람들에게 심각한 감정적 또는 신체적 위험의 가능성이 있음을 말한다. 예를 들면 자살기도, 약물 과다복용, 가출, 임신, 친구나 사랑하는 사람의 갑작스러운 죽음으로 인한 상실감 등이 이에 속한다. 이러한 긴급한 위기는 주로 여러 가지 사건들이 계속 축적되어 일어나는 결과로서

536) 이러한 위기와 관련된 스트레스를 측정하는데 많이 사용되는 Holmes–Rahe Stress Test에 따르면 스트레스의 정도가 가장 심한 사건은 배우자의 사망이고, 그 다음으로 이혼, 별거, 투옥, 가족의 사망, 질병이나 중상 사고, 결혼, 실직, 부부간의 화해, 퇴직 등의 순으로 나타나고 있다. 이 도표에 대한 더 자세한 내용은 Wright, *Crisis Counseling*, 112-3을 참조하시오.
537) Rich Van Pelt, 「사춘기 청소년들의 위기상담」, 오성춘, 오규훈 역 (서울: 장로교출판사, 1995), 29.

결국에 가서는 즉각적인 관심이나 돌봄을 요구하는 형태로 나타난다.

둘째, 만성적 위기이다. 자녀 학대와 유기, 성적 문란, 알코올이나 약물남용, 거식증 및 폭식증 등이 이에 속하며, 그 문제가 규명되었을 때 적절한 중재를 위한 즉각적 조치가 취해지기만 하면 급한 위기로 발전하는 것을 방지할 수 있는 위기를 말한다.

셋째, 적응의 위기이다. 인생의 발달 단계에 따른 성장 문제가 주된 원인이 되는 위기이다. 예를 들면 사춘기 청소년들이 청년기로 성장하기 위해 필요한 적응의 과정으로서의 위기 또는 직업인으로서 첫 발을 내딛는 경우, 결혼이나 자녀의 출생 등으로 인한 변화 그리고 노년기로 접어들면서 찾아오는 퇴직과 신체적 노화 등으로 인한 적응의 어려움 등이 여기에 속한다.[538]

3) 영역에 따른 위기의 종류

학자들마다 위기를 특성에 따라 영역별로 구분하는 것이 다르다. 사람들이 겪는 위기는 아래의 네 가지 영역인 발달적 위기, 상황적 위기, 실존적 위기 그리고 환경적 위기로 분류하여 이해할 수 있다.[539]

첫째, 발달적 위기이다. 발달적 위기는 인간이 성장하고 발달해 나가는 가운데 발생하는 사건으로, 이 사건으로 인하여 비정상적인 반응을 일으키는 극적인 변화나 전환이 일어날 수 있다. 예를 들어 아이의 출생이나 대학 졸업, 중년기의 직업변화, 은퇴와 같은 사건의 반응으로 발달적 위기가 나타날 수 있다. 발달적 위기는 정상적인 것으로 볼 수 있으나 모든 개인과 모든 발달적 위기는 독특하기 때문에 독특한 방법으로 평가하고 다루어야 한다.

둘째, 상황적 위기이다. 상황적 위기는 사람이 예견하거나 통제할 수 없는

---

538) Eugene Kennedy, *Crisis Counseling: An Essential Guide for Nonprofessional Counselors* (New York, NY: The Continuum Publishing Company, 1981), 5.
539) Brammer, *The Helping Relationship*, 94–5; Kennedy, *Crisis Counseling*, 14–5.

드물고도 극히 이례적인 사건이 발생할 때 나타난다. 상황적 위기는 자동차 사고나 유괴, 강간, 기업 매수로 인한 직업 상실, 갑작스러운 질병, 죽음과 같은 사건에서 발생한다. 상황적 위기는 예견할 수 없고, 누구에게나 일어날 수 있으며, 갑작스럽고, 충격적이며, 강렬하고, 때로는 파괴적이라는 점에서 다른 위기와 차이가 있다.

셋째, 실존적 위기이다. 실존적 위기는 목적이나 책임감, 독립성, 자유, 책임 이행과 같은 중요한 인간적 이슈에 동반되는 갈등과 불안을 포함한다. 실존적 위기는 40세의 어떤 사람이 자신이 어떤 특정 전문직이나 조직에 중요한 영향력이 없음을 깨달으면서 경험하게 되는 위기일 수도 있다. 또 결혼을 하지 않고 부모와 함께 사는 것을 선택한 사람이 50세에 자신이 진정으로 독립적인 삶을 꾸려오지 못하였고 완전히 행복하고도 가치 있는 인간이 될 기회를 놓쳤다는 후회일 수도 있다. 어떤 60세의 사람이 자신의 삶이 의미가 없고, 의미 있게 삶을 충족시킬 수 없다고 느끼는 만연한 공허감일 수 있다.

넷째, 환경적 위기이다. 환경적 위기는 개인이나 집단에 자연이나 인간이 일으킨 재해가 갑자기 덮쳤을 때 발생한다. 이러한 환경적 위기는 자신들에게 책임이 없는 잘못이나 행동으로 인하여 같은 환경에 사는 사람들에게 사건의 여파가 미친다. 이러한 위기는 허리케인이나 홍수, 폭풍, 지진, 화산폭발, 회오리바람, 눈보라, 산불과 같은 자연 재해일 수도 있으며, 전염병이나 기름 유출과 같은 생물학적으로 파생된 위기일 수도 있다. 전쟁이나 민족 말살 등 난민이 경험하는 정치적인 문제일 수도 있다. 또는 심리적 우울과 반대되는 심각한 경제적 우울일 수도 있다. 이 밖에도 개인의 삶 속에 내재하는 하나님의 임재를 강화시켜주는 활동들이 차단되거나 그 위험을 예상할 때 오는 영적 위기 등이 있다.

4) 위기 진행단계의 특징과 유의점

위기상담은 최초로 하바드대학교 공중보건연구소 학자인 에릭 린드만(Erich Lindemann)의 연구를 시작으로 체계적으로 발전하여 왔다. 린드만은 이차대전 당시 1942년 11월 28일 메사추세트주 보스톤시에서 발생한 화재로 발화 15분 만에 전 나이트클럽이 화염에 휩싸였고 실내에 있던 1000여 명의 사람들 중 492명이 사망하였던 코코넛 그로브 나이트클럽(Cocoanut Grove Nightclub) 화재사건의 희생자 유족들을 대상으로 한 연구결과를 통하여 1944년에 5가지 슬픔의 일반적 특징을 발표하였다. i) 신체적인 스트레스(일반적으로 압박감과 긴장으로 인한 불면, 식욕부진 등을 호소), ii) 사별한 사람과의 동일시(망자의 모습에 대한 선입견으로 인한 영향), iii) 죄책감과 적대감의 경험, iv) 사별한 사람에 대한 집착, v) 일상적 생활에서의 혼란(정상적 행동유형의 상실).[540] 이후 엘리자베스 퀴블러-로스(Elisabeth Kubler-Ross)는 불치병환자를 돌보면서 관찰한 결과를 저술한 *On Death and Dying*에서 삶의 상실에 따른 위기와 슬픔의 과정을 학문적으로 처음 제시하였다.[541] 이들의 이론에 근거하여 보면 위기는 대체로 다음과 같은 단계를 거치며 진행된다. 그리고 각 단계마다 각기 다른 위기를 맞은 내담자를 돕는데 따르는 여러 가지 유의점들이 있다.[542]

---

540) Erich Lindemann, "Symptomatology and Management of a Acute Grief," *American Journal of Psychology*, vol. 101 (1944): 141-8. 이로 인해 이후 지하시설에는 비상구의 표시판이 의무화 되었고 유흥업소의 소방시설에 대한 기준이 세워지게 되었다.
541) Elisabeth Kübler-Ross, *On Death and Dying* (New York, NY: Macmillian, 1969). Kübler-Ross는 슬픔의 진행 단계를 다음의 다섯 단계로 구분하여 설명하고 있다. i) 충격/얼떨떨함, ii) 부정/부인: 자신이 그 사실을 받아들일 준비가 되지 않았거나 받아들이기를 원치 않는 것, iii) 흥정/협상: 현실을 바꾸기 위한 여러 가지 일들을 시도, 교회에 열심 등등, iv) 분노(억울함), 우울증: 현실의 변화가 일어나지 않을 경우에 생기며, 이것은 때때로 죽어가는 사람들이 사랑하는 사람들과의 정서적인 애착을 끊는 한 방법일 경우도 있고, '하나님은 너무하시다,' '내가 이 같은 병에 걸려 죽을 짓을 한 것이 무엇인가?' 등과 같은 하나님이나 주위 사람들에 대한 분노의 표현, v) 수용/해결.
542) 위기와 상실의 진행과정에 대한 자세한 설명과 자료는 Wright, *Crisis Counseling*, 31-40; France, *Crisis Intervention*, 6-14; Stone and Peterson, 「위기상담」, 16; Kenneth R. Mitchell and Herbert Anderson, *All Our Losses, All Our Griefs* (Philadelphia, PA: Westminster Press, 1983), 61-82; Edgar Jackson, *The Many Faces of Grief* (Nashville, TN: Abingdon, 1972)를 참조하시오.

(1) 1단계: 충격 단계

이 단계는 대체로 짧고 강렬하다. 지속 시간은 위기의 성격이나 개인의 상황에 따라 수 시간 내지 수일이 될 수 있다. 충격 단계의 사람들이 경험하는 공통적 특징은 갑자기 멍하고 정신적으로 백지 상태가 되거나 혼란스러움을 느낀다. 이 기간에 내담자는 이성적 사고를 하기가 힘들다. 그렇기에 위기의 현실을 받아들이지 않고 잘못된 기대를 가지는 부인과 부정의 태도를 취한다. 예를 들면 교통사고를 당하여 사망한 사랑하는 사람이 올 것이라고 말하고 식사를 준비하거나 문을 열고 바라보는 등의 행동이 그것이다.

이 단계에서 위기를 당한 사람을 돕는 태도는 함께 있어주는 것이다. 정상적인 사고나 이성적 판단을 내리기 힘든 상태이기 때문에 충고하거나 "왜?"라는 질문에 대해 인정하고 수용하지만 설득하거나 애써 대답을 해주려고 애쓸 필요는 없다. 오히려 내담자의 감정이나 상태를 반영하는 기도를 하거나 하나님의 보호하심이나 돌보심에 관련된 간단한 성서말씀을 함께 보거나 읽어주는 것이 도움이 된다.

(2) 2단계: 혼란과 퇴행의 단계(confusion and withdrawal)

이 시기는 위기 당사자가 충격에서 벗어나 감정을 표현하기 시작하는 단계이다. 대부분의 경우 이 단계에서 위기를 경험한 사람들은 충격의 단계 이후 어찌할 바를 모르고 혼란에 빠져있거나 현실이 아니기를 바라거나 최선의 결과를 위해 흥정(bargain)하는 태도를 취하거나 퇴행(withdrawal)하거나 도움을 요청하는 시기이다. 이 단계에서 필요한 조치는 경청을 통해 위기 당사자가 자신의 감정 또는 생각을 충분히 표현할 수 있도록 하는 것이다. 이때 위기 당사자의 감정을 이해하고 공감하는 태도가 중요하다.

이 단계에서 위기를 당한 사람을 돕는 태도는 다음과 같다.

첫째, 상대의 감정과 속마음을 반영하는 반영적 경청(reflective listening)의 기법을 사용하여 위기 당사자의 감정을 충분히 표현하도록 돕는 일이 필요하다. 예를 들어 당사자가 자신의 감정을 표현할 수 있도록, "~같은 느낌이라고 할 수 있습니까?," "지금의 심정을 말로 표현한다면 ~같은 것이라 할 수 있습니까?" 등과 같은 방법을 통하여 적절하게 감정을 표현할 수 있도록 돕는다.

둘째, 위기 당사자에게 확신과 위로를 주도록 하여야 한다. 위기 당사자가 경험하고 있는 분노, 좌절감 등이 자연스럽고 정상적인 감정들임을 인정하고 내담자와 함께 하고 있음을 확인시켜주어야 한다. 그리고 당사자가 고통스러운 감정들을 잘 견딜 수 있도록 도우며 나아가서 하나님께서 여전히 위기당사자를 사랑하시고 돌보시고 계심을 기억하도록 돕는 일이 필요하다.

셋째, 위기 당사자를 격려하도록 한다. 전화로 혹은 방문을 통해 긍정적인 일과 행동들을 할 수 있도록 격려하여 당사자가 아픔과 위기를 잘 견딜 수 있도록 돕는다.

넷째, 잠재적인 부정적 감정의 결과를 충분히 이해하고 예방하도록 돕는다. 즉 우울증이나 자살의 위험을 감지할 필요가 있다.

다섯째, 당사자가 도움을 청할 때, '구체적인 지침'(task-oriented direction)을 주도록 하여야 한다. 예를 들면 위기 당사자가 해야 할 몇 가지 대안들을 제시하고 본인이 하고자 하는 것을 선택하게 하고 실행을 돕는 일이 그것이다.

여섯째, 시간에 구애받지 말고 상대방이 어느 정도 진정될 때까지 함께한다. 간단한 운동을 권하며, 휴가나 쇼핑, 영화관람 등을 함께 갈 수 있으면 그렇게 한다.

(3) 3단계: 적응단계

이 단계는 위기 당사자로 하여금 슬픔이나 상실의 과정을 충분히 겪도록 돕는 단계이다. 대체로 이 단계는 짧게는 며칠 길게는 몇 개월의 시간이 소요된다. 이 단계에서 돕는 이들은 상실의 원인을 정확하게 파악하여야 하며, 상실한 존재와의 기존의 관계에 변화를 주어 상실한 존재 없이 새로운 삶/일을 할 수 있도록 적응을 도와야 한다. 적절한 내면의 정서적 상실의 공간을 채우는 일을 도와주고 필요하다면 일반적인 슬픔/상실의 극복과정을 알도록 하는 것도 도움이 된다. 이때 내담자의 장점을 찾아내어 그것을 효과적으로 사용하도록 한다. 만약 도움이 된다면, 상실의 대상과 이별의 기회를 갖게 하는 것도 도움이 된다. 상실의 대상인 상대방이 그것을 읽을 것처럼 편지 또는 시 등을 쓰는 방법도 도움이 된다.

일반적으로 위기 발생 후 충격, 혼란, 무감각, 부정 후 느끼는 정체성, 자존감, 안전감 등이 위협받고 있다는 사실을 깨닫는 2주간이 매우 중요하며, 적응 단계는 대체로 2주 후부터 수개월(일반적으로 4-6개월)이 소요된다. 이때 지속적인 경청을 통한 공감과 정서적 실제적 조력이 필요하다. 이러한 과정을 지나면서 어느 정도 해결되는 경우가 많으나, 간혹 그렇지 않을 경우는 상실과 슬픔을 내면화하여 대화나 접촉을 기피하는 우울증에 빠지는 경우나 외면화 시켜서 과음이나 예상하지 못한 일탈행동을 하는 경우도 있다.[543] 이러한 경우는 전문가의 도움이 필요하다. 개인차가 있지만 대체로 이러한 일련의 과정을 거쳐 새로운 삶에 적응하는 기간을 1년 반에서 2년 정도로 본다.

이 시기는 당사자가 새로운 환경에 적응하기 위해 부정적인 상황가운데서 긍정적인 것들을 찾아야 할 때로서 긍정적인 가능성들을 타진하는 시기이다. 따라서 여러 자원들의 도움을 통하여 당사자가 지닌 혹은 할 수 있는 긍정적이고

---

543) 건강하지 않은 상실이나 슬픔의 표현의 예로는 첫째, 감정의 억압(슬픔을 견디는 사람을 향하여 용감하다, 강인하다, 믿음이 좋다 등의 표현을 하지 않는 것이 좋음), 둘째, 자신의 중요한 이익을 갑자기 도외시하여 자신이 아끼는 물건을 갑자기 나눠주는 행위, 셋째, 감정을 추스르지 못하는 상태가 일반적인 경우보다 더 길게 지속되는 경우, 넷째, 정도 이상의 심한 후회나 자책감의 표현, 다섯째, 갑자기 과도하게 일에 몰두함으로 자신을 바쁘게 만드는 경우, 여섯째, 죽은 이나 이별한 사람의 물건이나 방 등을 상당기간 그대로 보존하는 행위, 일곱째, 다른 사람과의 관계의 갑작스러운 변화가 오는 경우, 즉 갑작스러운 음주, 외모의 급격한 변화, 관계의 변화 등이 그것이다.

미래 지향적인 요소들을 찾도록 돕는 일이 필요하다. 이와 더불어 도움이 되었고 성숙해질 수 있었던 신앙적인 요소들도 찾을 수 있도록 도와야 한다. 예를 들면 "이 어려움 가운데서 어떻게 하나님을 경험/체험했는가?," "이 사건으로 인해 당신의 삶이 어떻게 변했는가?," "이 어려움을 통해 얻은 중요한 교훈은 어떤 것이 있는가?" 등이다.

(4) 4단계: 삶의 희망/소망의 재확립 단계

이 단계는 삶의 적응을 방해하는 문제해결에 주력하는 단계로서 문제해결 기법이 도움이 된다. 또한 이 시기는 새로운 것에 애착을 가지기 시작할 수 있기에 내담자의 희망(소망)을 확신시키고 그것에 대해 계속 대화를 나누고 실행할 수 있는 방법들을 함께 모색하도록 한다.

3. 위기상담의 의의와 목표 및 과정

위기는 삶에서 깊은 상실을 가져오기 때문에 사람들은 위협을 느끼고 불안해한다. 이러한 위기와 상실은 불가분의 관계에 있기에 위기상담에 있어서 상실(loss)을 이해하는 것은 상담의 효율성을 높이는데 도움이 된다.

1) 위기와 상실(Crisis and Loss)

대부분의 위기는 상실을 동반한다. 그리고 이러한 상실은 정도에 따라 슬픔을 비롯한 다양한 정서적 변화를 가져온다.[544] 상실이 개인의 삶에서 기존의 여러 가지가 변화하거나 사라지는 것이라면, 슬픔은 상실, 불행, 재난 등으로 인해 강렬한 정신적인 또는 정서적인 고통을 겪는 것이라 할 수 있다. 위기는 이러한 상실과 슬픔이 개인이나 집단이 감당할 수 없을 정도의 속도와 깊이로 닥쳐올

---

544) Rapoport, "The State of Crisis," 211-7.

때 발생한다. 깊은 상실감과 이로 인한 충격적 슬픔을 동반하는 위기상담에서 상담자는 내담자가 경험하고 있는 상실에 대하여 이해할 때 위기상담을 효과적으로 수행하는데 도움이 된다. 즉 위기상담에서 상담자가 우선적으로 고려해야 하는 일은 이 위기로 인하여 내담자가 경험하게 되는 상실이 무엇인가를 파악하는 일이다.

사람들에게 있어서 대표적인 상실은 다음의 네 가지 들 수 있다.[545]

첫째, 자존감의 상실이다. 자존감의 두 가지 구성요소는 자신감과 자기인정이다. 위기에 빠진 사람들은 일반적인 자원이나 대응기제로 자신에게 닥친 위기를 해결할 수 없기에 자신감을 상실하게 되고 이러한 자신감의 상실은 자기용납이나 자기인정을 약화시킨다. 예를 들면 교통사고를 당하여 신체적 장애를 입은 사람의 경우, "다른 사람들이 나를 어떻게 생각할까?," "이러한 몸을 지니고 나는 무엇을 할 수 있나?," "내 친구들은 예전과 같이 나를 대해줄까?" 등의 고민에 직면한다.

둘째, 정체성의 상실이다. 위기는 정체성의 혼란 나아가서 상실을 초래할 수 있다. 이러한 정체성은 사회적 역할과 매우 밀접한 연관이 있다. 위기를 경험함으로써 이제까지 알고 있던 자기 자신에 대한 생각에 변화와 재평가가 이루어진다. 퇴직이나 사별 등으로 인해 이제까지 의식하지 못했던 자신의 역할이나 사회적 평가에 대하여 변화가 왔음을 깨닫고 당황하게 된다. 이러한 역할의 주요 변화는 자기정체성의 위기를 가져오며 이러한 위기는 수용과 노력으로 새로운 성장과 변화를 가져올 수 있다.

셋째, 역할수행 자신감의 상실이다. 위기에 수반되는 여러 가지 상실은 종종 위기 당사자로 하여금 이전까지는 어려움 없이 수행했던 사회적 역할수행에 어려움을 가져다준다. 사별한 남편이 이전까지 어려움 없이 수행했던 자녀의

---

545) Swihart and Richardson, 「위기상담」, 29-32.

양육에 여러 가지 어려움을 겪으면서 당황하게 되는 경우 또는 사고나 질병으로 신체장애를 겪는 경우는 역할수행 자신감에 더욱 위협을 가하게 된다. 이 밖에 전출이나 전직 등으로 인한 새로운 역할의 습득 또한 위기를 가져온다.

넷째, 보살핌의 상실을 가져온다. 배우자나 부모의 사망 등이 이에 해당된다. 이때 위기의 정도는 보살핌의 정도와 상실한 대상과의 관계의 깊이에 따라 달라진다. 따라서 상담자는 자신의 주관적 경험에 의해서 이러한 상실을 섣불리 판단하는 실수를 범해서는 안 된다. 우리가 겪기 쉬운 상실에 대한 잘못된 생각이나 실수는 대표적으로 다음과 같다. 첫째, 상실한 부분은 가능한 속히 채워져야 한다. 하지만 대체할 수 없는 영역의 상실도 많으며 종종 함께 있는 사람의 불편함으로 인해 섣부르게 대체할 것을 찾아주는 경우는 오히려 도움이 되지 않을 경우가 있다. 둘째, 슬픔은 같이 할 수 없기에 혼자 견디어 나가야 한다. 하지만 약한 자의 짐을 서로 지는 것이 필요하며(롬 15:1), 기쁨은 나눌수록 배가 되고 슬픔은 나눌수록 줄어든다(롬 12:15). 셋째, 세월이 약이다. 즉 세월이 지나야 아픔이 치유되기에 시간이 필요하다. 일반적인 슬픔의 극복기간은 자연사 2년, 사고사 3년, 자살 4년, 피살 5년, 자녀의 죽음은 평생 지속된다. 세월이 상처와 슬픔을 언젠가는 조금씩 줄여간다는 말은 틀린 것은 아니나 이러한 고통의 기간은 상담과 적절한 도움을 통하여 줄이거나 건설적으로 방향을 돌릴 수 있다.

2) 위기상담의 의의

위기상담 과정을 통하여 상담자는 내담자로 하여금 다음과 같은 도움을 줌으로써 단순한 문제 해결을 넘어 더 깊은 의의를 제공한다.

첫째, 위기에 대한 인식을 새롭게 할 수 있도록 돕는다. 상담자는 내담자로 하여금 내담자 자신의 위기에 대한 해석을 도움으로써 위기를 건설적으로 해결하는데 도움을 준다. 사도행전 16장 24절 이하에서 보면 사도바울 일행은 빌립보 감옥에서의 태도에서 투옥이라는 위기에 처했지만 그 자체를 믿음의 눈으로 받아들이고 찬양하였고 이로 인해 간수장을 전도하는 기회로 삼았다. 이처럼 수많은 고난과 어려움 속에서 자신의 위기에 대한 해석, 인식이 달라지고 이로 인해 삶의 연단과 고통을 통해 성숙과 성화의 결실을 볼 수 있다.

둘째, 세계관과 인생관을 재정립할 수 있도록 돕는다. 위기는 기존의 자원이나 관계로서 해결할 수 없는 위협이기에 위기를 겪을 때 내담자는 이전과는 다른 인생관과 세계관을 정립할 기회를 갖게 된다. 따라서 상담자는 내담자가 위기를 통하여 당면한 문제해결과 함께 이 위기에 숨겨진 하나님의 축복 또는 '보화'를 발견할 수 있도록 해야 한다. 이를 통하여 내담자는 유사한 위기가 닥쳐올 때 좀 더 효율적으로 대처할 수 있는 능력을 배양할 수 있으며, 영적으로 정서적으로 더욱 성숙한 삶을 살 수 있게 되며, 나아가서 비슷한 위기를 겪고 있는 이웃을 효과적으로 도울 수 있다.

셋째, 위기의 목적을 이해하도록 도움으로써 불안을 감소시키고 효율적으로 대처하도록 돕는다. 위기의 본질과 그 위기의 목적을 파악함으로써 불안을 감소시키고 비교적 객관적이고 타당하게 위기를 해결할 수 있도록 돕는다. 예를 들면 인생발달과정의 위기의 경우에 해당하는 사춘기 자녀의 문제, 중년의 위기, 퇴직이나 빈 둥지(empty nest) 시기의 위기 등의 특성이나 내용을 파악함으로써 위기를 객관적으로 볼 수 있게 되며 좀 더 효과적으로 대처할 수 있게 된다.

넷째, 위기상담자는 내담자가 위기에 대한 창조적인 해결책을 찾을 수 있도록 돕는다. 상담자는 위기 당사자로서 내담자가 충격이나 좌절 또는 우울감에 빠져 위기에 효과적으로 대처하지 못하기에 내담자를 도와 함께 적절한 문제해결책의 적극적인 모색을 돕는다. 또한 다른 일에 몰두하거나, 약물이나 술에 의존하는 부정적인 대처방안을 피하도록 돕는다.

3) 위기상담의 목표

위기를 만난 사람을 위한 상담의 유형은 주로 지원적 상담이다. 이러한 지원적 상담의 목표는 잠정적인 지원을 베풀어줌으로써 위기에 처한 사람이 힘과 옳은 관점을 얻어 인생의 여러 위기 상황에 대처하는 일에 자신의 인격 자원을 보다 효과적으로 활용하도록 도와주는 것이다. 즉 위기상담의 목적은 개인이나 집단으로 하여금 "우발적인 위기를 잘 대처할 수 있도록 돕는 것" 또는 "위기의 내면적 외면적 증상들의 가능한 가장 신속한 회복을 통하여 특정인이 자신의 일상적인 기능을 할 수 있는 수준으로 돌아가도록 돕는 것"이라고 할 수 있다.[546] 이렇게 위기상담은 내담자의 위기대처를 돕고 일상적인 생활을 회복할 수 있도록 돕는 상담이다. 물론 여기서 내담자의 일상적인 삶의 회복이 위기를 겪기 이전과는 다른 일상임은 물론이다.

상담자는 이러한 목적을 성취하기 위해 내담자가 위기를 현실적으로 직시하고 이를 이해하도록 돕는다. 그리고 자신의 분노나 죄책감 등을 포함한 여러 부정적 감정을 표현하고 거론하도록 한다. 그리고 위기 해결에 어느 정도 책임을 지도록 격려하며, 상황 대처 방안을 모색하도록 하는 동시에 변화될 수 없는 것이 있다는 사실을 직시하고 그것을 수용하고 적응할 수 있도록 돕는다. 이와 함께 친구 및 가족과 의사소통을 하고, 아무리 하찮은 것이라도 문제를 건설적으로 해결하기 위해 실제적인 도움과 조치를 취하도록 돕는다.

위기상담에서 상담자는 다음과 같은 몇 가지 **구체적 목표**를 설정할 수 있다.

첫째, 내담자의 긴장을 포함한 다양한 심리적 증상 및 고통을 완화 또는 해소한다.

둘째, 효과적으로 위기 사태를 처리하고 평소의 기능 수준으로 되돌아오도록 돕는다.

---

546) Stone and Peterson, 「위기상담」, 18; David K. Switzer, *The Minister as Crisis Counselor*, revised and enlarged (Nashville, TN: Abingdon Press, 1993), 45.

셋째, 내담자가 더 이상 혼란스럽지 않도록 하고 과거의 정상적인 상태를 회복할 수 있는 적응 수행력을 회복하도록 한다.

넷째, 곤경에 빠져있는 사람을 뒷받침해 주고 붙들어주며 안정을 취하도록 만들어준다.

다섯째, 내담자에게 위기의식을 촉발한 환경적인 요인을 이해할 수 있도록 돕는다.

여섯째, 위기가 지난 후에도 계속될지 모르는 불안, 염려 그리고 또 다른 위험들을 줄일 수 있도록 돕는다.

일곱째, 내담자로 하여금 기력과 안정을 되찾아 직면한 문제를 대처할 수 있게 해준다.

여덟째, 위기를 극복하는 기법들을 가르쳐서 앞으로 일어날 위기들을 예상하고 처리하는 준비를 보다 잘하게끔 도와준다.

아홉째, 위기에 관한 성서의 가르침이나 사례들을 살펴보면서 위기를 통해 배우고 성장하도록 한다.[547]

4) 위기상담의 기본자세와 유의점

위기상담이 일반상담의 자세와 특별히 다른 점은 많지 않다. 단지 위기의 특성상 긴급성과 즉각적 대처능력을 요하거나 내담자의 안전에 좀 더 민감하고 융통성 있게 대처해야 한다는 점이 요구된다.[548] 이러한 위기상담에서 **목회상담자가 지녀야 할 기본자세**는 다음과 같다.[549]

첫째, 하나님의 능력을 의지하여 정확한 공감과 정확한 소통으로 신뢰와

---

547) Collins, 「크리스챤 카운슬링」, 71-2.
548) Thomas F. McGee, "Some Basic Considerations in Crisis Intervention," *Community Mental Health Journal*, vol. 4 (1968): 323.
549) Wright, *Crisis Counseling*, 53-70; Stone and Peterson, 「위기상담」, 46-64;

친밀감을 형성하여야 한다. 때로는 위기의 긴급성 때문에 정확한 공감이나 정확한 의사소통을 소홀히 하기 쉽다. 이렇게 될 경우, 당면한 문제해결이 끝난 이후의 상담관계가 어려움을 겪을 위험이 있다.

둘째, 진솔한 사랑과 관심을 통한 내담자 존중의 자세를 잃지 않는다. 위기 상황에서의 상담은 자칫 업무지향적이고 수단이 우선할 경우가 많다. 또한 위기당사자가 평소와 달리 취약한 상태에 있기 때문에 일상과 달리 자칫 위기를 경험하고 있는 당사자의 인격이나 체면을 충분히 고려하지 못할 경우가 많다. 하지만 위기해결에 방해를 주지 않는 범위에서 상담자는 내담자를 충분히 존중하도록 노력하여야 한다.

셋째, 내담자의 감정과 필요를 짧고도 정확하게 경청한다(고전 2:1-5). 이때 내담자와의 대화가 방해받지 않도록 외부적 방해요인을 차단하고 상담자 역시 산만해지지 않도록 유의하도록 한다. 하지만 시간적 요인을 유의하여 내담자가 너무 산만하게 자신을 표현하는 것이 때로는 시간이 촉박한 위기상담에서는 문제해결에 방해가 되는 경우도 있다. 이러한 경청을 통하여 위기의 촉발 원인과 내담자의 정서적 상태를 파악하도록 하여야 한다.

넷째, 직면을 통하여 내담자의 진정한 필요와 해결을 파악한다. 위기에 처한 내담자는 혼란된 상태에서 현실을 왜곡할 가능성이 높으며 강렬한 정서적 경험에 노출되어 있기에 합리적인 생각과 행동을 하기 어렵다. 따라서 실제의 감정과 표현하는 감정의 불일치, 실제의 필요와 나타난 요구 등의 여러 가지 불일치를 직간접적인 질문과 반영적 경청(reflective listening)을 통하여 내담자의 진정한 필요와 도움이 필요한 영역을 파악하도록 한다. 이 밖에 말을 해야 할 때와 하지 않아야 할 때를 구별하도록 하며(잠 17:27-28), 비밀을 유지하고(잠 11:3), 함께 하며 구체적 도움을 주고 지속적으로 격려하는 자세가 필요하다(살전 5:11).

위기상담에 필요한 기본자세를 바탕으로 개입할 때 **상담자가 유의해야 할 점**에는 다음의 몇 가지가 있다.[550]

첫째, 경청에 영향을 미치는 요인들을 고려하여 내담자를 상담하여야 한다. 내담자의 연령과 성별, 교육정도와 과거의 경험 유무 그리고 현재의 감정적 신체적 상태를 고려하여 위기상황에 있는 내담자의 말에 귀를 기울여야 한다.

둘째, 상담 시 내담자가 과거, 현재, 미래를 뒤섞어서 말하거나 반복해서 같은 말을 되풀이 하는 경향이 있음을 유념하여 인내하고 간단한 질문과 반영적 경청을 통하여 내담자가 표현하고자 하는 감정과 내용을 명확히 파악하도록 하여야 한다.

셋째, 내담자의 감정을 완화시키기 위해 내담자로 하여금 감정과 생각을 표현하게 하고 거기에 공감하도록 노력하여야 한다.

넷째, 우선순위를 유의하여 우선해야 할 일들을 처리할 수 있게 돕도록 한다. 당황하고 혼란스러운 내담자는 모든 일을 한꺼번에 해결하려고 하고, 결과에 대해 염려하고 불안해한다. 따라서 상담자는 현재 상황에서 우선적으로 해야 할 일에 초점을 맞추어 우선 해결하도록 도움을 준다.

다섯째, 위기상담에서 상담자의 능동적이고 적극적인 개입이 요구된다. 무력하고 혼란스러운 내담자의 상황은 주도적으로 자신의 문제를 해결할 여력이 많지 않기 때문에, 다른 상담의 상황과는 달리 위기상담의 상황은 상담자의 적극적이고 활발한 개입이 필요하다. 하지만 지배적이 아닌 내담자의 필요와 인격을 충분히 존중하는 적극성이 요구된다.

여섯째, 불필요하거나 과도한 질문 또는 판단하는 태도 및 잘못된 확신을 심어주는 태도를 조심하여야 한다.

---

550) Wright, *Crisis Counseling*, 53-5, 71-3.

5) 위기상담의 과정

위기개입을 위한 상담의 과정에는 여러 가지가 있지만 이러한 위기개입의 과정은 대체로 크게 **문제파악과 실행의 두 단계**로 나눌 수 있다. **문제파악**에는 위기 당사자인 내담자와의 접촉, 내담자의 정서적 신체적 안전을 위한 지지와 도움, 위기를 촉발한 문제들에 대한 다면적 접근과 이해가 있으며, **실행단계**는 가능한 해결책의 모색, 선택한 해결책의 실행방안 마련 그리고 지속적인 조력과 참여의 단계가 포함된다.[551] 이 밖에 필요할 경우 의뢰나 이전을 하는 경우도 있다. 이러한 다양한 위기상담의 단계와 이론 가운데 본 장에서는 장단기 접근 모두를 제시하고 있기에 비교적 일반상담 상황에 좀 더 적합하다고 여겨지는 노만 라이트(Norman Wright)의 '8단계 위기상담 과정'을 살펴보기로 하자.[552]

(1) 1단계: 즉각적인 개입

내담자로 하여금 상담자가 기꺼이 돕기를 원함을 알게 하는 단계로서 목회상담자가 취해야 할 상담적 접근으로는 다음과 같은 것이 있다.

첫째, 상담자는 우선적으로 내담자로 하여금 내적 안정을 취하도록 한다. 상담자의 개입이 위기감을 감소시킬 수 있기 때문에 일반적으로 사람들은 6주 정도 이내에 나름의 안정을 찾는다. 이 단계에서 내담자가 상담자를 만나기를 원할 경우 하루 밤 이상을 지체하지 않는 것이 좋다. 만약 지체될 경우가 있으면, 전화나 문자로나마 짧게라도 대화를 나눌 필요가 있다.

둘째, 내담자를 지탱, 유지시키기 위해 노력한다. 내담자의 불안감과 죄의식

---

551) James and Gilliland, 「위기개입」, 41-5; Karl A. Slaikeu, *Crisis Intervention: A Handbook for Practice and Research* (Boston, MA: Allyn & Bacon, 1984), 85-115; Stone and Peterson, 「위기상담」, 46-64; Switzer, *The Minister as Crisis Counselor*, 65-89; Warren A. Jones, "The A-B-C Method of Crisis Management," *Mental Hygiene*, vol. 52 (January 1968): 87. 널리 사용되고 있는 정신과의사 Warren Jones의 'ABC 방법' 역시 이러한 범주에 속한다. 이 방법을 간략히 소개하면 A-Achieve contact with the client(내담자와 접촉하라), B-Boil down the problem to its essential(문제의 핵심을 파악하도록 하라), C-Cope actively through an inventory of the client's ingenuity and resources(내담자의 문제해결 능력과 자원들을 사용하여 문제에 대처하라)이다.

552) Wright, *Crisis Counseling*, 75-99.

그리고 긴장을 누그러뜨리고 정서적인 안정을 회복하는데 도움을 주도록 한다. 이때 효과적인 방법은 공감하고 충분히 경청하는 것이다. 이와 함께 하나님의 함께하심에 대하여 재확신시킴으로 절망과 무기력감을 완화시키도록 한다. 내담자가 무기력하고 혼란스러운 상황이기 때문에 직접적이고도 구체적인 지도가 필요하다.

셋째, 비극적인 결과, 예를 들면 자살, 가출, 살인 등의 방지에 관심을 기울인다. 이러한 결과가 예상되는 경우, 우선 전화나 문자로 몇 가지 질문을 통하여 즉각적인 면담의 약속을 하든지 아니면, 누가 함께 있어야 할 것인가를 주선하는 것이 필요하다.

(2) 2단계: 개입시작단계(Action)

이 단계에서 상담자가 취해야 할 접근은 첫째, 내담자의 긴급한 필요를 파악하는 일이 중요하다. 이를 바탕으로 직접적 개입여부를 결정하여야 한다. 둘째, 내담자의 능력과 자원을 분석하여 강점과 약점을 파악할 필요가 있다. 또한 경청을 통해 과거 위기경험여부를 점검하는 것 역시 필요하다. 이 전 과정을 통하여 상담자가 지녀야 할 태도는 내담자에 대한 지속적인 반영적 경청과 격려이다.

목회상담자가 시급하게 주도적으로 직접 내담자의 상황에 개입해야 할 경우는 정서적으로 매우 깊은 혼란의 상태 또는 공포나 약물, 기타 자신이나 타인에게 위해를 가할 위험이 높은 경우이다. 이러한 직접 개입은 위기의 종류와 정도 및 상황에 따라 여러 형태로 나타난다. 간접개입의 경우는 내담자가 외형적으로나마 일상적인 활동을 할 수 있는 경우에 해당되는 방식으로 일반상담의 경우와 같이 내담자를 조력하는 접근 방법을 취한다.

이 단계에서 개입의 시기와 정도를 판단하는 목회상담자의 평가가 중요하다.

이러한 평가를 위해 도움이 되는 질문은 다음과 같다. i) 이것이 내담자 스스로 할 수 있는 것인가?, ii) 위기로 말미암아 장기적으로 나타날 결과는 무엇인가?, iii) 상담자가 얼마동안이나 이러한 방식으로 개입할 것인가?, iv) 이러한 개입에 따른 예측되는 위험은 무엇인가?, v) 도움이 되는 다른 대안은 무엇인가? 등이다.

(3) 3단계: 비극적 사건 예방과 방지의 지속적 노력

충격과 감정적 격변의 상태가 진정된 후, 상담자가 유의해야 할 일은 내담자가 경험하는 분노나 자책감 등으로 인한 심각한 우울증이나 자살 시도이다. 우울증을 겪는 사람의 경우 증세가 조금 호전될 때 자살의 위험이 높은 만큼, 내담자가 초기 충격의 상태를 벗어나 조금씩 나아지는 이 단계에서 비극적 결과 예방과 방지에 관심을 기울여야 하며, 이를 위해 가능하다면 함께 있어줄 가족이나 친구들이 도움이 될 수 있다.

(4) 4단계: 희망과 긍정적인 기대의 형성

위기에 빠진 사람들은 무력감을 느끼고 절망하기 때문에 내담자로 하여금 새로운 희망과 긍정적인 삶의 기대를 갖게 만드는 과정은 매우 중요하다. 하지만 이 단계에서 주의할 사항은 내담자에게 비현실적인 기대를 주지 않도록 하는 것이며, 스스로 문제해결을 할 수 있도록 격려하는 일이다. 이를 위해 필요할 경우 내담자와 함께 이전의 유사한 위기에 대하여 탐색하는 과정이 필요하다. 이러한 탐색은 내담자로 하여금 현재 경험하고 있는 위기를 해결할 수 있다는 자신감을 심어줄 수 있는 단초가 되기 때문에 의미가 있다. 긍정적인 삶의 방향 설정에 방해가 되는 문제들의 해결을 위해 문제를 명확히 파악하고, 문제해결을 위한 방안을 함께 모색하며, 실행과정에서 도움이 필요할 경우 주위의 자원들을 이용하거나 의뢰하여 도움을 받도록 한다.

(5) 5단계: 후원과 조력 단계

위기상황의 사람들에게 결핍된 요소는 바로 후원이나 조력 자원이다. 내담자가 적절한 조력 자원이 있었다면 심각한 위기를 겪지 않았을 수도 있다. 이 단계에서 만약 상담자가 유일한 조력자일 경우, 매일 또는 규칙적으로 위기를 경험하고 있는 사람을 위해 함께 기도하도록 한다. 만약 내담자의 즉각적인 도움 요청이 있을 경우, 가능한 빨리 응답하는 것이 필요하다. 도움이 필요한 경우, 신앙공동체나 가족들을 통한 조력자들을 찾아 연결시키도록 한다. 내담자의 일상 회복에 도움을 줄 수 있을 경우, 내담자가 처해있는 문제 상황을 해결하기 위하여 가족이나 기관의 도움을 얻는데 촉매역할을 할 필요도 있다.

(6) 6단계: 문제해결과정

이 단계는 위기상담 단계에서 가장 핵심이 되는 중요한 단계라 할 수 있다. 왜냐하면, 내담자의 위기를 초래한 근본적인 문제를 해결하는 단계이기 때문이다. 어느 정도 회복된 내담자와 상담자는 내담자로 하여금 위기상황에 처하게끔 만든 문제의 원인을 해결하는 시도를 하여야 한다. 이러한 원인이 복합적일 수 있으나 그 중 내담자가 가장 중요하다고 여기는 문제해결을 먼저 시도하는 접근이 필요하다.

이러한 문제해결과정은 다음과 같다. 첫째, 문제해결의 목표를 설정하고, 둘째, 문제해결에 필요한 자원과 대안을 찾는다. 셋째, 사용가능한 대안들의 목록을 작성하고, 넷째, 대안들을 평가한다. 이때 유의할 점은 가능한 대안이 내담자의 자기가치를 확인하고 높여줄 수 있는가를 고려하여야 한다는 점이다. 다섯째, 대안들을 실행할 때 구체적 단계를 설정하고 각 단계에서 발생할 긍정적 부정적 결과들에 대하여 함께 논의한다.[553]

---

553) Ibid., 90.

이 모든 과정에서 목회상담자는 내담자가 이를 수행할 수 있도록 격려하고 보조하도록 하도록 주의한다. 그렇지 못할 경우, 문제를 해결하더라도 내담자의 자신감이나 자기존중감에 긍정적 영향을 미치지 못하기 때문에 상담자는 이 모든 과정에서 내담자가 주체적으로 결정하고 실행할 수 있도록 하여야 한다. 또한 내담자의 불안감을 고려하여 경청을 통한 기타 감정을 점검하고 지속적으로 격려하여야 한다.

(7) 7단계: 자존감의 회복 및 형성

위기 당사자들의 공통적인 특징 중의 하나는 낮은 자존감으로 인한 어려움이다. 자존감이 낮은 사람들이 흔히 나타내는 태도의 특징으로, 타인에 대해 분노를 표출하고 도움을 절대적으로 호소하거나 소극적으로 도움만을 기다리는 것을 들 수 있다.

이 단계에서 상담자가 할 일은, 첫째, 내담자의 자아상에 대한 평가와 이해를 통하여 감정의 완화를 가져오고, 둘째, 위기가 내담자에게 미친 영향이나 대안들의 영향을 파악하도록 한다. 셋째, 내담자의 능력을 신뢰하고 내담자에게 일관된 반응을 유지하도록 한다.

(8) 8단계: 자신감의 고취

위기상담의 마지막 과정은 계속적인 내담자의 자아상의 강화와 함께 내담자에게 자신감을 심어줄 수 있도록 하는 단계이다. 위기를 경험하면서 약화된 자신감을 서서히 회복하고 강화하는 단계야 말로 내담자가 상담자의 도움 없이 홀로서기를 하는데 있어서 중요한 과정이다. 이를 위해 내담자와 상담자가 서로 의논하고 평가하고 계획함을 통하여 내담자의 상담자에 대한 의존 정도를 서서히 낮추어 가는 과정이 필요하다. 이 과정을 통하여 내담자는 이전의 일상적인 삶의 단계로 돌아갈 수 있는 준비를 마치게 된다. 내담자가 이 과정에서 새로운 역할 또는 역할의 급격한 변화를 경험해야 할 경우, 상담자는 좀 더 주의 깊게 내담자와 협력하여 새로운 역할에 익숙해지며 편안해질 때까지 함께 노력하는 것이 필요하다.[554]

---

554) 이 단계에서 내담자가 느끼는 위기상태의 정도를 점검해 볼 수 있는 측정 자료로는, H. Norman Wright, 「위기상담학」, 전요섭, 황동현 역 (서울: 쿰란, 1998), 342-8을 참조하면 내담자의 상태를 파악하고 상담의 종결까지를 계획하는 일에 도움이 된다.

| 14장 |
목회상담과 임종(臨終) 및 사별(死別)

목회상담의 임종과 사별에서의 돌봄은 역사적으로 매우 중요하게 다루어져 온 목회돌봄의 영역이다. 인간의 삶이 중요한 만큼 그 죽음 역시 매우 중요하기에 목회사역에서 임종과 사별의 돌봄은 반드시 살펴보아야 할 영역이라 하겠다. 따라서 본 장은 목회자인 우리가 죽음과 임종을 생각하고 이해하고 태도를 변화 시킴(수용)으로써 임종과 사별의 순간을 경험하는 당사자와 그 가족들이 두려움 을 극복하고 이 과정을 통해 하나님을 더욱 더 잘 이해하고 그리스도를 닮아가는 경험을 하게 만드는 데 도움을 주기 위해 준비되었다. 이를 위해 먼저 임종과 사별과 불가분의 관계에 있는 죽음에 대한 일반적 이해를 살펴보고, 다면적 접근을 통하여 죽음과 임종 그리고 사별에 관련된 주요 사안들을 알아보고, 나아 가서 임종과 사별로 인한 슬픔을 겪는 이들을 효과적으로 돕기 위한 목회돌봄과 상담의 요소들을 살펴본다.

1. 죽음의 이해와 관련된 변화

죽음은 삶과 함께 모두 하나님께서 우리에게 허락하신 영원한 삶의 한 부분이며 과정들이다. 우리의 삶과 마찬가지로 죽음을 통해서도 하나님께 영광을 돌리는 동시에 죽음을 둘러싼 사람들의 영적성숙이 이루어지며 궁극적으로 그리스도를 더욱 닮아가도록 하는 과정이 필요하다. 죽음에 대해서는 모르는 것과 알 수 있는 것 각 세 가지가 있는데 그것들은 각기 다음과 같다. 먼저 모르는 것 세 가지는 언제 죽을지, 어디서 죽을지, 어떻게 죽을지이다. 반면 알 수 있는 것 세 가지는 '순서'가 없으며, 아무도 함께 갈수 없으며, 아무것도 가져갈 수 없다는 것이다.

1) 죽음의 이해

각 사람들의 죽음에 대한 정의와 그 죽음의 의미는 다르다. 심지어 같은 사람일지라도 상황에 따라, 경험에 따라, 시간에 따라 죽음에 대한 생각과 태도가 다르다. 이같이 서로 다른 죽음에 대한 생각과 의미가 존재하나 이러한 서로 다른 죽음의 본질에 대한 이해가 죽음을 겪거나 맞이하는 순간에 다른 태도와 행동을 취하게끔 만든다(재산의 사회환원, 생명보조장치의 제거에 대한 결정, 장기기증의 결정 등). 그러면 죽음에 대한 일반적 이해를 위해 먼저 죽음의 정의에 대하여 살펴보기로 하자.

죽음의 정의는 개인적 경험/믿음/학습, 사회문화적 차이, 법적, 사전적, 생물학적/의학적, 종교적으로 다르다. 전통적으로는 생명의 징조들인 호흡, 맥박, 심장박동 등이 사라지거나 멈추는 현상을 의미한다. 일반적으로 사망은 심폐기능이 정지된 시점으로부터 30분간을 관찰하거나 소생술을 시행하여도 회복되지 않을 때, 그 30분을 소급하여 사망시각으로 정하고 그로부터 24시간을 기다려서 죽음을 법적으로 판정한다.

하지만 최근 뇌사(brain death)의 개념이 등장함으로 이러한 전통적인 죽음 이해가 복잡해지고 있다. 죽음의 정의에 뇌사(Brain Death)의 개념이 처음 소개된 것은 1959년 프랑스 신경학자(Neurophysiologist) 몰라레(Mollaret)와 구롱(Goulon)에 의해서였다. 이들은 인공호흡기의 도움을 받아 숨은 쉬지만 뇌파의 활동이 전혀 없는 환자를 사망한 사람이라 규정하였다. 이후 하버드 의대에서 1968년 *Journal of American Medical Association*에 발표한 보고서 "Ad Hoc Committee of the Harvard Medical School to Examine the Definition of Brain Death"를 통하여 '비가역성 혼수'에 대한 정의형식으로, 다음과 같은 뇌사에 대한 다섯 가지 하버드 기준이 발표되었다. i) Unreceptive and unresponsive: 깊은 혼수상태에서 몸 안팎의 어떠한 감각자극도 수용하지 수용하거나 반응하지 않는다. ii) No movement and no breathing: 1시간 동안 관찰하여도 아무런 자발적인 몸의 미세한 움직임도 없다. 3분 동안 인공호흡기를 떼어내는 경우 자발적인 호흡이 없다. iii) No reflexes: 신체 신경반응조사에 무반응(예를 들어 동공에 빛을 비추었을 때 동공의 변화가 없는 경우)으로 척수반사를 포함한 모든 반사가 소실된다. iv) A flat EGG (Electroencephalogram): No brain waves. 증폭률을 5mv/cm 최대화시켜도 평탄한 뇌파. v) No circulation to or within the brain.[555] 이상의 5가지 기준이 저온이나 수면제 등 약물복용으로 뇌기능이 저하되지 않은 상태에서 나타나며 24시간 후 다시 반복 검사하였을 때도 변함이 없어야 뇌사로 인정한다. 하지만, 현실적인 어려움으로 말미암아 일반적으로 i) ii) iii)의 전통적인 기준으로 사망을 정의하기 어려울 때, iv)와 v)를 추가로 참조하게 된다. 뇌사의 지속기간은 2주 정도이나, 임산부의 경우는 2개월 이상 지속된 경우도 있다.

이 하버드 뇌사기준은 1968년 호주 시드니에서 열린 22차 세계의사회의

---

555) Robert J. Kastenbaum, *Death, society, and Human Experience*, 3 ed. (Columbus, Ohio: Charles E. Merrill, 1986), 9-10.

시드니선언에 영향을 주어 뇌사를 공식적으로 인정하게 된다. 시드니뇌사판정의 기준은 다음과 같다. i) 도의적으로 허용 가능한 아픔을 가하여도 반응이 전혀 없고, ii) 모든 자발적 운동, 특히 호흡의 결여(인공호흡기를 사용 중인 경우 3분간 스위치를 끈 후 관찰), iii) 각종 반사소실, iv) 평탄뇌파.

우리나라의 경우는 대한의사협회를 중심으로 1993년 3월 '뇌사판정기준 및 뇌사자 장기이식 의료기관 요건'을 제정했으며, 1998년 10월에 개정안을 마련, 1999년 2월 8일 제정된 〈장기 등 이식에 관한 법률〉에 반영하게 되었다. 이 법률은 그 후 1999년 9월, 2002년 8월 2회에 걸쳐 개정됐으며 우리나라의 경우는 〈장기 등 이식에 관한 법률〉 제16조 제2항에 6세 이상인 사람과 미만인 사람이 구분되어 명시되어 있다.

뇌사판정기준 (〈장기 등 이식에 관한 법률〉 제 16조 2항)

1. 6세이상인 자에 대한 뇌사판정기준
   다음의 선행조건 및 판정기준에 모두 적합해야 한다.

   가. 선행조건
   (1) 원인질환이 확실하고 치료될 가능성이 없는 기질적인 뇌병변이 있어야
       할 것
   (2) 깊은 혼수상태로서 자발호흡이 없고 인공호흡기로 호흡이 유지되고
       있어야 할 것
   (3) 치료 가능한 약물중독(마취제 · 수면제 · 진정제 · 근육이완제 또는 독극물
       등에 의한 중독)이나 대사성 또는 내분비성 장애(간성혼수 · 요독성 혼수
       또는 저혈당성뇌증 등)의 가능성이 없어야 할 것
   (4) 저체온상태(직장온도가 32℃이하)가 아니어야 할 것
   (5) 쇼크상태가 아니어야 할 것

나. 판정기준

  (1) 외부자극에 전혀 반응이 없는 깊은 혼수상태일 것

  (2) 자발호흡이 되살아날 수 없는 상태로 소실되었을 것

  (3) 두 눈의 동공이 확대·고정돼 있을 것

  (4) 뇌간반사가 완전히 소실돼 있을 것 : 다음에 해당하는 반사가 모두 소실된 것을 말한다.

  (가) 광반사(Light Reflex), (나) 각막반사(Corneal Reflex), (다) 안구두부반사(Oculo- Cephalic reflex), (라) 전정안구반사(Vestibular-Ocular Reflex), (마) 모양체척수반사(Cilio-Spinal Reflex), (바) 구역반사(Gag Reflex), (사) 기침반사(Cough Reflex)

  (5) 자발운동·제뇌강직·제피질강직 및 경련 등이 나타나지 아니할 것

  (6) 무호흡검사 결과 자발호흡이 유발되지 아니해 자발호흡이 되살아날 수 없다고 판정될 것

※ 무호흡검사 : 자발호흡이 소실된 후 자발호흡의 회복가능 여부를 판정하는 임상검사로서 그 검사 방법은 다음과 같다.

100% 산소 또는 95% 산소와 5% 이산화탄소를 10분 동안 인공호흡기로 흡입시킨 후 인공호흡기를 제거한 상태에서 100% 산소 6ℓ /min를 기관내관을 통해 공급하면서 10분 이내에 혈압을 관찰해 혈액의 이산화탄소분압이 50torr이상으로 상승함을 확인했음에도 불구하고 자발호흡이 유발되지 아니하면 자발호흡이 되살아날 수 없다고 판정하고 검사가 불충분하거나 중단된 경우에는 w혈류검사로 추가 확인해야 한다.

  (7) 재확인 : (1)내지 (6)에 의한 판정결과를 6시간이 경과한 후에 재확인 해도 그 결과가 동일할 것

  (8) 뇌파검사 : (7)에 의한 재확인 후 뇌파검사를 실시해 평탄뇌파가 30분이상 지속될 것

(9) 기타 필요하다고 인정되는 대통령령이 정하는 검사에 적합할 것

2. 6세미만인 소아에 대한 뇌사판정기준
   제1호의 선행조건 및 판정기준에 적합해야 하되 연령에 따라 재확인 및 뇌파
   검사를 다음과 같이 실시한다.

   가. 생후 2월이상 1세미만인 소아
      - 제1호 나목(7)에 의한 재확인을 48시간이 경과한 후에 실시하고 제1호
        나목(8)에 의한 뇌파검사를 재확인 전과 후에 각각 실시한다.

   나. 1세이상 6세미만인 소아
      - 제1호 나목(7)에 의한 재확인을 24시간이 경과한 후에 실시한다.

여러 가지 죽음의 정의와 관련한 자료들이 있으나 간략하게 죽음을 정의하면
"되돌릴 수 없는 삶의 과정의 정지"로 표현할 수 있다.[556] 이러한 생물학적 의학
적 죽음 이외에도 유사 죽음인 사회적 죽음, 현상학적 죽음 등이 있다. 사회적
죽음이란 사회적으로 금기시 되는 일 혹은 행동을 함으로 인해 그 집단으로부터
절연되는 경우를 말하는 것으로 관계적 죽음이라고도 한다. 현상학적 죽음은
실제 죽음이 아니나 자신이 중요하다고 여기는 신체의 일부분 혹은 특정 부분을
상실함으로 전체적인 자아의 상실을 경험하는 경우를 말한다. 즉 살아도 산 것이
아니라는 느낌이나 상태, 깊은 실연의 경험 등이 이 경우라 할 수 있다. 이렇게
정의되는 죽음은 여전히 그 의미와 본질이 사회문화적 변화와 변동에 따라
계속적으로 생성되고 변동되어가고 있다.

---

556) Kastenbaum, *Death, society, and Human Experience*, 17.

2) 죽음과 관련된 변화

죽음과 관련된 우리 주변의 변화를 살펴보면 다음과 같다. 첫째, 죽음의 원인이 달라졌다. 죽음의 원인이 의료기술의 발달과 경제발전에 의해 전염병이나 감염에 의한 사망이 아니라 만성질환인 암이나 심혈관 또는 대사 계통의 질환에 의한 경우가 증가하고 있다. 둘째, 의학의 발달로 인한 평균수명이 길어졌다. 1970년도 한국인 평균수명은 62세였으나 1997년 남성의 평균기대수명이 처음으로 70세 이상이 된 이후, 2014년 현재 한국인의 평균수명은 경제협력개발기구(OECD) 평균을 넘어선 81세이다.[557] 평균수명의 증가로 인하여 생존기간이 길어짐으로 고령에 따른 질병으로 인한 스트레스가 많아지는 동시에 돌봄의 필요가 증가하고 있다. 셋째, 임종과 장례문화가 변화하였다. 임종장소가 이전에는 가정이었으나 요즈음은 병원으로 바뀌었다. 이전에는 병원에서 임종을 맞이할 때가 되면 객사(客死)에 따른 사회적 인식으로 인하여 집으로 급히 모셔왔으나 최근에는 가정에서 임종을 맞을 때가 되면 병원으로 옮긴다. 즉 임종과 장례의 장소가 가정에서 병원과 장례식장으로 변화하였다. 사실 이러한 임종장소의 변화는 이 세상을 마지막으로 떠나는 임종하는 이들이 겪는 외로움, 비인간화, 단절의 문제를 가져온다.[558]

2. 죽음에 대한 인식

죽음의 의미를 찾는 이유는 다음과 같은 인간의 필요 때문이다.[559] 첫째, 죽음을 뜻 깊게 만들기 위해, 둘째, 죽음의 공포를 덜고 죽음을 비교적 쉽게 받아들이기 위해, 셋째, 알지 못하는 두려움에서의 해방을 위해, 넷째, 죽음이 가져

---

557) 「충청투데이」, 2014년 9월 30일, 10면.
558) 정현채, "죽음을 바라보는 사회적 시각의 변화," 한국죽음학회 웰다잉 가이드라인 제정위원회 편, 「죽음맞이」 (서울: 모시는 사람들, 2013), 68-9.
559) Paul E. Irion, "The Agnostic and the Religious: Their Coping with Death," in *Death and Ministry: Pastoral Care of the Dying and the Bereaved*, eds. J. Donald Bane, Austin H. Kutscher, Robert E. Neale, Robert B. Reeves, Jr. (New York: The Seabury Press, 1975), 208-9.

다준 좌절감을 해결하고자 하는 필요를 위해, 다섯째, 삶의 가치를 확인하고자 하는 욕구를 위해서이다.

1) 죽음에 대한 일반적 인식

인류 역사는 고대의 피라미드로 상징되는 영생, 즉 죽음을 회피 또는 극복하고자하는 끊임없는 인간의 노력을 보여준다. 성경에 나타나 있는 여러 기록들 역시 죽음에 직면한 인간의 무력함과 절망과 슬픔을 보여준다(요한복음 11장 17-53절의 나사로의 죽음에서 살아난 경험과 그를 둘러싼 사람들의 반응; 이사야 38장 1-20절의 히스기야의 죽음에 대한 예언과 이에 대한 히스기야의 반응). 이러한 죽음에 대한 사람들의 태도는 대체로 다음의 세 가지로 나누어 볼 수 있다. 부인(Denial), 무시/반항(Ignorance/Rebellion), 죽음 후의 삶의 인정 (Acceptance).

현대에 이르러 부인이나 무시 내지는 반항의 자세가 늘어가는 주요 이유들은 다음과 같다.[560] 첫째, 도시화로 인하여 삶과 죽음을 인간 삶의 한 부분으로 볼 수 있는 기회가 상실되어 간다. 둘째, 사회적으로 노인이나 임종을 맞이하는 이들을 다른 구성원들과 격리하는 경향이 증가한다. 셋째, 핵가족화로 인한 전통적인 돌봄 체계의 상실과 이로 인한 가족들의 불안과 두려움이 있다. 넷째, 세속화로 인한 사회의 탈종교화가 죽음 인식에 대한 사회적 변화에 영향을 준다. 다섯째, 의학의 발달로 인한 인간 생명의 통제력에 자신감이 증가했다. 여섯째, 군사기술의 발전으로 인한 대량살상에 대한 무감각함이 증가했다. 즉 오늘날 현대 전쟁이 가져오는 대량 살상 현상으로 인하여 한 개인의 죽음을 아무렇지도 않게 여기는 경우가 많다.

---

560) Therese A. Rando, *Grief, Dying, and Death: Clinical Interventions for Caregivers* (Champaign: Research Press, 1984), 7-8.

이상의 여러 원인으로 인해 오늘날 우리 사회의 문화는 죽음을 (의식적 무의식적으로) 부인하는 경향을 띠고 있다. 사실 성경은 사망을 적대적 부정적으로 보고 있기에 인류의 마지막 적(敵)이라 말하고 있다(고전 15:26, 52-4). 그리고 이러한 성경적, 사회적 이해에 영향 받은 교회의 죽음에 대한 태도 역시 대체로 죽음을 영생의 한 과정 내지는 자연스러운 단계가 아닌 죽음을 부인 내지는 적대시하는 경향이 있다. 이로 인하여 교회사역에서 치유가 가장 우선적인 돌봄의 목적이자 교회나 목회자의 능력을 가늠하는 잣대가 되고 있음을 볼 수 있다. 죽음은 분명 인류의 가장 큰 적이다. 하지만 죽음은 예수 그리스도 안에서 이미 정복된 대상이며 오히려 확실하게 다가오는 대상이다. 성경은 "한번 죽는 것은 정하신 것이요 그 후에는 심판이 있으리니"(히9:27)라고 확언하고 있다. 확실히 다가올 미래가 죽음이라면 그 죽음을 회피하거나 부인하고자 하는 노력보다는, 그 죽음을 준비하기 위해 여러 가지로 애쓰는 자세가 바람직한 교인의 자세라 여겨진다. 이러한 점에서 가톨릭 신학자 칼 라너(Karl Rahner)가 "죽음이란 죽어감의 진정한 종말이며, 확실한 생명의 시작이다"라고 한 말은 의미 있는 언급이다. 사실 인간은 죽음과 싸우는 것이 아니라 시간과 싸운다.

2) 죽음에 대한 부정적 인식 이해 및 죽음의 기능과 긍정적 요소

(1) 죽음에 대해 부정적인 이유

세상의 직업들 중 죽음과 직접 대면하며 살아가는 이들 조차도 자신들의 죽음에 대하여 생각하기보다는 다른 사람의 죽음에 대해 생각한다. 심지어는 목회자들조차도 죽음에 대해 불편해하고 그것을 대하는데 잘 준비되지 못하고 힘들어 하는 경우를 볼 수 있다. 또한 방송매체나 영상매체들 역시 죽음의 본래 모습이 아닌 희화된 혹은 미화된 모습을 이용한다. 주인공은 잘 죽지 않고 죽을 때도 특별하게 죽어간다. 심지어 죽음 그 자체를 삶에 대비시켜 강조함으로서 죽음에 대한 부정적 인식을 강화시킨다.

우리가 이처럼 죽음을 두려워하고 부정적으로 인식하는 이유는 다름 아닌 정체성의 본질인 자기존재감과 안전감과 개인의 자기가치가 위협받기 때문이다. 이러한 죽음에 대한 불안은 후회스러운 감정이 많을수록 높고, 그 중에서도 후회를 만회하며 살 수 있는 날이 짧을수록 더욱 심하다(1996. by Tomer & Eliason). 즉 우리 자신의 삶의 의미에 대한 해석이 바로 죽음에 대한 불안과 상호작용하여 우리 현재의 삶에 영향을 미치는 것이다. 그렇기 때문에 우리가 학교를 졸업할 때까지 삶이란 동전의 다른 한 면인 죽음에 대하여 심각하게 생각하거나 공부하는 시간이 없으며 생존에 필요한 것만 배우고 세상에 나아간다. 동일하게 불안과 두려움을 느낀다.

(2) 죽음에 대한 부정적 인식의 차이

이러한 죽음에 대한 두려움과 불안은 성별과 연령과 종교에 따라 그 정도가 다르게 나타난다. 이를 살펴보면 첫째, 일반적으로 여성이 남성보다 죽음에 대해 더 많은 불안감을 느낀다. 연령별로는 일반적으로 청소년시기와 청년시기에 죽음에 대한 불안이 높고 이 후 나이가 들어갈수록 조금씩 줄어드는 경향이 있다. 그러다 장년기에서 노년기에(40대 말부터 60대 중반) 이르러 다시 불안감이 증가하는데 이는 친구나 가까운 이들의 죽음으로 인한 경우가 많다. 그리고 이후 그러한 불안감은 다시 조금 감소해 나간다. 이는 죽음에 대한 불안을 직면하고 내적 수용과정을 겪었기에 나타나는 현상으로 보인다. 끝으로 종교와 죽음의 두려움 관계는 상반된 연구결과가 있다. 그러나 개인의 신앙이 죽음의 두려움에 영향을 주는 사실은 틀림없다.

(3) 죽음의 기능 및 죽음인식의 긍정적 측면

죽음에 대한 이해는 개개인의 인간존재와 삶에 대한 정의, 관계 등을 이해하는 주요요인이 된다. 예를 들면 신학적으로 인간 이해에서의 전인적 이해, 이분법적 이해, 삼분법적 이해에 따라 삶에 대한 이해가 달라지는 경우를 들 수 있다. 다시 말해, 죽음의 상태에 대한 우리들의 이해는 우리의 사고와 감정과 행동에 영향을 미친다. 이처럼 죽음에 대한 이해는 또한 한 개인의 삶에서 사고, 감정, 행동에 영향을 미치게 된다. 즉 죽음인식이 반드시 부정적인 측면만 있는 것은 아니다. 시편 90편의 모세의 기도 12절은 죽음 인식이 가져다주는 긍정적인 측면을 다음과 같이 말하고 있다. "우리에게 우리 날 계수함을 가르치사 지혜로운 마음을 얻게 하소서."

죽음이 지닌 다음의 사회적 기능은 이러한 모세의 기도를 쉽게 이해할 수 있게 한다. 첫째, 죽음은 사회적 평판의 기능을 지닌다. 둘째, 죽음은 사회계급의 구분기능을 지니고 있다. 셋째, 죽음은 사회관계/조직의 와해나 응집을 가져온다. 이처럼 죽음은 기존 사회현상의 유지를 강화하거나 정치 사회적 변동을 촉진하는 기능을 지니고 있다.

이와 함께 죽음 인식은 삶에서 다음과 같은 긍정적인 측면을 우리에게 가져다주기도 한다.[561] 첫째, 우리로 하여금 살아있음의 느낌을 알게 한다. 개인적이고 사실적인 존재에 대한 느낌을 가지게 한다. 둘째, 죽음은 살아있음에 반대되는 상태의 기준을 보여준다. 셋째, 살아가는데 있어서 용기와 인격적 삶에 의미를 부여함으로 우리로 하여금 우리의 확신을 효과적으로 표현할 수 있게 한다. 넷째, 중요한 결정을 의미있게 내리는데 도움을 준다. 다섯째, 우리 삶에서 친밀함의 소중함을 일깨워준다. 장례식의 참예는 가족과 교회 및 친한 이들과의 관계가 소중함을 새삼 깨닫게 만든다. 여섯째, 우리 자신의 과거에 대한 새로운

---

561) Rando, *Grief, Dying, and Death*, 1.

의미를 발견하는데 도움이 된다. 일곱째, 인간 개개인의 이기적/개인적 차원을 넘어선 초월적 성취의 중요성이나 의미를 보여준다. 여덟째, 삶에서 개인적 성취의 중요성을 깨닫게 한다.

3. 임종과 목회돌봄

1) 임종의 시작과 단계

임종이란 다음의 네 가지 요소들 중 부분적으로 또는 전체적으로 이루어졌을 때 시작된다. 첫째, 임종의 시작은 의사가 객관적인 사실을 인지할 때부터 시작된다. 즉 의사가 확실한 판단을 내리기에 충분한 정보를 가지고 그것을 인식한 때부터 시작된다. 둘째, 임종과정의 시작은 의사가 환자에게 그 사실을 알려줄 때부터 시작된다. 셋째, 환자가 현실을 인정하고 받아들이는 순간부터 시작된다. 넷째, 생명을 살리기 위하여 더 이상 할 수 있는 방법이 없을 경우 임종과정이 시작된다.

이러한 임종의 과정에 영향을 미치는 가장 중요한 두 가지 요소는 바로 확실성과 시간(때)이다. 즉 생명이 위독한 환자에 대해 가장 중요한 질문은 바로, "이 환자가 죽을 것인가 아닌가?" 그리고 "만약 죽는다면 언제인가?"이다. 이러한 확실성과 시간에 따른 네 가지 경우를 살펴보면 다음과 같다. 첫째, 확실하게 가망이 없으며 '거의 언제 쯤 죽을 것이다'라고 아는 경우, 둘째, 확실히 가망이 없으나 언제 임종할 지는 불확실한 경우, 셋째, 가망성의 여부가 불투명하나 만약 가망이 없을 경우 시간을 알 수 있을 경우, 넷째, 가망성이 불투명하며 가망성이 없을 경우라도 임종시간을 예측할 수 없을 경우.

최초로 불치암에 걸린 환자의 변화과정을 임상적으로 관찰 보고한 퀴블러-로스는 임종은 환자가 자신이 말기환자란 사실을 알게 되면서 시작된다고 주장한다. 퀴블러-로스는 불치병에 걸려 운명하는 당사자들은 다음과 같은 심리내적 단계를 겪는다고 보고한다.[562)]

첫째, 부정/부인 단계이다. 이 단계에서는 자신에 대한 진단을 부정하며, "잘못 진단했을 거야. 내가 아닐거야"라고 말한다. 이 단계는 불안에 의해 더욱 강화된다. 때때로 이와 같은 단계는 "충격"으로 묘사되어 아무 느낌을 느끼지 못하기도 한다.

둘째, 분노의 단계이다. 초기의 충격과 부정이 지나간 뒤, "왜 하필이면 나인가?"와 같은 분노가 하나님을 포함한 모든 대상에게 여러 가지 방법과 표현으로 투사된다. 이 기간에는 좌절과 격분으로 인해 돌보는 이가 환자와의 관계를 원활하게 하기가 어렵다.

셋째, 흥정(Bargain)의 단계이다. 환자와 가족 혹은 친구, 의료진은 하나님과 임종당사자의 현재와 상황 해결을 위해 몇 가지 시도를 해보는 단계이다. "원하는 것을 볼 때까지 생명을 연장해 달라"거나 아이의 돌, 졸업, 몇 살 때까지, 결혼식까지만 생명을 연장시켜달라고 말한다.

넷째, 의기소침(퇴행)의 단계이다. 여러 가지 부정적인 신체적 증상을 경험하면서 환자는 자신이 회복할 수 없음을 분명하게 인식하게 되고, 스트레스, 긴장, 죄책감이나 무가치함과 더불어 임박한 죽음을 두려워하게 되어 우울하게 된다. 이때 환자는 점점 외부와의 반응을 회피하고 자신의 생각과 감정이 죽음으로 인한 상실감에 의해 압도당하게 된다.

다섯째, 수용의 단계이다. 이 단계는 임박한 죽음을 자신의 것으로 인정하고 거의 아무런 느낌도 느끼지 못하는 상태이다. 이때는 고통과 투쟁이 멈추고 그냥 긴 여행을 떠나기 전의 아무런 생각이나 느낌이 없는 휴식과 같은 시간이다. 이 단계에서 의미 있게 삶을 마감을 할 수 있도록 돕는 일은 당사자와 남는 이들

---

562) Rando, *Grief, Dying, and Death*, 27.

모두에게 매우 중요하다.

이상의 5단계 전 과정에 계속적으로 존재하는 것은 희망(Hope)이라는 요소이다. 기적적인 치유에 대한 희망, 신약개발에 따른 가능성의 희망 등이 그것이다. 그리고 이러한 5단계는 순서대로 진행되기 보다는 상황과 시간에 따라 5단계의 서로 다른 특징이 당사자에게서 나타나고 이러한 과정은 마지막 수용의 단계로 안정화되기까지 계속하여 반복된다.

2) 임종에 영향을 미치는 요소들

다음의 요소들은 운명하는 이가 자신의 죽음을 받아들이거나 관심을 가지는 영역 또는 삶의 질에 영향을 미친다. 첫째는 연령(나이)이다. 나이에 따라 자신의 임종과 사망에 대한 이해가 다르다. 어린아이의 자신의 죽음과 임종에 대한 인식과 성인이나 노인의 자신의 죽음에 대한 이해는 다르다. 또한 나이에 따라 자신의 임종 상황에 대처하는 권한이 다르다.

둘째, 성별의 요소이다. 성별에 따라 임종이 다가옴에 따른 관심의 영역이 다르다. 전통적으로, 여성은 자신의 가족의 운명과 상황을 자신의 죽음보다 더 중요하게 여기는 경우가 많다. 남성은 자신의 가장으로서의 정체성과 관련 있는 이슈, 즉 자신이 죽고 난 후에 가족들의 경제적인 여유, 가족들을 부양할 충분한 여유가 있는가에 관심이 있으며, 직장과 일에 관련된 관심이 높다.

셋째, 대인관계이다. 일반적으로 대인관계가 활발하고 좋은 환자가 좀 더 오래 생존한다. 친구나 가족관계가 적은 사람은 비교적 단명하는 경향이 있다. 거꾸로 스트레스를 더 많이 겪는 임종환자일수록 대인관계가 원만하지 못한 경우가 많다.

넷째, 질병의 종류와 치료여건 혹은 환경이다. 질병의 종류에 따른 고통의 차이, 의료기관의 질과 특성에 따른 환자 돌봄의 차이, 사회적 여건 혹은 환경에 따른 임종의 차이이다.

이상에서 살펴보았듯이 운명하는 이들은 개개인의 특성이나 주위여건에 따라 여러 가지 다른 역동적인 과정을 거친다. 하지만 대부분의 불치환자들의 소망은 다음의 여섯 가지로 대표할 수 있다. 첫째, 죽음을 준비할 수 있는 시간, 둘째, 자신에게 친숙한 환경에서의 임종, 셋째, 짧은 임종기간, 넷째, 사랑하는 이들이 지켜보는 가운데, 다섯째, 의식이 남아있는 상태에서, 여섯째, 고통이나 다른 힘든 증세 없는 임종. 그리고 이러한 임종하는 이들이 지닌 공통적인 필요 영역은 다음과 같다. 첫째, 신체적인 적절한 돌봄과 스트레스의 경감, 둘째, 심리적 안전감의 획득(살날이 남아 자신의 삶을 정리할 기회가 있음을 느낌), 셋째, 사회적 관계 지속의 필요, 넷째, 죽음과 그 죽음을 넘어선 소망과 의미의 발견 영역인 영적인 영역의 필요.

3) 운명하는 이를 위한 돌봄

임종을 눈앞에 둔 사람들은 일반 사람들과 마찬가지로 여러 가지 영적인 필요에 직면한다. 다른 점이 있다면, 운명하는 이들은 상황과 시간적으로 좀 더 긴급한 필요가 많다는 것이다. 때때로 죽음은 사람들에게 참으로 중요한 것이 무엇인가에 대한 새로운 관점을 갖게 해 주거나 이전까지 자신의 삶에서 중요하게 여겨왔던 것들을 대수롭지 않게 여기게 만들기도 한다.

(1) 죽음을 눈앞에 둔 이들의 필요들

죽음을 맞이하는 이들은 자신에게 허락된 시간이 많지 않다는 사실을 인지하고 있기에 일반 사람들과는 다른 필요들을 지니고 있다. 이러한 필요들을 살펴보면 다음과 같다. 첫째, 자신의 과거와 현재 인생의 의미발견의 필요, 둘째, 여러 가지 형태로 표현되는 희망(Hope)의 발견 및 유지, 셋째, 고립되지 않고 여전히 사회적 관계 속에서 자신의 존재를 느끼고자 하는 필요, 넷째, 수용 및 사랑의 필요, 다섯째, 자존감을 포함한 자기 자신과의 화해와 평화, 여섯째, 소중한 사람들과의 화해와 평화(용서할 대상과 용서받아야 할 대상들), 일곱째, 개인의 영적 혹은 종교적 상황에 따른 하나님(절대자)과의 평화, 여덟째, 비록 현실적으로 부분적인 자율성이나 존엄성은 상실되었으나 여전히 자신의 인간으로서의 존엄성이나 자율성과 독립성을 유지하고자 하는 필요, 아홉째, 자신의 육체적 고통의 경감과 가족들의 미래에 대한 불안 감소의 필요.

기타 이밖에 자신을 육체적, 정서적, 영적으로 편안하게 해줄 여러 가지 것들을 표현해야 하는데 대한 불안, 두려움, 분노 혹은 내적 갈등 등이 있다. 또한 어떤 이들은 자신들의 질병으로 인한 사회적 낙인을 두려워하거나 갈등을 겪기도 한다.

죽음을 앞둔 이들은 대체로 다음의 세 가지 조건이 갖추어졌을 때, 자신들의 이전의 자아보다 영적으로 더욱 성숙한다. 첫째, 육체적인 고통으로부터 어느 정도 벗어날 수 있는 경우, 둘째, 적어도 약간의 회상할 혹은 인생을 돌아볼 시간이 있을 경우, 셋째, 성장하기 위하여 현재의 도전을 받아들이는 긍정적인 현실수용이 가능할 경우.

(2) 죽음을 눈앞에 둔 사람들의 영적 필요를 나타내는 표현들

죽음을 눈앞에 둔 이들은 자신들의 영적 필요를 대체로 의식적 무의식적으로 다음과 같은 표현을 통하여 나타낸다.

* 죄책감이나 후회의 형태. "내가 지난 세월들을 그렇게 낭비하지 않았더라면……"
* 삶의 의미의 결여. "때때로 그 모든 것들이 무엇을 지향하는지 의아하다."
* 사람들로부터의 고립되었다는 느낌. "나는 ○○가 정말 나를 보고 싶다고

생각했는데."

* 자신이 속한 집단 혹은 하나님으로부터의 소외감. "내가 기도할 때, 종종 나는 나 자신에게 말하고 있다는 느낌이 든다."

* 의지할 대상이 아무것도 없다는 느낌. "내 말을 듣는 것보다 당신에게는 해야 할 더 중요한 일들이 있으리라 생각합니다."

* 사랑받고 있지 못하다는 느낌. "비록, 내가 환자의 한 사람이지만, 왜 모두들 여전히 내가 자신들의 문제를 해결해줄 것과 자신들을 보살펴 줄 것을 바라지요? 이제 자기들이 나를 돌보아주어야 할 차례가 아닌가요?"

* 하나님이나 다른 사람들에 대한 분노. "목사님께 말하라구요! 천만에요. 저는 15년이나 넘게 교회에 다닌 것으로도 충분해요!"

* 다른 이들이나 자기 자신과의 화평이 없음. "가끔, 나는 밤에 깨서, 가만히 누워있으면 모든 것이 염려스럽게 여겨집니다."

* 자신의 신앙이나 가치들을 가까운 이들이 몰라줄 때. "모두들 내가 결혼하지 않은 것을 후회한다고 생각해요. 아무도 내가 정말 내 인생을 즐겁고 의미 있게 살았다고 하면 믿지 않는 것 같아요."

* 통제/관리하고 있는 것을 놓지 못하고 있을 때. "저는 제 남편이 이제까지 제가 관리하던 재산들을 어떻게 처리할지 모르겠어요. 제발 쓸데없는데 투자하거나 속지 말아야 할텐데……"

* 희망의 결여. "틀림없이 나는 휠체어에서 일어날 수 있어요. 하지만, 제가 가고 싶은 곳이 없어요. 그게 문제네요."

* 관계에서의 의미의 결여. "저를 내버려두세요. 말하고 싶지 않습니다."

4) 운명하는 이의 영적 필요를 돕기 위한 방법들

(1) 회고의 방법

환자와 함께 환자 자신의 삶을 회고해보는 것은 그 환자로 하여금 삶의 의미와 그 속에 담겨있는 영적인 축복과 의미를 새롭게 발견하는 기회가 된다. 인생의 회고(Life Review)는 공식적 비공식적 방법을 통하여 할 수 있다.

i) 공식적 방법

공식적 방법의 첫 번째는 환자로 하여금 사진이나 일기, 개인 기록 등을 통해 1-5년 단위로 기억할 수 있는 대로 주요 사건들과 그 사건들에 대한 본인의 느낌 평가 등을 기록하게 하고 그것들을 환자 자신의 관점으로 크게 분류하여 정리하게 한다(예: 황금기, 새싹기 등). 두 번째는 환자가 사진이나 기타 사건을 구술하고 그것을 녹음하여 활자로 정리한 후 환자 자신으로 하여금 이것을 재구성하여 의미를 재부여하게 한다.

ii) 비공식적 방법

오래된 사진이나 개인소장품 혹은 방안에 있는 물건들에 대해 이야기하도록 하고 그에 대해 목회자가 반응하는 방법으로 진행한다. 이를 통해 환자는 자신의 과거 삶에 대한 새로운 관점이나 자아수용을 얻을 수 있다.

(2) 명상이나 미술음악요법을 통한 긴장, 두려움의 이완

미리 준비된 이미지(그림, 사진 등)를 이용한 상상과 명상을 하거나, 미술이나 음악요법을 통하여 환자 자신의 사후에 관한 그림 또는 자신의 고통을 그리게 하거나, 환자의 안정과 평안과 의미의 재구성에 도움이 되는 음악을 듣게 한다.

(3) 편지(글)쓰기를 통한 돌봄

부치거나 부치지 않거나 미안함, 고마움, 사랑함 등을 표현하는 편지를 쓰게 한다. 죽음에 대한 두려움이 큰 환자의 경우는 본인이 바라는 바람직한 죽음(예를 들어 어떤 상황에서, 누가 있는 가운데, 마무리 지어야 할 일 등이 포함된)을 써보게 한 후, 이를 통하여 바람직한 죽음에 꼭 필요한 요소들과 비본질적인 요소들을 함께 의논함으로써 죽음에 대한 막연한 공포와 두려움을 경감시킨다.

(4) 기도나 창조적인 희망의 의식을 통한 돌봄

신앙인의 경우 기도를 통하여 임종을 준비하는 일은 도움이 된다. 또한 아쉬움이 남는 미래의 일이나 사건의 경우, 창조적인 방법(미리 편지를 쓰고 봉한 후 남은 가족에게 대상이 되는 사람이 적정 연령이나 때에 펴보게 하거나, 선물을 미리 구입하여 잘 포장하고 글을 써서 남기는 방법, 영상편지를 만들어 남기는 방법 등을 이용한 창조적인 희망의식을 통하여 임종을 맞이하는 이의 아쉬움이나 이슈들을 해결해주는 방법)을 사용한다.

5) 영적 필요에 처한 사람들을 도울 때 사역자들이 유념해야 할 일반적인 사안들

(1) 일반 임종환자에 대한 돌봄

첫째, 당신 자신이 어떠한 신앙을 가졌던, 환자가 가진 신앙이나 가치체계를 존중하고 허용하라. 당신 자신의 신앙체계와 맞지 않더라도 신앙의 다른 색깔을 인정하고 허용하라. 단, 복음을 전하여야 할 상황이면 신뢰관계가 성립된 후 조심스럽게 접근하라.

둘째, 환자가 겪는 영적 혹은 신앙적인 혼란이나 아픔의 문제에 답하려고 하기보다는 환자의 질문을 함께 생각해보고 환자 자신이 스스로 올바른 결론을 내릴 수 있도록 도와라.

셋째, 종교나 목회자들에 대한 부정적인 반응을 주의 깊게 들으라. 환자들은 때때로 자신들의 부정적인 감정들을 종교인이나 목회자들에 대한 비난으로 투사한다. 주의 깊게 듣되 개인적으로 받아들이지 말라. 그리고 관계를 유지하고 돌보라.

넷째, 종교적인 형식이나 정해진 방식이 아닌 인격적이고 관계적인 환자의 영적 필요에 부응하라.

다섯째, 환자가 가진 영적, 종교적 필요에 대해 과소평가하지 말라.

여섯째, 비록 환자가 고통 속에 있고 가족적 상황이 어려운 가운데 있더라도, 환자가 영적으로 성숙해 갈 수 있음을 믿고 기대하라.

일곱째, 환자들을 돌볼 때, 사역자 자신의 영적 상태에 주의를 기울이라.

여덟째, 일반적으로 접하기 쉽지 않은 임종의 상황과 그에 따른 영적 필요에 관심을 기울이고 연구하라(어린아이/태아/영아의 죽음, 자살, 피살).

아홉째, 다른 종교의 사후관이나 죽음에 대한 관점을 연구하여 임종하는 이의 죽음에 대한 태도 이해를 증진하고 이를 통해 복음의 접촉점을 찾으라.

(2) 임종아동에 대한 돌봄

임종 아동에 대한 돌봄 역시 일반 임종하는 이들이 지닌 공통적인 필요를 염두에 두고 다음의 사항에 유의하도록 한다.

첫째, 대화, 놀이, 그림, 글 등을 통해 어린이 자신이 걱정되는 것들을 표현할 기회를 주라. 이를 통해 후회와 분노를 표현할 수 있는 기회를 제공한다.

둘째, 심각한 상태에도 불구하고 여전히 자신이 정상적이며 중요한 존재란 사실을 확신시켜주도록 하라. 제한된 공간과 한계 속에서 할 수 있는 일들을 하게 한다.

셋째, 가족들을 비롯한 중요한 사람들은 무슨 일이 벌어지더라도 함께 있을 것이며 지켜줄 것이란 사실을 확신시켜 주도록 한다.

넷째, 아이에게 모든 사람이 자신을 결코 잊지 않을 것이란 사실을 다시 확신시켜 준다.

(3) 운명하는 이를 돌보는 데 따른 일반적 지침

첫째, 환자와 실제적(정서적, 신체적)으로 함께 하라. 우리 자신의 불안과 불편 때문에 청소, 일, 기타 다른 일을 하려고 하는 경향을 인식하고 환자가 고통스러워 할 때 함께 있도록 하라. 신체적으로 함께 있는 것이야말로 가장 중요한 돌봄이다.

둘째, 사랑하는 사람의 불치병이나 임박한 죽음에 대한 당신 자신의 반응을 잘 처리하라. 이를 위해 당신의 마음을 터놓고 이야기 할 사람이나 당신을 도와줄 사람이 필요하다.

셋째, 비현실적이거나 잘못된 기대로 죽어가는 사람의 짐을 덜어주려고 하지 말라(예를 들어 "하나님이 고통을 해결해 주실 것이에요," "당신은 더 좋은 곳을 갈거에요" 등). 비록 이와 같은 표현이 신학적으로 옳을지 몰라도, 이와 같은 말은 환자가 자신의 고통이나 죽음에 대한 두려움을 표현하는 기회를 제한하기도 한다. 임종하는 환자에게 영적으로 특별한 것들을 기대하지 말라. 가장 좋은 돌봄은 환자가 살아온 자기모습대로 그리고 가능한 솔직하고 열린 태도로 죽음을 맞이하도록 하는 것이다. 가장이나 위선, 억압은 좋지 않다.

넷째, 자신을 영적으로 잘 준비하라. 규칙적으로 기도와 묵상을 하며, 교회출석과 사역자들의 조언을 구한다.

다섯째, 열린 마음과 비판단적 자세로 경청하라.

여섯째, 환자가 염려하고 있는 바깥 일 처리를 도우라(전화, 아이들 돌보기, 여러 가지 영수증 등).

일곱째, '요즘 영적으로 어떻습니까?'라는 질문을 통해 영적인 이슈에 대해 이야기를 나누고, 필요할 경우 기도하거나 영적으로 도움이 되는 책이나 음악을 읽어주거나 틀어주라.

여덟째, 환자가 자기 인생을 이야기 할 정도의 기력이 있을 경우, 앨범이나, 기타 사진들을 가지고 지나온 삶을 경청하라.

아홉째, 타인에게 못 다한 말(고맙습니다, 죄송합니다, 용서합니다, 사랑합니다, 잘 계세요 등)이나 일들이 있을 경우 그것을 끝낼 수 있게 도우라(편지를 쓴다든지, 전화를 걸어준다든지 혹은 영상 기록을 남겨놓는다든지 등).

열째, 환자의 방이나 병실에 무엇인가 환자 본인이 특별하게 여기는 것을 걸어 주거나, 환자가 이용할 수 있게 좋아하는 책이나 음악을 가까이 두라.

임종에 따른 장례절차에 대한 예시는 「침례교회 목회 매뉴얼: 조직, 예전, 봉사」를 참고하라. 여기에는 임종예식, 입관예식, 장례예식, 하관예식 등이 포함되어 있다.[563]

4. 사별과 목회돌봄

1) 사별의 슬픔에 영향을 주는 요인들

사별은 인생에서 가장 큰 상실의 경험 중 하나이다. 이러한 사별에서 나타나는 주요 감정들은 두려움, 분노, 죄책감, 슬픔 등이다. 이러한 사별에서의 슬픔에 영향을 주는 요인은 여러 가지가 있으나 대체로 다음과 같다.

첫째, 고인과 가졌던 관계(부부관계, 친구관계 등)의 성격과 정도/질에 따라 차이가 있다.

둘째, 상대를 상실한 방법/경우의 차이가 상실로 인한 슬픔에 영향 미친다(죽음을 둘러싼 환경인 장소, 종류, 원인, 준비정도, 시기, 예방의 가능성 등). 즉 상실이

---

563) 편찬위원회, 「침례교회 목회 매뉴얼: 조직, 예전, 봉사」 (대전: 침례신학대학교 출판부, 2014), 329-53.

갑자기 닥쳤는가 아니면 서서히 다가왔는가, 갑자기 닥쳤더라도 어떠한 방식으로 닥쳤는가가 슬픔의 정도, 기간, 태도에 영향을 미친다(예를 들어 자동차 사고, 익사, 자살, 범죄로 인한 타살, 남에게 알리기 부끄러운 죽음의 경우 등).

셋째, 상실한 시기의 적절성 여부가 영향을 미친다. 비교적 견디기 용이한 상실의 슬픔은 일반적으로 예상하는 시기에 맞이하는 상실/죽음이며, 그렇지 않은 죽음/상실의 경우는 억울함/후회/원망 등을 야기한다.

2) 발달단계에 따른 사별의 이해

모든 어린이들은 임종과 사별을 이해하는 데 차이가 있다. 특히 임종과 사별의 이해의 정도는 그들의 발달단계와 인지적 수준, 개인의 성격적 특성, 종교적 문화적 배경 그리고 부모나 주위사람들 혹은 매스컴 등에 의한 임종과 사별에 대한 평소의 교육정도에 따라 다르다.[564]

(1) 유아(2-3세)

이 연령의 어린아이들은 부모가 슬퍼하는 것은 깨달으나 죽음의 의미나 중요성을 이해하지는 못한다.

(2) 학령전 아이(3-5세)

이 연령의 아이는 죽음을 되돌릴 수 있는 사건으로 생각하고, 죽음을 영원한 이별이 아닌 잠시간의 이별로 이해한다. 이 시기는 타인의 죽음을 자신의 필요와 연결시키는 경우가 많다. 유치원이나 초등학교 저학년 어린이들의 경우 사인을 어떤 특정 사건이나 마술적인 것 등과 연결시키기도 한다. 무감각함을 나타내는 경우도 있다.

---

564) 이 분야의 선구적 자료로는 *The Journal of Genetic Psychology*, 73에 발표한 Maria Nagy, "The Child's Theories Concerning Death" 이후 80년대와 90년대에 어린이의 슬픔과 상실에 관한 자료들이 많이 발표되었다.

(3) 초등학생(5-9세)

이 연령의 어린이들은 막 죽음을 완전한 생의 종말로 이해하기 시작한다. 그리고 어떤 조건이나 상황들이 죽음을 초래하였다는 사실을 이해한다. 하지만 여전히 어린이들은 죽음이 다른 사람에게 생긴 일이며 자신의 가족이나 사랑하는 대상에게 이 일이 생길 것이라고는 생각하지 않는다.

(4) 초등학교 고학년-중학교

이 연령의 어린이들은 죽음을 구체적으로 이해하기 시작하며 모든 신체적 증상의 중지가 죽음의 현상임을 이해한다. 이 시기의 어린이들은 어른들이 말하고 이야기하는 죽음에 관련된 추상적인 모든 내용을 완전히 이해하지는 못할 수 있다. 이 시기의 어린이들은 죽음에 반응하여 다양한 정서적 반응을 보이거나 슬픔에 적응하는 과정의 하나로서 자신을 해치는 행동을 하거나 과도한 활동 등을 한다.

(5) 고등학생

대부분의 십대들은 죽음의 상황을 정확하게 이해하고 슬픔을 겪는 친구나 가족들을 위로하려고 한다. 우울증 병력이 있거나 약물이나 알코올 의존성의 경험이 있는 청소년의 경우 심각한 슬픔을 경험할 경우 이전의 행위로 돌아가거나 자살의 위험이 있다.

3) 사별한 이들을 위한 일반적 돌봄의 10가지 유의점 [565]

첫째, 부음을 전해야 할 경우 주의 깊고 사려 깊게 전해야 하며 가능하다면 돌아가신 분 곁에서 임종을 지켰던 사람이 전해주는 것이 좋다.

---

565) M. L. S. Vachon, "Type of Death as a Determinant in Acute Grief," in *Acute Grief: Counseling the Bereaved*, eds. Otto S. Morgolis et al. (New York: Columbia University, 1981), 21-2.

둘째, 일반적으로 과도한 신경안정제는 좋지 않다.

셋째, 가까운 가족들의 경우 돌아가신 분의 마지막 모습을 보기를 권하는 것이 좋으나 강요하지 않아야 한다.

넷째, 죽은 이의 환영을 보는 것이 치유적일 수 있으며 대부분의 경우 그것을 병적인 것으로 간주할 필요는 없다.

다섯째, 슬픔이 표현되어야 할 상황과 시점에서 슬픔을 표출하지 않는 경우 다음에 문제가 생길 수 있다.

여섯째, 애도기간 중 슬픔을 겪는 이가 자신의 사회적 도움체계(Support System)에 대한 일반적 분노를 표시하는 것이 이후에 발생할 문제의 전조일 수 있다.

일곱째, 슬픔을 당한 이들은 신체적 정신적으로 질병에 취약한 상태에 놓여 있다. 이때 일반적 범주를 벗어난 행동이나 신체적 반응은 진단이 필요하다.

여덟째, 불치의 병자의 경우 가족들의 참여가 중요하다. 이때 돌보미는 가족들 간의 내적 관계에 주의를 기울여야 한다.

아홉째, 가능하면 임종이 가까이 오면 가족들이 임종하는 이의 병상을 오랫동안 지키는 것이 좋다.

열째, 가족들의 담당 사역자나 목회자는 슬픔을 당한 가족들을 위한 후속 심방(전화, 편지, 방문)을 해야 한다.

4) 사별 유가족의 돌봄에 유의점 [566]

사별을 겪은 유가족들은 정서적으로 매우 취약하기에 목회자들은 그들이 건강하게 슬픔을 극복할 수 있도록 다음의 사항을 유의하여 돌보아야 한다.

---

566) Arthur M. Arkin, "Emotional Care of the Bereaved," in *Acute Grief: Counseling the Bereaved*, eds. Otto S. Morgolis et al. (New York: Columbia University, 1981), 41-4.

첫째, 유가족들이 자신들의 슬픔을 충분히 표현할 수 있도록 수용하라.

둘째, 유가족으로 하여금 죽은 이와 자신과의 관계를 회상하게끔 인도하라. 주요 사건, 죄책감, 자기위안 등의 이슈에 주의를 기울이면서 돌보라.

셋째, 유가족으로 하여금 슬픔을 겪음으로 인해 생기는 심리적 신체적 현상에 대해 알려준다. 분노, 죄책감 등으로 인한 신체현상으로는 대표적으로 불면, 식욕부진, 견비통, 두통 등을 들 수 있다.

넷째, 죽은 이와의 미래의 내적/심리적 관계의 재정립을 도와주라('돌아가신 분이 당신이 어떻게 살아가기를 원하실 것 같으냐?'등의 질문이 도움이 된다.)

다섯째, 유족들을 위한 정기적 프로그램에 참여하도록 격려하라(운동, 취미, 봉사활동, 등).

여섯째, 유족들이 현실적인 어려움들을 헤쳐 나갈 수 있도록 도우라. 여러 가지 실제적인 문제들(재정, 세금, 관공서 신고, 육아 등등)의 경우, 교회는 각 분야의 전문가에게 도움을 청하여 구체적으로 도울 수 있는 방안을 강구하는 것이 좋다.

일곱째, 필요하다고 판단 될 경우 의학적 정신적 진단 받을 수 있도록 도우라. 특별히 병적인 슬픔의 경우 적절한 도움을 제공하도록 하여야 한다.[567]

여덟째, 사별 유가족을 돌볼 경우, 하지 말아야 할 돌봄의 방법은 다음과 같다. i) 너무 깊은 수준의 혹은 무의식 수준의 심리학적/정신분석학적 해석이나 이해를 하지 않도록 주의하여야 한다, ii) 과도한 방문이나 과잉보호를 주의해야 한다.

---

567) 세 가지 종류의 대표적인 병적인 슬픔에는 i) 보류된 슬픔(Delayed Grief): 기간이 한참 지난 후의 슬픔의 표현, ii) 억제된 슬픔 (Inhibited Grief): 과도한 슬픔의 억제로 인한 신체적 정신적 어려움, iii) 너무 오래 지속되는 슬픔 (Chronic Grief)이 있으며 이러한 경우 적절한 정신적 상담적 도움을 받아야 한다. Arkin, "Emotional Care of the Bereaved", 43.

| 15장 |

목회상담과 고령화

1. 고령화 사회의 이해

노인인구의 변화를 살펴보는 것은 노인인구의 다양한 측면을 이해하게 되며 노인과 연관된 문제와 상담적 대응책을 이해하는데 효율성과 효과를 높인다. 전 세계적으로 나타나는 인구구조 변화의 가장 큰 특징은 노인인구의 절대수와 상대적 비율이 증가한다는 점이다. 이러한 노인인구의 증가추이는 국가의 경제 발전수준과 관계없이 진행되고 있다.[568] 노인인구의 증가는 20세기 전세계적으로 나타나는 일반적 현상이다. 특히 제2차 세계대전 후 아시아와 아프리카 여러 나라가 독립한 후 세계인구의 증가와 함께 노인인구의 증가가 더욱 가속화 되었다. 이와 같이 노인인구가 증가하게 된 배경은 사망률과 출산율의 변화와 밀접한 관련이 있다. 의학과 농업, 보건서비스의 발전으로 평균수명은 증가하고 사망률은 저하됨으로써 노인인구의 절대수가 증가하게 된다. 농경사회가 산업사회로

---

568) 권중돈, 「노인복지론」 (서울: 학지사, 2004), 21-2.

변천하면서 도시화로 인한 핵가족이 늘어나고 자녀수가 줄어듦으로써 노인인구의 상대적 비율이 증가하게 되었다.[569]

1) 한국의 노인인구와 고령화

우리나라의 경우, 해방 후 평균수명이 꾸준히 늘어남과 동시에 인구정책의 성공으로 다른 나라에 비해 노인인구의 증가가 상대적으로 빠르다. 저출산과 평균수명의 연장으로 2000년 고령화 사회(Aging Society, 노인인구 7.3%)로 진입한 이후 급속히 고령사회 및 초고령사회(Super Aged Society)로 진행하고 있다.[570] 통계청이 5년마다 하는 인구주택총조사의 전수집계 결과를 보면, 2010년 11월1일 기준으로 우리나라 65살 이상 인구는 경상남북도 인구를 합한 수준(547만 6,800명)인 542만 명으로 전체 인구의 11.3%를 차지한 것으로 나타났다. 현 추세로 가면 2018년에는 노인인구비율이 14.3%(716만 명)에 달하여 고령사회(Aged Society)로, 2026년에는 20.8%(1,035만 명)로 초고령사회로 진입할 것이라는 전망이 나오고 있다. 이미 초고령사회에 진입한 일본이 고령화사회에서 고령사회로, 고령사회에서 초고령사회로 변하는 데 각각 24년, 12년이 걸렸지만 우리는 18년, 8년밖에 걸리지 않게 되는 셈이다. 고령인구가 늘면서 홀로 사는 1인 가구의 증가세도 두드러지고 있다. 지난해 70살 이상 독거노인 가구수는 5년 전보다 무려 44.7%가 늘어난 것으로 조사됐다. 이에 따라 전체 가구에서 1인 가구가 차지하는 비율도 23.9%로 사상 처음 4인 가구(22.5%)를 앞질렀다. 2018년에 고령사회 진입이 예상되고, 2026년에

---

569) 현외성 외 4인, 「노인상담: 이론과 실제」 (서울: 유풍출판사, 1998), 18.
570) UN이 정한 고령화의 판단기준에 의하면, 한 나라의 인구구조를 세 가지 유형으로 분류할 수 있다. 한국의 총인구 중 65세 이상 노인인구비중이 4% 미만인 국가를 유년인구국(Young Population), 4~7%인 국가를 성년인구국(Mature Population), 7% 이상인 국가를 노년인구국(Aged Population)으로 분류하고 있다. 노년인구국을 다시 세 유형으로 분류하여 한 국가의 총인구 중 65세 이상 노인인구비중이 7% 이상인 국가를 '고령화사회(Aged Society),' 14% 이상인 국가를 '고령사회(Aged Society),' 20% 이상인 국가를 '초고령사회(Super-Aged Society)'로 구분하고 있다.

초고령사회의 진입이 예상된다지만 농촌의 경우 이미 2006년부터 65세 이상 노인인구비율이 30퍼센트를 넘어 초초고령사회로 진입하였고, 어촌의 경우 역시 65세 이상 노인인구비율이 20퍼센트가 넘어 초고령사회가 되었다.[571]

2) 노인인구 증가와 사회적 영향

인구의 고령화는 장수의 축복을 누리는 의미와 동시에 여러 가지 사회에 미치는 파장이 크다. 인구고령화는 산업구조, 재정과 금융, 주택시장, 문화, 직업환경 등 전체 사회에 큰 파장을 가져온다. 고령화가 급속히 진행되는 사회적 상황에서 발생하는 현상들은 다음과 같다. 전체 인구에서 고령 인구가 차지하는 비중이 늘어나면 사회적 비용이 커지고 나라 발전에도 큰 걸림돌로 작용한다. 또한 생산 가능 인구가 줄어들면서 경제성장은 급격히 둔화되고, 고령층 부양 부담이 막대하게 늘어나 국민 부담이 가중될 것이다. 좀 더 구체적으로 이러한 변화를 살펴보면 다음과 같다.[572]

첫째, 노인인구의 부양부담이 증가한다. 인구구조의 변화로 인해 14세 이하의 유년인구에 대한 생산가능인구의 부양부담은 줄어들고 있지만, 노인인구에 대한 부양부담은 증가하고 있다. 15-64세의 생산가능인구가 부양해야 할 노인인구의 비율을 의미하는 노인부양비는 1960년 5.3%에서 2000년 10.1%, 2020년 2.3% 그리고 2050년에는 62.5%로 증가할 것으로 예측된다. 이는 2000년에는 생산인구 10명이 1명의 노인을 부양하면 되었지만, 2050년에는 생산인구 1.5명이 1명의 노인을 부양해야 하는 상황이 됨으로써 생산인구의 노인부양에 따르는 부담이 급격히 늘어날 것으로 예측된다. 따라서 이로 인해

---

571) 권중돈, 「노인복지론」, 24; 박성휴, "농촌 노인인구 30% 넘었다... '초고령 사회'" [온라인 자료], http://news.khan.co.kr/kh_news/khan_art_view.html?artid=200702221817431&code=940100, 2011년 7월 22일 접속.
572) 이미호, "우리가 고령화에 대배해야 하는 이유" [온라인 자료], http://www.ajnews.co.kr/view_v2.jsp?newsId=20110711000321, 2011년 7월 16일 접속.

노인부양의 문제로 생산인구와 노인인구 사이의 세대 간 갈등이 심화될 가능성이 있다.[573]

둘째, 노동시장의 변화와 경제성장둔화현상이 올 수 있다. 노인인구의 증가는 경제활동인구의 감소와 직결되어 있으므로 노동력 부족현상을 야기하게 된다. 앞으로도 계속하여 현재와 같은 조기정년퇴직제도가 유지될 경우 지금까지 우리나라의 주력산업이었던 철강, 화학, 섬유, 조선업종뿐만 아니라 전체 산업분야에서 노동력 부족현상이 더욱 심화되어 기업의 경쟁력을 약화시킬 것으로 보인다. 만약 정년제도가 연장될 경우 노동력 부족현상은 어느 정도 완화되겠으나, 경제활동인구 중에서 고령자가 차지하는 비율이 높아짐으로써 전반적인 노동생산성의 저하를 가져올 위험은 커진다. 이러한 고령화에 따른 노동력 부족과 생산성의 저하는 기업의 경쟁력 둔화로 이어지고 전체적인 국가의 경제성장을 저해할 위험이 있다.[574]

셋째, 산업구조의 변화가 초래된다. 연금제도의 혜택을 충분히 누리지 못하고 노후 준비 역시 충실하지 못한 현재 노인세대는 상품구매력이 매우 낮으나, 연금제도의 혜택을 누리며 자신의 노후를 준비하고 있는 현재의 중장년 세대가 노인이 될 경우에는 노인들의 상품구매력이 높아질 것이다. 따라서 노인들에게 필요한 건강약품과 식품산업, 의료서비스, 금융서비스, 레저 또는 노인주택사업 등의 실버산업분야가 급격하게 성장할 것으로 예측된다. 이와 함께 인구고령화에 적절히 대응하지 못하는 산업분야나 기업은 쇠락의 길을 걷게 될 가능성이 높다.[575]

넷째, 부동산 시장에 변화를 가져온다. 선진국의 경우 노인인구가 증가함으로 주택가격이 전반적으로 하락하고 주택에 대한 수요도 낮아질 것으로 예측되고

---

573) 권중돈, 「노인복지론」, 26-7.
574) Ibid., 30.
575) Ibid.

있다. 그리고 노인들의 주거에 적합한 지역의 부동산 시장이 활성화 될 것으로 보인다. 하지만 우리나라의 경우 국토가 좁고 자녀와 별거하는 노인의 비율이 급격히 증가함에 따라 인구고령화에도 불구하고 부동산 가격은 지속적으로 상승할 가능성이 더 높고 노인복지시설과 같은 집단주거시설의 확대가 지속적으로 이루어질 것으로 보인다. 또한 부동산을 담보로 노후 생활비를 마련하는 주택연금제도 또한 활성화될 가능성이 있다.[576]

다섯째, 국가의 재정위기와 정책 우선순위 결정에서의 갈등발생 가능성이 높다. 노인인구가 증가함에 따라 연금, 의료 및 복지비용 등의 사회보장비용이 급격히 증가함으로써 국가는 재정불균형상태에 빠질 위험이 있다.[577] 현행 국민연금체계가 지속될 경우 빠르면 2030년, 늦으면 2040년경에는 연금재정이 고갈될 것이며, 노인의료비 증가로 인해 건강보험재정의 적자현상은 더욱 심화될 것으로 예측되고 있다. 이러한 재정불균형의 해소를 위해 세 부담을 늘려야 하나 납세자의 수와 세금규모가 줄어드는 상황에서의 세 부담의 증가는 국민들의 조세저항을 불러올 가능성이 있다. 또한 노인인구의 필요에 따른 투자의 우선순위가 국가의 다른 분야의 투자와 상충될 경우가 있다.[578]

여섯째, 지역 간 불균형 문제가 발생할 위험이 있다. 상대적으로 심화된 농촌의 고령화는 적절한 농촌노인지원대책이 없이는 공동화되고 농업생산성이 더욱 저하되어 농촌지역의 경제적 사회적 어려움은 더욱 심화될 위험이 있다.

일곱째, 세대 간 갈등이 심화될 위험이 있다. 노인인구의 증가는 연금재정을 압박하게 되며 이를 해결하기 위해 연금급여액 축소와 연금납입액은 높이는 방향으로 연금제도가 개혁될 수밖에 없다. 이로 인해 노인인구는 더 많은 연금급여를 요구하려고 하는 반면 생산인구인 젊은 세대는 연금액 인상에

---

576) Ibid., 31.
577) Ibid.
578) Ibid.

반대하게 됨으로써 세대 간 갈등이 발생할 여지가 있다. 이 밖에도 노인들의 정치적 영향력 확대로 인한 정치구조의 재편, 여가 또는 레저 활동의 주도계층 변화, 교육제도의 재편 등과 같은 인구고령화에 다른 심각한 파급효과가 나타날 수 있다.[579] 이러한 고령화사회를 지나고 있는 우리나라에서 목회상담자에게 필요한 일은 증가하는 노인인구에 대한 상담의 필요에 효과적으로 준비하기 위해 노인을 이해하고 노인의 심리적 정서적 특징과 필요에 대하여 파악하는 일이다.

2. 노인의 이해

1) 노인의 정의와 특성

널리 사용되는 노인에 대한 고전적이고도 학문적인 정의는 1951년 제2회 국제노년학회에서 노인을 "인간의 노령화 과정에서 나타나는 생리적, 심리적, 환경적 변화 및 행동의 변화가 상호작용하는 복합형태의 과정에 있는 사람"이라 정의한 것이다.[580] 국제노년학회에서 제시하고 있는 노년의 다섯 가지 특성은 다음과 같다. i) 환경변화에 적절히 적응할 수 있는 자체조직에서 결핍이 있는 사람, ii) 자신을 통합하려는 능력이 감퇴되어 가는 시기에 있는 사람, iii) 인체기관, 조직기능 등에 있어서 감퇴현상이 일어나는 시기에 있는 사람, iv) 생활 자체의 적응이 정신적으로 감소되고 있는 사람, v) 인체의 조직 및 기능저장의 소모로 적응이 감퇴되어 가는 시기에 있는 사람.[581]

---

579) Ibid., 31-2.
580) 현외성 외 4인, 「노인상담」, 14.
581) "Report on the 2nd International Conference of Gerontology," 1951년, 국제노년학회, 5, 현외성 외 4인, 「노인상담」, 14에서 재인용. 노인에 대한 권중돈의 정의는 "노화의 과정 또는 그 결과로서 생리, 심리, 사회적 기능이 약화되어 자립적 생활능력과 환경에 대한 적응능력이 약화되고 있는 사람"이다. 권중돈 「노인복지론」, 17.

2) 노년의 사회 심리와 성격적 특징

생물학적 측면에서 볼 때 인생의 사분의 일은 성장하면서 보내고 나머지 사분의 삼은 늙어 가는데 보낸다고 할 수 있지만, 사회 심리적 측면에서 볼 때 인생의 사분의 일은 성장하는 기간이고 사분의 이는 일하는 기간이며, 나머지 사분의 일은 늙어가면서 보내는 기간이라 할 수 있다. 심리적 노화는 인생의 마지막 사분의 일 기간 동안 이루어지는 것으로 퇴행적 발달의 의미가 강하다. 이러한 심리적 노화는 감각기능, 인지기능, 정서 및 정신기능, 성격 등의 심리내적 측면과 심리외적 측면과의 상호작용과정에 있어서 퇴행, 유지 및 성숙을 동시에 내포하는 심리적 적응 및 조절과정이라 할 수 있다.

(1) 노년의 사회 심리적 이해

i) 노인의 욕구와 필요

노인에 대한 심리적 이해에서 먼저 생각해보아야 할 것은 노인의 욕구와 필요이다. 이러한 노인의 필요와 욕구를 아브라함 매슬로우(A. Maslow)와 에릭 에릭슨(E. Erikson)의 이론을 바탕으로 살펴보면 다음과 같다.[582]

매슬로우는 인간의 욕구를 생리적 욕구, 안전의 욕구, 소속감의 욕구, 존경의 욕구, 자아실현의 욕구로 나눈다. 이러한 욕구들은 선천적이며, 강도와 중요성에 따라 일련의 위계적 단계로 배치되어 있다. 상담자는 노인 내담자가 가지고 있는 구체적인 욕구가 어떤 차원의 것이며, 그 욕구가 어느 수준에서 충족될 수 있을지를 신중히 생각해야 한다. 매슬로우의 욕구이론은 노인들의 욕구 또한 반영한다. 특히 노인들은 매슬로우의 이러한 다섯 가지 욕구가 동시에 결핍되기 쉬운 상태에 놓여있다. 은퇴와 더불어 노인들이 겪는 경제적인 어려움은 노인

---

582) 이호선, 「노인상담」 (서울: 학지사, 2005), 97-101.

들의 생리적인 욕구와 안전의 욕구를 심각하게 위협한다. 또한 신체적인 노화 현상으로 인해 질병에 걸리기 쉬우며, 노년기에 발생하는 각종 장애들은 생리적인 욕구와 안전의 욕구를 위협한다. 자녀의 독립과 사회생활에서의 은퇴는 노인들의 소속감의 욕구, 존경의 욕구 그리고 자아성취의 욕구를 위협한다. 노인들은 이러한 욕구의 결핍이 지속될 경우 개인적으로나 사회적으로 실존적인 위기를 경험하게 된다.

에릭슨은 인간을 전 생애를 통해 계속하여 발달한다고 보고 이를 8단계로 나누어 설명하였다. 이 단계들은 각 단계마다 개인의 생리적 성숙과 더불어 각 개인에게 부과된 사회적 요구, 곧 발달과업이 따른다. 그리고 이 요구는 하나의 위기로, 이것의 해결 여부가 개인 인생의 전환점이 된다. 즉 인생에는 대략 8단계의 발달과정이 있고, 각 단계마다 해결해야 할 사회발달 문제가 있으며 이를 어떻게 해결하느냐가 성격발달에 영향을 미친다고 설명하고 있다. 8단계 중 마지막 단계인 노년기는 인간이 자신의 인생과 노력, 성취에 대한 결과를 회고하고 반성하는 시기이다. 또한 이 시기는 신체적 쇠약과 건강의 약화, 퇴직과 수입의 감소, 배우자나 친구들의 죽음 등으로 심한 무력감과 고독감, 자존심의 약화를 경험하게 된다. 이 시기에 노인이 자신의 인생을 돌아보면서 결혼, 자녀, 손자, 직업, 취미 등을 통해 만족스러운 삶을 살았노라고 느끼면 자아통합감을 갖게 된다. 하지만, 만일 자신의 인생을 후회하고 실패했다고 생각한다면 절망감을 가지게 된다. 그러므로 에릭슨에 의하면 노년기의 자아통합감은 핵심과제이자 욕구이다.

ii) 노인의 사회적 이해

노인의 욕구와 필요에 대한 심리적 이해와 함께 노년기로의 전환에 나타나는 사회적 관계망과 상호작용, 사회규범과 사회화, 지위와 역할의 변화 영역에서 노인 개개인에게 어떤 변화가 일어나는가에 대해 살펴보는 것은 중요하다. 노년기에는 퇴직, 배우자와 친구의 상실 등으로 인해 사회적 관계망이 줄어드는 것이 일반적이다. 또한 직장 등과 같은 2차 집단과의 유대관계 및 참여 정도는 줄어들고 가족, 친구, 이웃 등과 같은 1차 집단과의 관계가 사회적 관계의 중심이 되며, 그 중에서도 가족이나 자녀와의 관계가 핵심적 관계축이 된다.[583]

먼저, 부부관계의 특징을 살펴보면 다음과 같다. 노년기에는 평균수명의 연장과 출산자녀수의 감소로 자녀양육기간은 줄어들고, 배우자 사망 이후 독신으로 생활하는 기간과 여가시간이 늘어나게 된다. 그러므로 노년기의 원만한 부부관계의 유지는 삶의 만족도 유지에 필수적 요인이 된다. 이를 위해 건강 및 경제적 자립, 생활범위의 조정 등이 이루어질 필요가 있다. 특히 남성 노인의 경우, 은퇴 이후 익숙하지 않은 가정이란 공간에 머물게 되는 시간이 늘어나게 되면서 배우자와 갈등을 일으키는 경우가 많아질 수 있으므로 양성적 성역할을 사전에 익힐 필요가 있다.

또한 노년기가 되면 배우자의 사망이라는 상실을 경험하게 되는데, 이때 많은 노인들이 슬픔, 불면증, 식욕상실, 체중감소, 사회활동에 대한 관심저하, 불안, 우울, 분노, 비통, 죄의식 등과 같은 애도 감정이나 이와 관련된 행동을 나타낸다. 이밖에도, 최근 황혼이혼이 점차 증가하고 있으며 노년기 재혼에 대해 보다 허용적인 태도로 바뀌고 있다. 하지만 노년기 재혼에 대한 욕구는 노인 자신의 보수적인 성 도덕관, 자녀의 반대, 경제적 자립생활능력의 결여, 노인전문 결혼상담기관의 부족 등으로 실제 재혼에 이르는 경우는 많지 않은 실정이다.

다음으로 노년기의 자녀관계를 살펴보면, 노년기에도 성인 자녀와 적절한 유대관계를 형성해야 하지만 노인이 부양자의 지위에서 피부양자의 지위로 전환하는 과정에서 많은 어려움을 겪기도 한다. 특히 핵가족화, 소가족화의

---

583) 권중돈, 「노인복지론」, 66.

영향으로 자녀와 별거하는 비율이 높아지면서 노인과 자녀와의 연락이나 접촉빈도가 낮아지는 등 양적 관계에 있어서의 변화뿐만 아니라 부모-자녀 간의 정서적 유대관계도 소원해지는 등 질적 관계에서도 많은 변화가 일어나고 있다. 특히 결혼, 취업 등으로 인해 자녀가 모두 부모의 곁을 떠나고 노부부만 남게 되는 '빈 둥지' 시기를 자유롭게 자기 자신을 개발할 수 있는 기회로 활용하는 경우가 있지만 자녀가 떠난 빈자리로 인해 우울을 경험하는 경우도 있다.

이와 같은 부모-자녀관계를 원만하게 유지하기 위해서는 자녀에게 일방적으로 의존하기 보다는 상호지원관계를 유지하고 신체적 건강의 유지, 안정된 소득기반의 조성 그리고 심리적 건강 등을 확보하여야 한다. 그렇지 못할 경우, 가족들에 대한 의존성이 높아지고 가족 내외부의 사회적 역할 수행에 어려움을 겪게 될 뿐만 아니라 가족기능과 가족관계에서 많은 어려움을 초래하게 된다.

노인의 손자녀 관계를 보면, 평균수명의 연장으로 인하여 조부모로서의 역할을 수행하는 기간이 증가하였지만, 이전과 달리 조부모의 교육적 기능은 사라지는 상황이다. 최근 들어 조부모가 부모를 대신하여 손자녀와 즐거운 시간을 보내고, 나머지 시간에는 노인 자신의 관심 추구에 많은 시간을 보내는 경우가 늘어나고 있다. 또한 예전처럼 손자녀 훈육도 엄격하지 않고 온화하고 관대해지는 경향이 강하게 나타나고 있으며, 성인 자녀와의 별거로 인하여 원거리형 조부모 역할유형이 증가하고 있다.

노인에게 있어서 친구관계는 가족관계 못지 않게 중요하다. 노년기의 친구관계는 노후적응에 매우 중요하며, 자아의 중요한 지지 기반이 된다. 노년기에는 직장동료관계 등과 같은 기존의 사회적 관계가 축소됨에 따라 친구의 수가 줄어들게 되지만 새로운 친구를 사귀기가 쉽지 않으며, 대부분 지역적으로 가까운 곳에 사는 이웃 노인이 친구가 되는 경우가 많다. 따라서 노년기에 친밀한 친구관계를 유지하기 위해서는 경제적으로 안정되어 있어야 하고 건강상태가 양호해야 하며, 동일한 지역에서 오래 거주하는 것이 바람직하다. 대다수의 노인들은 자신이 거주했던 집에서 살고 싶어 하며, 주거지를 변경하는 경우는 많지 않다.

그러나 퇴직 혹은 자녀와의 동거로 인해 주거환경이 바뀔 경우 사회적 관계 망의 위축, 지역사회에서의 상징적 지위의 상실, 새로운 이웃과의 관계 설정 과정에서의 어려움 등 부정적 영향을 받는 경우도 많이 있다. 또한 질병이나 가족의 부양능력 한계 등으로 인해 노인복지시설에 입소하는 경우가 점차 늘어 나는 경향을 보이는데 시설에 입소하게 될 경우 지역사회에서 거주하는 경우보 다 외부 사회적 관계망과의 상호작용이 좀 더 많이 위축될 수 있다. 이상에서 살펴 본 노년기의 심리 사회적 측면의 이해와 함께 노년기에 발견되는 성격적 특성 및 유형을 이해하는 것은 상담에서 내담자인 노인을 이해하고 공감하는 일에 있어서 매우 필요하다.

(2) 노년기의 특징적 성격변화와 성격유형

i) 노년기의 특징적 성격변화

노년기는 신체적 사회 심리적 변화에 따라 청장년기와는 다른 다음과 같은 성격적 특징을 나타낸다.[584]

첫째, 내향성 및 수동성이 증가한다. 외부 사물이나 행동보다는 내적인 측면에 관심과 주의를 기울이며, 자신의 사고나 감정에 따라 사물을 판단하고 능동적 문제해결보다는 타인에 대한 의존성이 증가한다.

둘째, 조심성이 증가한다. 정확성을 중시하며, 감각능력이 감퇴하고 결정에 대한 자신감의 결여로 인하여 확실한 것을 추구하는 경향이 강해진다.

---

584) 윤진, 「성인, 노인 심리학」 (서울: 중앙적성출판사, 1985), 182-7.

셋째, 경직성이 증가한다. 자신에게 익숙한 습관적 태도와 방법을 고수하며, 이로 인해 학습능력과 문제해결능력이 저하되는 것이 일반적이다.

넷째, 우울 성향이 증가한다. 신체질병, 배우자 사망, 경제사정 악화, 사회로부터의 고립, 일상생활에 대한 통제력 약화, 과거에 대한 회상의 증가로 인하여 우울 성향이 증가하고 이로 인한 불면, 무감각, 강박관념, 증오심, 체중감소현상이 나타나기도 한다.

다섯째, 인생에 대한 회상의 경향이 나타난다. 과거의 인생을 회상하여 남은 시간에 지금까지 해결하지 못한 것을 찾아서 새로운 해결을 시도하고 새로운 인생의 의미를 발견하려 한다.

여섯째, 친근한 사물에 대한 애착이 증가한다. 사용해온 물건에 대한 애착이 증가하며, 이를 통해 과거 인생을 회상하고 마음의 평온을 추구한다.

일곱째, 성역할 자각의 변화가 온다. 남성은 친밀성, 의존성, 관계지향성이 증가하는 반면 여성은 공격성, 자기주장, 자기중심성, 권위주의 성향이 상대적으로 높아진다.

여덟째, 의존성이 증가한다. 노화가 진행됨에 따라 경제적 의존, 신체적 의존, 정서적 의존, 사회적 의존성이 전반적으로 증가한다.

아홉째, 시간전망에 있어서의 변화가 온다. 40세 이후부터 시간전망의 변화가 나타나는데, 남아있는 시간을 계산하고 시간이 얼마 남지 않았다는 사실을 회피하기 위하여 과거에 대한 회상에 집중하거나 반대로 과도하게 미래지향적이 되기도 한다.

열째, 유산을 남기려는 경향이 있다. 죽기 전에 자손, 예술작품, 기술, 지식, 재산 등 뭔가를 남기려는 성향이 강해진다.

ii) 노년기의 성격유형

노년기에 형성되는 성격유형은 개인차가 많다. 이전 시기의 신체적 상태, 경제적 준비 정도, 사회적 역할의 유지 및 감퇴 정도 등에 따라 노년기에 형성되는 성격적 유형에는 다음가 같은 것들이 있다.

첫째 유형은 성숙형이다. 매사에 신중하고 은퇴 후의 변화를 수용하고 과거에 집착하지도 않으며, 여생이나 죽음에 대하여 과도한 불안이 없다.

둘째는 방어형이다. 노화에 따른 불안을 방지하기 위해 사회적 활동 및 기능을 계속 유지한다.

셋째는 은둔형이다. 은퇴 후 과거에 힘든 일이나 복잡한 대인관계에서 벗어나 조용히 수동적으로 보내는 것에 만족한다.

넷째는 분노형이다. 젊은 시절 인생목표를 달성하지 못하고 늙어버린 것을 비통해하고, 실패 원인을 외부에 투사하여 남을 질책하고, 자신의 늙음에 타협하지 않으려 한다.

다섯째는 자학형이다. 지난 인생에 대해 후회가 많고 불행이나 실패의 원인이 자신에게 있다고 여겨 자신이 무가치하고 열등하다고 생각하여 의기소침하거나 우울해 한다.[585]

3. 노인 상담

우리나라의 경우 노인들의 주요 관심은 대체로 역전된 역할에 따른 부부 및 성인자녀와의 갈등, 인지 및 기억기능의 감퇴를 포함한 건강문제, 간병인 및 도우미와의 갈등, 상실과 우울관련 정서적 어려움 그리고 경제적 어려움의 영역이며, 다음으로 죽음과 관련된 불안 및 두려움 등으로 나타나고 있다.[586]

---

585) 권중돈, 「노인복지론」, 60에서 Reichard의 유형 재인용.
586) 이장호, 김영경, 「노인상담」 (서울: 시그마프레스, 2006), 17-8, 135.

노인상담이란 이러한 문제들에 대하여 "도움을 필요로 하는 노인이 전문적으로 훈련을 받은 상담자와의 대면관계를 통해 개인적, 가족적, 경제적, 신체적 문제를 해결하고 감정, 사고, 행동 측면의 인간적 성장을 가져와서 성공적인 노후생활을 영위하기 위해 노력하는 과정"이다." [587]

노인상담에 임하는 상담자는 노인상담의 특성을 충분히 숙지하여야 할 뿐만 아니라, 노년학분야의 최신 연구결과들이나 노화관련 의학 및 사회과학 뉴스 등을 관심을 가지고 공부하여야 한다. 또한 열린 경청자세를 가지고 노인 내담자들로부터 듣고 배운다는 자세를 가지는 것이 바람직하다. 즉 노인 내담자들을 가르친다거나 교정한다는 자세를 삼가고 그들의 인생의 이야기와 경험으로부터 삶을 배운다는 자세와 함께 동반적 입장에서 상담을 진행하도록 하여야 한다. 노인상담에는 일반상담과는 구별되는 특성 및 그에 따라 상담자가 알아야 할 몇 가지 기본 사항들이 있다.

1) 노인상담의 특성

노인상담은 노인들의 특성으로 인해 다른 발달단계의 내담자와 차이를 지니고 있으며, 이러한 차이는 노인상담이 지니는 독특한 어려움과 밀접한 관계가 있다. 노인상담이 지니는 특성을 살펴보면 다음과 같다. [588]

첫째, 내담자의 연령이 상담자의 연령보다 대체로 높다. 노인상담은 그 대상의 특성상 일반상담과 비교하여 내담자의 연령이 다른 내담자에 비해 상대적으로 높다. 그리고 상담자의 연령이 내담자의 연령보다 적을 경우 역시 많다. 유교문화의 영향을 강하게 받고 있는 우리나라의 특성상, 내담자가 상담자보다 나이가 많을 경우, 내담자와 상담자 사이에 여러 측면에서 어려움과 저항이 일어날

---

587) 김태현, "노년기 부부의 상호 간 지지와 역할공유 및 결혼적응에 관한 연구," 「한국노년학」, 17집 2호 (1997): 167-182.
588) Ibid., 60-3.

수 있다. 상담을 위한 신뢰관계형성에서의 어려움을 비롯하여 진행 과정에서 상담자 내담자 모두 부담을 느끼거나 다른 상담과는 다른 역동들로 인하여 어려움을 겪는다.

둘째, 내담자의 저항이 다른 상담에 비하여 비교적 강하다. 노인 특유의 보수성과 안전감의 이슈 및 유교문화의 영향으로 인하여 노인 내담자가 상담자의 상담태도 및 진행과 방법 등에 강한 저항을 보일 수 있다. 즉 노인들은 경험을 통해 축적한 지식과 다양한 삶의 변수를 통제하고 조절하는 방법에 대한 개인적인 신념이 강하다. 특히, 상담자의 연령이 어릴 경우 내담자는 상담자를 통제하려고 하거나 자신의 경험에서 얻은 결과가 도전받을 때 강하게 저항하기도 한다.

셋째, 내담자의 경험의 폭이 넓다. 노인상담에서의 내담자는 오랜 삶의 경험을 통하여 다양한 지식을 축적하고 있다. 그 중 삶의 변화에 대한 과정과 결과에 대한 경험은 내담자가 상담에 임하는 자세와 상담과정에 큰 영향을 미칠 수 있다. 이 영향력은 상담에 긍정적인 영향을 미칠 수도 있고 부정적인 영향을 미칠 수도 있다. 특히 부정적인 영향을 미치는 경우 내담자는 상담을 중지할 수도 있다. 따라서 노인상담에 임하는 상담자는 상담과정에서 유연함과 더불어 전문성이 더욱 요구된다.

넷째, 새로운 삶에 대한 의지와 변화욕구가 상대적으로 약하다. 노년기에 겪게 되는 신체노화, 경제적 제약 등은 노인들의 새로운 도전을 방해하는 주요 요인으로 작용한다. 즉 노인들은 변화를 추구하기 보다는 문제를 있는 그대로 가지고 가려는 경향이 있다. 그러므로 노인상담의 상담자는 노인들이 가지는 특성을 상담 전에 충분히 파악하고 내담자가 변화를 기대하고 변할 수 있도록 동기를 부여하여야 한다.

다섯째, 노인은 남은 삶에 의미를 부여하지 않으려 하고, 죽음과 연결 지으려는 경향이 있다. 노인들에게 죽음은 긴박한 문제이며, 죽음에 대해 강한 관심을 보인다. 이러한 죽음에 대한 노인들의 의식적, 무의식적 태도나 두려움은 내담자가 지닌 현재의 문제를 해결하거나 개선시키는데 방해가 될 수 있다. 노인상담에서 내담자는 죽음에 대해 각기 다른 태도와 평가를 보여주므로 상담자는 자신의 노인 내담자의 특성을 잘 파악하여 대처하여야 한다.

여섯째, 가족 및 보호자의 지지가 약하다. 노인상담은 대체로 노인 내담자 가족의 지원과는 무관하게 이루어지는 경우가 많다. 노인 내담자는 표면적으로 그 이유를 자신의 문제에 가족이 개입하기를 원치 않기 때문이라고 말한다. 하지만 대부분의 경우 노인들이 자신의 문제를 자녀의 수치와 연결시키기 때문에 자녀를 개입시키기를 꺼리거나 다른 가족 구성원의 무관심으로 인하여 가족의 지원을 받기 어려운 경우가 많다.

2) 노인상담 유형

노인상담은 그 유형에 따라 대면상담과 비대면상담으로 나눌 수 있다. 대면상담은 1인 상담자와 1인 내담자가 상담하는 면접상담과 1인 상담자와 다수의 내담자 사이에서 이루어지는 집단상담으로 구분된다. 이러한 대면상담에서 상담자가 유의해야 할 점은 다음과 같다. 노인은 신체 노화 및 지적 능력과 사회관계의 약화 등으로 다른 발달 단계에 있는 성인들에 비해 의사소통에 어려움을 겪기 때문에 특히 노인들에 있어 비언어적 의사소통의 사용은 매우 중요하다. 따라서 노인상담에 임하는 상담자는 비언어적 의사소통을 잘 이용하고 노화에 대한 구체적인 정보를 가지고 있어야 노인 내담자를 보다 빠르고 구체적으로 파악하여 상담을 더욱 성공적으로 이끌 수 있다. 노인들의 비언어적 의사소통의 내용으로는 앉아있는 모습, 말의 속도, 침묵, 상담자를 쳐다보는 시선 고정 정도, 웃는 정도, 찡그리는 정도, 눈물, 시간 약속 지키기, 상황 설명을 위한 동작 등이 있다. 말에 대한 전반적인 느낌과 표현된 말의 특성을 파악하는 것이 중요하다. 비대면상담은 매체의 종류에 따라 전화상담과 인터넷상담으로 세분화된다.[589]

(1) 면접상담

면접상담은 내담자가 상담자와 직접 얼굴을 맞대고 상담하는 과정이다. 상담자가 내담자를 직접 보면서 내담자의 언어적 표현과 비언어적 의사소통형태, 그 밖의 상황에 대한 자세하고 구체적인 정보를 얻을 수 있기 때문에 가장 이상적인 상담의 형태라고 할 수 있다. 그러나 노인 내담자가 직접 상담의 장으로 나와 자신과 가족의 문제를 노출해야 한다는 부담감을 가질 수 있다.

일반 면접상담과는 달리 노인상담의 경우 내담자 노인들이 자기표현에 익숙하지 않거나 문제의 핵심을 제대로 파악하지 못하거나 가족의 협조를 필요로 하는 경우가 많다. 그리고 내담자와의 연령차이로 인해 공감이나 기타 감정적 연계가 쉽지 않다. 그러므로 상담자는 내담자의 진술 및 행동 등 모든 부분에 대한 파악을 통해 내담자 내면의 강한 욕구가 무엇인가를 알아낼 필요가 있다. 특히 노인들은 대개 자신의 결점을 자신보다 젊은 사람들에게 드러내고 싶어 하지 않으며, 남성 노인의 경우 젊은 여성 상담자와 상담을 하게 되면 자신을 은폐하거나 왜곡된 정보를 제공할 가능성도 있다. 따라서 상담자는 진실함과 이해 및 수용의 태도를 가지고 전문성에 입각하여 내담자의 진술, 비언어적 의사표현, 내담자의 정서 및 성격적 특성 등을 파악하여 상담에 임해야 한다. 특히 지식을 강조하거나 자존감에 상처를 줄 수 있는 일은 피해야 하고 존중과 경청에 중심을 두어야 한다.

노인들의 경우 상담자를 자발적으로 찾아오는 일이 쉽지 않다. 특히 상담료를

---

589) 이호선, 「노인상담」, 151-9.

지불하는 경우 노인들은 경제적인 부담 때문에 상담을 받으려 하지 않거나 중간에 상담을 중지하는 경우가 있다. 그리고 노인상담은 대개 개인상담으로 끝나기보다는 가족 전체가 구조적으로 연결되면서 가족치료로 확대되는 경우가 많다. 이때 가족원과 원활한 협력은 노인 내담자의 문제를 해결하는 데 중요한 자원이 되며 노인의 삶의 질 향상에도 도움이 된다.

(2) 집단상담

집단상담은 상담자의 태도와 행동을 수정하고자 하는 다수의 내담자들이 인간 상호 간의 작용을 통해 보다 깊은 자기이해와 자기수용을 촉진하는 과정이다. 집단상담은 보다 많은 내담자에게 도움을 줄 수 있기 때문에 경제성이 높고 다른 동료들이 가진 다양한 경험을 공유할 수 있는 이점이 있다. 또한 새로운 행동을 시도해 볼 수 있는 기회를 제공해 주는 장점도 있다. 반면에 상담자는 복잡한 역할을 담당할 수 있어야 하며, 개인은 집단상담 과정에서 심리적 손상을 받거나 집단 경험 자체로만 끝나 일상생활을 개선하지 못하는 제한점을 가지고 있다.

우리나라 노인들의 경우 개인상담에 노출되는 부담이 크고 상대적으로 젊은 상담자에게 자신을 노출하기를 꺼려하므로 집단상담의 활용은 노인들의 상담 욕구를 크게 만족시킬 수 있다. 집단상담시 주의할 점은, 노인들이 자신들의 문제에 빠져서 집단의식을 잃거나, 한 주제에서 맴돌며 일부 참여자들에게 공격적인 방향으로 분위기가 흐르지 않도록 조절해야 한다. 또한 집단 내에 흐르는 상담을 방해하는 분위기들, 즉 지나친 공격성, 일방적인 독백, 회피, 불안 등을 지적하고 이를 원만하게 해결할 수 있어야 한다. 이러기 위해 상담자는 여러 가지 집단상담 기법에 익숙해야 하고, 집단원 개개인과 집단의 역동성에 민감할 수 있도록 감수성 훈련 등 많은 집단상담 경험을 스스로 쌓아나가야 한다.

(3) 전화상담

전화상담은 노인상담에서 중요한 영역이다. 노인 입장에서는 연소자와의 대면을 통한 상담에 부담감이 적고, 거동이 불편한 경우에도 심리적 신체적 부담감을 덜 수 있다. 전화상담의 특성은 단기상담, 익명성, 신속성, 내담자의 선택 용이성을 들 수 있다. 전화상담은 한 번의 상담을 통해 내담자에게 현재 가장 시급한 문제, 가장 도움 받고 싶은 영역을 효율적으로 상담하는 단기상담이기 때문에 내담자가 현재 처해있는 어려움에 주로 집중한다. 전화상담은 노인들이 자신을 노출시키지 않고 도움을 받을 수 있는 이점이 있다. 하지만 이러한 장점에도 불구하고 내담자의 진실성이 면접상담보다 덜 확보된다는 단점도 있다. 또한 전화상담은 보다 시급한 상황에 당면한 내담자에게 신속하게 대처하여 그 문제에 대응할 수 있는 특징이 있으며 내담자의 문제해결 의지가 강렬하여 적절한 도움을 받을 경우 도움이 크다. 전화상담은 내담자가 자신이 원하는 시기에 상담자의 의지와 무관하게 상담시간을 정할 수 있는 이점도 있다.

우리나라 노인전화상담은 다음과 같은 특징을 나타내고 있다. 첫째, 상담영역 면에 있어서 매우 다양하게 사용되고 있다. 취업 혹은 노인관련시설이나 복지시설, 병원, 여가복지시설 등에 대한 정보를 위해 가장 많이 이용된다. 유효한 정보제공에 적합한 역할을 한다. 둘째, 상담내용이 노부모 부양의 정서적 문제, 노인건강상의 문제, 경제적 문제의 세 가지로 드러나고 있다. 이로 미루어 볼 때, 한국노인들이 가족 내 역할의 문제, 경제적 상실, 건강상의 어려움 등으로 고생하고 있는 것을 알 수 있다. 셋째, 주로 문제의 해결보다는 내담자의 호소를 들어주고 공감해 줌으로써 내담자의 감정을 돌봐주고 지지해 주는 역할을 한다. 노인들뿐만 아니라 노인을 부양하는 가족원에게도 노인으로 인한 갈등을 이해하는데 도움을 준다. 넷째, 노인 전화상담을 이용하는 내담자는 노인이 아닌 가족원인 경우가 더 많다. 다섯째, 노인들의 전화상담 이용은 지역 간에 많은 격차가 존재한다. 이는 노인들의 교육수준과 의식수준, 노인복지 수준을 포함한 생활환경 등의 지역차를 반영한다. 여섯째, 전화상담 기관을 통해 이루어지는 노인 전화상담은 주로 전화상담 자원봉사자들이 담당한다.

(4) 인터넷 상담

노인 교육수준의 증가 및 인터넷 보급 확산에 따라 노인들의 인터넷 사용이 증가하고 있다. 인터넷 상담은 내담자가 자신의 문제를 호소하고 글을 쓰는 과정에서 자신의 문제를 정리하는 시간을 주며, 상담자의 답변이 오기까지 기다리면서 문제에 대한 대안을 생각하고 관심을 지속할 수 있다는 장점이 있다. 상담자는 내담자의 주요 문제를 글을 통해 읽고, 주어진 호소 내용을 숙고할 시간을 가질 수 있으며 답변을 적어 가면서 다시 한 번 상담 내용을 정리하고 살필 수 있다. 또한 실명보다는 가명이나 아이디를 사용하여 상담을 요청하므로 내담자는 자신을 노출하지 않아도 되는 익명성이 있으므로 노인들이 노출하기를 거리끼는 문제(성문제, 자녀문제)를 상담할 수 있다.

하지만 인터넷 상담에서 주의할 점은, 상담의 특성상 주어진 글로써 상담을 하기 때문에 내담자는 자신의 상황을 미화하거나 왜곡하여 전달할 수 있으며, 내용이 지나치게 한정적이라 파악하기 힘든 경우도 있다. 또한 단회성 상담인 경우가 대부분이라 문제의 구체적인 상황파악이나 심층적인 요인 파악이 어려우며, 내담자의 비언어적 특성을 문체나 한정된 단어 및 그 배열에서 찾아야 하는 등의 어려움이 있을 수 있다.

3) 노인상담의 주요 기법들

노인의 신체적, 정서적 특성을 고려하여 상담에 적용해 볼 수 있는 상담기법은 여러 가지가 있다. 이러한 기법들 중 노인상담 현장에 효과적으로 적용할

수 있는 회상기법, 조각기법, 문장완성기법, 심리극기법에 대하여 간략하게 소개한다.[590]

(1) 회상기법(Reminiscing Technique)

노인상담에서 노인의 특성을 고려하여 효과적으로 사용할 수 있는 상담기법으로는 회상기법이 있다. 회상기법은 개인적으로 의미 있는 과거 경험을 생각하거나 그 경험을 현실의 문제와 연관시키는 것으로 구술방법, 서술방법 혹은 명상법을 사용한다. 이 기법을 통하여 죄책감의 문제나 내적 갈등의 해결, 가족관계의 화해 등을 가져올 수 있다. 회상기법에 사용되는 방법으로는 다음과 같은 것들이 있다. 첫째, 자서전의 저술이나 녹음의 사용이다. 자서전 방법은 내담자가 자신의 삶을 정리하고 기술하는 기법이다. 이 방법에서는 자서전에 기술되는 사건, 경험, 사람들이 중요하다. 또한 기술되지 않은 (그러나 당연히 있어야 할) 부분들에도 주의를 기울여야 한다. 둘째, 생애 순례 여행이 있다. 노인들은 자신이 태어나고, 아동기, 청년기, 성년기를 보낸 곳으로 여행을 떠남으로써 자신의 과거와 만날 수 있다. 생각을 정리하기 위해서 사진을 찍고, 기록할 수 있다. 현실적으로 이러한 일이 불가능할 경우 아직도 그곳에서 살고 있는 사람과 접촉하거나 그곳과 관련된 영상기록물 등을 보고 이야기를 나누는 것도 좋다. 이것도 용이하지 않다면 자신의 기억을 최대한 활용하도록 한다. 이러한 순례 여행을 통하여 노인들은 돌이키고 싶었던 과거와 화해할 기회를 갖게 된다. 어린 시절 태어나고 살았던 곳, 좋았거나 끔찍했던 기억이 남아 있는 장소, 기억에 남아 있는 사람들, 아직도 나를 기억하고 있는 사람들과의 만남을 통해 노인들은 지난 삶을 되돌아볼 수 있다. 셋째, 스크랩북, 사진첩, 오래된 편지 및 그 밖의 기억할 만한 주요 기사를 통한 일생의 정리과정이 있다. 사람들이

---

590) 상담기법에 대한 더 자세한 설명과 이해를 위해서는 이호선, 「노인상담」, 131-49를 참조하시오.

보관해 온 물건들은 보통 자신의 인생에서 특별하고 즐거운 기억을 담고 있다. 여러 권의 사진첩, 친구에게 받았던 편지, 손자녀의 돌잔치 비디오, 취미로 모았던 우표 등을 보며 노인들은 인생의 중요한 사건들과 사람들을 기억하고 정서적 경험을 회상할 수 있다. 나아가서 자신의 일생을 책, 시집, 음악 작품 등으로 정리하여 발표하는 것도 도움이 된다.

(2) 조각기법(Sculpting Technique)

종종 가족치료에 사용되는 이 기법은 내담자가 조각가가 되어 다른 가족원에게 자세를 취하게 한다. 이때 가족원은 노인 내담자가 의도하는 대로 현재 가족 간의 관계를 조망하는 하나의 형태를 이루며 위치하게 된다. 노인이 자신에게 가깝다고 생각되는 사람은 가깝게 배열하고, 멀다고 생각하는 사람은 멀게 배열할 수 있다. 대체로 노인들은 손자녀들을 가깝게 그리고 며느리나 가족 내 갈등의 주요 대상자는 멀리 배치하는 경향이 있다. 이 과정에서 나타난 가족원의 배치도는 관계망을 가시적으로 드러내어, 노인이 가족과 형성하고 있는 관계망과 감정적 관계의 거리를 가시화한다.

다음으로 상담자는 구성된 가족원의 조각 구성 상태에서 각 조각들에게 자신의 감정을 있는 그대로 표현하도록 한다. 또한 배치된 가족원도 자신이 있는 자리에서 자신의 느낌을 말하도록 한다. 가족원의 이야기를 모두 들은 후 노인은 자신의 생각을 정리하면서 자신이 원하는 가족구조 형식대로 가족원을 다시 한 번 배치한다. 그런 다음 가족원이 새로운 배치형태에 대해 다시 한 번 느낌을 말한다. 그 후 노인이 제안한 바람직한 변화를 위해서 가족 내에서 어떤 변화가 일어나야 하는가를 함께 의논한다. 조각기법은 가족이 직접 가상의 위치와 자세를 형성해 봄으로써 노인 내담자와 가족 간의 관계를 경험하게 하는 비언어적 치료방식이다. 이 기법을 통해 노인 내담자 가족 내의 관계가 분명해지며 갈등이 시각화, 명료화되는 장점이 있다. 이를 통해 가족원은 노인의 현재 상황과 위치를 새롭게 느끼고 문제해결에 나서게 된다.

(3) 문장완성기법(Complete a Sentence Technique)

문장완성기법은 상담에서 내담자에 대한 사전 정보를 얻기 위해 사용되는데, 이 기법을 통하여 노인들의 가치관, 고민과 해결방식, 여성관, 남성관, 가족관계, 노인 자신도 의식하지 못한 자아상에 대해 간접적인 정보를 얻을 수 있다. 문장완성기법은 우선 내담자 노인으로 하여금 '내가 만일 ......,' '나는 ...... 을 원한다' 등과 같은 미완성 문장을 보고 떠오르는 것들을 이야기하게 해 본다. 그런 다음 활동지를 나누어 주고 미완성의 문장을 읽고 자유롭게 떠오르는 생각을 마음대로 쓰도록 한다. 이때 문항에 대하여 깊이 생각하기 보다는 즉각적으로 떠오르는 생각이 더욱 의미 있을 수 있으므로 너무 신중하게 생각 하지 않도록 유의한다. 이를 진행하는 동안 조용한 음악을 틀어주는 것도 도움이 된다.

(4) 심리극 기법(Drama Technique)

심리극은 1912년 루마니아 출신 정신과 의사인 제이콥 모레노(Jacob L. Moreno)에 의해 도입된 심리치료요법이다. 이는 연극적 방법을 사용하여 인격의 구조, 대인관계, 갈등 및 정신적 문제들을 탐색하고 치료하는 기법이다. 심리극의 목표는 내담자에 대한 통찰과 내담자의 감정적 문제, 정서적 갈등이나 경험을 극화하여 연기하게 함으로써 잘못된 편견이나 오해 등을 풀고 적응력을 회복시켜 치료를 돕는 것이다. 이 기법은 무대 위에서 내담자에게 여러 가지 역할을 연기하도록 함으로써 내적 갈등과 경험을 표현하게 하여 통찰을 얻게 하고, 동시에 새로운 역할을 학습하게 한다. 그리고 연극이 끝나면 모든 가족에게 느낀 소감이나 비판을 하게 하여 치료적인 대화를 계속한다.

심리극의 구성 요소로는 다른 사람의 도움으로 자신의 정서적 문제를 표현하는 주 연기자인 내담자, 상담자의 조수로서 주 연기자인 내담자의 느낌 표현을 돕기 위하여 행동하고 연극화할 수 있는 훈련된 보조인물 그리고 무대감독이 있으며 연출가인 상담자, 관중, 무대가 있다. 방법으로는 우선 상담자는 내담자의 문제에 대해서 질문과 대화를 나누어 준비를 한다. 이를 위해 상담자는 의자를 옮기거나 다양한 화젯거리로 내담자와 이야기를 나누고, 언제까지 할 것인지, 어떻게 할 것인지에 대해 얘기하여야 한다. 그 후 주연기자(내담자)를 무대에 불러내어 자발적으로 대사를 결정하도록 하여 자기 스스로 연기하게끔 한다.

내담자가 '그 문제가 나를 괴롭히고 있어요'라고 말함으로써 심리극은 시작된다. 그리고 여러 다른 기법들을 사용하여 내담자의 문제를 탐구해 나간다. 상대자는 훈련된 보조인물 또는 관중 중에서 자유로이 선택한다. 이렇게 하여 내담자인 주연기자는 무대 위에서 자신의 현실생활을 재현하고, 그 연기와 상담자의 치료적 지도 및 관중의 충고와 도움을 받아 자신의 장애를 극복하고 현실생활에 대한 자신감과 자발성을 되찾을 수 있게 된다. 드라마가 끝나면 내담자, 보조자아, 관객 모두가 숙고하는 자세로 감정을 가라앉힌다. 내담자의 감정을 함께 공유한 후, 가족원이 내담자에 대해 갖고 있는 생활감정에 대해서도 이야기를 나누도록 한다.

사실 노인상담에서 사용할 수 있는 심리극 기법은 제한적이라 할 수 있다. 내담자 노인의 지적, 정서적 및 신체적 상황을 고려해야 할 뿐만 아니라 유교문화 고유의 연령에 따른 체면의 문제들이 장애가 될 수 있기 때문이다. 하지만 심리극에서 부분적으로 사용되는 다음의 몇 가지 기법들은 상황에 따라 유용할 수 있다.

이러한 심리극의 주요 기법에는 먼저, 독백이 있다. 이 기법은 말이 없는 노인 혹은 대화 도중에 침묵이 자주 발생하는 경우에 사용할 수 있는 기법이다. 단순히 무슨 생각을 하고 있느냐고 물어보는 대신에 방금 스쳐 지나간 생각이나 느낌 같은 것(그것이 이야기하기 곤란한 것일지라도)을 그대로 이야기할 수 있을지를 묻고 내담자 혼자 말해 보게 한다. 이 밖에도 내담자가 이야기 한 대상이나 내용에 대해 그 이야기를 하는 도중에 머리에 스쳐간 생각이나 어떤 느낌 같은 것이 있었는지를 묻고 그것을 말해 보게 하는 방법도 있다. 이러한 기법은 내담자의 감정표현을 고조시키고 촉진하는데 도움이 된다.

둘째, 역할 바꾸기가 있다. 상대하던 두 사람이 서로의 역할을 바꾸어 함으로써 상대방의 눈을 통해 자신의 문제와 갈등을 객관적으로 보게 만드는 기법이다. 이 기법을 통해 상대의 역할을 이해하고 지신의 생각과 표현의 불일치를 이해하게 된다. 특히, 가족들에게 자신을 표현하는데 어려움을 겪는 노인들이 질문에 대한 답변을 스스로 찾도록 돕는 경우 상담자와 역할을 교대하면 효과가 있다. 상담자는 역할 바꾸기 기법을 설명한 후 내담자에게 상담자 역할을 시도하게 한다. 상담자는 다음과 같이 말하므로 이 기법을 시작할 수 있다: "저와 자리를 바꿔 앉아 볼까요? 제가 ** 씨가 되고 **씨는 제가 되는 겁니다. 역할을 바꾸어 보는 것이죠. 해보시겠어요?" 자리를 바꿔 앉은 후, 방금 전 내담자가 했던 질문이나 행동을 그대로 기억하여 재현한다. 이때 내담자의 반응을 강하게 유발시키기 위해서는 질문을 과장하거나 확대 또는 변경하여 반복할 수도 있다.

셋째, 거울기법이 있다. 자존감이 낮거나 대인관계가 어려운 노인, 비협조적인 노인, 우울증상이 있는 노인들에게 유용한 기법이다. 이 기법은 내담자의 모든 행동, 자세, 말투 등을 거울에 비춰 보듯 똑같이 흉내를 낸다. 이로써 내담자로 하여금 자신을 보다 객관적으로 보고 평가할 수 있게 해 주며, 자신의 표현방식을 변화시키고자 하는 의도를 불러일으킬 수 있다. 이 기법은 내담자에게 불쾌감을 줄 수도 있기 때문에 반드시 내담자의 동의를 얻고 나서 하는 것이 바람직하다.

넷째, 빈 의자 기법이다. 빈 의자 기법은 빈 의자를 이용하여 내담자의 상상력을 자극하거나 역할연기를 시도한다. 이 기법은 자신에 대한 이해나 내면의 답변을 찾는데 도움이 되며, 그 대상이 사람이 아닌 의자이기 때문에 보다 자유롭게 상상할 수 있어 내담자의 저항이 약화되는 장점이 있다. 방법은 먼저 상담자가 빈 의자를 앞에 두고 내담자를 그 상상의 인물과 대화하도록 하고 내담자 스스로 그 인물이 되어 의자에 앉아서 대답하도록 한다. 필요할 경우 의자 대신에 보조자아를 등장시켜 상상의 인물 역할을 맡게 할 수도 있다.[591] 보고 싶은 사람 외에도 제일 먼저 떠오르는 사람, 아내, 자녀, 손자녀, 흠모하는 사람, 돌아가신 분 등 구체적인 인물뿐만 아니라 한 번도 돼 보지 못했던 자기 자신, 이상적인 자기 자신을 형상화하여 대화를 나눌 수도 있다. 또는 비특정인, 예를 들어 울고 있는 아이, 과거에 상처받던 상황의 자신, 슬픔에 잠긴 사람, 앉아서 떨고 있는 사람을 상상하게 한 후 자신을 투사해 볼 수도 있다. 의자 외에 다른 집기나 장소를 사용할 수 있다. 이 밖에 마술상점기법, 이중자아기법(double technique), 등 보이기(behind your back), 죽음과 부활의 장면, 심판의 장면 등의 기법들이 있다.[592]

4) 노인상담의 전망과 과제

현재 우리나라 노인에 대한 상담적 개입은 복지분야의 공무원들이 담당하고 있는 실정이다. 하지만 늘어나는 노인들의 필요에 부응하기에는 인원과 전문성에서 부족함이 많다. 따라서 노인들은 자신들의 문제 대부분을 스스로 해결하

591) 빈 의자 기법은 다음과 같이 실행한다. "우리는 이런 저런 상상을 많이 합니다. 저는 이제부터 여러분을 상상의 세계로 안내할까 합니다. 여기 빈 의자가 하나 있습니다. 누군가가 앉아 있습니다. 누구일까요? 여러분이 몹시 보고 싶은 사람, 혹은 정말 보고 싶지 않은 사람이 앉아 있다고 상상해 볼까요? 어떻게 앉아 있나요? 표정은 어떤가요? 시선은 어디를 보고 있죠? 뭐라고 첫 마디를 하겠습니까? 그러면 그 분은 뭐라고 대답하나요? 눈을 감아도 좋습니다. 자, 이제 그분에게 정말 하고 싶었던 이야기를 해 보세요." 이호선, 「노인상담」, 142 참조.
592) 이러한 기법들에 대한 좀 더 자세한 설명은 이호선, 「노인상담」, 143-7을 참조하시오.

거나 가족들의 도움으로 해결하고 있는 실정이다.[593] 하지만 경제협력개발기구 (OECD) 국가들 가운데 노인 자살률이 1위를 기록하고 있는 상황은 노인상담에 대한 사회적 관심의 재고가 필요함을 보여주고 있다. 따라서 노인상담의 특성상, 현실적 개입이 필요한 여러 분야를 통합적으로 연계하고 조정하는 기능을 지닌 노인상담전문기관의 확충과 급속히 늘어나는 노인인구와 그에 따른 문제들에 효과적으로 대응하기 위한 전문상담인력의 양성과 훈련이 시급히 요구된다.[594]

끝으로 노인상담에서 상담자가 유의해야 할 사항은 적절한 의뢰와 이전이다. 노인상담의 경우 단순히 상담자가 내담자에게 줄 수 있는 정서적 감정적 조력을 넘어서는 경우가 많다. 따라서 다음의 경우 감독이나 전문의에게 의뢰하는 것이 좋다. 정신과적 질환으로 입원했던 경력이 있는 사람, 망상장애가 있는 사람, 환각증상을 보이는 사람, 중독증상을 보이는 사람, 자살 가능성이 높은 사람, 건강을 해칠 정도의 심한 우울감이나 위축감을 느끼는 사람, 육체적, 성적, 정신적으로 학대에 노출되어 있는 사람, 살인이나 자살의 의도를 표시하는 사람, 경제적 도움이 시급히 필요하거나 의료적 개입이 긴급히 필요한 사람 등.

---

593) 우리나라 노인들의 약 절반가량이 자신의 문제에 대해 가족과 의논하고 있으며, 혼자 해결하는 경우도 36% 정도가 된다. 이장호. 김영경, 「노인상담」, 141.
594) Ibid., 142-3.

<참고자료>

1. 단행본

강갑원. 「알기 쉬운 상담이론과 실제」. 서울: 교육과학사, 2004.

권석만. 「젊은이를 위한 인간관계 심리학」. 서울: 학지사, 2008.

권중돈. 「노인복지론」. 서울: 학지사, 2004.

김숙현 외 6인. 「한국인과 문화 간 커뮤니케이션」. 서울: 커뮤니케이션북스, 2001.

김영욱. 「위험, 위기, 그리고 커뮤니케이션」. 서울: 이화여자대학교출판부, 2008.

김용태. 「통합의 관점에서 본 기독교상담학」. 서울: 학지사, 2006.

김정옥 외 11인. 「새로 보는 결혼과 가족」. 서울: 신정, 2001.

김현진. 「성경과 목회상담」. 서울: 솔로몬, 2007.

석대은. 「스트레스와 심리신경내분비면역학」. 대전: 궁미디어, 2012.

송관재. 「생활 속의 심리」. 서울: 학지사, 2006.

양병모. 「기독교상담의 이해: 개관과 전망」. 대전: 하기서원, 2011.

_____. 「목회상황과 리더십」. 대전: 침례신학대학교출판부, 2014.

양창삼. 「인간관계론」. 서울: 경문사, 2005.

오윤선. 「기독교상담심리학의 이해」. 서울: 예영 B&P, 2007.

윤진. 「성인, 노인 심리학」. 서울: 중앙적성출판사, 1985.

이위환, 김용주. 「현대사회와 인간관계론」. 고양: 공동체, 2009.

이장호. 「상담심리학 입문」. 서울: 박영사, 1991.

이장호, 김영경. 「노인상담」. 서울: 시그마프레스, 2006.

이주희 외 4인. 「인간관계론」. 고양: 공동체, 2008.

이호선. 「노인상담」. 서울: 학지사, 2005.

전영복. 「기독교상담의 이론과 실제」. 안양: 잠언, 1993.

정정숙. 「성서적 가정사역」. 서울: 베다니, 1994.

정태기. 「위기목회상담」. 서울: 대한기독교서회, 1992.

지용근 외 3인. 「인간관계론」. 서울: 박영사, 2004.

최봉기 편. 「침례교회」. 펜윅신학연구소 역. 대전: 침례신학대학교출판부, 1997.

한국목회상담학회 편. 「현대목회상담학자연구」. 서울: 돌봄, 2011.

현외성 외 4인. 「노인상담: 이론과 실제」. 서울: 유풍출판사, 1998.

Achterberg, Jeanne. 「상상과 치유」. 신세민 역. 서울: 상담과 치유, 2005.

Adams, Jay E. *A Theology of Christian Counseling*. Grand Rapids, MI: Ministry Resources Library, 1979.

_____. *Competent to Counsel*. Nutley, NJ: Presbyterian and Reformed Publishing Co., 1972.

_____. *The Christian Counselor's Manual*. Grand Rapids, MI: Zondervan, 1973.

Adler, Ronald B. and George Rodman. *Understanding Human Communication*. 9th ed. New York, NY: Oxford University Press, 2006.

Allender, Dan. 「나를 찾아가는 이야기」. 김성녀 역. 서울: IVP, 2006.

Augsburger, David. *Caring Enough to Confront*. Ventura, CA: Regal, 1981.

Baglow, Lan. *Contemporary Christian Counseling*. Australia: E. J. Dwyer, 1996.

Barna, George. *The Future of the American Family*. Chicago, IL: Moody Press, 1993.

Berger, Peter and Thomas Luckman. 「지식형성의 사회학」. 박충선 역. 서울: 홍성사, 1982.

Berry, Carmen Renee. *When Helping You Is Hurting Me: Escaping the Messiah Trap*. San Francisco, CA: Harper & Row, 1988.

Berscheid Ellen and Elaine Hatfield Walster. *Interpersonal Attraction*. 2nd. Reading, MA: Addison-Wesley, 1978.

Bilezikian, Gilbert. *Christianity 101: Your Guide to Eight Basic Christian Beliefs*. Grand Rapids, MI: Zondervan, 1993.

Bloch, Ernst. *The Principle of Hope*, vol. 1. Trans. Neville Plaice, Stephen Plaice, and Paul Knight. Cambridge, Mass.: The MIT Press, 1995.

Bolton, Robert. *People Skills*. New York, NY: Simon & Schuster, Inc., 1979.

Brammer, Lawrence M. *The Helping Relationship: Process and Skills*. 3rd ed. Englewood Cliffs, NJ: Prentice Hall, 1985.

Bridger, Francis and David Atkinson. 「상담신학」. 이정기 역. 서울: 예영미디어, 2002.

Brister, C. W. *The Promise of Counseling*. San Francisco: Harper & Row, 1978.

_____*Pastoral Care in the Church*, 3rd and exp. New York: HarperSanFrancisco, 1992.

Brueggemann, Walter. *Hope with History*. Atlanta, GA: John Knox, 1987.

Buchanan, Ducan. 「예수의 상담과 실제」. 천정웅 역. 서울: 아가페, 1987.

Campbell, Alastair. V. *Rediscovering Pastoral Care*. Philadelphia: Westminster, 1981.

Caplan, Gerald. *An Approach to Community Mental Health*. New York, NY: Grune & Stratton, 1961.

Capps, Donald. *Reframing: A New Method in Pastoral Care*. Minneapolis, MN: Fortress, 1990.

_____. *Agents of Hope*. Minneapolis, MN: Augsburg Fortress, 1995.

_____. *Biblical Approaches to Pastoral Counseling*. Philadelphia: Westminster, 1981.

_____. *Living Stories: Pastoral Counseling in Congregatonal Context*. Minneapolis, MN: Fortress, 1998.

Carkhuff, Robert R. and Bernard G. *Berenson. Beyond Counseling and Therapy*. New York, NY: Holt, Rinehart and Winston, 1967.

Cherniss, Cary. *Staff Burnout: Job Stress in the Human Service*. Beverly Hills, CA: Sage, 1980.

Clinebell, Howard. *Growth Counseling: Hope-Centered Methods of Actualizing Human Wholeness*. Nashville: Abingdon, 1979.

_____. *Counseling for Spiritually Empowered Wholeness: A Hope-Centered Approach*. New York: Harworth, 1995).

_____. 「현대목회상담」. 박근원 역. 서울: 대한기독교출판사, 1991.

Clinton, Timothy and George Ohlschlager. *Competent Christian Counseling*. Vol 1. Orange, CA: *Waterbook, 2002*.

Collins, Gary R. *Christian Counseling*. Dallas, TX: Word, 1998.

_____. 「크리스챤 카운슬링」. 피현희, 이혜련 역. 서울: 두란노, 1995.

_____.*The Biblical Basis of Christian Counseling for People Helpers*. Colorado Springs, Colo.: NavPress, 1993.

_____. 「심리학과 신학의 통합전망」. 이종일 역. 서울: 솔로몬, 1990.

_____. *Effective Counseling*. Carol Stream, Ill, Creation House, 1972.

_____. 「효과적인 상담」. 정동섭 역. 서울: 두란노, 2000.

_____. 「폴 투르니에의 기독교 심리학」. 정동섭 역. 서울: IVP, 1998.

_____. 「뉴 크리스턴 카운슬링」. 한국기독교상담.심리치료학회 역. 서울: 두란노서원, 2008.

_____. 「기독교와 상담윤리」. 오윤선 역. 서울: 두란노, 2003.

_____. 「가정의 충격」. 안보현, 황희철 역. 서울: 생명의 말씀사, 1997.

_____. 「훌륭한 상담자」. 정동섭 역. 서울: 생명의 말씀사, 1987.

Collins, Gary and H. Newton Malony, eds. *Psychology & Theology: Prospects for Integration*. Nashville: Abingdon, 1981.

Cortright, Brant. *Psychotherapy and Spirit: Theory and Practice in Transpersonal Psychotherapy*. Albany: State University of New York Press, 1997.

Crabb, Larry and Dan Allender. 「상담과 치유공동체」. 정동섭 역. 서울: 요단출판사, 2003.

Crabb, Lawrence J. *Effective Biblical Counseling*. Grand Rapids: Zondervan, 1977.

_____. 「성경적 상담학」. 정정숙 역. 총신대학교출판부, 1982.

_____. 「인간 이해와 상담」. 윤종석 역. 서울: 두란노, 1993.

Culbertson, Philip. *Caring for God's People*. Minneapolis, MN: Fortress Press, 2000.

Davis, Murray S. *Intimate Relations*. New York, NY: The Free Press, 1973.

Dekoven, Stan E. 「누구나 할 수 있는 기독교상담」. 박미가 역. 서울: 은혜출판사, 2005.

Downey, Michael. *Understanding Christian Spirituality*. New York/Mahwah, NJ: Paulist, 1997.

Doyle, Dennis. *Communion Ecclesiology: Vision and Versions*. New York: Orbis Press, 2000.

Erickson, Millard J. *Christian Theology*. Grand Rapids, MI.: Baker Book, 1998.

Erickson, Millard J. and J. Hustad. *Introducing Christian Doctrine*. Grand Rapids, MI: Baker Academic, 1992.

Farran, Carol J. Kaye A. Herth, and Judith M. Popovich. *Hope and Hopelessness: Critical Clinical Concepts*. Thousand Oks, CA: SAGE Publications, 1995.

France, Kenneth. *Crisis Intervention: A Handbook of Immediate Person-to-Person Help*. 2nd ed. Springfield, IL: Charles C Thomas, 1990.

Frankl, Viktor E. 「무의식의 하나님」. 임헌만 역. 서울: 그리심, 2009.

_____. *Man's Search for Meaning*. Trans. Ilse Lasch. Boston: Beacon Press, 2006.

_____. 「죽음의 수용소에서」. 이시형 역. 서울: 청아출판사, 2005.

Friedman, Edwin E. *Generation to Generation: Family Process in Church and Synagogue*. New York: Guilford Press, 1984.

Galvin, Kathleen M. and Cassandra Book. *Person to Person: An Introduction to Speech Communication*. 5th ed. Lincolnwood, IL.: National Textbook Company, 1994.

Gangel. Kenneth O. and Samuel L. Canine. *Communication and Conflict management in Churches and Christian Organizations*. Nashville, TN.: Broadman Press, 1992.

Gardner, Richard A. *Psychotherapy with Children of Divorce*. New York, NY: Jason Aronson, 1976.

Geisler, Norman L. *Christian Ethics: Options and Issues*. Grand Rapids: Baker Academic, 1989.

Gerkin, Charles V. 「목회적 돌봄의 개론」. 유영권 역. 서울: 은성, 1999.

_____. *The Living Human Document: Re-Visioning Pastoral Counseling in a Hermeneutical Mode*. Nashville: Abingdon, 1984.

Goldenberg, Irene and Herbert Goldenberg. *Family Therapy: An Overview*. Instructor's Edition. Stamford, CT: Thomson Learning, 2000.

Greenfield, Guy. 「상처입은 목회자」. 황성철 역. 서울: 그리심, 2004.

Grenz, Stanley J. 「공동체를 향한 신학: 하나님의 비전」. 장경철 역. 서울: CUP, 2000.

_____. 「조직신학」. 신옥수 역. 고양: 크리스챤다이제스트, 2003.

Griffin, Graham. *Coming to Care: An Introduction to Pastoral Care for Ordained Ministers and Lay People*. Melbourne: Ormond College, 1995.

Hall, Jack. *Affective Competence in Counseling*. Labham, MD: Univerity Press of America, 1995.

Halverstadt, Hugh. *Managing Church Conflict*. Louisville, KY.: Westminster/John Knox, 1991.

Hateley, Barbara J. *Telling Your Story, Exploring Your Faith: Writing Your Life Story for Personal Insight and Spiritual Growth*. St. Louis: CBP Press, 1985.

Hiltner, Seward. *Preface to Pastoral Theology*. New York: Abingdon Press, 1958.

Hocker Joyce L. and William W. Wilmot. *Interpersonal Conflict*. 3rd ed. Dubuque, IA: Wm. C. Brown Publishers, 1991.

Hodgson, Peter. *Revisioning the Church: Ecclesial Freedom in the New Paradigm*. Philadelphia: Fortress Press, 1988.

Holifield, Brooks. *A History of Pastoral Care in America: From Salvation to Self-Realization*. Nashville, TN: Abingdon Press, 1983.

Holms, Urban T. 「목회와 영성」. 김외식 역. 서울: 대한기독교서회, 1988.

Huber, C. H. *Ethical, Legal and Professional Issues in the Practice of Marriage and Family Therapy*. 2nd ed. New York, NY: Macmillan, 1994.

Hulme, William E. *Pastoral Care and Counseling: Using the Unique Resources of the Christian Tradition*. Minneapolis: Augsburg, 1981.

Hurding, Roger F. *The Tree of Healing*. Grand Rapids, MI: Ministry Resources Library, 1985.

Jackson, Edgar. *The Many Faces of Grief*. Nashville, TN: Abingdon, 1972.

Jackson, Gordon E. *Pastoral Care and Process Theology*. Lanham, MD.: University Press of America, 1981.

Jaeckle, Charles and William A. Clebsch. *Pastoral Care in Historical Perspective*. Englewood Cliffs, NJ: Prentice-Hall, 1964.

James, Richard K. and Burl E. Gilliland. 「위기개입」. 한인영 외 5인 역. 서울: 나눔의 집, 2002.

Janosik, Ellen H. *Crisis Counseling: A Contemporary Approach*. Boston, MA: Jones and Bartlett Publishers, 1986.

Johnson, Ben. 「목회영성」. 백상렬 역. 서울: 진흥, 1995.

Johnson, Eric E. and Stanton L. Johnson. *Psychology and Christianity*. Downers Grove: InterVarsity Press, 2000.

Jones, Stanton L. and Richard E. Bretman. 「현대 심리치료와 기독교적 평가」. 이관직 역. 서울: 대서출판사, 2009.

Kastenbaum, Robert J. *Death, society, and Human Experience*. 3 ed. Columbus, Ohio: Charles E. Merrill, 1986.

Kelly, Jr., Eugene W. *Spirituality and Religion in Counseling and Psychotherapy*. Alexandria, VA: American Counseling Association, 1995.

Kennedy, Eugene. *Crisis Counseling: An Essential Guide for Nonprofessional Counselors*. New York, NY: The Continuum Publishing Company, 1981.

Kirwan, William. 「복음주의적 관점에서 본 현대 기독교상담학」. 정동섭 역. 서울: 예찬사, 2007.

Klemer, Richard H. *Marriage and Family Relationships*. New York, NY: Harper & Row, 1970, 132.

Komarovsky, Mirra. *Blue Collar Marriage*. New York, NY: Random House, 1964.

Koocher, Gerald P. and Patricia Keith-Spiegel. *Ethics in Psychology: Professional Standards and Cases*. 2nd ed. New York: Oxford University Press, 1998.

Kornfeld, Margaret Zipse. 「공동체 돌봄과 상담」. 정은심, 최창국 역. 서울: 기독교문서선교회, 2013.

Kübler-Ross, Elisabeth. *On Death and Dying*. New York, NY: Macmillian, 1969.

Leas, Speed and Paul Kittlaus. *Church Fight*. Philadelphia, PA: Westminster, 1973.

Lederer, William J. and Don D. Jackson. *Mirages of Marriage*. New York, NY: W.W. Norton & Company, 1968.

Lester, Andrew D. *Hope in Pastoral Care and Counseling*. Louisville, KY: Westminster John Knox Press, 1995.

Litchfield, Bruce and Nellie Litchfield. 「기독교상담과 가족치료」. 5권. 정동섭, 정성준 역. 서울: 예수전도단, 2002.

_____. 「기독교상담과 가족치료」. 3권. 정동섭. 정성준 역. 서울: 예수전도단, 2002.

Maddi, Salvatore R. and Suzanne C. Kobasa. *The Hardy Executive: Health Under Stress*. Chicago, IL: Dorsey Professional Books, 1984.

Mann, Marty. *Primer on Alcoholism*. New York, NY: Rinehart, 1950.

Malony, H. Newton and David W. Augsburger. *Christian Counseling: An Introduction*. Nashville, TN: Abingdon, 2007.

Marcel, Gabriel. *Homo Viator: Introduction to a Metaphysic of Hope*. Trans. Emma Crauford. New York: Harper & Row, 1962.

McBeth, H. Leon. *A Sourcebook for Baptist Heritage*. Nashville: Broadman Press, 1990.

McDonough, Reginald M. *Growing Ministers, Growing Churches*. Nashville, TN: Convention Press, 1980.

McGrath, Alister E. *Christian Spirituality: An Introduction*. Malden, Mass.: Blackwell, 1999.

_____. *Spirituality in an Age of Change*. Grand Rapids, MI: Zondervan, 1994.

McMinn, Mark and 채규만. 「심리학, 신학, 영성이 하나 된 기독교상담」. 서울: 두란노, 2001.

McNeill, John T. *A History of the Cure of Souls*. New York: Harper & Row, 1951.

Miller, William R. and Kathleen A. Jackson. *Practical Psychology for Pastors*. 2nd. Englewood Cliffs, NJ: Prentice Hall, 1995.

Mitchell, Kenneth R. and Herbert Anderson. *All Our Losses, All Our Griefs*. Philadelphia, PA: stminster Press, 1983.

Moltmann, Jürgen. *Theology of Hope*. Trans. James W. Leitch. New York: Harper & Row, 1975.

Moltmann-Wendel, Elisabeth and Jurgen Moltmann. *Humanity in God*. New York: Pilgrim, 1983.

Moon, Gary W. and David G. Benner, eds. 「영성지도, 심리치료, 목회상담, 그리고 영혼의 돌봄」. 신현복 역. 서울: 아침영성지도연구원, 2011.

Moore, Joseph. 「비전문 상담자를 위한 상담학」. 전요섭 역. 서울: 은혜출판사, 1995.

Mullins, E. Y. *The Axioms of Religion*. Philadelphia: American Baptist Publication Society, 1908.

Myers, David G. *The Pursuit of Happiness: Discovering the Pathway to Fulfillment, Well-Being, and Enduring Personal Joy*. New York, NY: HaperCollins, 1992.

Narramore, Clyde M. *The Psychology of Counseling*. Grand Rapids, MI: Zondervan, 1960.

Nouwen, Henri J. M. *The Wounded Healer*. New York: Image Books, 1990.

_____. *Walk with Jesus. Maryknoll*, NY.: Orbis, 1990.

_____. *The Inner Voice of Love: A Journey Through Anguish to Freedom*. New York: Doubleday1996.

_____. *Ministry and Spirituality*. Rev. and compiled. New York: Continuum, 1996.

_____. *Intimacy*. Notre Dame, Ind.: Fides, 1969, reprint, New York: HarperSanFrancisco, 1988

Oates, Wayne E. *An Introduction to Pastoral Counseling*. Nashville, TN: Broadman, 1959.

_____. *Protestant Pastoral Counseling*. Philadelphia: Westminster Press, 1962.

_____. *The Christian Pastor*. 3rd and rev. Philadelphia: The Westminster Press, 1982.

Oden, Thomas C. *Kerygma and Counseling: Toward a Covenant Ontology for Secular Psychotherapy*. Philadelphia, PA: Westminster Press, 1966.

Oswald, Roy M. *How to Build a Support System for Your Ministry*. Washington, DC: Alban Institute, 1991.

Packer, J. I. and Carolyn Nystrom. 「소망」. 김기호 역. 서울: 한국기독학생회출판부, 2003.

Patton, John. *Pastoral Counseling: A Ministry of the Church*. Nashville, TN: Abingdon Press, 1983.

_____. *Pastoral Care in Context*. Louisville, KY: Westminster/John Knox Press, 1993.

Payne, Ernest A. *The Fellowship of Believers: Baptist Thought and Practice Yesterday and Today*. London: Carey Kingsgate Press, 1952.

_____. *A Free Church Tradition in the Life of England*. London: SCM Press, 1944.

Pelt, Rich Van. 「사춘기 청소년들의 위기상담」. 오성춘, 오규훈 역. 서울: 장로교출판사, 1995.

Rando, Therese A. *Grief, Dying, and Death: Clinical Interventions for Caregivers*. Champaign, Ill: Research Press, 1984.

Reik, Theodor. *Listening with the Third Ear: the Inner Experience of a Psychoanalyst*. New York: Grove press, 1948.

Richardson, Ronald. *Creating a Healthier Church: Family Systems Theory, Leadership, and Congregational Life*. Minneapolis: Fortress Press, 1996.

Rogers, Carl. *On Becoming a Person*. Boston, MA: Houghton Mifflin, 1961.

Shawchuck, Norman and Roger Heuser. *Managing the Congregation*. Nashville, TN.: Abingdon,1996.

Shurden, Walter B. *The Baptist Identity: Four Fragile Freedom*. Macon, GA: Smyth & Helwys Publishing, 1993.

Skolnick, Arlene and Jerome H. Skolnick, eds. *Family in Transition*. Boston, MA: Little, Brown, 1980.

Skovhold, Thomas M. 「건강한 상담자만이 남을 도울 수 있다」. 유성서 외 2인 역. 서울: 학지사, 2003.

Slaikeu, Karl A. *Crisis Intervention: A Handbook for Practice and Research*. Boston, MA: Allyn & Bacon, 1984

Sperry, Len. 「목회상담과 영성지도의 새로운 전망」. 문희경 역. 서울: 솔로몬, 2007.

Stagner, Ross, comp. *The Dimensions of Human Conflict*. Detroit, MI: Wayne State University,1967.

Steere, David A. *Spiritual Presence in Psychotherapy*. New York: Brunner/Mazel, 1997.

Steere, Douglas. *On Listening to Another*. New York: Harper & Brothers.

Steinhoffsmith, Roy H. *The Mutuality of Care*. St. Louis: Chalice Press, 1999.

Stone, Howard W. 「해결중심 목회상담」. 정희성 역. 서울: 한국장로교출판사, 2000.

Stone, Howard W. and Geoffrey Peterson. 「위기상담」. 오성춘 역. 서울: 대한기독교출판사, 1986.

Strokes, Allison. *Ministry after Freud*. New York, NY: The Pilgrim, 1985.

Stuart, Richard B. *Helping Couples Change*. New York, NY: Guilford, 1980.

Swihart, Judson J. and Gerald C. Richardson. *Counseling in Times of Crisis*. Waco, TX: Word Books, 1987.

_____. 「위기상담」. 정태기 역. 서울: 두란노, 2002.

Switzer, David K. *Pastoral Care Emergencies: Ministering to People in Crisis*. New York, NY: Paulist, 1989.

_____. *The Minister as Crisis Counselor*. Revised and enlarged. Nashville, TN: Abingdon Press, 1993.

Teresa, Mother. *Mother Teresa: Contemplative in the Heart of the World*. Ann Arbor, MI: Servant Books, 1985.

Topper, Charles. *Spirituality in Pastoral Counseling and the Community Helping Professions*. New York: The Howorth Pastoral Press, 2003.

Volf, Miroslav. 「삼위일체와 교회」, 황은영 역. 서울: 새물결플러스, 2012.

Waller, Willard. *The Family: A Dynamic Interpretation*. Hinsdale, IL: Dryden Press, 1938.

Welfel, Elizabeth Reynolds and Lewis E. Patterson. *The Counseling Process: A Multitheoretical Integrative Approach*. 6th ed. Belmont, CA: Thomson Brooks/Cole, 2005.

Williams, Daniel Day. *The Minister and the Care of Souls*. New York, NY: Harper & Brothers, 1961.

Wilson, Rod. 「상담과 공동체」. 김창대 역. 서울: 두란노, 1997.

Wimberly, Edward P. *Prayer in Pastoral Counseling*. Louisville, KY: Westminster/John Knox Press, 1990.

Wise, Carroll A. *Pastoral Psychotherapy: Theory and Practice*. New York, NY: Jason Aronson, 1980.

Worthington, Jr., Everett L. *Marriage Counseling*. Downers Grove, IL: InterVarsity, 1980.

Worthington, Jr. Everett L. and Douglas McMurry. *Marriage Conflict: A Short-term Structured Model*. Grand Rapids, MI: Baker Books, 1994.

Wright, H. Norman. *Seasons of a Marriage*. Ventura, CA: Regal, 1982.

Wright, H. Norman. *Crisis Counseling*. Ventura, CA: Regal Books, 1993.

_____. 「위기상담학」. 전요섭, 황동현 역. 서울: 쿰란, 1998.

Yancey, Philip. 「교회, 나의 고민 나의 사랑」. 김동완 역. 서울: 요단, 2009.

2. 정기간행물 및 에세이

권수영. "임상현장에서의 신학과 심리학의 만남." 「목회상담이론입문」. 안석모 외 7인. 서울: 학지사, 2009, 350-1.

김병권. "기독교 윤리학." 「신학의 순례자를 위한 신학입문」. 침례교신학연구소 편. 대전: 침례신학대학교출판부, 2004, 339.

김준수. "신학과 심리학의 통합 어떻게 볼 것인가?." 「복음과 상담」. 제1권 (2003), 8-26.

김태현. "노년기 부부의 상호 간 지지와 역할공유 및 결혼적응에 관한 연구." 「한국노년학」. 17집 2호 (1997): 167-182.

박영철. "셀그룹과 치유사역." 「치유목회의 기초」. 침례신학연구소 편. 대전: 침례신학대학교출판부, 2000.

안석모. "영성과 목회상담." 「한국교회를 위한 목회상담학」. 기독교사상편집부 편. 서울: 대한기독교서회, 1997, 231-44.

_____. "목회상담과 성경." 「한국교회를 위한 목회상담학」. 기독교사상편집부 편. 서울: 대한기독교서회, 1997, 249-50.

_____. "찰스 거킨." 「현대목회상담학자연구」. 한국목회상담학회 편. 서울: 도서출판 돌봄, 2011, 188.

양병모. "이야기와 의식을 사용한 교회현장에서의 가족 상담." 「복음과 실천」. Vol. 41 (2008 봄): 197-224.

_____. "목회상담에서의 영성의 이해와 적용." 「복음과 실천」. Vol. 53 (2014 봄): 243-68.

_____. "목회상담의 학문적 정체성 조망과 신학교육적 과제." 「복음과 실천」. Vol. 45 (2010 봄): 357-82.

_____. "고령화 사회에서 교회의 목회적 돌봄을 위한 제언." 「복음과 실천」. Vol. 43 (2009 봄): 387-418.

이관직. "목회상담의 정체성." 「목회상담 이론입문」. 서울: 학지사, 2009, 17.

이상억. "도널드 캡스." 「현대목회상담학자연구」. 한국목회상담학회 편. 서울: 도서출판 돌봄, 2011, 239-268.

이재훈. "한국 목회상담의 새로운 전망." 「한국교회를 위한 목회상담학」. 기독교사상 편집부 편. 서울: 대한기독교서회, 1997.

정현채. "죽음을 바라보는 사회적 시각의 변화." 한국죽음학회 웰다잉 가이드라인 제정위원회 편. 「죽음맞이」. 서울: 모시는 사람들, 2013, 68-71.

Arkin, Arthur M. "Emotional Care of the Bereaved." In *Acute Grief: Counseling the Bereaved.* Eds. Otto S. Morgolis et al. New York: Columbia University, 1981, 40-4.

Bagby, Daniel G. "Pastoral Counseling in a Parish Context." *Review and Expositor.* Vol. 94 (1997): 568.

Beck, James R. "The Integration of Psychology and Theology: An Enterprise Out of Balance." *Journal of Psychology and Christianity.* Vol. 22, no. 1 (2003): 24.

Beck, Rosalie. "교회는 그리스도의 주님되심 아래에서 자유롭게 자체적인 결정을 할 수 있다." In 「21세기 속의 1세기 신앙」. Charles W. Deweese 편. 김승진 역. 대전: 침례신학대학교출판부, 2005, 227.

Bishop, Leigh C. "Healing in the Koinonia: Therapeutic Dynamics of Church Community." *Journal of Psychology and Theology.* Vol. 13. No. 1 (1985): 13.

Blumstein, Philip and Pepper Schwartz. "What Makes Today's Marriage Last?" In *Marriage and Family in a Changing Society.* 4th ed. Ed. James M. Henslin. New York, NY: The Free Press, 1992, 475-80

Brackney, William H. "자원주의는 침례교 신앙전통의 핵심요소다." In 「21세기 속의 1세기 신앙」. Charles W. Deweese 편. 김승진 역. 대전: 침례신학대학교출판부, 2005, 150.

Carrigan, Robert L. "Where Has Hope Gone? Toward an Understanding of Hope in Pastoral Care." *Pastoral Psychology*. Vol. 25, no. 1 (1976): 42-3.

Carter, Del Myra. "An Integrated Approach to Pastoral Therapy." *Journal of Psychology and Theology*. Vol. 14, no. 2 (1986): 146-54.

Cavanagh, Michael E. "Family Counselling: Basic Concepts for Ministers." *Pastoral Psychology*. Vol. 43, no. 2 (1994): 71.

Dale, Robert D. "Our Personal Heritage: Caregivers' Caring for Themselves." In *Called to Care: Helping People Through Pastoral Care*. Comp. James E. Hightower. Nashville, TN: Convention Press, 1990), 10.

DiGiulio, Robert C. "Beyond Widowhood." In *Marriage and Family in a Changing Society*. 4th ed. Ed. James M. Henslin. New York, NY: The Free Press, 1992, 457-69.

Dunn, James M. "종교의 자유과 교회/국가의 분리는 떼려야 뗄 수 없는 것이다." In 「21세기 속의 1세기 신앙」. Charles W. Deweese 편. 김승진 역. 대전: 침례신학대학교출판부, 2005, 128-9.

Erickson, Milton H. "Foreword." In *Change: Principles of Problem Formation and Problem Resolution*. Paul Watzlawick, John H. Weakland, and Richard Fisch. New York: W. W. Nortin & Company, 1974.

Estep, Jr., William R. "국교반대주의(Nonconformity)의 사상이 침례교인들의 양심에 스며들어 있다." In 「21세기 속의 1 세기 신앙」. Charles W. Deweese 편. 김승진 역. 대전: 침례신학대학교출판부, 2005, 138.

Frick, Eckhard. "Pastoral and Psychotherapeutic Counseling." *Christian Bioethics*. Vol. 16, no. 1 (2010): 38-40.

Galindo, Izrael. "영성지도와 목회상담." In 「영성지도, 심리치료, 목회상담, 그리고 영혼의 돌봄」.

Eds. Gary W. Moon and David G. Benner. 신현복 역. 서울: 아침영성지도연구원, 2011, 376-7.

Gojmerac-Leiner, Georgia. "Revisiting Viktor Frankl: His Contributions to the Contemporary Interest in Spirituality and Health Care." *The Journal of Pastoral Care & Counseling*. Vol. 59, no. 4 (2005 Winter): 376.

Guterman Jeffrey T. and James Rudes. "Social Constructionism and Ethics: Implications for Counseling." *Counseling and Values*. Vol. 52 (January 2008): 136-7.

Hawkins, Ron. et al., "Theological Roots." In *Competent Christian Counseling*. Eds. Timothy Clinton and George Ohlschlager. Colorado Springs, CO: Waterbrook Press, 2002.

Helminiak, Daniel A. "'Theistic Psychology and Psychotherapy': A Theological and Scientific Critique." *Zygon*. Vol. 45, no. 1 (2010): 47-74.

Henslin, James M. "Introduction." In *Marriage and Family in a Changing Society*. 4th ed. ed. James M. Henslin. New York, NY: The Free Press, 1992, 1

Hershberger, Guy F. "Introduction." In *The Recovery of the Anabaptist Vision*. Ed. Guy F. Hershberger. Scottale, PA: Herald Press, 1957 and Reprinted by The Baptist Standard Bearer, Inc. (Paris, Arkansas).

Hinde, Robert A. "Describing Relationships." In *The Diversity of Human Relationships*. Eds. AnnElisabeth Auhagen and Maria von Salisch. New York, NY: Cambridge University Press, 1996, 9.

Hinson, E. Glenn. "One Baptist's Dream." In *Southern Baptists & American Evangelicals*. Ed. Daivd S. Dockery. Nashville, TN: Broadman & Holman Publishers, 1993, 212-5.

Irion, Paul E. "The Agnostic and the Religious: Their Coping with Death." In *Death and Ministry: Pastoral Care of the Dying and the Bereaved*. Eds. J. Donald Bane, Austin H. Kutscher, Robert E. Neale, Robert B. Reeves, Jr. New York: The Seabury Press, 1975, 205-16.

Johnson, W. Brad. "Christian Rational-Emotive Therapy: A Treatment Protocol." *Journal of Psychology and Christianity*. Vol. 12, no. 3 (1993): 254-61.

Johnson, Eric L. "A Place for the Bible within Psychological Science" *Journal of Psychology and Theology*. Vol. 20, no. 4 (1992): 346-55.

Jones, Warren A. "The A-B-C Method of Crisis Management." *Mental Hygiene*. Vol. 52 (January 1968): 87.

Karp, David A. and William C. Yoels. "From Strangers to Intimates." In *Marriage and Family in a Changing Society*. 4th ed. Ed. James M. Henslin. New York, NY: The Free Press, 1992, 137.

Kitchener, Karen S. "Intuition Critical Evaluation and Ethical Principles: The Foundation for Ethical Decisions in Counseling Psychology." *The Counseling Psychologist*. Vol. 12 (1984): 43-54.

Lawrence, Constance. "Rational-Emotive Therapy and the Religious Client." *Journal of Rational-Emotive Therapy*. Vol. 5 , no. 1 (1987): 13-21.

Lindemann, Erich. "Symptomatology and Management of a Acute Grief." *American Journal of Psychology*. Vol. 101 (1944): 141-8.

Lukens, Jr., Horace C. "Essential Element for Ethical Counsel." In *Christian Counseling Ethics*. Ed. Randolph K. Sanders. Downers Grove, IL: InterVarsity Press, 1977, 45.

MacArthur, Jr., John. "The Work of the Spirit and Biblical Counseling." In *Introduction to Biblical Counseling*. Ed. John F. MacArthur Jr., et al. Nashville, TN: W Publishing Group, 1994, 134.

McBeth, H. Leon. "하나님은 영혼의 유능성과 모든 신자들의 제사장 직분의 원리를 주셨다." In 「21세기 속의 1세기 신앙」. Charles W. Deweese 편. 김승진 역. 대전: 침례신학대학교출판부, 2005), 108.

McCullough, Michael E. "Prayer and Health: Conceptual Issues, Research Review, and Research Agenda." *Journal of Psychology and Theology*. Vol. 23, no. 1 (1995): 15-29.

McGee, Thomas F. "Some Basic Considerations in Crisis Intervention." *Community Mental Health Journal*. Vol. 4 (1968): 323.

Myers, David G. "On Professing Psychological Science and Christian Faith." *Journal of Psychology and Christianity*. Vol. 15, no. 2 (1996): 144.

Myers David G. and John J. Shaughnessy. "Is Anyone Getting the Message?." In *The Human Connection: How People Change People*. Eds. Martin Bolt and David G. Myers. Downers Grove, IL: InterVarsity Press, 1984, 63-71.

Nuss, David. "Helping Young Leaders Avoid Burnout." *Christian Education Journal*. Vol. 11 (Winter 1991): 65.

Oates, Wayne E. "The Gospel and Modern Psychology." *Review and Expositor*. Vol. 46 (1949): 181-198.

_____. "The Power of Spiritual Language in Self-understanding." In *Spiritual Dimensions of Pastoral Care*. Eds. Gerald L. Borchert and Andrew D. Lester. Philadelphia: The Westminster Press, 1985, 57.

Pembroke, Neil. "A Trinitarian Perspective on the Counseling Alliance in Narrative Therapy." *Journal of psychology and Christianity*. Vol. 24. n. 1 (2005): 13–20.

Pennebaker, James W. Cheryl F. Hughes, and Robin C. O'Heeron. "The Psychophysiology of Confession: Linking Inhibitory and Psychosomatic Processes." *Journal of Personality and Socia Psychology*. Vol. 52 (1987): 781–93.

Post-White, J. et al. "Hope, Spirituality, Sense of Coherence, and Quality of Life in Patients with Cancer." *Oncology Nursing Forum*. Vol. 23, no. 10 (1996): 1571–9.

Powlison, David A. "Questions at the Crossraods: The Care of Souls & Modern Psychotherapies." In *Care for the Soul*. Eds. M. R. McMinn & T. R. Philips. Downers Grove, IL: InterVarsity, 2001, 43

Ramsay, Nancy J. "The Congregation as a Culture: Implications for Ministry." *Encounter*. Vol. 53, no. 1 (Winter 1992): 36.

Rapoport, Lydia. "The State of Crisis," *Social Science Review*. Vol. 36, no. 2 (June 1962): 211–7.

Reiss, Ira. "Toward a Sociology of the Heterosexual Love Relationship." In *Marriage and Family Living*. Vol. 22 (May 1960), 143.

Richardson, Robert L. "Where There is Hope, There is Life: Toward a Biology of Hope." *The Journal of Pastoral Care*. Vol. 54, no. 1 (2000 Spring): 75–83.

Roberts, Robert C. "A Christian Response." In *Psychology & Christianity: Four Views*. Eds. E. L. Johnson & S. L. Jones. Downers Grove, IL: InterVarsity, 2000, 135–40.

Rubin, Lillian. "The Empty Nest," In *Marriage and Family in a Changing Society*. 4th ed. Ed. James M. Henslin. New York, NY: The Free Press, 1992, 261–70.

Sarnoff, Irving and Suzanne Sarnoff. "Love-Centered Marriage." In *Marriage and Family in a Changing Society*. 4th ed. Ed. James M. Henslin. New York, NY: The Free Press, 1992, 163.

Scheib, Karen D. "Contributions of Communion Ecclesiology to the Communal-Contextual Model of Care." *Journal of Pastoral Theology*. Vol. 12, no. 2 (November 2002): 31.

Schneiders, Sandra. "Theology and Spirituality: Strangers, Rivals, or Partners?." *Horizons*. Vol. 13 (Fall 1986): 266.

Smith, June A. "Parishioner Attitudes Toward the Divorced/Separated: Awareness Seminars As Counseling Interventions." *Counseling and Values*. Vol. 45, no. 1 (October 2000): 17.

Sternberg, Robert J. and Susan Grajek. "The Nature of Love." *Journal of Personality and Social Psychology*. Vol. 47, no. 2 (1984): 312–29.

Stinnett, Nicholas. "Strong Families." In *Marriage and Family in a Changing Society*. 4th ed. Ed. James M. Henslin. New York, NY: The Free Press, 1992, 499–504.

Stone, Howard W. "The Congregational Setting of Pastoral Counseling: A Study of Pastoral Counseling Theorists from 1949–1999." *The Journal of Pastoral Care*. Vol 55, No.2 (Summer 2001): 184.

_____."Pastoral Counseling and the Changing Times." *The Journal of Pastoral Care*. Vol. 53, No. 1 (1999): 42.

Stone, Howard and Andrew Lester. "Hope and Possibility: Envisioning the Future in Pastoral Conversation." *The Journal of Pastoral Care*. Vol. 55, no. 3 (Fall 2001): 262.

Todd, Elizabeth. "The Value of Confession and Forgiveness according to Jung." *Journal of Religion and Health*. Vol. 24, no. 1 (1985): 42.

Tymchuk, A. J. "Ethical Decision Making and Psychological Treatment." *Journal of Psychiatric Treatment and Evaluation*. Vol. 3 (1981): 507-13.

Vachon, M. L. S. "Type of Death as a Determinant in Acute Grief." In *Acute Grief: Counseling the Bereaved*. Eds. Otto S. Morgolis et al. New York: Columbia University, 1981, 14-22.

van Arkel, Jan T de Jongh. "Recent Movements in Pastoral Theology." *Religion & Theology*. Vol. 7, No. 2(2000): 143.

Vitz, Paul C. "A Christian Theory of Personality." In *Limning the Psyche: Explorations in Christian Psychology*. Eds. Robert C. Roberts & Mark R. Talbot. Grand Rapids, MI.: W. B. Eerdmans, 1997, 20-9

Walter, John L. and Jane E. Peller. "Rethinking Our Assumptions: Assuming Anew in a Postmodern World." In *Handbook of Solution-Focused Brief Therapy*. Eds. Scott D. Miller, Mark A. Hubble, and Barry L. Duncan. San Francisco: Jossey-Bass, 1996, 9-26.

Weiner-Davis, M., S. de Shazer, and Wm J. Gingerrich. "Building on Pretreatment Changes to Construct the Therapeutic Solution: An Exploratory Study." *Journal of Marital and Family Therapy*. Vol. 13, no. 4 (1987): 359-63.

Welch, Edward T. "What Is Biblical Counseling, Anyway?". *The Journal of Biblical Counseling*. Vol. 16, no. 1 (1997): 3.

Yarbrough, Slayden A. "선두와 중앙에 서야 할 사람들은 평신도들이다." In 「21세기 속의 1 세기신앙」. Charles W. Deweese 편. 김승진 역. 대전: 침례신학대학교출판부, 2005, 287.

3. 기타자료

Brown, Colin. *The New International Dictionary of New Testament Theology*, Vol. 3. Exeter, UK: Paternoster Press, 1975.

Geldbach, Erich and S. Mark Heim. "Free Church." In *The Encyclopedia of Christianity*. Vol. 2.

Jones, A. "Spiritual Direction and Pastoral Care." *Dictionary of Pastoral Care and Counseling*, 1213-5.

Mohler, Jr., R. Albert. "A Call for Baptist Evangelicals & Evangelical Baptists: Communities of Faith and A Common Quest for Identity." In *Southern Baptists & American Evangelicals*. Ed. Daivd S. Dockery. Nashville, TN: Broadman & Holman Publishers, 1993, 227

Patton, John. "Pastoral Counseling." *Dictionary of Pastoral Care and Counseling*, 849.

Sunderland, R. H. "Congregation, Pastoral Care of." *Dictionary of Pastoral Care and Counseling*, 213-5.

2010년 여성가족부 발표. 고재만. "`제2차 가족실태조사` 결과." [온라인 자료]. http://news.mk.co.kr /newsR
ead.php?year=2011&no=51927, 2011년 6월 10일 접속.

"한국인 혼인건수 3년째 감소세속 평균 초혼연령 10년째 증가." [온라인 자료]. http://www.econovill.com/
archives/182995, 2014년 10월 14일 접속.

김성규. "HIR Professional." [온라인 자료]. http://cafe.naver.com/ak573.cafe?iframe_url=/ArticleRead.nhn%3
Farticleid=77104&. 2011년 6월 13일 접속.

박성휴. "농촌 노인인구 30% 넘었다… '초고령 사회'" [온라인 자료]. http://news.khan.co.kr/kh_news/khan_a
rt_view.html?artid=200702221817431&code=940100. 2011년 7월 22일 접속.

이미호. "우리가 고령화에 대배해야 하는 이유." [온라인 자료]. http://www.ajnews.co.kr/view_v2.jsp?news
Id=20110711000321. 2011년 7월 16일 접속.

통계청. "2010년 인구동태통계연보(혼인, 이혼편)."

[네이버 정신분석용어사전].

[네이버 사회학 사전]

목회상담
이론과 실제

초판 1쇄 발행 2015년 1월 15일

2쇄 인쇄 2017년 11월 15일

지은이 양병모

펴낸이 류수환

편집장 김용민

기획·홍보 김기현

책임디자인 서소라

디자인 및 펴낸 곳 그리심어소시에이츠

주소 대전광역시 유성구 은구비로 2 명우빌딩 4층

전화 042.472.7145

팩스 042.472.7144

www.igrisim.com

정가 18,000원

ISBN 979-11-85627-07-6

ⓒ저작자와의 협약 아래 인지는 생략되었습니다.

이 출판물은 저작권법에 의해 보호를 받는 저작물이므로 무단 전재와 무단 복제를 할 수 없습니다.